에너지 세계 일주

에너지

LE TOUR DU MONDE DES ÉNERGIES

에너지 전문가 200명과 함께하는 친환경 어드벤체!

세계 일주

살림

에너지란 무엇인가

"누군가 나에게 그것이 무엇인지 묻지 않는다면, 나는 그것이 무엇인지 안다. 하지만 누군가 나에게 질문을 던지고 내가 그것에 대해 설명을 하고자 한다면, 나는 그것이 무엇인지 알지 못한다."

이것은 성 아우구스티누스가 '시간'에 대해 했던 말이다. 그런데 이 말은 '에너지'에 대해서도 그대로 적용된다. 더 놀라운 사실이 있다. 시간과 에너지라는 개념이 그 자체로 정의 불가능한 것이기는 하지만, 물리학에서는 이 두 개념이 밀접하게 연결되어 있다는 사실이 오래전에 밝혀졌던 것이다. 에너지 순환이 이루어지지 않는다면 하나의 체계나 존재의 진화, 변화 등은 없을 것이며, 구조의 변화 역시 발생하지 않을 것이다. 에너지는 생명체에게 없어서는 안 될 요소이다.

최근 '에너지'란 말이 일상 언어 속에서 자주 사용된다는 사실은 중요한 문화적 충격이라고 할 수 있다. 각자 이 말의 중요성과 메커니즘을 잘 이해해야 한다. 블랑딘 앙투안과 엘로디 르노는 공동으로 집필한 이 책을 시작하면서 마하트마 간디의 말을 인용한다. 그 인용문에서 간디는 지식과 그 활용을 모든 이들에게 퍼뜨리고자 하는 것은 기초적인 민주적 행동이라고 말했다.

최근 30년 동안 환경과 생태계의 중요성이 강조되고 있다. 우리의 지구는 개발 때문에 황폐해졌고, 이 개발은 에너지 소비와 떨어질 수 없는 관계에 있다. 그렇기 때문에 에너지와 환경은 아주 밀접하게 연결되어 있다. 이 책의 주된 주제는 에너지이지만 또 다른 주제는 인류의 행동으로 빚어진 환경 문제이다.

지식 전달을 위한 민주적 행동 속에서 한발 앞으로 나아가기 위해 블랑딘과 엘로디는 젊음과 창조성이 넘치는 아주 흥미로운 시도를 하고 있다. 그 시도는 우리가 살고 있는 세계를 향한 희망을 품은 모험과도 같다. 이들은 이 책을 통해 그런 시도에 직접 뛰어든 것이다.

이 책의 메시지는 의미심장하지만 간단하다. 이 세계를 바라보고 관찰하고 이해하는 법을 배우자는 것이다. 독자 여러분과 관련이 있는 다양한 정보들을 얻고 교환하고 그것들에 대해 토론해 보자는 것이다. 다른 사람들은 어떻게 행동하고 있는지 살펴보자는 것이다. 르네상스 시대의 탐험가들이 그랬던 것처럼 가방을 메고 갈 수 있는 세계의 여러 곳을 직접 가 보자는 것이다. 다양한 만남을 통해 다양한 아이디어를 확인하고 새로운 아이디어를 함께 생각해 보자는 것이다.

이 책의 서문을 써 달라는 요청을 받았을 때 우리는 다음 두 단체가 추구하는 목표가 비슷하다는 사실을 알고 놀라움을 감출 수 없었다. 블랑딘과 엘로디가 다른 기술자들과 더불어 설립한 '프로메테우스'가 그 하나이고, 10년 전에 조르주 샤르파크가 피에르 레나와 우리 두 명 가운데 하나인 이브 케레와 더불어 시작한 '스스로 일을 하자(La Main à la pâte)'라는 단체가 다른 하나이다. 프로메테우스는 초등학생들에게 에너지 기술을 가르치는 교육용 키트를 만들었다. '스스로 일을 하자' 역시 어린아이들을 위한 수업에서 프로메테우스와 비슷한 실험 과정을 생각해 냈다. 이 두 단체의 목표가 약간 다르기는 하지만 그 정신과 교육적 소명은 같은 방향에서 이해될 수 있는 것이다.

이렇게 해서 우리는 서문을 써 달라는 저자들의 요청에 기꺼이 응하게 되었다. 그들이 들어 올린 횃불은 자신들만의 세계관을 가진 또 다른 사람들에게까지 이어진 것이다.

블랑딘과 엘로디는 모험을 시작하면서 몇 가지 단순한 사실을 확인했다. 이 세계에는 단 하나의 에너지원이 있는 것이 아니라 다양한 에너지원이 있다는 사실과 이 다양한 에너지원을 개발하는 다양한 방법이 있다는 사실이다. 인류는 단일하게 통일된 모습을 하고 있지는 않다는 사실도 알게 됐다. 브라질의 카리오카 인들(브라질 리우데자네이루 주민을 가리키는 말—옮긴이), 남아프리카공화국의 광부들, 중국의 여러 도시의 주민들 역시 그들 나름대로의 생활 양식과 사고방식, 욕구를 가지고 있다. 그들은 이 같은 각각의 상황에서 공동의 목표에 대응하는 비슷한 혁신이 이루어진다는 사실도 확인했다. 그 목표란 점점 모습을 드러내는 에너지 위기의 해결책을 발견해야 한다는 것이다.

정확히 이 모든 사실로부터 두 저자가 '에너지 세계 일주'라고 이름 붙인 그럴듯한 아이디어가 떠올랐다. 에너지 세계 일주를 하면서 그들은 가능한 모든 에너지의 유형을 공책에 나열하는 데 그치지 않았다. 그들은 직접 '가방을 메고' 여러 대륙으로 가서 다양한 인종들이 이용하고 있는 여러 해결책을 직접 관찰하고자 했으며 각 대륙의 고유한 에너지 지형도를 그리고자 했다.

모험의 결과는 아주 훌륭하다. 독자들은 우선 '여러 나라를 발견하기 위해 출발하고, 거기에 사는 사람들과 짧지만 멋진 만남을 가지고, 그들과 의견을 교환하면서 서로를 발견하고, 새로운 것을 흡수하는 두 주인공을 중심으로 전개되는 모험 소설 속으로 빠져들게 될 것이다. 그러고 나면 이 책의 중심 주제가 등장한다. 이들의 모험 하나하나마다 에너지 자원의 유형에 관한 설명과 그것을 탐사하는 방식, 대화를 나누는 사람들이 가지고 있는 에너지에 대한 생각, 그런 생각이 하나의 대륙은 물론 전 세계에 걸쳐 갖는 의미 등이 담겨져 있다.

따라서 전문가가 아닌 독자라도 이 책을 읽으면서 쉽게 그 묘미를 마음껏 즐길 수 있을 것이다. 더 많은 것을 알고자 하는 독자를 위해서는 정확하고 엄격한 과학 이론도 마련되어 있다. 도표, 그림, 보다 완전한 에너지원에 대한 설명을 통해 더 긴 여정을 시작하는 것도 가능하다.

두 젊은 주인공들의 모험을 따라가 보자. 앤디와 더불어 남아프리카 공화국에 있는 광산의 지하 갱도로 내려가 보자. 그리고 물 위에 떠 있는 무연탄을 상상해 보자. 일본에서는 김이 자욱한 벳푸 지옥천에서의 목욕과 지상 낙원을 꿈꿔 보자. 홍콩에 있는 태양 중학교를 방문해 우아함과 편리함 사이의 달콤한 갈등을 겪어 보자. 외모에 신경을 쓰는 학생들은 뜨거운 열기에도 교복을 입으려고 한다. 하지만 절약을 생각하는 교장 선생님은 학생들 3분의 2가 아주 덥다고 느껴도 에어컨을 꺼 버린다. 노르웨이에서는 조수 에너지를 모으는, 풍력 발전기의 사촌인 우스꽝스럽게 생긴 조력 발전기를 볼 수 있다! 스칸디나비아 반도에서의 멋진 바다낚시와 프랑스 랑스 강 어귀의 조력 발전소를 회상할 수 있는 좋은 기회이기도 하다!

인도 퐁디셰리에 머무는 것도 아주 멋질 것이다. 독자 여러분은 그곳에서 태양의 열기, 인도의 학교, 명상, 철학 등을 발견할 수 있다. 하지만 독특하면서도 다른 종류의 책을 쓰도록 부추기는 이 책의 장점을 지적하는 일은 이쯤에서 멈추기로 하자. 블랑딘과 엘로디 두 저자가 쓴『에너지 세계 일주』는 휴머니즘이 가득한 과학 책이다. 그들의 세계 일주를 위해 적당한 바람이 불어 주기를 바란다.

이브 케레, 장 루이 바드방
에콜 폴리테크니크 물리학부 학장

세계 일주를 시작하며

"공동선을 위해
한 국가의 모든
물리적·경제적·정신적 자원을
동원하는 기술과 학문,
그것이 바로 민주주의가
지향해야 할 바이다."

―마하트마 간디

들어가며

"준비됐나?" "준비됐다!"

모든 준비를 마친 우리는 에너지 세계 일주를 구상한 지 열여섯 달 만에 출발하게 되었다. 여기에서 우리란 블랑딘과 엘로디이다.

우리는 프루스트가 던지기 좋아했던 질문들을 당신에게 던지고 싶다. "이 책을 읽는 당신은 어떤 사람인가?", "당신의 취미는 무엇인가?", "멋진 여행을 꿈꾸는가?", "기업체에서 일하는가?", "어디에 사는가?", "딸기를 좋아하는가?", "모험을 좋아하는가?", "낙천적인가?" 이렇게 하면서 우리는 점차 당신을 알아가게 될 것이고 마지막으로는 다음과 같은 질문을 던질 수 있을 것이다. "당신은 『에너지 세계 일주』에 무엇을 기대하는가?"

물론 단번에 상상할 수도 있다. 이 책을 손에 든 당신은 어느 정도 모험을 추구하고, 새로운 아이디어와 그에 대한 설명을 원하는 부류의 사람이라고 말이다. 그 새로운 아이디어란 변화를 위한 아이디어, 뭐든지 더 좋게 만들고 그럼으로써 더 잘 살고자 하는 아이디어일 것이다. 보다 구체적으로 말해 보자. 그 아이디어는 인류가 복지를 증대하는 방법을 재발견하기 위한 아이디어, 즉 인류 공동체의 토대를 다시 한 번 돌아보는 것을 가능하게 하는 거울과도 같은 아이디어이다.

인류에게는 소비에 대한 아이디어 이상으로 서비스에 대한 아이디어가 절실히 필요하다. 자동차로 몇 킬로미터를 달렸는지와 연료를 얼마나 소비했는지가 똑같이 중요한 문제는 아니다. 마찬가지로 세탁기를 사용하면서 물을 얼마나 썼는지와 세탁물이 얼마나 깨끗한지가 똑같이 중요하지는 않다. 또한 유행을 따라서 MP3 플레이어를 가지고 있는지와 좋아하는 노래를 편안하게 들을 수 있는지도 똑같이 중요하지는 않다. 하지만 인간은 일반적으로 목적과 수단을 혼동하는 경향이 있다. 그 증거로 인간은 소비 전력이 전구의 밝기를 결정한다고 믿을 만큼 단순하다.

한정된 자연 자원과 위험에 빠진 공공재

왜 이런 혼동을 걱정해야 하는가? 그 까닭은 인류가 살고 있는 이 세계가 막바지에 이르렀다고 판단되기 때문이다. 인류가 필요로 하는 경작 가능한 땅, 식수, 에너지, 맑은 공기 등과 같은 자원은 방대하지만 결코 무한하지 않다. 그 가운데 몇몇 자원의 보존량은 바닥이 드러난 상태이고 다른 자원들 역시 그 재생 속도가 아주 더디다. 이런 자원들을 소비하는 속도를 생각하면 고갈이 눈앞에 닥쳤다고 할 수 있을 것이다. 어떤 사람들은 이렇게 말할지도 모른다.

"상관없다. 자원이 그렇게 소중하다면, 그것을 보존하려는 사람이 있을 것이다. 그런 일을 떠맡은 것도 아닌데 뭐 하러 걱정하겠는가?"

하지만 걱정을 해야만 하는 까닭은 지나치게 현재만 중시하는 태도로 인해 인류가 미래를 보지 못하기 때문이다. 지금 당장 에너지가 필요하고, 지금 당장 쓸 수 있는 에너지가 풍부한데, 왜 에너지 사용에 신경을 써야 하는가? 보존된 에너지가 바닥나고 이상 기후가 발생한다고 해도 지금 당장으로서는 그다지 중요한 일이 아니다. 이런 눈면 행동 때문에 먼 훗날 지구에서 살게 될 후손들이 피해를 입는다고 하더라도 마찬가지이다.

저런 말들을 할 수 있는 이유는 에너지의 소유권을 몇 명에게만 부여하는 것이 아주 어려운 일인 탓도 있다. 만약 부존자원을 다른 자원과 교환할 수 있는 소유권을 인정하여 몇 명에게만 부여할 수 있다면, 이들은 에너지를 보존하기 위해 그 소유권을 동원할 것이고 나아가서는 에너지를 효율적으로 사용하게 될 것이다.

소유권 설정이 어려워 보존의 위협을 받고 있는 물, 공기, 기후 등과 같은 자원들은 재화에 속한다. 그리고 동시에 경제학자들은 이들을 공공재(公共財)라고 부르기도 한다. 이 재화들의 특징은 비(非)독점(누구도 공기, 기후, 빗물 등을 독점적으로 소유할 수 없다)과 비(非)경쟁(피에르가 공기를 마신다고 해서 폴이 공기를 마시는 것을 방해하지는 않는다)이다. 이런 특징이, 특히 비경쟁이라는 특징을 가지고 있는 한, 이 재화들에 시장 가격을 매긴다고 해도 거의 영(零)에 가까울 것이다. 가격이 거의 영에 가까운데도 '공공재 생산'에 뜻을 둔 사람이 있다면 그 사람은 얼마 못 가 파산하고 말 것이다.

이것이 바로 공유지가 가진 비극적 특성이다. 각자 자기 소유의 양을 공동 목초지에 방목하기 때문에 목초가 자라는 속도보다 양이 늘어나는 속도가 더 빨라지는 것이다.

역사적으로 보면 인류는 지나치게 식욕이 좋은 양이 되어 버렸다고 할 수 있다. 그 결과 목초지는 그 식욕만큼 줄어들게 되었다. 다시 말해 인류는 자신들이 내린 결정에 포함된 사회적·환경적 의미에 대해 반성하는 시간을 거의 갖지 못하는 양들이 되어 버린 것이다. 인류는 목초를 너무 많이 먹으면서도 지구가 자신들이 뜯을 목초를 다시 길러 내는 데 필요한 시간을 거의 남겨 주지 않는다.

지구는 인류 각자에게 16헥타르에 해당하는 공간을 제공하고 있지만¹ 한 명의 인간이 실제 사용하는 공간은 22헥타르이다. 그 결과 지구라는 목초지는 점차 황량한 땅으로 변해 수많은 양떼들에게 충분한 목초를 주지 못하고 있다.

물론 이런 일이 최근에 발생한 것은 아니다. 미국 생물학자 레이첼 카슨은 1962년에 이미 『침묵의 봄』이라는 책으로 전 세계적 차원의 환경 운동을 위한 씨앗을 뿌린 바 있다. 카슨은 그 기회에 조류의 번식을 위험에 빠뜨릴 우려가 있는 살충제 사용을 비난하기도 했다. 몇 년 후에는 유엔이 바통을 이어받았다. 1987년 악화일로에 있는 환경을 다룬 브룬틀란(Bruntland)² 보고서는 자연 자원의 초과 이용을 지적하면서 그 대안으로 '지속 가능한 개발'이라는 개념을 제시했다. 1997년 교토 의정서에 서명한 산업 국가들은 기후 상승률을 늦추기 위해 온실 효과를 가져오는 가스 배출량을 줄이자는 데 합의했다.

'기후 변화에 따른 정부 간 전문가 그룹(GIEC)'은 2007년에 다음과 같은 사실을 인정했다. 인류의 활동이 현재 진행 중인 기후 상승의 주범

---

1 2007년 환경 보호를 위한 유엔의 프로그램은 세계 환경의 미래에 대한 「GEO-4 보고서」를 발표했다. 여기에서 '환경의 흔적'이라는 개념을 볼 수 있다. 이 개념은 대지의 표면과 자연 자원의 이용 정도를 보여 준다. 16헥타르라는 수치는 세계적 평균 수치라는 점을 지적해야겠다. 산업화된 국가의 경우 이 수치는 더 증가하는 경향이 있다. 이 보고서는 다음과 같은 몇몇 사실에 심각한 경종을 울리고 있다. 지구에 사는 생명체의 종(種) 중 6분의 1이 사라지고 있다는 사실, 식수의 질과 양이 점점 악화되고 있다는 사실, 물고기의 남획으로 어류가 줄어들고 있다는 사실, 기후와 연관된 위험이 커지고 있다는 사실 등이 그것이다.
2 세계 환경 개발 위원회가 작성했고 「우리 공동의 미래」라는 제목이 붙은 이 보고서는 이 위원회 위원장인 노르웨이 국적의 그로 할렘 브룬틀란의 이름으로 더 유명하다.

이라는 사실과 지금부터 2100년 사이에 지구의 기온이 1.1도에서 6.4도까지 올라갈 수 있다는 사실이 그것이다. 2007년에 공표된 「GEO-4 보고서」에서도 여전히 천연자원을 보존해야 한다는 긴급한 호소를 읽을 수 있다. 최근 45년 사이 지구에 대한 여러 예상은 현실로 드러나고 있으며 그 현실은 예상보다도 훨씬 비관적이다.

같은 문제의 다른 이름: 환경 위기, 에너지 위기, 개발 위기

1950년 20억 5,000만 명, 2000년 60억 명, 2050년 90억 명. 이처럼 세계 인구는 계속 증가할 것이다. 더 나은 삶의 조건을 갖지 못한 자들의 정당한 요구와 이미 잘 사는 자들의 물질적 요구에 바탕을 두고 있는 인류의 욕구는 계속해서 커지고 있다. 이 같은 욕구를 충족할 수 있는 많은 자원들 가운데 우리는 주로 '에너지'를 다루고자 한다.

여러 가지 복잡한 문제들이 교차하는 중에도 에너지가 세계 경제의 핵심 요소라는 점은 부인할 수 없다. 모든 경제 활동에서 이용되고 있는 에너지는 인간의 삶의 질을 보장해 주는 가장 기본적인 요소이다. 지역마다 불균등하게 분포되어 있는 전통적인 에너지 자원들로 인해 지역들 사이의 안정 문제와 지정학적 문제들이 제기되고 있다. 80퍼센트에 달하는 화석 에너지의 소비로 인해 각 대륙은 물론이고 전 세계적 차원에서 심각한 환경 문제가 제기되고 있기도 하다.

에너지는 인간의 활동과 경제적인 대가를 받는 노동을 가능하게 한다. 이런 의미에서 에너지는 발전을 위한 중요한 요소들 가운데 하나이다. 다양한 인종들의 복지를 어떤 기준으로 비교할 수 있을까? 오늘날에는 국내 총생산(GDP)[3]이라는 세련되지 못한 기준보다 인간 개발 지수(IDH)를 더 선호한다. 평균 수명, 성인의 문맹률, 입학률, 1인당 국내 총생산 등을 감안하고, 또 건강, 교육 등과 같은 삶의 질적 요소를 고려하는 인간 개발 지수는 집단 복지를 보여 주는 더 정확한 기준으로 사용되고 있다. 1인당 전력 사용과도 관련된 이 지수에 대한 일차적 조사를 통해 다음과 같은 두 가지 사실이 드러났다. 하나는 에너지를 많이 사용할수록 삶의 질은 더 나아진다는 사실이다. 그리고 다른 하나는 한 사람이 1년 동안 사용하는 전력이 4,000킬로와트시(kWh)를 넘으면 삶의 질을 개선하는 데 에너지가 더 이상 기여하지 않는다는 것이다.

그런데 서구 경제의 기반이 되었던 화석 에너지의 양은 한정되어 있으

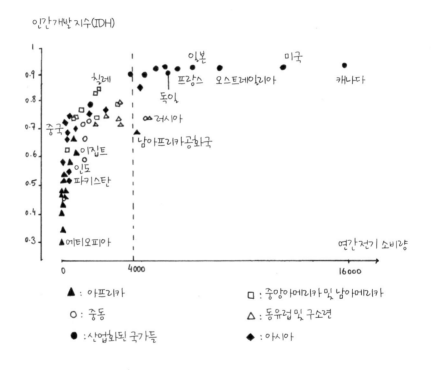

〈인간 개발 지수와 연간 전기 소비량의 상관관계〉

출처: 국제 에너지 기구, 2002년

며 석탄을 제외하고는 지리적으로 불균등하게 분포되어 있다. 화석 에너지는 에너지 밀도(원료의 단위 부피당 에너지—옮긴이)가 높은 장점이 있는 반면 지역적 차원과 전 세계적 차원의 환경 오염의 주범이며 팽팽한 지정학적 긴장의 원인이라는 단점을 가지고 있다. 화석 에너지는 상대적으로 풍부한 편이지만 2050년을 기준으로 예상되는 에너지 수요의 증가(석유 200억 톤에 해당)에 충분히 대처할 수 있다는 환상을 품기는 어려울 것으로 보인다.

에너지 위기는 '피크 오일(석유 생산이 정점에 이르러 석유 공급이 수요를 충족시키지 못하는 시점—옮긴이)'만으로는 파악할 수 없다. 석유가 부족해지더라도 인류는 앞으로도 꽤 오랫동안 석탄을 확보할 수 있을 것이기 때문이다. 에너지 위기는 오히려 세계적 차원의 환경 위기라는 용어로 대치될 수 있을 것이다.

에너지 수요 증가의 바탕에 놓여 있는 재화와 용역의 수요에 대처하기 위해서는 화석 에너지를 넘어서는 다양한 기술적 해결책이 마련되어야 한다. 예컨대 자원의 보존, 유연한 에너지 공급, 허용 가능한 에너지 비용, 더 많은 사람들이 에너지에 접근할 수 있는 가능성, 환경에 미치는 효과의 조절 등이 그와 같은 해결책에 포함되어야 할 것이다.

이처럼 심각한 에너지 위기에 구체적으로 어떻게 대응할 것인가? 몇 년 전에는 이 같은 위기를 부정하는 것이 주된 흐름이었다. "우리가 기술(記述)하는 현상이 너무 끔찍해서 그것을 믿을 수가 없었다."는 등의 주장이 그 좋은 예이다. 위기의 잠복기가 지나고 관련 정보가 순환되면서

---

3 한 국가의 경제 주체가 1년 동안 생산한 재화와 용역의 시장 가치를 더한 것으로, 여기에는 삶의 질을 반영하는 것으로 추산되는 비용(교육 비용 등)과 재해 비용(입원비, 악화된 생태계의 복원 비용 등)이 포함된다.

지구의 상태를 조사한 사람들(기후학자, 환경론자, 농업 전문가 및 다른 분야의 전문가)이 전하는 메시지는 이제 여러 나라의 국민은 물론이고 그 지도자들에게까지도 전달된다. 하지만 이 같은 메시지는 종종 낙담으로 끝을 맺곤 한다. "모든 것이 제멋대로 진행되고 있어 우리가 할 수 있는 일이라곤 아무것도 없다. 특히 개인적 차원에서는 말이다."

그러나 거기에서 멈추자! 전체적인 상황은 그 반대이다! 비록 모든 것이 제멋대로 진행된다고 해도 인류는 모든 면에서 더 낫게 행동할 수 있다. "이 모든 것은 내가 살아 있는 동안만 존재할 것이다."라며 미래에 대해 전혀 생각하지 않았던 루이 15세를 부활시키는 것보다는 새로운 시대의 인류의 활동을 탐문하며 거기에 다시금 의미를 부여하는 것이 훨씬 진취적이다. 개인은 물론이고 지구를 위해서도 어떤 행동이 더 나은지를 생각하면서 말이다.

에너지 위기에는 여러 해결책이 존재하기 때문에 이 같은 훈련은 더욱 많은 영감을 준다. 그 해결책들은 다양하고 현실적이며 경험에서 우러난 것들이다. 또한 기술적이고 사회적이며 혹은 경제적이다. 대륙과 상황, 문화에 따라 달라지기도 한다. 어쨌든 해결책은 있다! 물론 해결책이 하늘에서 굴러 떨어지는 것은 아니다. 그것은 창의적이고 영감을 받은 시민, 기업가, 연구자, 공무원 들의 작품이다. 그 가운데 가장 가능성 있는 방법을 택해 보자. 에너지의 효율성이라는 해결책을 말이다. 이것이 새로운 해결책 중에서 가장 매혹적인 것(그런 것이 있기나 할까?)은 아니다, 하지만 효율을 높인다는 해결책, 그것도 비용이 적게 드는 해결책을 마련한다는 건 결코 사소한 것이 아니다. 이제 그런 해결책을 찾아보자.

변화를 위한 아이디어를 찾아 떠나는 여행

우리는 에너지 위기를 해결할 수 있는 아이디어들을 발견해야 하고 채택해야 하고 실천에 옮겨야 하고 널리 퍼뜨려야 한다. 이 같은 호소에 예민한, 그리고 호기심을 느끼는 우리는 그런 아이디어들을 찾기 위해 세계 곳곳을 방문하기로 결심했다. 우리는 200여 명을 만나 대화하기 위해 일곱 달 동안 17개국을 돌며 15만 9,100킬로미터를 주파했다. 그리고 그들이 현실에서 응용하고 있는 아이디어들을 모으는 한편으로 에너지를 다른 방식으로 대하는 그들의 태도를 이해하려고 노력했다. 이 여행은 좋은 것이든 나쁜 것이든 모든 것이 가능하다고 믿는 두 젊은 여성 기술자들이 떠난 에너지 여행이었던 것이다.

이 책의 저자는 박사 학위를 가진 두 명의 젊은 여성이다. 한 명은 늦게 잠자리에 들고 다른 한 명은 아침에 일찍 일어난다. 한 명은 음악을 좋아하고 다른 한 명은 좀 엉뚱한 데가 있다. 한 명은 금발이고 다른 한 명은 갈색 머리이다. 한 명은 경제학자이고 다른 한 명은 물리학자이다. 한 명은 장거리 경주 선수이고 다른 한 명은 핸드볼 선수로 골키퍼 역할을 맡고 있다. 두 명 모두 이상주의자이고 무모하기도 하다. 그들은 대학 준비반에서 1년 동안 공동 숙소 생활을 하면서 에너지 문제에 대한 관심만으로 많은 사람들의 지지를 얻어 내고 거의 2년이 걸리게 될 프로젝트를 시작할 정도로 무모하다.

대학을 졸업한 우리에겐 구체적인 방안이 필요했다. 프랑스와 미국, 러시아, 일본 등에서 연수를 받고 연구를 하며 보낸 시간을 통해 우리는 직접 구상했던 프로젝트의 착수와 그 구체적 실현에 대해 만족스럽지는 않아도 보다 현실적인 전망을 가질 수 있었다. 이런 전망을 통해 결국 '프로메테우스'가 탄생했다.

2006년 우리가 주도하여 만든 이 단체는 에너지 생산과 소비에 관한 고급 지식을 제공한다는 목표를 내세웠다. 물론 이 목표에는 에너지와 관련된 인류의 습성이 변할 수 있고 변해야만 한다는 인식이 포함되어 있다. 우리는 처음부터 소비자가 에너지 선택의 문제를 인식하고 실천할 수 있어야 한다고 생각했다. 에너지 선택은 국가의 정책 입안자들에게만 맡길 수 있는 성질의 문제가 아니다. 그들은 공급 정책만을 세울 수 있기 때문이다. 하지만 공급 정책만으로는 에너지 균형을 맞추기 어렵다. 문제는 '수요'에 있기 때문이다. 그렇다면 '수요'란 무엇인가? 그것은 인류 각자의 요구의 총합이 아닌가? 따라서 에너지 수요와 공급을 맞추는 정책은 각자가 세우고 실천해야 하는 것이다.

이러한 우리의 신념은 에너지 소비자와 생산자, 선거에서 뽑힌 사람들 모두에게 분명한 의미를 가져야 한다. 간디가 지적했듯이 민주주의란 모든 이의 문제이다. 이와 마찬가지로 인류 각자와 직접적인 관계를 맺고 있는 에너지 문제는 모든 개인의 영역에서 벗어날 수 없다. 그리고 에너지 문제를 정확하게 이해해야만 각자의 관심을 한데 모을 수 있다. 그것이 우리가 겨냥한 이상적인 모습, 에너지 문제에 민주주의가 제대로 적용될 수 있는 모습이었다.

여러분은 이렇게 말할 수도 있을 것이다. "물론 그렇겠지만 에너지 문제는 아주 복잡하다는 걸 알게 될 거다." 하지만 우리는 노르웨이에서 브라질까지 세계 일주를 하면서 직접 겪었던 일들을 공유함으로써 에너지 문제가 아주 복잡한 문제는 아니라는 사실을 증명하고자 했다.

우리는 우리 손으로 고안한 교육용 프로그램을 통해 어렵기로 소문난 에너지 문제를 다른 사람들에게 전달하고자 하는 소망을 확고히 할 수 있었다. 동기 부여를 받은 젊은 조사원들과 자원봉사 기술자들이 협력해 에너지 기술을 보여 주는 부품 전부를 제작했고, 프로메테우스와 협약을 맺은 교육 파트너인, 초등학교 1학년에서 3학년까지의 학생들로 구성된 일곱 개 반이 2007년 7월 이 프로그램을 실험적으로 사용했다. 이 프로그램은 프로메테우스의 홈페이지인 www.promethee-energie. org에서 무료로 내려받을 수 있다. 프로그램의 개선에 관한 댓글은 참고 자료로 이용될 것이다. 하지만 이 이야기는 여기서 잠시 멈추고, 우리가 어떤 방식으로 이 책을 썼는지 살펴보기로 하자.

여러분을 위한 책

여러분의 나이는 대략 12세에서 120세 사이가 아닐까? 이 책은 여러분을 위한 것이다. 크게 두 부분(공급과 수요의 순서로)으로 나누어진 이 책은 다시 다섯 개의 주제에 따른 독립된 장(章)들로 구성되어 있다. 독자는 흥미로운 부분과 주제를 자유롭게 선택해서 읽을 수 있을 것이다. 우리는 책을 쓰면서 우선 어떤 장소를 방문했는지 설명했다. 그리고 그곳에서 만난 사람들과의 대화를 통해 에너지 시설이 실제로 어떻게 작동하는지 설명하는 데 중점을 두었다. 제시된 해결책이 궁극적으로 어떤 개발의 필요를 충족시키는지 분석하고, 나아가서는 이 같은 해결책이 다른 상황에서 어떤 영감을 줄 수 있는지 알아보는 데도 중점을 두었다. 과학적 이해를 돕는 중요한 개념들이 간간이 섞여 있는 이 책을 통해 우리는 여러분 각자가 에너지 문제, 그것도 과거에는 초점이 어긋난 이데올로기라는 시각을 통해 다루어졌던 에너지 문제에 대한 논의에서 자신의 입장을 확립하기 위한 기초 자료를 얻기를 바란다. 그 에너지 문제가 크든 작든, 과학적이든 문학적이든 말이다.

이 책의 몇몇 장은 기본적인 내용을 담고 있는 다른 장에 비해 훨씬 더 기술적인 내용을 다루기 때문에 읽으면서 다소 어려움을 느낄 수도 있다. 여러분의 독서를 돕기 위해 *로 표시된 용어의 설명을 제2주제 끝

부분에 모아 놓았다. 또한 프로메테우스의 홈페이지도 여러분의 독서를 쉽게 하기 위한 편의를 제공하고 있다. 질문과 대답, 비디오 자료, 방문록, 보충 설명 등이 그것이다.

에너지의 나라로 떠날 준비가 되었는가?

아이디어, 그것도 변화를 위한 아이디어! 이것이 바로 우리가 이번 세계 일주에서 찾아 나선 것이다. 공상에 휘둘려서는 안 되었다. 뜻밖의 흥분 때문에 종종 본연의 자세를 잊는 경우가 있었다고는 해도, 우리는 항상 의심하는 태도로 모든 문제를 관찰하려고 애썼다는 사실을 말해야만 하겠다. 그렇다면 그 방법은? 사람들이 보여 준 모든 것을 화학자 라부아지에가 세운 원칙[4]만큼이나 확실한 원칙인 '의심의 체'로 거르는 것이었다. 우리는 이렇게 무장하고선 우리에게 미소를 보내는 모든 혁신적인 에너지 기술을 찾아 떠날 준비를 마쳤다.

'모든'이라고? 그렇다, 모든 혁신적인 에너지 기술을 찾고자 했다! 하지만 우리가 찾고자 하는 것은 결코 새로운 기술에만 한정되지는 않을 것이다. 전통적인 에너지들이 단기간에 다른 에너지들로 대체되는 일은 없을 것이기 때문이다. 화석 에너지는 전 세계 1차 에너지의 약 80퍼센트를 차지한다. 프랑스 전기 생산의 78퍼센트는 원자력 발전소에서 이루어지고 있다. 에너지를 다른 방식으로 생각한다는 것은 어떻게 에너지 생산 기술을 개선할 수 있는지 생각한다는 의미이고 에너지 절약처럼 새로운 접근 방법을 생각한다는 의미이기도 하다.

일단 목표가 정해지면 그 다음 단계는 본격적으로 시작하는 것이다.

---

4 "그 어떤 것도 사라지지 않는다. 그 어떤 것도 창조되지 않는다. 모든 물질은 형태가 바뀔 뿐이다."

〈에너지 세계 일주의 경로〉

우리는 미지의 세계를 향한 여행을 1년 동안 준비했다. 무슨 일이 일어날까? 예상하지 못한 기쁨과 고통의 연속일 게 당연했다. 대비했거나 그러지 못했던 만남, 따뜻한 환영이나 뜻밖의 고난, 피로, 그것도 아주 격심한 피로, 수많은 발견, 카메라와 수첩의 사용법을 익히기 위한 매일매일의 힘겨운 투쟁 등이 기다리고 있을 것이 뻔했다. 그로부터 무엇을 얻을 수 있을까? 그런데 이에 대해서는 아무런 확신이 없었다. 모험이 끝난 다음 에너지 기술에 관한 사전적인 지식 정도만을 얻는 데 그칠 수도 있었다. 하지만 우리는 한 가지 사실만은 알고 있었다. 열정적인 사람들의 삶을 직접 보게 될 것이라는 사실이었다.

『에너지 세계 일주』는 에너지가 주제인 모험과 반성의 결과이며 일종의 수학여행이다. 또한 수많은 사람들의 증언과 관심을 나누어 갖는 시도이기도 하다. 이제 함께 떠나자.

"준비는 끝났다!"

주의 사항

여행을 하면서 다음과 같은 사항들을 잊어서는 안 된다.

• 모든 형태의 에너지가 똑같이 유용하지는 않다. 예를 들어 전기는 열보다 이용 가치가 높다.

• 물리 법칙과 열역학 법칙은 반드시 지켜진다. 그 어떤 것도 사라지지 않으며 그 어떤 것도 창조되지 않는다. 열은 뜨거운 상태에서 차가운 상태로 옮겨 간다. 하나의 에너지가 더 유용한 다른 에너지 형태로 변환되는 경우 에너지 손실이 발생한다.

• 중요한 것은 소비된(종종 낭비된) 에너지 양이 아니라 유용한 에너지와 그 효용성이다.

• 사람들의 행동을 조정하기 위해서라면 제품이나 서비스의 가격에 그에 관련된 환경 파괴 비용을 포함시키는 것이 제일 낫다. 이 같은 장치가 없다면 시장에서 환경과 관련된 외부 효과를 평가하는 데 효과적이지 못할 것이다.[5]

• 새로운 에너지를 찾아야 한다. 하지만 다음과 같은 요소들을 제대로 생각하면서 찾아야 한다. 공급의 편리함, 변환 가능성, 통제를 위한 간소한 하부 체계, 사회적 통합과 형평성, 저렴한 경제적 비용 등이 그것이다.

---

5 경제적 효용성에는 부자와 가난한 자 사이의 사회적 형평성에 대한 고려가 전혀 포함되어 있지 않은 것이 사실이다. 에너지의 공공 보조금이 결정될 때 사회적 형평성이 반영되기는 한다. 하지만 혜택을 가장 적게 받는 자들에게 필요한 에너지를 공급하면서도 제대로 가격(환경 부담금을 포함해서)을 받을 수 있는 기술이 전혀 없는 것은 아니다.

차 례

제1부 혁신적인 에너지 생산 기술을 찾아서

 제1주제 에너지 공급의 대표 주자, 화석 에너지가 나아갈 길

 제2주제 신비스러운 자원, 핵에너지 생산의 현재와 미래

제2부 효율적인 에너지 소비 기술을 찾아서

제4주제 에너지를 경제적으로 소비하는 아이디어들

제5주제 주거의 대안과 지속 가능한 운송 기술

혁신적인 에너지
생산 기술을 찾아서

공급은 수요를 따라간다

신문에서 자주 볼 수 있는 '에너지 공급의 안전성', '에너지원의 다양화' 등과 같은 표현들은 한 나라의 에너지 수요를 충족시키기 위한 합리적인 고민이 어떤 것인지를 잘 보여 준다. 일단 한 나라의 에너지 수요가 확정되면 그 수요에 맞는 공급을 위해 에너지 생산 체계가 가동된다. 만약 에너지가 충분히 공급되지 않는다면 주유소에는 자동차들이 길게 늘어설 것이고 정전이 잦아질 것이며 결국 경제 전체가 마비될 수도 있을 것이다.

에너지는 열, 전기, 석유 등과 같은 다양한 형태로 공급된다. 에너지원 역시 화석 에너지, 핵에너지, 재생 에너지 등으로 다양하다. 이처럼 다양한 에너지원을 어떻게 조합해야 사용자들에게 필요한 에너지의 양과 질, 비용, 사용 가능성 등을 충족할 수 있을까?

최근 30년 사이 계속 증가하고 있는 에너지의 기술적·지정학적·경제적 문제에 더해 에너지 공급의 안전성 문제와 환경 보호 문제가 심각하게 제기되고 있다. 이 같은 새로운 문제들로 인해 인류는 얼마 남아 있지 않은 화석 에너지를 선택해야만 하는지 다시 고려하게 될 것이다. 그리고 환경을 심각하게 오염시키는 이 에너지에 대한 욕구를 억제해야겠다고 느낄 것이다.

세 가지 에너지원

이 책의 제1부에서 우리는 에너지를 공급하는 나라들을 향해 출발할 것이다. 이 나라들이 에너지 수급의 균형을 가장 쉽게 조절할 수 있기 때문이다. 전 세계의 에너지 현실을 살펴보기 위해 이 책에서는 열네 개 장 가운데 열한 개 장을 현재 에너지 공급의 대부분을 차지하는 화석 에너지(석유, 가스, 석탄)에 할애했다.

그 과정에서 우리는 가능한 한 다양한 에너지원을 보여 주려고 노력했다. 석탄, 지열, 석유, 파도 에너지, 바이오매스(에너지원으로 이용되는 식물이나 미생물 등의 생명체—옮긴이), 태양 에너지, 핵에너지 그리고 바람 에너지! 종류는 서로 다르지만 이 모든 에너지는 인류의 장래를 밝혀 주는 에너지원이라는 공통점을 가지고 있다. 또 하나의 공통점은 기술 혁신에도 불구하고 아직까지는 한계가 있다는 점이다. 이 모든 에너지원 하나하나는 장점과 단점을 가지고 있는 것이 사실이다. 하지만 상황과 여건에 따라 인류가 봉착한 에너지 문제를 해결할 수 있는 가능성 또한 내포하고 있다.

모든 면에서 급속도의 발전이 이루어지고 있다고 확신한 우리는 새로운 에너지원을 찾아보고자 했다. 또한 에너지에 대해 많은 것을 알고자 하고 이해하고자 하는 호기심도 있었다. 그래서 우리는 다양한 에너지원에 관심을 기울이기로 했다. 그렇다면 한동안 계속될 에너지 세계 일주를 통해 특히 어떤 점을 부각시킬 것인가?

가장 먼저 전 세계적으로 1차 에너지의 80퍼센트를 공급하고 있는, 석탄과 석유를 포함한 화석 에너지 전반에 대해 알아보고 그 변화 과정에 주목하는 것이 좋을 듯하다.

다음으로는 핵에너지가 보장하는 밝은 미래와 그 문제점을 살펴보는 것이 좋을 듯하다. 전 세계 에너지 공급의 6퍼센트, 프랑스의 경우에는 약 16퍼센트를 차지하고 있는 핵에너지의 유용성에 관한 논쟁은 요란하면서도 중요한 것이다.

마지막으로는 재생 가능한 형태의 다양한 에너지를 탐사하는 것이 좋을 듯하다. 여기에서 재생 에너지의 정의는 에너지 소비의 속도와 같은 속도로 자연 재생되는 에너지이다. 이 에너지의 공급원은 태양(물의 순환, 광합성, 바람, 태양 에너지), 달(조수), 지구 내부의 열(지열) 등이다.

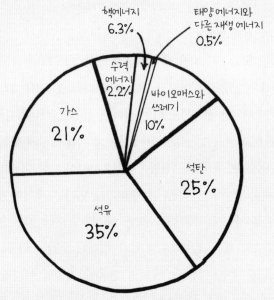

〈전 세계의 1차 에너지 소비 비율〉

핵에너지
6.3%

태양에너지와
다른 재생 에너지
0.5%

수력
에너지
2.2%

바이오매스와
쓰레기
10%

가스
21%

석탄
25%

석유
35%

출처: 세계 에너지 기구, 2002년

현실에 맞는 기술 개발

특수한 상황에 맞는 해결책을 제시하는 다양하고도 새로운 기술이 기다리고 있다. 다양한 지정학적·사회적·경제적 상황에서 원석을 다듬어 가치 있게 만드는 기술을 확보하기 위해 눈을 크게 뜨는 것이 중요하다.

조사하고 탐사하고 눈을 크게 뜨고 보는 것, 직접 현장에 가서 새로운 경향의 기술을 확인하는 것, 에너지 생산 방식의 획기적인 변화는 저비용 고효율의 기술 발전이 이루어지는 경우에만 가능하다는 사실을 확실하게 깨닫는 것. 이 모든 것이 에너지 세계 일주에서 발견한 해결책을 생각하고 이해하고 더 깊이 생각하기 위해 우리가 따르고자 했던 주요 방향이다.

에너지 공급의 대표 주자,
화석 에너지가 나아갈 길

제1장 석유와 가스는 한집 식구!

———————— 세계 일주 프로젝트 No. 1 ————————

• 루안다 해변에서 135킬로미터 떨어진 곳에 위치한 달리아 유전 탐사(앙골라)

화장품, 세제, 플라스틱, 섬유, 기름……. 인류 문명은 그 어느 때보다도 석유와 궁합이 맞는 것 같다. 따라서 우리가 기획한 테마 여행의 첫 부분을 석유에 할애하는 것은 당연해 보인다. 검은 황금, 다시 말해 석유의 시대는 지나갔을까? 인류는 이미 '허버트 피크[6]'에 도달했을까? 보다 신뢰할 만한 도구들로 탐사했다고는 해도 탄화수소의 매장량은 그 정의상 가상의 시나리오로 남아 있다.

우리는 이 같은 탐사에 의해 시작된 논쟁에 뛰어들기보다는 석유 전문가들을 만나기 위해 직접 석유 채굴 현장으로 떠나기로 했다. 석유 매

---

6 1956년 지질학자 매리언 킹 허버트(Marion King Hubbert)는 미국의 석유 총생산량이 1970년을 전후로 정점에 이르고 그 이후에는 점차 감소하게 될 거라고 예측했다. 그는 이 예측이 사실로 드러나면서 아주 유명해졌다. 그 이후 많은 연구자들이 허버트의 모델을 전 세계적 차원으로 확대 적용하고자 했다(이 모델에 의하면 한 지역의 석유 생산량은 유전의 발견과 비례해 늘어나지만 곧 차이가 나타나게 된다). 이처럼 전 세계에서 확인할 수 있는 석유의 최대 생산량을 '허버트 피크'라고 부른다.

장량이 한정되어 있다는 데는 의심의 여지가 없지만 여러 종류의 기술이 개발되면서 석유의 이용 가능성은 더욱 커지고 있다. 그 가운데 하나가 바로 심해 유전이다. 우리는 앙골라에 있는 심해 유전을 답사하고 거기에서 석유 채굴의 전 과정을 직접 체험할 수 있었다. 점점 고갈되어 가는 화석 에너지와 환경 보호는 정말 양립할 수 없는 것일까?

앙골라와 그 역사

앙골라는 쉽게 방문할 수 있는 나라가 아니다. 영사관에 비치된 서류함에는 여행 비자를 받기 위한 서류 자체가 없었다. 결국 우리는 토탈(Total) 석유 회사에 부탁해서 앙골라에 잠깐 머물 수 있었다. 사업 비자를 받기 위해 이 회사의 정보 기술자로 변신한 셈이다. 석유업계의 전문가들로 꽉 찬 앙골라 공항 대합실에서 적절하게 처신하는 법을 몰랐던 우리는 그 유명한 비자 발급을 기다리는 동안 컴퓨터를 켜고 약간의 서늘한 기운이라도 맛보기 위해 공항 바닥에 털썩 주저앉았다. 우리는 컴퓨터를 능숙하게 다루지 못하기 때문에 그렇게 앉아 컴퓨터를 보면서 미친 듯이 웃어 댔다. 우리 일행은 벌써 우리의 소풍용 옷차림과 앳된 얼굴에 놀라고 있었다. 또한 그들은 우리의 신분을 묻는 "이민자의 아내입니까? 아니면 딸입니까?"라는 항목에 어떤 답을 적어야 하는지도 제대로 모르고 있었다.

앙골라는 신의 축복을 받은 나라 같다. 날씨가 목가적이고 자연 자원이 풍부하다. 포르투갈의 보호령이었을 때부터 부유한 루시타니아(포르투갈의 옛 이름―옮긴이) 출신 가족들이 앙골라에서 휴가를 즐기면서 아프리카의 에덴 동산이라고 할 수 있는 이 나라를 식민지로 삼으려고 했다. 앙골라에서 태어난 포르투갈 사람 안토니오(Mario Antonio

Fernandes de Oliveiro: 앙골라의 학자이자 시인으로 앙골라의 수도 루안다에서 11년간 공무원으로 일한 뒤 1963년 리스본으로 이주했다—옮긴이) 역시 앙골라가 독립을 선언한 다음에야 비로소 그곳을 떠날 생각을 했다.

앙골라는 독립을 선언한 1975년부터 평화 협정이 체결된 2002년까지 30년 동안 내전으로 인해 전쟁터나 마찬가지였다.[7] 그 후 내전은 끝났지만 포르투갈의 식민지였던 앙골라는 그 끔찍했던 과거로부터 어렵사리 회복되었다. 이제는 여유를 가지고 루안다 만을 장식한 구(舊) 식민지 건물들을 바라보며 옛날의 정취를 다시 발견할 수 있다. 물론 퇴색한 건물들의 매력이 그 도시의 상처를 모두 가릴 수 있는 것은 아니다.

내전 기간 동안 앙골라에 굉장한 양의 석유가 매장되어 있다는 사실이 밝혀졌다. 기니 만의 남쪽이자 앙골라의 북쪽 해변으로부터 160킬로미터 떨어진 지역에서 수많은 유전이 발견되었던 것이다. 앙골라의 석유 채취량은 점차 늘어나 2006년에는 하루 150만 배럴에 달했다. 2008년에는 200만 배럴을 넘어설 것으로 보이며 2011년에는 최소 260만 배럴(이것은 쿠웨이트의 석유 채취량과 맞먹는다)에 이를 것으로 예상된다.

하지만 매장된 석유를 얻으려면 먼저 유전에 도달하는 어려운 과정을 통과해야 한다. 원유가 수백 미터에 달하는 아주 깊은 바닷속에 묻혀 있

---

7 1975년 살라자르(Salazar)와 포르투갈 식민 정부의 붕괴 이후 독립 정당 UNITA와 MPLA가 내전을 일으켰다[UNITA는 미국, 남아프리카공화국, 자이레의 지지를 받았던 '앙골라 총독립국민연합(Union nationale pour l'indépendance totale de l'Angola)'의 약자이고, MPLA는 소련과 쿠바의 지지를 받았던 '앙골라 해방 인민 운동(Mouvement populaire de libération de l'Angola)'의 약자이다]. 이 두 정당이 벌였던 내전은 MPLA의 지도자 조나스 사빔비(Jonas Savimbi)가 내전 중에 사망할 때까지 계속되었다.

기 때문이다. 토탈 석유 회사 기술자들의 마중을 받은 우리는 오늘날 심해 유전의 대명사로 알려진, 꽃에서 이름을 따온 유전 달리아에서 어떤 방식으로 석유를 채취하는지 보기 위해 바다로 나갔다.

달리아를 향해 출발!

4월 5일, 구명조끼를 입고 소음 방지용 모자를 쓰고 단추가 세 개인 안전벨트를 맸다. 지상의 안전 요원은 마지막으로 모든 기구를 점검했다. 모든 것이 제자리에 있는 것 같았다. 곧 출발할 예정이었다. 신문을 읽거나 몇 분이나마 눈을 붙이고 있는 동료 탑승객들은 이미 여러 번 심해 유전으로 가는 여행을 했기 때문에 그들에게서는 우리의 얼굴에 나타난 것과 같은 흥분을 전혀 찾아볼 수 없었다. 이 모든 것이 우리에게는 대단한 모험이었지만 그들에게는 일상에 불과했던 것이다. 우리 모두를 태운 헬리콥터가 서서히 시동을 걸다가 갑자기 이륙했다. 드디어 출발한 것이다. 달리아를 향해!

창문 밖에 펼쳐지는 풍경을 보면서 우리는 그처럼 고대했던 방문 기회를 놓쳐 버릴 뻔했던, 비자를 둘러싼 아침 나절의 소동을 잊을 수 있었다. 앙골라의 수도인 루안다 위를 날고 이 도시의 교외 빈민촌을 지나 드디어 바다에 도착했다. 드넓은 바다 위에 몇 척의 배가 눈에 띄었다. 멀리서 어부가 어망을 걷어 올리는 모습이 보였다. 우리는 시추선 위를 지나고 있었다. 곧바로 아침 나절의 안개 속에서 파도 위로 피어오르는 불꽃을 볼 수 있었다. 바다에 떠 있는 공장을 알아보기도 전에 바다 위에서 가스를 소각하는 시설물이 보였다.

온종일 우리를 안내하게 될 예비 기사 위그 푸코의 설명에 따르면, 이 같은 불꽃 굴뚝은 유전에 없어서는 안 되는 시설이다. 예기치 않은 초과 압력이나 다른 위험 상황이 발생하는 경우(예를 들어 가스 유출이나 화재가 탐지된 경우)에 이 가스 소각 시설은 일종의 '안전판' 역할을 하면서 잉여 가스를 배출하여 유전 전체가 폭발하는 재앙을 방지하게 된다. 한마디로 아주 유용한 시설인 것이다. 또한 그 굴뚝에서 원유와 섞여 나온 천연가스를 소각하기도 한다. 그렇게 소각하는 가스의 양이 아주 많아 시추대와 연결된 소각 시설이 공기를 오염시킨다는 비판을 받기도 한다.

왜 가스를 소각하는 걸까? 가스가 남아돌면 팔면 될 텐데 말이다. 하지만 경제 현실은 그렇게 단순하지만은 않다. '전통적인' 유전에서 가스는 전체 채굴량의 10퍼센트 정도에 '불과하다'.[8] 문제는 이 정도 양으로는

Box 1

가스 소각의 규모

인공위성이 수집한 자료의 분석을 바탕으로 유전에서 소각되는 가스의 양을 조사할 수 있다. 2006년 한 해 동안 산유국과 석유 회사들이 소각한 천연가스의 양은 1,700억 세제곱미터에 달한다. 이 수치는 미국에서 연간 소비되는 천연가스의 27퍼센트에 해당하고 전 세계 생산량의 5.5퍼센트에 해당하며 미국 시장 가격으로 400억 달러에 해당한다.

이 같은 절차를 통해 약 4억 톤의 이산화탄소가 배출된다. 미디어는 수많은 주요 석유 기업이 진을 치고 있는 나이지리아를 겨냥하고 있지만 실제로 세계에서 이산화탄소를 가장 많이 배출하는 나라는 러시아이다.

2002년에 개최된 지속 가능한 개발에 대한 여러 나라들의 정상 회담에서 세계은행은 노르웨이 정부의 협력을 얻어 전 세계적인 가스 소각의 감소를 목표로 하는 조치를 취한 바 있다. 세계 가스 소각량 감소 협정(Global Gas Flaring Reduction, GGFR)이 그것이다. 상당수의 산유국, 석유와 관계가 있는 여러 공공 기업과 국제 민간 기업이 이미 이 협정에 조인했다.

출처: 세계 가스 소각량 감소 협정, 2007년

---

8 석유와 가스의 형성을 보여 주는 박스 3(43쪽)을 참고할 것.

가스를 채굴하는 시설을 따로 설치해 수익을 올리기에 충분하지 않다는 것이다.[9] 가스가 지금보다 훨씬 더 비싼 값에 판매되거나 가스 소각 시설보다 가스를 이용할 수 있는 부대시설을 갖추는 비용이 더 싸다면 가스의 수익성이 보장될 수도 있을 것이다. 이처럼 가스를 둘러싼 계산은 복잡하다!

채굴된 가스를 수송할 수 있는 기간 시설을 설치하는 데는 엄청난 비용이 들어간다. 기간 시설이란 유전을 수백 킬로미터 이상 떨어진 해안과 연결하는 가스 공급관을 의미한다. 가스 공급관은 부식이 심한 해저 환경을 견딜 수 있어야 한다. 또한 유전에서 가까운 곳에 소비 시장이 존재하지 않는다면 멀리 떨어진 시장까지 가스를 운반하기 위해 가스를 액화해야 한다. 현재 기술로는 바다에서 가스를 액화할 수 없다. 그 때문에 가스를 이용하려는 입장에서 보면 가스 공급관과 지상 액화 공장의 건설은 반드시 필요하다. 따라서 장기간에 걸쳐 충분한 가스를 채굴할 수 있다는 조건이 보장되지 않는 한 비용이 많이 드는 투자가 불가능하다는 것은 명백하다.

가스 운송비가 지나치게 비싼 경우에는 가스를 유전에 재주입하는 방법을 고려할 수 있다. 경제적 채산성을 따져 보아 가스를 다시 채굴할 수 있는 가장 좋은 시기를 기다리면서 말이다. 그렇게 되면 가스 판매로 이익을 얻는 것은 훗날로 미루어지게 된다. 물론 가스의 재주입을 통해 석유의 회복을 도울 수도 있다.[10] 하지만 이 방식 역시 비용이 많이 들기 때문에 과거에는 물론이고 현재 기니 만의 심해 유전에서 이루어지고 있는 수많은 석유 채굴에서도 아주 드물게 사용되고 있는 실정이다.[11]

---

9 북해 유전처럼 가스의 수송 및 공급 시설과 소비 시장이 유전 가까이에 있는 경우는 예외이다.
10 가스의 양을 늘리면 유전 내부의 압력이 올라가고 그 결과 석유가 보다 많이 '회복'된다. 시간이 흐르면서 석유가 가스를 포함하게 되므로 지상에서 석유와 가스를 분리하는 시설을 통해 석유 채굴량을 늘릴 수 있기 때문이다. 물론 이 경우 유전을 개발하면서 들어가는 보충 비용을 더해야 할 것이다.
11 모든 심해 유전에서 천연가스를 소각하는 것은 아니다. 예를 들어 유럽 시장에서 상당히 가까운 북해 유전은 가스 사용을 위한 기간 시설을 이미 갖추었다.

Box 2

가스의 수송

천연가스란?

천연가스는 70~90퍼센트가 메탄인 탄화수소의 작은 분자들로 구성되어 있다. 무색무취이며 공기보다 가볍다. 안전을 위해 화학 방향제인 메르캅탄을 혼합하는데, 그렇게 하면 천연가스는 썩은 달걀 냄새를 피우게 되어 유출될 경우 쉽게 탐지할 수 있다.

가스는 불편하다!

석유 1배럴(약 159리터)이 생산하는 에너지는 천연가스 170세제곱미터의 에너지에 해당한다. 따라서 석유 1리터는 천연가스 1세제곱미터(1,000리터)에 해당하는 에너지를 가지고 있다. 따라서 가스 수송 비용은 당연히 석유 수송 비용보다 비싸다.

가스의 압축과 수송

천연가스는 보통 가스 공급관을 통해 유전에서 소비 시장으로 운반된다(2006년을 기준으로 전 세계에서 판매된 가스의 71.8퍼센트가 그렇게 운반됐다). 천연가스는 압축될수록 양이 줄고 수송 비용도 낮아진다. 가스 공급관 안에서 가스의 압력은 증가한다. 공급관 안에서 가스가 흐르는 속도(시속 15~20킬로미터)를 유지하려면 120~150킬로미터에 달하는 수송관 전부를 재압축해 그 수송에서 발생하는 손실을 보충해야 한다.

액화 천연가스(LNG)

섭씨 영하 162도에서 냉동된 천연가스는 액체 형태로 응집된다. 이것이 액화 천연가스이다. 이렇게 하면 가스의 양은 600분의 1로 줄어들지만 이 작업에는 비용이 많이 든다. 새로운 가스 공급관 건설에 필요한 투자와 비교해서 계산하면 수송 거리가 3,000킬로미터 이상이 되어야만 선박을 통한 액화 천연가스 수송이 경제적 수익을 얻을 수 있다. 목적지에 도착하면 액화 가스는 소비 지역 근처의 컨테이너 기지에서 다시 데워져 원래의 가스 형태를 되찾는다.

참고: 액화 공장을 가동하려면 평균적으로 공장에서 취급하는 가스의 12퍼센트가 소비된다.

헬리콥터에 타고 있던 일행 하나가 기술적 토의에 열중하고 있던 우리의 관심을 다른 데로 돌렸다. 그는 점점 가까워지고 있던 석유 채굴 시설에 대해 설명하기 시작했다. 전통적인 심해 유전과 달리 달리아의 석유 채굴은 시추대가 아닌, 해저에 고정되어 있는 케이블과 연결된 배 위에서 이루어진다는 것이다. 1,200~1,500미터 깊이의 바다에서는 이 방식이 가장 적합하다고 했다.

석유업계에서 통용되는 용어로 말하자면 이처럼 정박되어 있는 배는 부유식 원유 생산·저장·하역 설비(Floating, Production, Storage, Offloading System)의 머리글자를 따서 FPSO라고 불린다. FPSO는 하나의 공장을 수용한 채 바다 위에 떠 있는 거대한 설비이다. 길이가 300미터에 폭 60미터이고 3만 톤의 장비를 갖춘 거대한 설비인 것이다. 이것을 이용해 석유를 채굴하고 불순물을 걸러낼 수 있고 이 귀중한 액체를 200만 배럴까지 저장할 수도 있다. 게다가 거의 나흘마다 한 번씩 수송선을 꽉 채워 육지로 석유를 운송하고 있기도 하다.

한 시간 동안 비행하자 마침내 헬리콥터가 배에 착륙할 시간이 되었다. 헬리콥터가 천천히 속도를 낮추면서 착륙할 준비를 했다. 승객들은 달리아 유전의 뒷부분에 착륙한 헬리콥터에서 차례대로 내렸다. 밖으로 나오자마자 거대한 열기가 몰려왔다. 100미터 높이에 착륙했는데도 10~20미터 정도 위치에 있는 가스 소각탑에서 나오는 불길의 뜨거운 열기가 느껴졌던 것이다. 불의 신(神) 불카누스의 불길이라 해도 그처럼 위압적이지는 못했으리라! 하지만 우리가 알 수 없는 무언가가 있었다. 왜 가스 소각탑이 타고 있을까? 토탈 석유 회사의 기술적 자랑거리 가운데 하나인 달리아의 FPSO는 가스를 소각하는 대신 유전에 재주입하는 것으로 알려져 있지 않은가? 무슨 사고라도 있었던 걸까?

물어보고 싶어 입이 근질근질하던 차에 엘로디가 먼저 질문을 던졌다. 이런! 일사천리로 설명이 이어졌다. 달리아 유전은 1997년에 발견되었다. 그러나 개발 계획은 2003년에야 시작되었고 석유 채굴은 2006년에 비로소 시작되었다. 다른 많은 기업과 마찬가지로 생산 본부는 부대시설이 갖추어지기 전부터 이미 정상적으로 가동되기 시작했다.

왜 달리아 유전의 몇몇 FPSO가 아직까지 작동되고 있지 않은지에 대해 단계별 개발이라는 개념을 통해 그 이유를 알 수 있었다. 채굴된 가스를 재주입하는 데 필요한 가스 800만 세제곱미터를 날마다 압축할 수 있는 압축기들이 그 좋은 예이다. 이것들이 없다면 가스를 배출할 수 있는 유일한 시설은 가스 소각탑일 것이다. 우연히도 우리가 달리아를 방문한 다음 날 압축기가 시험 가동되었다. 이와 관련된 소식을 토탈 석유 회사의 토막 소식란에서 볼 수 있었다. 이제부터 달리아 유전은 매우 까다로운 환경 보호 규범을 준수한다는 사실을 자랑스럽게 생각할 것이다.

천연가스 재주입은 지상 액화 공장의 건축을 예상하게 하는 보다 규모 있는 계획의 첫 단계에 불과하다. 최근 들어 에너지 관련 분야에서 모든 것이 급속도로 변화하고 있다는 사실을 지적해야 할 것이다. 그 변화 중의 하나는 가스 가격의 급상승으로 인해 예전에는 지나치게 비용이 많이 든다고 여겨졌던 계획들의 채산성이 높아진 것이다. 다른 변화로는 언론의 압력이 거세져 이제는 '옛날 방식으로' 가스를 소각하는 것을 정당화할 수 없다는 사실을 들 수 있다.

메이저 석유 회사들이 산유국들과 더불어 확립했던 힘의 균형이 흔들리고 있다. 새로운 유전을 찾아내는 일은 점점 더 어려워지고 있으며 세계 언론의 압력이 커져가는 상황에서 환경 문제나 개발 문제에 관심을 기울이는 것은 필수적인 일이 되어 가고 있다. 반면 산유국들은 가스 재주입을 밀어붙이고 있다. 산유국들은 가스 재주입을 통해 머지않은 장래에 중요한 수익원이 될 수도 있을 자연 자원의 낭비를 막고자 하는 것이다. 오늘날 산유국들은 석유 회사들과 체결하는 계약서에 사회 조항[12]과 환경 조항을 포함시키라고 요구하고 있다. 앙골라의 달리아 유전에 참여한 주요 기업들의 '블록 17' 채굴 계약이 좋은 예이다. 회사는 반드시 앙골라 현지에서 직원의 일부를 채용해야 하고 채굴된 가스를 의무적으로 재주입해야 한다.

바다에 떠 있는 공장

우리는 안내자 위그를 따라 190명을 수용할 수 있는 달리아의 '생명의 공간'으로 들어갔다. 석유 채굴의 책임을 맡은 수많은 기술자들은 육지와 완전히 떨어진 이곳에서 120명이 한 조를 이루며 4주일 교대로 하루 24시간 내내 근무를 하고 있었다. 그들의 삶은 두 가지를 제외하면 원양 어선 선원들의 삶과 유사했다. 바다의 수평선이 거의 바뀌지 않는다는 점과 훨씬 더 위험한 작업을 한다는 점이 그것이다. 모든 사람들이 1988년 가스 유출로 인해 160명의 생명을 앗아 간 북해의 파이퍼 알파 유전 사고를 잊지 않고 있었다. 20년 동안 안전 수칙이 더 강화되었으나 사고가 날 가능성이 완전히 사라질 수는 없는 노릇이다.

우리는 채굴 책임자의 사무실에서 다시 한 번 장비를 점검했다. 눈에 잘 띄는 형광 빛의 푸른색 옷, 녹색 안전모, 장갑, 안전 장화, 보호안경과 귀마개 등이 우리의 장비였다. 우리는 가져간 카메라의 플래시 부분에 스카치테이프를 붙여야 했고 안전 장비에는 인화성 가스 탐지기를 장착

---

12 유전 개발 계획의 일부로 해당 지역 출신자들을 고용하거나 일자리를 창출해야 한다는 조항이 그 예이다.

해야 했다. 이런 준비를 해야만 불행한 상황을 예방할 수 있는 것이다. 자칫하면 카메라의 플래시가 터지면서 불꽃이 튀어 인화성 탄화수소에 불이 붙을 수도 있고, 그 결과 유전 시설 전체의 가동이 멈출 수도 있다. 그렇게 되면 여섯 시간이 넘게 걸리는 정밀 조사를 거친 다음에야 유전을 재가동할 수 있다. 다행히 인명 피해가 발생하지 않을 수도 있지만 경제적 손실은 대단할 것이다. 원유가 배럴당 100달러가 넘는 가격으로 팔리는 시기에 원유 채굴의 중단은 결코 반가운 일이 아니다.

바다 위에 떠 있는 거대한 공장에 들어간 우리는 어안이 벙벙한 채 유전 시설 한복판에 있게 되었다. 하지만 이 시설은 빙산의 일각일 뿐이다! 바다 위에 드러난 부분만으로 심해 석유 탐사의 모든 과정을 설명할 수는 없다. 심해 석유 탐사는 해저에 건설된 하나의 복합적인 세계라고 할

Box 3

석유란 무엇인가?

예비 지식
- 물이 통과할 수 있는 암석과 통과할 수 없는 암석이 있다. 마찬가지로 석유가 통과할 수 있는 암석과 없는 암석이 있다.
- 석유는 비중이 아주 높은 기름은 아니다. 물과 섞인 기름이 표면으로 올라가듯이 석유도 그것을 떠받칠 수 있는 암석을 통해 표면으로 올라가는 통로를 마련하고자 한다.
- 석유는 휘발성이 아주 강하다. 따라서 '석유 호수'를 발견할 수는 없다. 있다고 해도 그 내용물은 증발해 버릴 것이다.

유전은 어떻게 형성되는가?
탄화수소는 다음과 같은 네 단계를 거쳐 만들어진다.
1. 수억 년 전에 죽은 동식물들이 퇴적층 밑에 함몰된다. 이 동식물들은 산소를 빼앗긴 상태이기 때문에 자연적으로 이루어지는 유기적 분해를 겪지 않는다. 시간이 지남에 따라 이 퇴적층이 두꺼워지고 다른 퇴적층이 그 위에 쌓이면서 동식물들은 점점 더 깊은 곳에 파묻히게 된다. 이렇게 두꺼워진 퇴적층

전체가 점점 더 이 유기체 쓰레기들을 내리누른다. 점차 주변의 압력과 기온이 높아진다.

2. 적당한 온도와 압력을 만나면 유기체 쓰레기는 화학 변화를 일으킨다. 분자의 분해 증류가 그것이다. 이 분해 증류로 인해 석유근원암(상당한 양의 추출성 유기물을 함유한 검은색 혹은 암회색의 지층―옮긴이)에서 탄화수소 분자가 발생하게 된다. 그렇다고 해서 석유근원암에서 석유를 채취하는 것은 아니다. 석유근원암은 너무 깊은 곳에 있다.

3. 이렇게 형성된 탄화수소의 비중은 그렇게 크지 않기 때문에 투기성 암석을 통과해 표면으로 올라간다. 이것이 바로 '이동'이다.

4. 이처럼 탄화수소가 이동을 하다가 특이한 형태[거꾸로 된 배사곡(背斜谷)이 가장 좋은 예이다]로 된 불투기성 암석, 즉 덮개암에 부딪치면 더 이상 이동이 이루어지지 않는다. 바로 그곳에 유전(저장소라고도 한다)이 형성된다. 그러니까 물이 스펀지에 갇히듯이 탄화수소가 투기성 암석에 갇히는 것이다. 정확히 그곳에서 석유가 채굴된다.

화석 에너지를 태우면 지하에 저장되었던 이산화탄소가 대기 중으로 배출된다. 이 과정에서 이루어지는 배출은 이른바 '순수' 배출이다. 그 어떤 것도 이 배출을 보상하지 못하며 그로 인해 대기 중의 탄소의 양이 증가하는 것이다.

〈유전의 구조〉

주의:
• 탄화수소 화합물은 다양한 크기의 수소 원자와 탄소 원자가 결합된 분자들을 포함하고 있다. 짧은 고리의 분자들이 더 가벼우며 기체 형태로 존재한다(메탄과 에탄). 이와

달리 긴 고리의 분자들은 비중이 더 크고 액체 형태로 존재한다(펜탄, 헥산, 방향족 탄화수소 등). 액체로 존재하는 이런 화합물들이 석유를 형성한다. 유전에서는 보통 석유와 가스가 동시에 채굴된다. 가스는 석유에 비해 비중이 작기 때문에 유전의 상층부를 차지한다. 석유보다 비중이 더 큰 물이 있다면 시추를 하면서 가스, 석유, 물을 차례로 만나게 될 것이다.

• '하나'의 석유가 있는 것이 아니라 저류암(貯留巖: 기름이나 가스를 품고 있는 빈틈이 많은 암석—옮긴이)만큼이나 '다양한' 석유가 존재한다. 형성된 탄화수소는 처음에 매몰된 유기체들, 그것들의 변화의 조건, 변화가 이루어지는 암석의 종류에 따라 달라진다.

수 있기 때문이다. 이해를 돕기 위해 한 마리의 거대한 낙지를 상상해 보라고 권하고 싶다. 낙지의 머리 부분은 시추대 혹은 배에 해당하고, 다리부분은 종종 수백 킬로미터에 달하는(달리아 유전의 표면적은 230제곱킬로

〈달리아 유전의 구조〉

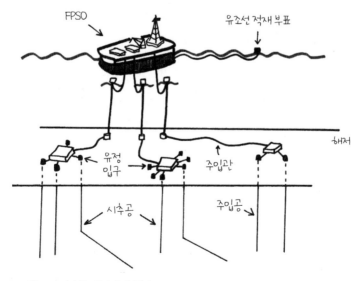

참고: 토탈 석유 회사 안내 책자

미터이다) 심해의 여러 지점을 연결하는 파이프라인에 해당한다.

달리아 유전에는 약 160킬로미터의 해저 송유관과 밧줄이 설치되어 있다. 유연한 관은 해수를 따라 흔들리는 반면 유정 입구를 고정하는 다리 부분은 땅속에 파묻혀 있다. '유정 입구'라고? 그렇다. 해저에 설치된 이 구조물은 석유를 배에 설치된 공장으로 끌어올리는 파이프라인들과 연결되어 있다.

기름이 고여 있는 부분에 도달하기 위해 설치된 수백 미터에 달하는 유정은 유전 전체에 걸쳐 수백 개, 아니 수천 개가 있다. 유정은 설치된 땅과 그 기능에 따라 형태가 다양하다. 석유와 가스를 채굴하는 구멍과 압력을 강화하는 데 기여하는 물질을 석유 저장소에 재주입하는 구멍 등이 그것이다. 이렇게 해서 재주입된 물과 가스는 석유 방울을 퇴적 장소 밖으로 '밀어내서' 지표면으로 밀어 올리는 역할을 하게 된다.

약 360억 달러를 들여 건설한 달리아 유전은 기술과 산업의 결정체이다. 무엇보다도 힘든 일은 1,200~1,500미터에 달하는 바닷속에서 탐사 설비를 설치하는 것이었다. 해저에서 느끼는 기압은 대기압의 140배에 달하기 때문에 처음에는 스쿠버다이버들을 그곳으로 보내는 것 자체가 불가능한 일로 여겨졌다. 따라서 예상 지점에 유정을 뚫기 위해서는 고도의 원격 조정 기술을 갖춘 장비가 필요했다. 그 다음으로 심해의 매우 낮은 온도로 인해 형성된 침전물이 파이프라인을 막아 버릴 가능성을 피하기 위해 파이프의 단열 처리를 강화해야 했다. 마지막으로 떠오른 문제는 채굴된 석유의 소유자들 역시 작업을 쉽게 만드는 장비를 거의 갖추지 못했다는 사실이었다. 예를 들어 아주 끈적끈적한 석유는 송유관 속에서 잘 흐르지 않는다. 그 때문에 그들은 석유를 채굴하기 위해 수평으로 뚫린 유정과 굵은 파이프라인 등을 사용하느라 더 많은 비용을 들여야만 했다.

배의 갑판에서 우리는 정련을 위한 다음 단계로 원유를 옮기는 데 사용되는 거대한 노란색 저장통들 사이를 왔다 갔다 했다. 물론 이 과정은 원유를 다양한 성분별로 나누어 디젤, 가솔린, 등유, 타르 등으로 걸러 내는 정유 과정과는 다르다. 이 갑판 위에서 이루어지는 작업은 채굴된 원유를 상업적 필요에 따라 처리하는 것, 즉 원유에서 물과 가스를 걸러 내는 작업인 것이다. 결국 이렇게 불순물이 걸러진 원유가 국제 시장에서 거래되는 것이다. 위그의 설명에 따라 우리는 다른 시설물들로 관심을 돌렸다. 그 시설물들은 원유에서 분리된 물과 가스를 저류층에 재주입하거나 바다에 버리기 전에 처리하는 용도로 사용되었다.[13]

달리아 유전을 떠나기 전에 우리는 잠깐 통제실에 들렀다. 그곳에서는 수천 종류의 자료를 실시간으로 하나하나 분석하고 있었다. 그러니까 날마다 24만 배럴[14]의 석유를 생산할 수 있는 달리아 유전의 생산 전 과정이 그곳에서 통제되고 있었다. 이처럼 생산 과정을 통제하기 때문에 아주 약간의 이상만 생겨도 즉시 그것을 감지할 수 있는 것은 물론이고 곧바로 바로잡을 수도 있다.

앙골라의 달리아 유전 견학은 이렇게 끝났다. 오후 세 시 정각에 출발하는 헬리콥터를 타야 했다. 우리는 마지막으로 달리아 유전을 한 번 휙 둘러보고 재빨리 헬리콥터에 몸을 실었다.

석유는 환경에 어떤 대가를 치러야 하는가?

육지로 되돌아오면서 달리아 유전에서 받은 인상들이 뒤죽박죽 섞이

---

13 원유와 더불어 채굴되는 물에서 탄화수소를 가능한 한 모두 분리하고 나면 이 물을 종종 바다에 버리곤 한다. 그러니까 이 물은 석유와 같이 저류층에서 나오는 것이다.
14 지질학자들의 계산에 따르면 달리아 유전의 석유 매장량은 20년 동안 매일 24만 배럴을 채굴할 수 있는 양이다.

기 시작했다. 10년 전만 하더라도 탐사가 불가능하다고 여겼던 자원들을 탐사할 수 있게 되었다는 것은 분명했다. 또한 환경 보호가 석유 업자들의 주요 관심사가 되었다는 것도 분명했다. 가스 소각탑 사용이 그 증거였다. 하지만 여전히 환경 문제를 고려하지 않은 채 '검은 황금'이라 불리는 석유 채굴을 위해 과도한 경쟁을 벌이고 있는 것은 아닐까?

그 증거는 역청질 유혈암(油頁巖)[15]의 노천 채굴이다. 이 유혈암에서 탄화수소를 뽑아내려면 상당한 면적의 숲을 없애거나 역청질 '모래'를 데우기 위한 거대한 보일러를 설치해야 한다. 이 거대한 보일러는 석유나 가스로 작동한다.[16] 그러므로 유혈암을 채굴하면서 온실 효과의 주범인 가스 배출을 줄이라는 요구에 부응하기란 대단히 어려운 일이다. 게다가 산성비와 역청 채굴과 예비 정제로 인한 수질 오염을 강하게 비난하는 언론은 별로 주목을 받지 못하고 있다. 이처럼 상황은 아주 절박하다. 이런 상황에서 환경에 끼치는 피해를 줄이기 위해서는 법률적인 면에서는 물론 기술적인 면에서도 변화가 있어야 할 것이다.

언론의 관심이 집중되는 국제 석유 회사들은 앞으로 환경 문제와 관련된 새로운 요구에 굴복할 수밖에 없을 것이다. 하지만 소규모 시장을 대상으로 하는 국내 기업들의 생산 방식은 어떻게 개선할 수 있을 것인가? 전 세계 매장량의 약 75퍼센트에 해당하는 석유를 소유하고 있으며 언론에도 별로 신경을 쓰지 않는 이 국내 기업들은 환경 문제에 대해 국제 석유 회사들과 동일한 관심을 보이고 있지 않다.

만약 석유와 가스의 가격이 오른다면 이 기업들은 석유와 가스 낭비

---

15 석유와 가스를 생성하기에 충분한 유기체를 포함하고 있는, 모래의 일종인 가는 입자로 이루어진 퇴적암이다. 유혈암이라는 이름과 달리 이 암석은 기름 침전물이며 지질학적 유혈암은 아니다.

16 여기에 생산된 탄화수소의 약 10퍼센트가 소비된다. 끈적끈적한 석유의 채굴에 추가 비용이 들기 때문에 채굴과 예비 정제에 필요한 열에너지를 얻기 위해 원자로를 이용하자는 의견도 있다.

를 줄이는 생산 방식을 채택할 것이다. 이것은 또한 지역 환경의 보호를 향해 내딛는 첫걸음일 수 있다. 이와 더불어 국제적인 협조와 재정적인 자극 역시 석유 회사들이 변화하도록 보다 손쉽게 유도할 수 있을 것이다. 소각되는 가스의 양을 줄이는 것을 목적으로 하는 세계은행의 조치 (세계 가스 소각량 감소 협정, GGFR)에 협력한 국가들은 국제 공조를 통해 얻을 수 있는 긍정적인 점들이 무엇인지 잘 보여 주고 있다. 세계은행이 GGFR에 동의하지 않은 산유국들의 협력을 얻어 낼 수 있다면 기후에 아주 유익한 결과를 가져오리라는 것은 분명한 사실이다. 이 같은 조치는 석유 이외의 다른 분야에서도 널리 고려해 볼 만한 충분한 가치를 가지고 있다.

제2장 석탄의 나라에서

세계 일주 프로젝트 No. 2

- 도르스폰테인의 탄광(남아프리카공화국)
- 리처드 베이의 석탄 기지(남아프리카공화국)
- 베이징의 아시아 전력공사 시장 전망 연구소(중국)

"코크스(석탄이나 석유에서 생산되며 탄소가 주요 성분인 고체—옮긴이)가 쌓여 있으면 삶이 즐겁다!"

우리는 오스트레일리아, 중국, 남아프리카공화국의 지도자들이 이 말에 쉽게 동의할 거라고 생각한다. 그들의 조국에서 석탄이 많이 생산되기 때문이다. 세계 에너지의 미래는 '석탄으로의 회귀'로 그려 볼 수도 있을 것이다. 하지만 탄소 배출이 엄격한 제약을 받고 있는 상황에서 석탄을 어떻게 생산하고 어떻게 이용할 것인가? 남아프리카공화국에서 우리는 석탄을 생산하는 탄광부터 전 세계로 수송하는 수송선에 이르기까지 석탄이 이동하는 전 과정을 살펴보았다. 그리고 지구의 또 다른 한편인 중국에서는 기술자들이 석탄의 이용 방법을 다원화하기 위해 어떤 노력을 기울이는지를 가까이에서 관찰했다.

이 까만 조약돌의 이동 경로를 따라갈 준비가 되었나? 그렇다면 출발하자!

탄광으로 가자!

3월 17일. "21세기의 탄광은 어떤 모습일까?" 프랑스에서는 2004년에 로렌 지방의 마지막 탄광이 문을 닫았다는 사실을 알고 있었지만, 그리고 석탄의 새로운 중요성을 다룬 몇 편의 글을 읽었지만, 우리는 오늘날 탄광이 어떻게 운영되고 있을지 상상하면서 조금 당혹감을 느꼈다. 그래서 우리는 탄광을 직접 방문해 보기로 결심하고 남아프리카공화국으로 향했다.

도르스폰테인, 남아프리카공화국의 탄광

토탈 석탄 회사는 1980년에 남아프리카공화국에 진출했다. 우리를 초청한 이 회사는 남아프리카공화국 제1의 석탄 수출 회사지만 이 나라에서 거래되는 석탄의 91퍼센트를 생산하는 여섯 개 대기업에 비한다면 아주 작은 규모의 회사이다.

전 세계 석탄 매장량은 약 5,000억 테프(tep: 석유의 톤에 해당한다)로 추산된다. 이것은 현재의 소비 추세로 본다면 약 160년 동안 소비할 수 있는 양이며 화석 연료 가운데 가장 오래 사용할 수 있는 양이기도 하다. 게다가 석탄은 전 세계에 고루 퍼져 있다. 세계에서 일곱 번째로 많은 남아프리카공화국의 석탄 매장량은 전 세계 매장량의 7퍼센트에 불과하다.

샌디와 자넬레가 이른 아침에 우리를 데리러 왔다. 자동차를 타고 연평균 80만 톤[17]의 석탄을 캐는 중간 규모의 탄광이 있는 도르스폰테인으

---

17 약 50만 테프에 해당하는 양이다. 석유 1톤과 맞먹는 석탄 1톤의 가치는 석탄의 질에 달려 있다. 석탄에 재와 불순물이 많이 섞여 있을수록 가치는 낮아진다.

로 가기 위해서였다. 방향은 요하네스버그 남쪽에 있는 콰줄루나탈[18] 쪽이었다. 우리와 동행한 여자들은 줄루 족 출신이었다. 참을성이 강한 그녀들은 우리에게 "사니보나니(안녕하세요?)"와 "엔지야봉가(감사합니다)." 같은 자기 부족의 언어 몇 마디를 가르쳐 주었다. 요하네스버그의 도심을 지나자 곧바로 교외 지역이 시작되었다. 건물과 담장의 높이가 낮아졌고 담장 위에 설치된 철조망이 드물어졌고 감시 카메라도 사라졌다. 고작 문 하나와 창문 하나만 달린 작은 벽돌집들이 나타났다. 우리를 태운 자동차는 10년쯤 된 것 같았다.

그 다음 날 우리 일행은 택시 운전수인 에이브러햄의 보호 아래 요하네스버그의 가장 유명한 흑인 거주 구역인 소웨토를 지나갈 예정이었다. 에이브러햄은 우리에게 자기 가족을 소개하고 자신이 겪었던 인종 차별, 무위도식하는 자식들, 흑인 공동체를 휩쓸었던 알코올의 폐해, 요하네스버그를 세계에서 가장 위험한 도시로 만든 사회 규준의 부재 등에 대해서도 말해 줄 것이었다. 특히 그는 우리에게 자신이 지금과는 다른 사람이 될 수 있다는 희망, 백인 공동체와 흑인 공동체와 혼혈 공동체가 진정한 화해를 위해 많은 노력을 했던 역사 등을 들려줄 예정이었다. 그런 낙관주의는 에이브러햄 혼자만의 것이 아니었다. 에이브러햄의 이야기를 들은 우리도 새로운 조국의 건설에 참여하고 있는 모든 남아프리카공화국 사람들과 더불어 그의 낙관주의를 공유하게 되었다.

자동차를 타고 계속해서 앞으로 나아가다 보니 주위의 땅은 거대한 검은 구릉으로 뒤덮여 있었다. 발전소를 나타내는 증기탑[19]들이 규칙적인

---

18 콰줄루나탈은 카루 분지의 음푸말랑가, 프리 스테이트, 림포포, 이스턴 케이프와 마찬가지로 남아프리카공화국의 거대한 석탄 지대 가운데 하나이다.

19 발전소의 거대한 굴뚝에서 나는 연기—가장 상태가 좋을 때는 색깔이 없고 가장 상태가 나쁠 때는 검은색일 수도 있는—는 실제로는 보일러에서 나는 연기가 아니다. 정확하게는 냉각탑에서 나오는 수증기이다. 알아 둘 만한 지식이다.

간격으로 눈에 띄기 시작해서 목적지가 가까워졌다는 사실을 알 수 있었다.

땅속으로 내려가다

쉰 살쯤 된 앤디는 럭비 선수 같은 체격을 가졌다. 남아프리카 공화국에 인종 차별이 한창이던 1990년대에 경찰이었던 그는 그 뒤 광부가 되었다가 다시 석탄 회사 경영자가 되었다. 우리는 노란색 옷을 입고 보호 안경과 안전모를 쓰고 헤드램프와 사고가 날 경우 사용할 산소마스크를 준비하고서 앤디와 함께 탄차(炭車)에 올라탔다. 쥘 베른의 소설에서나 볼 수 있는 탄차를 타고 우리는 탄광의 갱도 속으로 미끄러져 들어갔다.

우리는 검은 창자 속으로 떨어졌다. 어떤 장소에서는 쉽게 허리를 펴고 설 수 있었지만 높이에 비해 상대적으로 폭이 넓은 것 같은 갱도는 아주 기이하게 찌그러져 보였다. 우리는 마치 폐소공포증 환자들 같았다. 전등을 켜고 계속해서 더 깊은 곳으로 내려갔다. 표지판도 불빛도 어떤 종류의 표시도 눈에 띄지 않았다. 하지만 앤디는 어디로 가고 있는지 잘 알고 있었다. 그는 갑자기 아무것도 분간할 수 없는 교차 지점에 탄차를 세웠다. 우리는 그의 지시에 따라 안락한 탄차에서 내려 작업 중인 탄맥을 향해 걸어갔다. 지하 60미터부터는 헤드램프를 켜야 했다.

우리는 어둠 속에서 작업하는 기계의 모습을 가늠해 보았다. 환풍기가 공기와 석탄에서 나오는 메탄(갱 안에서 발생하는 그 유명한 가연성 가스)을 환기시키고 있었다. 바닥에서는 컨베이어가 요란한 소리를 내며 움직이면서 광석을 밖으로 실어 나르고 있었다. 서로 말을 하려면 고함을 쳐야 했고, 소음과 앤디의 설명을 분간하려면 귀를 가까이 갖다 대야 했다. 특히 발을 딛는 지점에 주의를 기울여 헛발을 딛지 않도록 조심해야 했다. 그 같은 상황에서 장화와 머리에 쓴 안전모가 얼마나 소중한 장비인가를 알 수 있었다. 허리를 굽히고 따라가야 하는 갱도가 상당히 길게 느껴졌다. 마침내 목적지에 도착했다. 350명에 달하는 도르스폰테인의 광부들이 4개 조로 작업을 하고 있는 '막장'에 말이다.

현대식 탄광에서는 가연성 가스를 탐지하기 위해 하르츠산(産) 카나

이탄(泥炭), 갈탄(褐炭), 역청탄(瀝靑炭)의 차이

세 가지 범주의 고체 연료를 가리키는 말로 석탄 생성과 관련된 용어이다. 이탄, 갈탄, 역청탄은 세 가지 범주의 고체 연료를 가리키는 말로 석탄 생성과 관련된 용어이다. 이 세 물질의 구성 성분이나 생성 방식은 매우 비슷해서 충분히 하나의·지질학적 범주에 속할 만하다. 그러나 현재 통용되는 '석탄'이라는 단어는 역청탄만을 의미한다.

갈색 혹은 검은색의 이탄은 신생기의 퇴적암 형성 과정에서 생겨났고 여전히 채굴지에서 생성되고 있다. 탄소 함유량이 그렇게 많지 않은 이탄은 발열량이 비교적 적어 양질의 연료가 아니기 때문에 발전소에서만 사용된다.

이탄의 사촌으로 갈색을 띠거나 역청탄의 친척으로 검은색을 띠는 갈탄은 신생기(제2기~제3기)에 형성된다. 이탄에 비해 더 균질적이며 더 많은 탄소를 함유하지만 역시 양질의 연료는 아니다.

역청탄은 이탄이나 갈탄보다 더 오래전에 생성된 석탄이다. 역청탄 중에서는 무연탄이 가장 질이 좋다. 단단하고 검은색을 띠는 역청탄은 갈탄에 비해 탄소 함유량이 훨씬 많아 세 가지 고체 연료 중에서 가장 양질이다.

석탄의 유형	발열량(kj/kg)	탄소 함유량(%)
역청탄	32~37,000	70~97
갈탄	〈 25,110	50~60
이탄	12,555	〈 50

석탄과 숯을 혼동하지 않도록 주의하자. 광물인 석탄은 지하에서 채굴하는 반면 숯은 나무를 태워 얻는다.

출처: http://www.charbonnagesdefrance.fr
http://www.debar-energie.goub.fr

리아를 사용하지 않는다.[20] 또한 단단한 콘크리트로 갱도를 지탱하기 때문에 이제는 갱도를 떠받치는 갱목을 사용하지 않으며 갱도도 잘 정리되어 있다. 케이지 승강기(새장 모양의 작업용 승강기―옮긴이)가 탄광이라는 이 거대한 기계를 움직이는 광부들과 어린아이들, 그리고 말들 위로 떨어져 덮치는 사고도 드물다.[21] 프랑스 소설가 졸라가 묘사했던 세계는 사라졌다(에밀 졸라는 소설 『제르미날』에서 탄광과 광부들의 삶을 생생하게 묘사했다―옮긴이). 단지 아무도 찾지 않을 것 같은 어둠과 광부들의 목소리만 있을 뿐이다. 오늘날 탄광에서 일하는 광부들의 고통은 19세기에 비하면 비교할 수 없을 정도로 줄어들기는 했다. 하지만 어둠 속에서 일하는 노동에 커다란 자부심을 가지고 있는 광부들의 입장에서 보면 작업 조건은 여전히 나쁘다.

우리 앞에 놓인 채굴장은 50미터 길이의 복도와 비슷했다. 이런 규모의 채굴장에서 광부들은 모든 화석층(1~4미터)의 광석을 파헤치는 것이다. 광부들은 막장에서 몇 미터 크기에 이르는 암석 조각들을 제거한 다음 컨베이어를 사용해 밖으로 옮긴다. 천장이 무너지는 것을 막기 위해 콘크리트 기둥들로 떠받치는데 이 기둥 하나는 300~600톤의 무게를

---

20 하르츠산 카나리아는 가연성 연기에 사람보다 훨씬 더 민감하다. 아주 적은 양의 가연성 연기만 있어도 노래를 그치기 때문에 과거에는 이 새를 가스 탐지용으로 탄광에 내려 보내곤 했다. 이로써 카나리아를 이용해 사전에 위험을 감지할 수 있었다.
21 모든 탄광이 현대화된 것은 아니다. 아직까지 기계화되지 않은 소규모 탄광들이 많이 있고 열악한 작업 조건과 안전시설의 부족으로 인한 사고 발생의 위험성이 적지 않다. 중국 탄광 지대[라디오 프랑스 인터내셔널(Radio France Internationale, RFI)에 의하면 중국은 세계 석탄 생산량의 35퍼센트를 차지하고 공식적인 탄광 사고의 80퍼센트를 차지한다]에는 이 같은 소규모 탄광이 약 2만 4,000개 존재한다. 홍콩의 한 비정부 기구가 발간한 「중국노동공보」는 중국에서는 공식적으로 약 6,000명의 광부들이 사망했다고 보고됐지만 이 수치는 실제의 3분의 1에 불과할 수도 있다고 추측했다. 사기업의 기업주들은 정부에 제출하는 보고서의 통계를 제대로 작성하지 않는 경향이 있기 때문이다.

지탱할 수 있다. 막장에서 작업이 끝나면 컨베이어와 기둥을 모두 앞으로 옮긴다. 소음이 줄어들면 그와 같은 동작은 아주 멋있어 보일 수도 있을 것이다!

안내인이 우리를 막장 책임자에게 소개했다. 손에 지도를 들고 귀에 연필을 끼운 책임자는 '갱도와 탄주(炭柱: 굴착식 갱도의 천장을 지탱하도록 남겨 놓은 기둥 모양의 석탄층―옮긴이) 설정' 방법을 설명해 주었다. 이 방법은 석탄층 속에 바둑판 모양으로 갱도를 내어 탄주를 만드는 방식이다. 우리는 그 정확성에 놀랐다. 일정하지 않은 방향으로 뻗은 광맥을 따라 구불구불한 터널이 뚫린 모습을 상상했던 우리는 탄광 가장 깊은 곳에서 미국 도시의 거리가 떠오를 정도로 잘 정리된 갱도를 발견했던 것이다. 세 대의 굴착기와 소량의 다이너마이트를 이용해 뚫은 갱도는 높이가 약 1.5미터였고 길이는 벌써 35킬로미터에 달했다.

채굴된 모든 종류의 광석 덩어리를 밖으로 운반하는 고무 컨베이어는 탄광 바깥으로 연결되어 있었고 탄광 전체의 기계는 모두 제대로 작동되었다. 힘든 노동을 벗어던진 21세기의 광부들은 기계를 관리하고 운전하는 일을 주로 했다.

선탄장으로!

탄광 옆에 있는 선탄장(選炭場)에서 견학을 계속했다. 석탄은 채굴된 상태 그대로는 판매될 수 없다. 채굴된 석탄에 섞여 나온 돌을 분리해야 하고 불순물을 제거해야 하며 덩어리의 크기에 따라 분류해야 한다. 채굴된 석탄의 크기에 따라 가격이 달라지기 때문이다.

사소한 물리학 지식 하나를 떠올려 보자. 석탄은 돌과 물보다 비중이 작기 때문에 물에 넣으면 함께 채굴된 돌보다 위쪽에 뜬다. 부유선광(浮遊選鑛)은 이런 차이를 고려해서 고안된 방법이다. 부유선광으로 선별한 석탄 덩어리를 물에 씻어 여러 종류의 철 여과기에 거른 다음 크기에 따라 분류한다.

그렇다면 그 쓰레기는 어떻게 될까? '버럭'이라고 불리는 단단한 쓰레기들은 축조 중인 언덕, 다시 말해 폐석탄 더미로 옮겨진다. 돌덩이들이 쌓여 일정한 높이가 되면 폐석탄 더미를 흙으로 덮는다. 그러면 그곳에 풀이 돋아나 폐석탄 더미 때문에 환경이 입는 피해를 줄일 수 있다. 선탄이 지금처럼 정교하지 않았던 과거에 만들어진 폐석탄 더미는 가끔 노천탄광처럼 다시 채굴을 하기도 한다.[22]

선탄장에서 나오자 석탄 더미가 눈에 띄었다. 석탄 더미의 개수는 상품으로 팔 수 있을 만한 크기를 가진 석탄 종류의 수와 같다. 불도저들은 그 더미에서 덤프트럭으로 석탄을 옮기기 위해 부지런히 움직이고 있었다. 덤프트럭들은 국내 시장이나 철도역을 향해 출발했다. 남아프리카공화국에서 채굴된 석탄은 국내에서 사용되지 않을 경우[23] 철도를 통해 세계에서 제일 규모가 큰 석탄 기지인 리처드 베이로 운송되어 산처럼 생긴 석탄 집적장에 쌓이게 된다.

리처드 베이 석탄 기지로의 초대

남아프리카공화국은 세계 4위의 석탄 수출국이다. 1976년에 세워진 리처드 베이 석탄 기지는 연간 68메가톤의 수송량을 자랑한다. 3월 19일 그곳에서 우리를 맞은 사람은 도노번이었다. 그는 혼혈아였다. 1948년에

---

22 폐석탄 더미와 쇄광(碎鑛) 후의 미세한 찌꺼기에는 10~20퍼센트 정도의 석탄이 포함되어 있을 가능성이 있다. 오늘날에는 그 찌꺼기를 보일러에서 태워 가스로 만들 수 있다.

23 남아프리카공화국은 '석탄을 먹고 사는 나라'라고 할 수 있다. 이 나라에서 사용하는 1차 에너지(전기로 '변환되기 전'의 에너지)의 75퍼센트가 석탄 에너지이다. 프랑스는 그 비율이 5.1퍼센트이고 미국은 23.4퍼센트이다. 중국은 61.7퍼센트에 달한다.

서 1994년까지 인종 차별에 시달렸던 이 나라에서 알게 된 사실 하나가 있다. 다양한 인종의 경제 활동을 본궤도에 올리기 위해 흑인 경제 우대 정책(Broad-based Black Economic Empowerment)이 시행되었다는 사실이다.

흑인 경제 우대 정책은 아파르트헤이트 시대에 여러 인종이 겪었던 피해에 대한 법적 보상을 넘어 나라 전체의 경제생활에서 소수 민족의 몫을 늘리는 것을 목표로 삼았다. 이 정책에는 여러 가지 조항이 있지만 핵심 조항은 두 가지다. 기업은 과거 공적인 생활에서 배제되었던 소수 민족 가운데서 일정 수의 간부를 선발해야 한다는 조항과 '흑인, 혼혈 혹은 인도인 자본가들'을 주주(株主)로 두어야 한다는 조항이다. 이 조항을 지키지 않는 기업주는 심한 처벌을 받을 수도 있다. 탄광 개발 허가가 취소될 수도 있는 것이다!

우리는 높은 위치에 있는 통제실에서 엄청난 규모의 기지 전체를 조망할 수 있었다. 석탄을 실을 화물 열차의 도착에서부터 배에 석탄을 싣는 모습, 화물 열차 차량의 이동, 석탄 더미의 이동은 물론 검은 언덕을 기어오르는 개미들처럼 분주히 움직이는 불도저 부대가 석탄을 싣는 구역에 이르기까지, 모든 움직임이 한눈에 들어왔다. 도노번은 열이 축적되지 않도록 석탄 더미에 규칙적으로 물을 뿌리고 장소를 바꾸어 주어야 한다고 설명했다. 그러면 석탄 더미가 공기에 노출되어 자연 발화[24]하는 것을 막을 수 있고 탄가루로 인한 위생적·환경적 피해를 줄일 수 있다는

---

24 자연 발화는 복잡한 현상이다. 산화 작용으로 배출되는 열 때문에 가연성 물질의 온도가 높아지면 자연적으로 불이 붙을 수 있다. 공기 중에는 상당량의 산소(약 20퍼센트)가 포함되어 있기 때문에 석탄이 공기를 매개로 산화될 가능성이 있다. 다시 말해 외부 온도가 상당히 높으면 석탄 더미에 불이 붙을 수 있는 것이다. 이런 사고를 막고자 열의 축적을 피하기 위해 석탄 더미를 종종 다른 곳으로 옮기기도 하고 석탄 더미에 물을 뿌려 냉각시키기도 한다.

것이다.

우리는 리처드 베이의 안내 비디오에서 보았던 엄청난 숫자 뒤에 감춰진 현실을 점차 확인할 수 있었다. 면적이 260헥타르이고 길이는 2킬로미터에 달하며 200여 개의 차량을 단 기차들을 24시간 내내 가동할 수 있다는 사실, 석탄 기지 내부에 약 80킬로미터의 철로가 설치되어 있다는 사실 등이 그것이다. 리처드 베이 석탄 기지는 각각 12만 톤 규모의 수많은 석탄 더미를 쌓아 최대 6메가톤의 석탄을 저장할 수 있다. 2009년에는 91메가톤을 수출할 수 있는 기지로 확대하겠다는 계획을 듣고 우리는 석탄 산업에서 비롯된 이곳의 활기가 어느 정도인지 가늠할 수 있었다.

석탄은 어디로 운반되어 어떻게 사용될까?

전 세계 석탄의 85퍼센트는 채굴국에서 소비되기 때문에 국제적으로 거래되는 석탄은 연간 약 6억 톤에 불과하다. 이 비율은 석유와는 완전히 반대이다. 이 현상을 어떻게 설명할 수 있을까? 첫째 석탄은 석유에 비해 전 세계에 고르게 분포되어 있고 둘째 석탄에 들어가는 최종 비용의 50~80퍼센트는 수송비이다. 그렇기 때문에 석탄의 국제 거래는 발열량이 가장 높은 역청탄을 중심으로 대부분 가까운 지역에서만 이루어지는 것이다.

과거에 '불의 돌' 혹은 (숯과 대비되어) '땅에서 나는 숯'이라고 불렸던 석탄은 19세기 산업 혁명의 주요 원동력이었다. 숲이 줄어들던 시기에 세계 경제의 총아였던 석탄은 고도성장을 이룬 지난 세기에는 주로 섬유업과 제철업을 이끌었던 증기 기관의 사용을 가능하게 했다. 유럽에서 석탄은 가스와 석유에 의해 추월당했지만 지금은 아시아 여러 나라의 경

Box 2

석탄에서 석유를 얻다

석탄으로 석유를 만든다고? 가능한 일이다. 석유 가격이 배럴당 45유로를 넘는다면 수익을 얻을 수도 있다. 석탄을 기름으로 만드는 탄화수소 합성법은 20세기 초부터 알려지기는 했지만 생산 비용이 올라가기 때문에 환영받지 못했다. 제2차 세계대전 당시의 독일과 아파르트헤이트 시대 남아프리카공화국처럼 석유 공급에 제약을 받았던 몇몇 나라만이 이 기술을 사용했다.

석탄 액화(coal to liquids, CTL) 기술은 다음과 같은 두 가지가 있다.

• 간접 액화: 피셔-트로프슈(Fisher-Tropsch) 공정을 통하면 일산화탄소와 수소로 탄화수소를 합성할 수 있다. 따라서 탄소와 수소를 포함하고 있는 모든 1차 재료, 즉 석탄, 바이오매스(농업 쓰레기, 생활 쓰레기, 산업 쓰레기), 천연가스 등으로 합성 석유를 생산할 수 있다. 이 공정은 석탄 액화 공정, 바이오매스 액화 공정(biomass to liquids, BTL), 가스 액화 공정(gas to liquids, GTL)으로 구분된다.[25] 현재 산업에서 사용되는 공정은 CTL과 GTL 두 가지뿐이다.

• 직접 액화: 1980년대부터 사용되기 시작한 석탄 직접 액화 공정은 대부분 프리드리히 베르기우스가 고안하여 제2차 세계대전 동안 독일에서 사용되었던 개념에 기초하고 있다. 이 공정을 통해 석탄 2톤에서 액화된 석유 1톤을 얻을 수 있다.

석유 가격이 대폭 오르면서 CTL 공정도 많이 사용되기 시작했다. 하지만 세계 에너지 기구에 따르면 이 공정을 통해 생산된 석유는 전통적인 석유보다 세 배나 많은 이산화탄소를 배출한다. CTL 공정을 BTL 공정으로 대체하면 환경에 주는 피해는 줄일 수 있을 것이다. 하지만 그것은 BTL 공정에 필요한 바이오매스의 양과 경작 가능한 지표의 면적을 고려하면 보편적인 해결책이 될 수는 없을 것이다.

출처: http://energie.sia-conseil.com

제 성장에 힘입어 경제 무대의 전면으로 되돌아오고 있다.

　점점 더 희귀해지고 비싸지는 석유를 대체하기 위해서일까? 반드시 그렇지는 않다. 비록 오늘날 석탄으로 석유를 제조할 수 있는 방법이 알려져 있다고 해도 말이다.

석탄은 그리 비싸지 않게 전기를 생산할 수 있는 에너지원 가운데 하나이다. 석탄은 프랑스에서는 전기 생산의 5퍼센트를 차지하는 데 그치지만 미국에서는 2004년 기준으로 발전소의 절반가량에서 사용되고 있다. 중국 발전소의 80퍼센트와 남아프리카공화국 발전소의 90퍼센트도 석탄을 사용한다.

석탄은 낡고 복고적인 기술과 결합되기는 하지만 개발 도상국들의 전력 수요 덕분에 부동의 1인자 자리를 지키고 있다. 중국의 경우 최근 15년 동안 7억 명의 사람들이 1,000테라와트(TW) 이상의 전기를 사용했다.[26] 이 1,000테라와트 가운데 84퍼센트가 석탄을 쓰는 화력 발전소에서 생산된 전력이다. 이런 지역적 추세는 앞으로도 계속될 것으로 전망되며 아시아 국가들에서 발생하는 수요의 증가에 따라 전 세계 석탄 수요도 증가할 것으로 예상된다.

석탄은 전 세계 석탄 생산량의 16퍼센트(거의 600메가톤)를 소비하는 제철업에서도 사용된다. 바꿔 말하면 제철업은 필요한 연료의 70퍼센트에 해당하는 양을 석탄에 의존하고 있다.[27] 원광으로 철을 가공하는 공정에 고온(섭씨 900~1,000도)과 공기가 없는 상태(열분해)에서 연소된 석탄에서 나오는 단단한 찌꺼기인 코크스가 필요하기 때문이다.

마지막으로 석탄은 전통적인 석탄 사용국들(독일과 동유럽의 여러 나

---

25 합성 기름을 액화 석유 가스(LPG)와 혼동해서는 안 된다. LPG는 석유 정제 과정이나 천연가스 채굴 과정에서 나오는 가벼운 탄화수소 혼합물이다.

26 이 같은 전기 소비의 증가는 2006년 기준 프랑스 전기 소비량의 두 배 이상이다.

27 석탄은 제철업에 절대 없어서는 안 될 연료이다. 하지만 반대로 석탄 없이 지낼 수도 있고 숯을 사용할 수도 있다. 예를 들어 브라질의 제철업은 거의 숯에 의존하고 있다.

Box 3

화력 발전소의 작동 원리

혹시 이런 사실을 알고 있는가? 화력 발전의 주요 생산물은 전기가 아니라 열이라는 사실을 말이다. 전통적인 화력 발전소에서는 연료의 33~50퍼센트만이 전기로 변환되고 나머지는 열의 형태로 사라진다.

전기는 어떻게 생산하는가?
그 원리는 간단하다.
1. 보일러에서 연료(가스, 석탄, 바이오매스, 중유 등)를 태운다. 보일러 안에 있는 수많은 관 속에서 데워지고 압력이 높아진 물이 순환하면서 고압의 수증기로 바뀐다(압력 200바, 온도 섭씨 5,000도).
2. 수증기는 다양한 크기의 날개가 달린 일련의 유동 바퀴를 지나면서 터빈 속에서 점차 압력이 줄어들어 저압의 상태가 된다.
3. 터빈이 발전기의 회전을 유도한다.
4. 수증기는 냉각기 내부의 관을 통과하면서 물이 된다. 이 수많은 관 안에는 하천이나 바다에서 길어 올린 물이 돌고 있는데 이 물은 하천이나 바다에 다시 버려진다.
5. 냉각된 물은 펌프로 수거되고 수증기 발생기에 재주입되어 다시 한 번 순환하기 전에 미리 가열된다.

〈화력 발전소의 구조〉

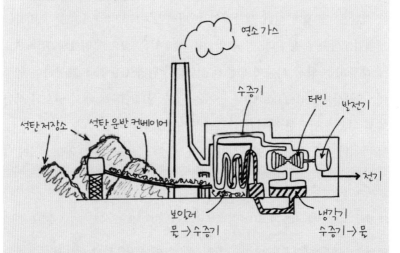

라)에서 볼 수 있는 것처럼 주택이나 산업체 난방에 사용되기도 한다.

석탄과 환경 문제

도르스폰테인 탄광의 탄가루로 시커멓게 변한 우리의 얼굴은 석탄을 쓰는 화력 발전소라고 하면 떠오르는 '공기를 오염시키는 시커먼 연기'를 연상시키기에 충분했다. 석탄을 둘러싼 세계의 여론은 왜 그렇게 좋지 않을까? 석탄은 여전히 산업 혁명과 연결되어 있다. 석탄이 그리 효율적으로 사용되지 못했고 대기 오염의 주범이었던 시대 말이다. 대기가 오염되어 뿌연 안개로 뒤덮인 베이징, 상하이, 홍콩 등이 그 좋은 예이다.

석탄은 또한 환경에 주의를 기울일 수 없었던 시대의 기술적 잔해를 상징하기도 한다. 유럽의 낡은 발전소, 낙후된 기술로 작동되는 개발 도상국의 발전소와 기업들이 그 예이다. 하지만 현재의 석탄 산업은 석탄도 깨끗할 수 있다는 생각을 심어 주고 있다. 그 근거는 무엇일까?

석탄의 연소가 수많은 환경 문제를 야기한다는 사실은 부인할 수 없다. 완전히 연소되지 않은 연기는 여러 오염 물질(아황산가스, 이산화질소, 수은, 방사능 물질 등)과 온실 효과의 주범인 상당량의 이산화탄소를 포함한다.[28]

---

28 여기에 석탄 채굴과 슬래그(광석을 제련한 후에 남은 찌꺼기—옮긴이) 산화 과정에서 배출되는 메탄가스를 더해야 할 것이다. 메탄가스의 온난화 효과는 이산화탄소보다 무려 스물세 배가 높다.

최근에는 유해 가스의 배출을 줄이고 지역 환경을 보호할 목적으로 수많은 강제 조항들이 적용되고 있다. 탈황 기술과 탈질소 기술은 현재 서구에서 널리 시행되고 있는 기술이다. 이 두 가지 기술은 매우 효율적이어서 아황산가스와 이산화질소의 배출을 95퍼센트까지 막을 수 있다. 이는 결과적으로 석탄을 쓰는 화력 발전소가 배출하는 유해 가스의 수준을 가스를 쓰는 화력 발전소 수준으로 낮추는 것과 같다.

온실 효과를 낳는 가스는 어떻게 줄일까? 석탄이 연소될 때는 직접적인 경쟁 연료인 천연가스가 연소될 때보다 생산된 에너지를 기준으로 훨씬 더 많은 이산화탄소가 발생한다. 석탄이 배출하는 이산화탄소를 줄이는 작업은 두 단계로 이루어진다. 이미 널리 이용되고 있는 첫 번째 단계는 발전소에서 연료의 효율성을 높이는 것이고 두 번째 단계는 배출되는 이산화탄소를 포집(捕執)하고 저장하는 것이다. 두 번째 방법에 대해서는 다음의 '집중 해부' 페이지에서 살펴보기로 한다.

발전소의 효율성을 높인다는 것은 무슨 뜻인가? 여기에서 중요한 것은 같은 양의 석탄으로 생산할 수 있는 전기의 양을 늘리는 것이다. 예를 들어 중국 발전소의 효율성은 평균 24퍼센트인데 비해 최근 독일 발전소의 효율성은 거의 45퍼센트에 달한다. 이는 독일에서 전력 1킬로와트를 생산하면서 배출하는 이산화탄소의 양이 중국에서보다 반 이상 적다는 것을 의미한다.

하지만 이런 비교를 통해 중국의 발전소가 독일에 비해 기술적으로 낙후되었다는 결론을 끌어내지 않도록 주의해야 할 것이다. 실제로 우리가 프랑스 전기 회사(EDF)에서 일하는 프랑수아 사비에르를 만난 것은 베이징에서였다. 그의 설명에 따르면 유럽과 프랑스에서 미래의 기술 도전은 석탄 의존도를 낮추는 것이 아니라 환경 오염을 줄이는 석탄 사용

기술을 개발하는 데 있다. 따라서 EDF가 중국에 직원을 파견한 이유는 보다 효율적인 화력 발전소 건설 방법을 현지에서 배우기 위해서이기도 하다. 달리 말해 중국에서 프랑스로 기술 이전이 이루어지게 된다는 것이다. 놀랍지 않은가?

집중 해부_ 지질학적인 탄소 저장

───────── 세계 일주 프로젝트 No. 3 ─────────

- 회수를 위한 이산화탄소 재주입, 슬레이프네르 유전(노르웨이)
- 탄소 포집과 저장, 몽스타 정유 공장 부설 가스 화력 발전소(노르웨이)

지질학적인 탄소 저장의 원리

석유와 가스는 지질학적으로 함몰 장소에 매장돼 있다(43쪽 박스 3을 참고). 수억 년 이상 천연가스를 저장하기에 충분할 정도로 견고한 이 매장지는 이산화탄소를 저장하는 데 이용될 수 있다.

자연 매장지를 인공 매장지로 이용하는 기술이 있을까? 이 기술은 천연가스의 경우에는 흔히 사용되고 있다. 가스 공급망은 가스를 적게 소비하는 시기에 남아도는 생산 분량을 저장하기 위한 일종의 지질학적 창고를 가지고 있다. 그리고 가스 소비량이 최대인 시기에는 여기에서 가스를 공급할 수 있는 것이다. 이산화탄소의 경우에는 이와는 다른 저장 장소를 고려할 수 있다. 대수층, 석유의 회복을 도울 수 있는 채굴 중인 유전, 옛 탄광 등이 그것이다.

탄소 포집 및 저장 기술은 배출되는 가스의 포집은 물론 이 가스의 압력을 높이고 지질학적 함몰 장소에 주입해서 저장하는 것까지도 목표로 한다. 이 기술이 적용되는 대상은? 화력 발전소 혹은 몇몇 산업 분야(특히 시멘트업과 제철업)에서 배출되는 가스와 같이 이산화탄소를 아주 많이 포함하고 있는 배출 가스이다.

기술적 이해를 돕는 정보

세계 경제에 필요한 1차 에너지의 80퍼센트가 화석 연료를 통해 공급된다. 그리고 온실 효과의 주범인 가스의 4분의 3은 화석 연료가 연소되면서 배출하는 가스이다.

세계 에너지 기구(AIE)에 따르면 화석 연료는 앞으로도 오랫동안 인류의 에너지 판도를 지배하게 될 것이다. 2005년에서 2030년 사이에 화석 연료는 전체 에너지 소비의 84퍼센트를 차지할 것이기 때문이다(연평균 증가율은 1.8퍼센트). 온실 효과의 주범인 가스 배출은 2005년에서 2030년 사이에 57퍼센트 늘어날 것으로 예상된다. 이런 예상은 가스 배출이 집중적으로 이루어지는 장소에서 탄소를 포집하고 저장할 필요가 있다는 근거가 된다.

지질학적 저장의 장점:

- 잠재적 저장량의 규모가 엄청나다. 이산화탄소 1~10조 톤을 지하에 저장할 수 있다(이 양을 매년 전 세계에서 배출되는 가스 300억 톤과 비교해 보라).

- 탄화수소의 재주입은 주로 석유 산업이 석유의 회복률 개선을 위해 사용하는 기술이다. 다양한 방법들이 이산화탄소의 운동과 저장을 위해 개발되었다.

이산화탄소 포집 기술에 대한 참고 사항:

- 연소 배출물 처리(포집, 압축, 수송, 저장)에 드는 추가적인 에너지 비용은 원칙적으로 포집의 단계에서 소비되는데, 이것은 연소 가스를 흡수할 것으로 기대되는 연료가 가진 에너지의 약 20퍼센트에 해당하는 비용이다.

- 이산화탄소 포집 기술은 이산화탄소 1톤당 40~70유로로 예상된다. 지나치게 비싸기 때문에 정부의 보조가 없다면 기술 보급이 어려울 수 있다.

- 더 정확하게 말하자면 이산화탄소 포집 기술은 비용이 많이 든다.

- 장기간에 걸쳐 지질학적 구조물에서 포집되는 이산화탄소의 운동은 매우 불안정하기 때문에 오늘날에도 이 가스가 유출되지 않으리라고 보장하지 못하고 있다.

- 마지막으로 지하 땅의 소유와 그 이용에 대한 국가적 법률 정비 작업, 환경 보호를 위한 법률 제정 등이 정비되어야 할 것이다.

이산화탄소 포집의 주요 기술

- 재연소법은 다른 가스(질소, 산소, 수증기)에서 이산화탄소를 분리하기 위해 주로 연기를 재처리하는 방법이다. 이 방법을 위한 설비는 기존 설비에 덧붙여 공장 굴뚝에 설치할 수 있다.
- 예비 연소법에서 연료는 기화하면서 수소와 이산화탄소로 전환된다(제10장 참고). 이렇게 생성된 수소는 에너지원으로 사용되는 반면 이산화탄소는 압축되어 저장된다.
- 산화 연소법은 순수한 산소가 있는 데에서 연료를 태우는 방식이다. 이렇게 태운 연료에서 나는 연기는 90퍼센트의 이산화탄소와 10퍼센트의 수증기를 포함하는데 이 둘은 쉽게 분리된다. 이 방법은 세 가지 방법 중에서 비용이 가장 많이 든다. 공기(약 20퍼센트의 산소를 함유)에서 산소만 추출하는 단계가 비싸게 먹히기 때문이다.

슬레이프네르 유전과 몽스타 정유 공장

- 노르웨이는 산업 이산화탄소 저장을 선도하는 국가이다. 스타토일(Statoil) 석유 회사는 1996년 11월 이후 매년 슬레이프네르 심해 유전

에서 나오는 이산화탄소 100만 톤을 북해의 심해 대류층에 재주입했다. 이 작업에 많은 비용이 들기는 하지만 심해 유전의 이산화탄소 배출에 대해 국가가 부과하는 세금을 내야 하는 기업으로서는 상대적으로 저렴한 비용일 수도 있다.

- 노르웨이와 스타토일 간에 체결된 협정에 따라 몽스타 정유 공장은 산업 가스 포집과 저장 설비를 갖추기 위한 1차 계획을 수용했다. 이 계획의 첫 단계(2010~2014년)는 과도기로, 이 기간 동안 이산화탄소 포집량은 연간 10만 톤에서 250만 톤으로 늘어날 거라고 추산되고 있다. 이 계획은 2007년 12월에 비용이 너무 많이 든다는 이유로 취소되었다. 그러나 2014년까지는 정유 공장을 움직이는 가스 화력 발전소에서 배출되는 가스 전체를 포집한다는 목표에 커다란 변화가 없을 것이다.

- 2008년 2월에 사우디아라비아와 노르웨이는 유엔 협정이 지목한 온실 효과의 주범인 가스 배출을 줄이기 위한 주요 방법으로 '이산화탄소 포집 및 저장(CCS)'을 인정받기 위해 공동으로 노력하겠다고 결정했다. 이것은 교토 의정서의 탄력적인 적용이라는 차원에서 기후 변화를 최소화한다는 정책과 맞물려 있다(223쪽 제10장의 박스 3 참고).

현재 상황의 분석

이산화탄소 포집 및 저장 기술은 앞으로 온실 효과의 주범인 가스 배출을 줄이는 데 상당한 역할을 할 것으로 보인다. 아울러 화석 연료를 많이 소비하는 산업이 탄소를 적게 배출하는 에너지 체계로 전환되면서 생기는 문제점들을 해결할 수도 있을 것이다. 그렇다고 해서 이 기술이 기후 문제를 완전히 해결할 수 있는 마법의 해결책은 아니라는 점은 말할 것도 없다.

2005년 9월 기후 변화에 따른 정부 간 전문가 그룹(GIEC)은 지구 온난화를 막기 위한 투쟁에서 이산화탄소의 포집과 저장에 따르는 효과를 직접 평가한 바 있다. GIEC는 이산화탄소를 지질학적 함몰 지역에 저장함으로써 지금부터 2010년까지 대기 중에 집중되는 온실 가스를 일정 비율로 고정하는 데 필요한 가스 배출량이 15~55퍼센트 감소하는 효과를 거둘 수 있을 것으로 내다보았다.

이 기술을 이산화탄소 수천만 톤을 저장할 만큼 대규모로 실행하려면 많은 부분에서 기술 개발이 이루어져야 할 것이다. 또한 그런 기술 개발을 통해 시설 비용, 특히 포집 단계에서의 비용이 절감되어야 할 것이고 믿을 만한 장기 저장이 보장되어야 할 것이다.

이런 기술은 어떨까?

이산화탄소, 물, 태양 등을 이용한 합성 연료 생산
미국 앨버커키 산디아의 실험실에서 일하는 연구원들은 아주 기이한 태양열 기계 하나를 설치했다. 이 기계는 거대한 바퀴로 물을 가수분해하고, 다시 말해 물을 수소와 산소로 바꾸고, 이산화탄소를 일산화탄소와 산소로 바꾼다. 그런데 일산화탄소와 수소는 합성 연료를 만들 수 있는 활성 가스이다. 이 기계는 당장 상업화하기에는 부피가 너무 크다. 하지만 연구원들은 이 기계를 실생활에서 사용하게 되면 엄청난 결과가 나타날 거라는 꿈에 부풀어 있다. 이를테면 석탄 액화 공정과 바이오매스 액화에 이어 이산화탄소 액화도 가능해지지 않을까?

나무를 이용한 이산화탄소 포집
이산화탄소를 잡아먹는 해초를 키우다면? 광합성 작용에서 힌트를 얻은 미국 청정 연료 기술의 선구자들은 오직 이런 아이디어들만 생각한다. 햇빛을 통과시키는 거대하고 투명한 수족관에 넣은 해초가 그 햇빛을 이용해 광합성을 하면서 에너지를 얻고 그러면서 이산화탄소가 풍부한 연료 가스를 수족관 안에서 순환시킨다. 성장한 다음에는 해초를 수족관 밖으로 꺼내 바이오 탄소로 바꿀 수 있다. 단 하나 불편한 점은 충분한 햇빛과 넓은 공간이 필요하기 때문에 이 반짝반짝하는 아이디어를 제한된 지역에서만 실행할 수 있다는 것이다!

신비스러운 자원,
핵에너지 생산의 현재와 미래

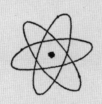

제3장 핵폐기물을 어떻게 처리할 것인가?

──────── 세계 일주 프로젝트 No. 4 ────────

• 방사능 폐기물 처리 공정, 마드리드의 국립 에너지 환경 연구소(CIEMAT)(스페인)

핵에너지에 대한 평판은 그리 좋지 않다. 기술상의 위험, 핵에너지를 군사 목적으로 사용할 수 있는 가능성, 핵폐기물의 독성 등이 가장 불편한 점들이다. 하지만 핵에너지 관련 기술이 제공할 수 있는 장점을 잊어서는 안 될 것이다. 핵에너지는 효율이 대단히 높고 공급이 안정적이다. 이산화탄소는 발전소를 짓고 있는 동안에만 배출되고 일단 건설된 발전소는 수명이 긴 편이다. 핵 연구자들, 핵 외교 사절들, 핵 관련 사업가들은 핵에너지의 세계적 확장을 합법적으로 막고 있는 장벽을 허물기 위해 동분서주하고 있다. 그들의 걱정거리 중에서 가장 중요한 것은 핵폐기물의 저주이다. 그들을 본받아 모두가 이 문제를 해결하기 위해 노력해야 할 것이다.

그런데 핵폐기물의 저주는 그 가치를 재발견하는 사람들에게는 그렇게 간단하지가 않다. 다시 말해 핵폐기물은 나쁜 것만은 아니다. 우리는 원자 속으로 떠나는 짧은 여행 그리고 이 책 124쪽에 실린 '원자력 용어집'을 통해 핵폐기물 문제를 설명할 수 있기를 기대한다.[29]

하지만 지금 당장은 여행을 떠나자! 가장 먼저 스페인에서 모든 것이 눈앞에 펼쳐진다.

CIEMAT에 오신 것을 환영합니다

2월 15일 오전의 마드리드. 하늘은 아주 맑았다. 우리는 CIEMAT 핵연구 분과에서 약속이 있었다. 우리를 맞아 주기로 했던 사람이 회의 중이어서 대신 호세 루이스 페레스라는 젊은 학자의 안내를 받게 되었다. 그는 핵에너지 홍보를 담당하고 있었다. 우리 세 사람은 서로 각자의 나라에서 핵이 어떻게 인식되고 있는가를 주제로 대화를 나누기 시작했다. 하지만 얼마 되지 않아 우리는 엔리케 곤살레스 로메로 박사의 사무실로 안내받았다. 로메로 박사는 방사능 폐기물 관리와 관련된 여러 문제점들에 관해 설명해 주었다.

그곳에서 우리는 예기치 못한 기쁨을 맛보았다. 연구소의 핵에너지 분과에서는 모든 대화가 우리의 모국어인 프랑스 어로 이루어졌던 것이다. 노르웨이, 독일, 스페인, 아프리카의 몇몇 나라들, 인도, 일본, 칠레, 브라질 등에서 우리는 프랑스 어를 유창하게 구사하는 연구자들, 사업가들, 공무원들과 모국어로 대화를 나눌 수 있다는 사실에 계속 놀라곤 했다.

로메로 박사는 제일 먼저 CIEMAT의 주요 활동을 소개했다. CIEMAT는 주로 에너지와 환경이라는 세기적 도전에 전방위로 대응하기 위해 온갖 노력을 해 왔다. CIEMAT의 활동은 이산화탄소의 집적, 예견이 불가능한 풍력 발전의 단점과 그로 인한 발전의 중단, 열 병합 발

---

29 우리의 사이트 www.promethee-energie.org를 둘러보면서 의문이 생기면 주저하지 말고 질문해 주기 바란다.

전*30의 개발, 가루 석탄을 이용하기 위한 기술 개선, 핵폐기물 관리 등이다.

2006년에 스페인의 교육계, 각 정부 부서, 산업계, 환경 단체 관계자들을 비롯하여 노동조합 대표들과 국회의원들까지 나서서 6개월 동안 자국 핵 문제의 미래에 대해 열띤 토의를 한 적이 있다. 스페인은 1984년

Box 1

세계의 원자력 발전소

2008년 1월에 발표된 세계 원자력 협회의 조사에 따르면 전 세계적으로 가동 중인 원자로가 439개이고 건설 중인 원자로가 34개이다. 31개국에 설치된 439개의 원자로는 현재 372기가와트의 전기를 생산하고 있고 건설 중인 34개의 원자로는 28기가와트의 전기를 생산할 예정이다. 이것은 2005년을 기준으로 전 세계 전기 생산량의 15퍼센트를 차지하며 OECD 회원국들의 전기 생산량의 약 25퍼센트에 달하는 양이다.

오늘날 사용되는 원자로는 1970년대와 1980년대에 건설된 제2세대 경수형 원자로가 주를 이루고 있다. 그 이후 안전성과 경제성이 개선된 제3세대 원자로가 등장했다. 1986년 4월에 발생한 체르노빌의 RBMK(흑연감속 비등경수 압력관형 원자로. 구소련에서 개발된 원자로이며 지금은 구소련에서 만든 구형 흑연감속 원자로만 의미한다) 사고는 세계 여러 나라에서 새로운 원자력 발전소 건설에 급제동이 걸리는 계기가 되었다.

프랑스에서는 19개의 원자력 발전소에 설치된 58개의 원자로가 전체 전기 소비량의 약 78퍼센트에 달하는 전기를 생산하고 있다. 이는 전 세계에서 가장 높은 비율이다. 프랑스보다 훨씬 많은 104개의 원자로가 가동 중인 미국에서 그 비율은 20퍼센트에 그친다.

원자력 발전소를 보유한 여러 나라들은 그 미래에 대해 아주 다양한 입장을 가지고 있다. 현 상태를 유지하고자 하는 나라들을 포함하여 야심적인 개발 프로그램을 추진하고 있는 나라들(러시아, 중국, 인도)로부터 원자력 발전 프로그램을 중지하고자 하는 나라들(스웨덴, 독일, 벨기에)에 이르기까지 서로 입장이 다르다.

출처: 세계원자력협회 http://www.world-nuclear.org
IEA, 「에너지 기술의 정수, 원자력 발전소」, 2007년 3월
IEA의 2005년 통계 자료 http://www.iea.org

---

30 별표(*)가 붙은 용어에 대한 설명은 124쪽에 실린 '원자력 용어집'을 참고할 것.

새로운 원자력 발전소 건축의 일시 중지를 결정했지만 2006년까지도 이 문제가 완전히 해결되지는 않은 상태였다. 스페인 정부는 자국의 전기 생산에서 핵에너지가 차지하는 비중을 줄이기로 했다. 동시에 경제 활동이 활발해지고 전기 수요가 늘어나면서 공급을 확충해야 할 필요를 느끼기도 했다. 따라서 스페인 전체 전기의 4분의 1을 공급할 수 있는 새로운 원자로 건설을 쉽게 포기할 수 없었던 것이다.

스페인 원자력 발전소와 관련된 여러 문제들 중에서 주로 논의되는 문제는 기존 시설의 안정성과 방사능 폐기물 관리이다. 스페인에서 원자로 가동 여부가 빠른 시간 내에 결정된다고 하더라도 이와 밀접하게 관련된 핵폐기물 문제는 그렇게 신속하게 처리될 수 없을 것이다. 이는 곤란한 문제임에 틀림없다. 로메로 박사가 우리와 더불어 토의하고자 했던 문제도 이것이었다.

방사능이란 무엇인가?

문제는 방사능 물질의 축적이다. "방사능은 자연현상입니다. 불안정한 원자핵이 안정된 원자핵으로 변하는 과정에서 알파선*, 베타선*, 감마선* 또는 엑스선* 등과 같은 방사선이 방출되고 동시에 고(高)에너지가 방출되죠." 이런 현상을 통해 각 방사선에 고유한 주파수와 상당량의 에너지가 발산된다. 또한 이 두 가지를 발산하는 원자의 위치와 정체성에 대한 아주 정확한 데이터를 확보할 수 있다. 우리도 여기까지는 비교적 쉽게 이해할 수 있었다.

로메로 박사는 우리에게 중요한 사실을 환기해 주었다. 인류가 방사선으로 이룬 가장 경이로운 업적은 눈에 보이지 않는 것을 보이게 만들었다는 사실이다. 방사선을 이용하는 방식은 사진에 가시광선을 이용하는

Box 2

용어 정리

원자*는 물질을 이루는 기초 입자이다. 원자는 하나의 핵과 그 주위를 돌고 있는 전자로 구성된다. 원자핵은 두 가지 형태의 핵자(核子)로 이루어져 있다. 양전하를 띠고 있는 양성자와 전하를 띠지 않는 중성자가 그것이다. 따라서 원자핵이 플러스 전기를 띤다면 원자 그 자체는 진기적으로는 중성이다. 다시 말해 원자는 양성자와 동일한 수만큼의 전자(음전하를 띤)를 가지고 있는 것이다. 원자핵의 크기는 약 10^{-15}미터이다. 전자구름을 포함한 원자의 크기는 약 10^{-10}미터이다. 원자핵의 크기가 축구공만 하다고 가정하면 전자는 약 11킬로미터 길이의 원주를 도는 것과 같다고 할 수 있다. 원자핵과 전자의 크기를 쉽게 이해하려면 제2주제 핵에너지 첫 페이지(71쪽)에 있는 원자 그림을 참고하면 좋을 것이다.

Z로 표기되는 **원자 번호***는 원소를 구분하는 기호이다. 원자 번호는 원자핵 안에 있는 양성자의 개수(따라서 원자 1개의 전자 개수)와 동일하다. 같은 원자 번호를 가진 두 개의 원자는 화학적으로 동일한 성질을 가지며 멘델레예프의 주기율표에서 같은 위치를 차지하고 있는 원소와 일치한다. 우주에는 92개의 자연 원소(수소, 산소, 금, 철, 우라늄 등)와 10여 개의 인공 원소(플루토늄, 퀴륨, 캘리포늄 등)가 존재한다. 그러나 인공 원소들은 항상 존재하는 것은 아니며 경우에 따라서는 아주 순간적으로 존재하기 때문에 매우 불안정하다(반감기*가 5초인 러더포듐-257과 반감기가 2만 4,100년인 플루토늄-239를 비교해 보라).

원자는 A로 표기되는 **질량수***를 통해 식별된다. 질량수는 원자핵의 핵자 수와 동일하다. 중성자 수를 N으로 표기할 경우 $A = N + Z$의 등식이 성립한다. 동일한 원자 번호(Z)를 가졌지만 A1과 A2로 질량수가 다른 두 개의 원자는 화학적으로는 동일한 성질을 가질 수 있어도 물리적인 성질(특히 방사능과 질량)은 서로 다를 수 있다. 이 두 원소를 동위 원소*라고 부른다. 이 두 원소를 구별하기 위해 원소의 이름에다 각 원소의 질량수를 더해 표기한다. 예컨대 탄소-12(C^{12})와 탄소-14(C^{14})는 탄소(C)라는 원소의 동위 원소이다.

방사성 원소는 불안정한 원소로 이 원소의 불안정한 원자핵이 안정된 원자핵으로 붕괴되는 과정에서 고에너지가 발생한다. 이것이 바로 **방사성 감쇠**(減衰) 혹은 **방사성 붕괴**이다. 이 과정에서 네 가지 주요 방사선이 방출된다.

* **감마선** - 방사선을 배출하는 물체의 성질에 따라 아주 높은 에너지를 품고 있는 이 전자기파는 상당히 두꺼운 물질을 투과할 수 있다.

* **베타선**(+) - 베타선(+)은 양전자(전자와 같은 질량을 가졌지만 전기를 띤다)로

구성된다. 전자들과 결합하자마자 사라지면서 고에너지를 포함한 광선으로
바뀐다.

* **베타선(-)** – 아주 빠른 속도로 활동하는 전자들로 구성되며 상당한 투과력
을 가지고 있다.

* **알파선** – 두 개의 양성자와 두 개의 중성자를 포함하는 헬륨의 원자핵으로
구성된다. 알파선은 매우 쉽게 이온화되며 물질에 빠르게 흡수된다.

〈방사선의 투과성 차이〉

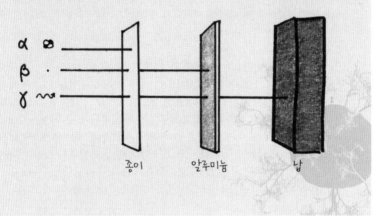

방식과 같다. 나뭇잎은 자연 광선[31]에서 녹색을 제외한 모든 '색'을 흡수
하고 녹색만 반사한다. 우리가 나뭇잎을 볼 수 있는 것은 나뭇잎에서 반
사되는 빛을 지각하기 때문이다. 사진을 찍는 원리도 같다. 사진에 이용
되는 감광판은 흡수되지 않은 가시광선의 일부를 반사하는 물체의 형태

---

31 태양 광선은 다양한 파장을 가진(따라서 다양한 에너지를 가진) 한 무더기의 전자파로 구성
된다. 인간의 눈은 400나노미터(1나노미터=10^{-9}미터)에서 780나노미터 사이의 파장을 가진
전자파를 지각할 수 있다. 이 전자파들이 지닌 각각의 주파수는 인간의 시각 체계 내에서 서
로 다른 색과 연결된다. 대표적인 예로 무지개를 보면 자연 광선이 다양한 색과 관련된 다양한
파장으로 구성되어 있음을 알 수 있다. 물방울로 이루어진 프리즘이 태양 광선의 서로 다른 에
너지 구성 요소를 분해하고 그 하나하나를 다른 방향으로 내보내는 것이다.

와 색을 포착할 수 있다.

이와 동일한 방식으로 감마선*·알파선*·베타선* 탐지기는 이 방사선들이 어디에서 나왔는지 위치를 알아내고 이 방사선들을 반사하는 물질의 형태를 드러낸다. 방사선은 가시광선보다 훨씬 강력한 에너지를 가지고 있기 때문에 탐지기에 도달하기 전에 그 사이에 놓인 물질을 투과할 수 있다. 물질 내부의 비밀이 드러나는 것이다. 이에 대해 로메로 박사는 "의학용 방사선은 이런 방식으로 작동합니다. 엑스선*이 세포 조직을 통과하기 때문에 그 안에 있는 뼈를 촬영할 수 있는 겁니다."라고 설명했다.

이외에도 방사선이 활용되는 예는 무수히 많다. 감마선*의 고강도 에너지를 이용하면 두꺼운 구조물 안에 있을지도 모르는 결점을 확인할 수 있다. 감마 카메라는 선박의 용접 부위, 선박의 외벽, 그 외 금속성 물질 등을 검사하여 어느 부분이 허약한지, 균열이 있지는 않은지 사전에 진단할 수 있다. 의학 분야에서는 반감기가 짧은 동위 원소*를 이용해 신체 기관의 기능을 검사하거나(섬광 조영술) 병든 세포를 죽인다(방사선 치

Box 3

유용한 방사성 원소들

탄소-14(C^{14}): 새로운 치료약의 흡수 검사.
코발트-57(Co^{57}): 백혈병 진단.
코발트-60(Co^{60}): 기기 및 농산물 가공품 살균.
구리-67(Cu^{67}): 항체와 관련이 있고 종양을 파괴하기도 함.
요오드-123(I^{123}): 갑상선 진단.
요오드-131(I^{131}): 갑상선암 방사선 치료.
이리듐-192(Ir^{192}): 파이프라인의 용접 부분과 표면 검사 및 비행기 외벽 테스트.
아메리슘-241(Am^{241}): 연기 탐지기에 사용(지금도 이 유형의 탐지기를 사용하고 있다면 안전하게 제거하고 새로운 유형의 탐지기로 바꾸기를 권함), 종이나 금속의 두께 측정, 유전자 확인 등.
캘리포늄-252(Cf^{252}): 가방 검사(폭발물).

료). 예를 들어 갑상선은 요오드를 고정하는 호르몬 분비샘이기 때문에 요오드의 방사성 동위 원소*인 소량의 요오드-123을 이용하여 이상 여부를 진단할 수 있다.

"방사선을 이용하는 다른 예를 알고 있겠지요?" 로메로 박사의 질문에 블랑딘은 미국의 한 실험실을 방문했던 일을 떠올리고는 물었다. "공항과 항구에 탐지기를 설치해서 자기 나라에 핵분열* 물질이 반입되는 것을 예방하려고 하지 않나요? 이건 어디서나 마찬가지 아닌가요?" 로메로 박사는 동의했다. 방사선을 이용한 탐사는 아주 흥미로운 주제였다. 각각의 방사성 원소는 고유한 방출 스펙트럼을 가지고 있기 때문에 우리는 테러에 사용되는 방사성 원소와 바나나 화물에서 감지되는 칼륨-40을 구별할 수 있다는 사실을 안다.

자연 방사선

방사선은 지구가 형성되는 과정을 보여 주는 중요한 예이다. 그렇기 때문에 방사선은 자연과 생명의 특성을 잘 보여 주는 예이기도 하다. 인간이 들이마시는 주위의 공기는 물론이고 붉은 양배추와 음향 기기의 부속까지 인간을 에워싸고 있는 모든 것의 가장 기본적인 구성 요소인 원자는 지금으로부터 100억 년 전에 수많은 행성에서 태어났다.

오늘날 우주의 기원에 대해 다음과 같은 가설이 있다. 빅뱅의 순간에 양성자, 중성자, 전자가 아주 단순한 원자를 형성하기 위해 서로 결합했고, 이후 여러 행성이 폭발하면서 그 원자들은 보다 무거운 원자들을 형성하기 위해 서로 결합했을 것이라는 가설이 그것이다.

우리를 안내한 로메로 박사는 이런 멋진 이야기를 들려주었다. 그리고 이 이야기를 들으면서 우리는 겨울 아침을 밝히는 거대한 태양의 신비에 대해 생각해 보는 기회를 가졌다. 여기에서 주목해야 할 점은 우주의 기본 입자들이 확률을 통해 태어났다는 것이다. 그 결과는 아주 다양하지만 분명한 사실은 안정된 상태를 유지하면서 태어난 원자가 드물다는 것이다. 여기에는 중성자 하나가 많고, 저기에는 양성자 하나가 부족하고……. 잉여 물질이 새로 만들어진 원자핵에 고에너지를 주면 이 원자핵은 다시 안정된 상태에 이르기 위해 고에너지를 방출해야 하는 것이다.

초신성의 사멸에서 비롯된 거대한 충격파 때문에 이 모든 입자들이 은하계 구석구석까지 퍼져 나갔다. 그 가운데 수많은 입자들이 45억 년 전에 지구를 형성했다. 그러므로 지구상의 모든 곳에서 찾아볼 수 있는 불안정한 원소들을 통해 지구의 우주적 기원으로까지 거슬러 올라갈 수 있는 것이다.

로메로 박사는 이야기를 계속 이어 나갔다. "아주 오래전에 태어나 활발하게 활동하는 원자핵들이 언젠가는 고에너지를 완전히 방출할 거예요." 물론 모든 원자핵이 그렇지는 않을 것이다. 잉여 에너지의 방출 가능성은 원자핵에 따라 다를 수 있다. 그것들 가운데 일부가 에너지를 완전히 방출하려면 수십억 년이 걸릴 수도 있을 것이다. 따라서 어떤 원자가 방사성 붕괴를 거쳐 안정된 원자로 변화할 것인지 예측한다는 것은 불가능하다. 아인슈타인이 생각했던 것과는 반대로 "신은 멋지게 주사위를 던진 것이다(아인슈타인은 확률을 기초로 한 양자론을 부정하면서 "신은 주사위를 던지지 않는다."라고 말했다—옮긴이)."

결국 현재 알 수 있는 것은 표본 물질 속에 있는 원자들의 절반이 방사성 붕괴를 겪기까지 걸리는 시간뿐이다. "방사성 원소의 반감기*라는 말을 들어 보지 않았나요? 그 시간이 바로 반감기입니다." 하지만 주의하자. 반감기가 두 번 지난다고 해서 방사성 원소가 존재하지 않게 된다는 뜻은 아니다. 두 번의 반감기가 지나면 첫 번째 반감기가 지난 다음에 남아 있던 원자들의 절반만이 남는다. 간단히 말해 처음 있었던 원자핵의 4분의 1이 존재하게 되는 것이다. "반감기가 방사성 원자핵의 특징이라는 사실을 기억하세요. 반감기는 각각의 동위 원소*에 고유한 것이어서 그걸 이용하면 연대를 측정할 수 있습니다." 반감기는 가장 불안정한 원소의 경우 몇 분의 1초에서부터 가장 안정된 원소의 경우 수십억 년에 이르기까지 다양하다. 반감기가 아주 짧은 원소들은 자연 상태에서는 존재하지 않는다. 이미 오래전에 안정된 상태로 바뀌었기 때문이다. 하지만 산업이나 치료를 목적으로 그런 원소들을 만들 수는 있으며 핵폐기물에서 그런 원소들이 발견되기도 한다.

Box 4

방사선의 세기와 자연 방사선

원자핵의 방사선 세기는 베크렐(Bq)로 측정된다. 1베크렐은 초당 이루어지는 방사성 붕괴 횟수에 해당한다. 예전에 사용되던 퀴리(Ci)라는 단위를 사용하기도 하는데 1퀴리는 370억 베크렐과 같다.

인간은 방사선의 세계에서 살고 있으며 이 세계는 우주 방사선 활동에 의해 강화되고 있다(인간은 기차보다는 비행기를 타고 움직일 때 훨씬 더 많은 방사선에 노출된다). 방사선 세기의 평균 수치 몇 가지를 들면 다음과 같다.

- 비료: 5,000Bq/kg. 반감기*는 통계적 개념이다. 이 반감기 동안에 원자핵이 방사성 붕괴를 할 확률은 2분의 1이다. 따라서 n회의 반감기 후에 방사선의 세기 $A = A_0/2^n$이다. 방사선의 세기는 결코 0이 되지는 않지만 충분한 n회의 반감기를 거친 다음에는 무시해도 좋을 정도가 된다.
- 지각(地殼): 2,000Bq/kg. 이 방사선의 세기는 땅의 성질과 고도에 따라 달라질 수 있다(이 수치는 매 1,500미터마다 두 배가 된다. 프랑스의 경우 한 지역에서 다른 지역으로 옮겨가면서 약 5배수로 변화한다).
- 생선˙ 100~400Bq/kg.
- 감자: 100~150Bq/kg.
- 인간의 몸: 150Bq/kg. 혹은 1인당 평균 12,000 Bq. 이 방사선의 세기는 소화되지 않은 원소들 때문이며 주된 원인은 뼈에 축적되는 칼륨-40(반감기는 12억 8천만 년이다)이다.
- 우유: 80Bq/L, 바닷물: 10~12 Bq/L, 물: 1~2 Bq/L.

출처 : www.CEA.fr

앞서 언급한 방사능 바나나로 돌아가 보자. 자연 칼륨을 포함하는 바나나에는 칼륨-40이 축적되어 있다. 이 칼륨-40 때문에 가이거 계수기*가 작동한다.

그리고 유해 방사선

방사선 방출은 자연 현상이다. 그렇지만 로메로 박사가 강조했듯이 방사선의 유용성 여부를 따지기에는 이것만으로는 불충분하다. 문제는 방사선의 성질과 방출되는 에너지이다. "당신들은 방사능 폐기물 관리에 대한 문제를 논의하기 위해 여기에 찾아왔다고 알고 있습니다. 하지만 방사선의 위험성에 대해 5분만 더 말할 수 있게 해 주세요. 아마도 당신들은 이 문제에 대해 많은 기사를 읽었을 겁니다."

앞서 이미 몇몇 방사선은 종이나 쇠를 뚫고 지나갈 수 있다고 지적한 바 있다. 그러니까 방사선은 지방인 인간의 살갗이나 신체 기관을 통과할 수 있는 것이다. 방사선은 살아 있는 부위의 세포 조직을 통과하면서 거기에 상당한 에너지[32]를 방출하여 심각한 상처를 낼 수 있다. 화상, DNA 고리의 단절, 유전자의 교체, 세포 주기의 혼란과 세포의 죽음 등이 그것이다. 이 같은 폐해는 아주 심각할 수 있으며 경우에 따라서는 돌이킬 수 없을 때도 있다.

인간의 몸을 투과하고 거기에 상해를 가할 수 있는 힘은 전적으로 방사선의 형태와 거기에서 방출되는 에너지에 달려 있다. 알파선*의 작용은 피부에 의해 제지되지만(피부에 화상을 입힐 수는 있다) 베타선* 입자는 표피 조직(피부, 눈)에 영향을 줄 수 있다. 전자파(엑스선과 감마선*)는

---

32 전자파(감마선)나 입자(알파선과 베타선).

방사선 흡수선량

방사선에 대한 노출 정도를 표시하기 위해 '흡수선량'이라는 개념을 사용한다. 하나의 물체나 신체 기관에 흡수된 방사선 양은 그레이[Gy, 1그레이 = 방사선을 쬔 물질 1kg당 1줄(joule)]로 측정된다. 유기체에 대한 방사선의 생물학적 효과는 방사선의 성질과 이 방사선에 노출된 기관의 성질에 달려 있다. 이 효과는 시버트(Sv)나 혹은 그 하위 단위(1Sv = 1000mSv)로 측정되며 선량당량(線量當量)과 일치한다.

프랑스의 경우 한 사람이 1년 동안 흡수하는 자연 방사선의 흡수선량은 평균 2.33밀리시버트이다. 이 중에서 절반 가량은 토양 가스를 흡수하기 때문이고(라돈에서 발생하는 1.26밀리시버트) 6분의 1을 조금 상회하는 양은 토양에서 방출되는 방사선 때문이며(0.41밀리시버트) 또 다른 6분의 1 정도는 우주 방사선 때문이다(0.3밀리시버트).

이처럼 자연적으로 발생하는 흡수선량에 인공 흡수선량을 더해야 한다. 그 강도는 자연 흡수선량의 절반에 해당한다(평균 1.12밀리시버트). 인공적인 흡수선량의 90퍼센트는 의학 분야에서 사용되는 방사선(특히 엑스선) 때문이고 나머지 10퍼센트는 과거에 행해졌던 핵실험 때문이다.

방사선 치료는 방사선을 조사(照射)함으로써 암세포 등을 제거할 목적으로 이용된다. 방사선을 이용한 의학적 진단이 주된 목표는 아닌 것이다. 진단을 하면서 방사선을 상당량 조사하는 경우도 없지 않으므로 의사들은 환자가 해를 입을 수도 있는 방사선 진단을 바탕으로 위험성을 평가해야 하는 의무가 있다.

예를 들어 프랑스에서는 환자가 골반이나 옆구리에 간단하게 방사선 진단을 받으면 1년 동안 흡수하는 자연 방사선의 12~30퍼센트에 달하는 방사선을 추가로 흡수하게 된다. 갑상선에 문제가 있는 환자라면 단 한 번의 섬광 촬영에서 1년 동안 흡수하는 자연 방사선의 절반을 흡수한다. 그리고 엑스레이로 폐를 촬영하는 경우에 그 수치는 약 네 배(8밀리시버트)에 이른다.

이 흡수선량은 국제 방사선 보호 위원회(International Commission on Radiological Protection, ICRP)가 권고하는 수치와 비교된다. ICRP는 일반인에게는 연간 1밀리시버트 이하, 핵 기술자들에게는 연간 자연 방사선 흡수선량의 여덟 배(20밀리시버트) 이하의 인공 방사선 흡수선량을 권고하고 있다. 특히 핵 기술자들에게는 평생 방사선 측정기로 방사선 노출 정도를 검사하라고도 권장한다.

마지막으로 아주 짧은 순간 강한 방사선을 쬐는 것이 아주 긴 시간 동안 같은 양의 방사선을 쬐는 것보다 훨씬 더 해롭다는 사실을 기억해야 한다.

출처: 「방사선과 환자—개업의를 위한 가이드」
ICRP 2002, www.CEA.fr

피부 안쪽의 세포 조직과 기관에 영향을 줄 수 있다. 각각의 세포 조직은 여러 형태의 방사선에 다소간 저항할 수 있다. 이 모든 문제는 '흡수선량'이라는 개념에 달려 있다.

다행히 인간이 흡수하는 자연 방사선 양은 아주 적다. 자연 방사선의 강도는 토양의 성질과 거기에 포함된 방사성 원소의 종류에 따라 천차만별이다. 브라질, 인도, 이란 등과 같은 나라의 몇몇 지역에서는 그곳에 거주하는 사람들의 연간 흡수선량이 프랑스의 열 배에서 스무 배까지 되는 경우도 없지 않다.[33]

핵폐기물

전기를 생산하기 위해 이용되는 여러 형태의 핵폐기물과 원자로의 문제로 돌아가 보자.

'고전적' 원자로에서는 우라늄 연료를 태워 핵분열 반응을 일으킨다. 천연 우라늄은 동위 원소*들의 혼합물로, 다시 말해 서로 다른 특징을 가진 두 가지 형태의 우라늄으로 나타난다. 천연 우라늄에는 평균 0.7퍼센트의 우라늄-235와 99.3퍼센트의 우라늄-238이 포함되어 있다. 우라늄-235는 양이 훨씬 적지만 핵분열*을 일으킨다. 우라늄-235의 원자핵은 하나의 중성자를 흡수한 다음 여러 조각(핵분열의 산물과 몇 개의 중성자)으로 쪼개지는데 그 과정에서 200메가전자볼트(MeV)*의 에너지가 방출된다.[34] 원자로에서 얻고자 하는 에너지가 바로 이것이다. 원자로에서는 천연 우라늄 대신 우라늄-235를 3~5퍼센트로 농축한 농축 우라늄을 연료봉으로 사용한다.

---

33 화강암 지역에서는 라돈이 있는지 주의해야 한다. 토양에 섞인 우라늄의 붕괴 과정에서 생성되는 이 가스는 암을 유발할 수 있다. 하지만 라돈으로부터 스스로를 보호할 수 있는 손쉬운 방법이 있다. 프로메테우스 홈페이지를 통해 알아낼 수 있을 것이다.
34 이렇게 방출되는 에너지 양의 계산에 대한 설명 '제4장 핵융합의 신비를 벗기자'를 참고할 것.

〈우라늄의 핵분열〉

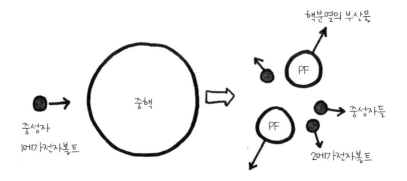

원자 하나가 여러 조각으로 분열되면 이 조각들은 원자로 안에서 전속력으로 운동하게 된다. 한방에 있는 사람들이 여러 방향으로 달리면 이 방의 기온은 상승할 것이다. 이런 현상이 원자로의 노심(爐心)*에서도 발생하며 그 열은 보일러에 저장하게 된다. 이처럼 핵분열 과정에서 생성된 에너지가 보일러에 전달되어 이내 물을 뜨겁게 데우면 이 뜨거운 물이 터빈을 돌려 전기를 생산한다.

그렇다면 핵폐기물은 어디에서 발생하는가? 핵폐기물에는 두 종류가 있다. 첫 번째 종류에는 핵분열 생산물*이 포함된다. 격렬한 핵분열 과정에서 안정된 결합 상태에 이르지 못하기 때문에 발생하는 이 생산물들은 불안정한 상태에 있게 된다. 이 생산물 대부분은 아주 강한 방사선을 배출하는 상태에 있다.

두 번째 종류의 핵폐기물은 다시 두 종류로 나뉜다. 악티늄족 원소들*과 이른바 방사화* 폐기물이 그것이다. 하나의 원자핵이 분열될 때 방출되는 중성자들은 또 다른 원자를 분열시킬 때까지 혹은 주위 환경에 흡수될 때까지 원자로 안을 전속력으로 질주하게 된다. 새로운 분열을 유도

하지 못한다면 이 중성자들은 분열되지 않는 원자 안에서 주행을 끝마치거나(이렇게 해서 악티늄족 원소들이 형성된다) 그 중성자들 자체에 의해 방사화*된 물체들(원자로에서 열을 배출하는 유체 입자 혹은 핵연료의 피복이나 원자로 용기와 같은 구조적 장비 등) 안에서 주행을 끝마치게 된다.

"결국 핵폐기물의 형성을 피한다는 것은 대단히 어려운 일입니다."로메로 박사는 우리에게 악티늄 계열 핵종(核種: 고유의 원자 번호와 질량수가 있는 원자핵 또는 원자의 종류―옮긴이)에 관심을 가지라고 촉구했다. 이 핵종들은 우라늄(특히 우라늄-238)으로부터 형성된다. 우라늄은 중성자들을 흡수하면서 부풀어 오른다. 흡수된 중성자들은 우라늄의 원자핵 안에서 베타 붕괴를 통해 양성자로 변화하고 그 과정에서 이 양성자들을 플루토늄, 아메리슘, 퀴륨 등의 원자핵으로 만들게 된다. 핵분열 효과로 인해 점차 중핵들이 형성되는 것이다.

문제는 이 중핵들이 방사성 성질을 갖는다는 사실이며 특히 그 대부분의 반감기*가 아주 길다는 사실이다. 여러 개의 중성자가 같은 원자핵에 부딪치는 확률은 아주 낮은 데다가 원래 중성자에 더하고자 하는 중성자 수가 많을수록 더욱 줄어들게 된다. 따라서 질량수*가 증가할수록 파생되는 원자의 비율은 낮아진다. 하지만 초(超)우라늄 원소*[35]로 규정되는 악티늄족 원자들은 장기간에 걸쳐 방사능 폐기물 문제를 제기할 수 있을 정도로 충분한 양이 존재하게 된다.

"그렇다고 해서 원자력 발전소가 핵폐기물을 배출하는 유일한 장소라고 생각해서는 안 될 겁니다."로메로 박사는 이런 식으로 우리에게 '핵

---

35 초우라늄 원소란 우라늄(Z=92)보다 높은 원자 번호를 가진 원자를 말한다. 악티늄족 원자들은 원자 번호가 80에서 103 사이이다. 몇몇 악티늄족 원자들이 초우라늄 원소이긴 하지만 모두 그렇지는 않고 그 역도 마찬가지이다.

폐기물'이라는 용어가 어떤 범위에서 사용되고 있는지 간단하게 상기시켜 주었다. 핵폐기물에는 악티늄족 폐기물, 원자로 내부에서 방사선에 노출된 구조물, 핵 관련 산업 쓰레기, 의학용 방사선 쓰레기는 물론 우라늄 광산의 찌꺼기, 핵연료 처리 과정의 폐기물, 핵연료가 순환되면서 나오는 또 다른 쓰레기 등이 포함되어야 한다는 것이다. 우라늄 광산 채굴에서부터 사용한 핵연료의 재처리에 이르기까지, 여러 기계와 화학 물질이 핵 물질(주로 우라늄)의 추출, 변형, 농축, 정제에 동원된다. 따라서 방사성이 아주 강한 물질에 감염된 이런 물건들은 당연히 생물계에서 멀리 떨어져 있어야만 하는 것이다.

우리의 안내인 로메로 박사는 마지막으로 가장 중요한 주제를 설명하기 위해 목소리를 높였다. 이런 여러 가지 핵폐기물은 주변 환경과 그 안에서 살아가는 인간들에게 아무런 피해를 주지 않도록 관리되어야 한다는 것이다. 로메로 박사는 프랑스의 핵폐기물 분류표를 상기시켜 주었다.

Box 6

프랑스의 방사성 폐기물 관리

	반감기 100일 이하	반감기 30년 이하	반감기 30년 이상
아주 약한 방사능	붕괴에 의해 관리	모르빌리에에 위치한 TFA 저장 센터	
약한 방사능		•오브에 있는 저장 센터 •삼중 수소를 포함한 폐기물에 대한 연구 진행 중	원자로 감속재인 흑연 폐기물과 라듐을 포함한 폐기물에 대한 연구 진행 중
보통 방사능			현재 연구 진행 중(1991년 12월 30일 자 법안)
강한 방사능		현재 연구가 진행 중 (1991년 12월 30일 자 법안)	

그가 일하는 방사성 폐기물 관리 센터(ANDRA)에서도 정기적으로 핵폐기물 목록을 간행하고 있다.

일단 시료의 구성 성분을 알고 나면 방사성 원소들의 방사능*이 시간과 더불어 어떻게 변화할지 예상하기 위해 반감기*를 이용한다. 그러면 이 원소들이 방출하는 방사선으로부터 생명체를 얼마 동안 보호해야 하는지 예상할 수 있다. 수명이 그렇게 길지 않고 방사능이 약한 원소라면 엄격하게 분리하여(아주 두꺼운 콘크리트 구조물 속의 강철 컨테이너에 밀폐하는 방법 등) 그 위험으로부터 벗어날 수 있다. 하지만 수명이 아주 긴 방사성 원소들에 대한 뚜렷한 해결책을 마련하려면 갈 길이 멀다. 이런 원소들은 그 위험성을 완전히 제거하는 방법이 아직도 개발되지 않았을 뿐만 아니라 어쩌면 인류의 역사가 끝나는 순간까지도 잠재적인 위험성을 간직하게 될지 모른다. 이것은 화학 반응을 일으키거나 태워서 없앨 수 있는 몇몇 유해한 화학적 부산물과는 그 경우가 전혀 다르다.

로메로 박사는 스페인은 물론 다른 나라들도 고준위 및 장수 방사성 폐기물(HAVL), 그중에서도 특히 핵폐기물을 관리하기 위해 다음과 같은 세 가지 방법을 고려하고 있다고 설명했다.

- **폐기물 희석**: 방사능의 세기(위험성)는 농축 정도에 따라 달라지기 때문에 폐기물을 바닷물에 '희석'하는 방법을 고려할 수 있다. 하지만 오늘날 해양에 관한 국제 협정은 과거에 이루어졌던 이러한 핵폐기물 처리 방법에 반대하고 있다. 또한 이 협정은 방사성 물질을 투기하고자 하는 모든 시도로부터 해양을 보호하고 있기도 하다.[36]

---

36 아울러 핵폐기물을 태양을 포함한 우주로 날려 보내려는 시도가 그다지 실익이 없다는 사실을 증명하는 연구들이 행해질 수도 있을 것이다. 윤리적인 문제는 차치하고라도 핵폐기물을 실은 우주선 발사가 실패할 가능성은 잠재적인 모든 이익을 압도한다(만약 우주선이 대기권에 도달하기 전에 폭발한다면 '방사능 비'가 내릴 수 있다).

- **악티늄족* 핵종의 전환***: 악티늄족 핵종들을 최종적으로 흡수하게 될 중성자를 이용해 이 유해 원소들을 폭발시키면 핵반응을 유도할 수 있다. 이 방법으로 악티늄족 핵종은 방사성 방출 수명이 짧은 원자들로 전환된다. 또한 이 원자들이 분열하면서 반감기가 아주 짧은 방사능 핵들이 만들어진다. 이렇게 함으로써 최종 핵폐기물의 저장량을 상당한 정도로(로메로 박사의 견해에 의하면 5~50배까지) 줄일 수 있게 된다.

- **지질학적 저장**: 스페인 사람들이 선호하는 방법이다. 핵폐기물을 포장하여 지하에 저장하고 충분한 거리를 두어 핵폐기물 보호 시설을 설치한다. 그렇게 함으로써 생명체를 방사선으로부터 보호할 수 있다. 나아가 대지의 표면에 도달하기 전에 유독성 방사성 원자들이 스스로 붕괴함으로써 원자들이 널리 퍼지는 시간이 늦어진다. 말하자면 살아 있는 유기체에 대한 위험성이 거의 없어질 때까지, 혹은 그런 위험성을 확실하게 제거할 수 있는 새로운 기술이 개발될 때까지, 핵폐기물을 땅속에 가두어 놓는 것이다. 국제 원자력 기구(IAEA)는 장기간의 방사능 폐기물 관리법으로 안정적이고 방사능이 투과할 수 없는 심층 지질학적 저장법을 선호하고 있다.

로메로 박사는 핵폐기물 관리 방법의 선택이 얼마나 민감한 문제인지 그리고 이 문제가 각국의 에너지 정책에 어느 정도 의존하고 있는지 강조했다. 스페인처럼 원자력 발전을 중단한 나라들이라면 핵폐기물 관리를 위해 보다 강경한 해결책을 채택할 것이다. 사용 후 핵연료*의 결정적이고 영구적인 저장이 그 예이다. 이와 반대로 원자력 발전 프로그램을 계속하기로 선택한 나라들은 핵폐기물의 양을 줄이고 이용 가치가 있는 모든 물질을 추출하기 위해 노력할 것이다. 이런 나라들에서

Box 7

사용후 핵연료의 재처리

원자로에 넣는 핵연료는 95~97퍼센트의 우라늄-238(U^{238})과 3~5퍼센트의 우라늄-235(U^{235})으로 구성된다. 원자로가 가동되는 동안 우라늄-235는 핵분열 반응으로 소비된다. 반면 우라늄-238은 이 핵분열 반응이 일어나는 동안 방출되는 중성자들과 결합하여 소(小) 악티늄족 원소들*과 초우라늄 원소들*을 형성한다. 따라서 원자로에서 사용된 핵연료에는 약간의 U^{235}, 다량의 U^{238}, 핵분열 생산물*, 초우라늄 원소들(플루토늄과 소 악티늄족 원소들) 등이 포함되어 있다.

1메가전자와트의 가압중수로 원자로가 1년 동안 작동한다면 다음과 같은 통계가 나온다.

- 원자로에 넣을 때: 천연 우라늄 200톤(99.3퍼센트의 U^{238}과 0.7퍼센트의 U^{235})에서 농축 우라늄 27.3톤을 추출할 수 있다(영어로 '산화 우라늄'에 해당하는 'UOX' 핵연료는 U^{235}를 3.5퍼센트 포함한다).
- 원자로에서 꺼낼 때: 천연 우라늄 200톤은 우라늄 26톤, 플루토늄 250킬로그램, 핵분열 생산물 950킬로그램, 소 악티늄족 원소들(넵튬, 아메리슘, 큐륨) 20킬로그램으로 변화한다.

몇몇 나라에서는 이렇게 해서 발생하는 플루토늄을 에너지원으로 이용하고 있다. 이 플루토늄은 원자로에서 연소되고 '혼합 산화물(mixed oxides, MOX)'이라고 불리는 혼합 연료 안에서 우라늄과 결합한 원소이다. 플루토늄을 에너지원으로 이용하기 위해서는 재처리 과정을 거쳐야 한다. 여기에서 재처리 과정이란 사용한 UOX 핵연료에서 핵분열 생산물, 소 악티늄족 원소들(이 원소들 역시 유리 용기에 저장된다), 플루토늄, 우라늄을 분리하는 과정이다. 이 같은 재처리 과정을 통해 원자로에서 이용 가능한 에너지원을 늘릴 수 있을 뿐만 아니라 관리하고 냉각하고 저장하는 데 사용되는 연료의 양을 7분의 1로 줄일 수 있다.

사용 후 핵연료가 재처리된다면, 사용 후 MOX 핵연료가 당장 재처리되지 않는다고 해도, 이를 폐쇄 핵연료 주기라고 말한다. 사용한 핵연료를 재사용할 수 없다고 여겨지는 경우에는 이를 개방 핵연료 주기라고 규정한다.

폐쇄 및 개방 핵연료 주기에 의해 발생한 최후의 핵폐기물을 비교해 보자.

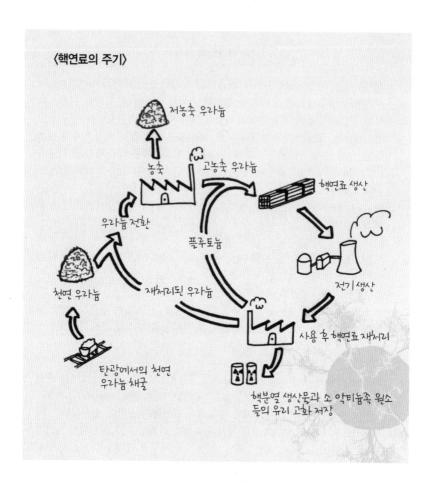

〈핵연료의 주기〉

저농축 우라늄

농축

고농축 우라늄

핵연료 생산

우라늄 전환

플루토늄

천연 우라늄

재처리된 우라늄

전기 생산

탄광에서의 천연
우라늄 채굴

사용 후 핵연료 재처리

핵분열 생산물과 소 악티늄족 원소
들의 유리 고화 저장

는 사용한 핵연료를 재처리할 것이고, 전환*에 관심을 가지게 될 것이
며, 재처리된 핵연료로부터 추출한 핵분열 생산물*의 영구 저장을 보류
할 것이다.

　프랑스에서는 핵폐기물의 장기 보존 방법이 국회에서 결정되었다.
1991년 12월 30일에 가결된 바타유(Bataille) 법안은 고준위 및 장수
방사성 폐기물(HAVL) 관리를 위한 세 가지 방안의 장점과 단점, 그리고
그 가능성을 평가하는 권리를 핵 연구소에 부여했다. 세 가지 방안이란

훗날 재처리하기 위한 일시적인 저장, 분리와 전환[37], 가역성의 정도를 고려한 심층 저장 등이다.

2006년 원자력 에너지 위원회(CEA-중간 저장), 국립 과학 연구 센터(CNRS-변환), 방사성 폐기물 관리 센터(ANDRA-심층 저장)에 의해 이루어진 핵폐기물 처리에 대한 첫 번째 평가가 행해졌다. 그전인 2005년 가을에는 프랑스 13개 도시와 인터넷에서 핵폐기물에 관한 대토론회가 개최되기도 했다. 프랑스 하원은 위에서 제시된 세 가지 방안이 서로 보완적일 수밖에 없다는 사실을 강조하면서 2006년 4월 향후 10년 동안 핵변환과 점토층에서의 재처리가 가능한 지질학적 저장에 대한 연구를 심화하기로 결정했다.

사반세기에 걸친 연구가 더 필요할까? 로메로 박사는 이 정도 오래 연구를 한다면 핵폐기물에 포함된 초우라늄 원소의 양을 100배 이상 줄일 수 있으며 그에 대한 암묵적인 동의도 이루어졌다고 귀띔했다. 그러나 아직은 기술적인 문제가 산적해 있다. 현재 사용되고 있는 원자로는 핵변환을 하기에는 효율적이지 못하다. 악티늄족 원소의 분열을 위한 중성자들의 운동 속도가 너무 느리기 때문에 고속 원자로나 분자 가속 장치 등의 설비가 필요하다. 방사성 원자들의 분리와 방사선을 조사할 목표를 만드는 것도 어려운 점이 많다.[38] 핵폐기물을 영구적으로 저장하기에 적당한 장소를 넓히는 것도 결코 쉽지 않다. 한 장소에 무분별하게 핵폐기

---

[37] 반감기가 아주 긴 방사성 핵종들만 전환하는 것이 실용적이다. 이런 핵종들을 효율적으로 전환하려면 핵종 하나하나의 물리적 성질(핵분열과 포획 분야)에 적합한 스펙트럼과 강도를 가진 방사선을 조사해야 한다. 이것이 방사성 핵종의 분리가 필요한 이유이다.

[38] 어려운 점으로는 란탄 계열과 악티늄족 원소의 핵분열 생산물이 화학적으로 유사하다는 사실, 목표물에 방사선을 조사하는 기계적인 방법 등을 들 수 있다.

물을 가득 채우는 것을 피하려면 전략을 세워 가장 적절한 방법으로 그 장소를 이용해야 한다. 반감기가 수백만 년에 달하는, 저장이 되지 않는 방사성 원소의 분리와 확산을 모델화할 때도 핵폐기물의 보존이라는 가정에 입각해야만 한다. 핵폐기물의 불확실성을 보여 주는 목록은 상당히 길지만 그 목록에도 끝은 있다. 그 때문에 불확실성을 줄이고자 하는 모든 노력이 정당화될 수 있다.

고준위 및 장수 방사성 폐기물의 관리 문제는 다음과 같은 윤리적인 문제들을 제기하기도 한다. 핵폐기물의 처리 비용을 어느 정도까지 감당할 수 있는가? 수백만 년에 걸쳐 어떻게 인류의 안전을 보장해야 하는가? 어떻게 핵폐기물 저장 장소를 기억하고 관리할 수 있는가? 미래 세대들에게 남겨진 핵폐기물이라는 이 거대한 짐을 제대로 평가하려면 과학이 어느 정도 발달해야만 그 결과를 믿을 수 있는가? 인류의 전기 사용 때문에 발생한 핵폐기물을 수용하는 땅에 대해서는 어떻게 보상해야 하는가?

마지막으로 고준위 및 장수 방사성 폐기물의 운명에 관련된 이 모든 사실은 핵에너지 장기 계획에 대한 복잡한 토론으로 이어진다. 어떤 이들은 원자력 발전소를 안정적으로 운영하고 거기에서 생산되는 전기를 안전하게 사용하기 위해 필요한 투자와 집중화는 민주주의의 기능과는 잘 어울리지 않는다고 주장하기도 한다. 독일 프라이부르크에서 만난 도시 건축학자인 위르겐 하르트비히가 그 예이다. "당신들의 눈에는 내가 선동가처럼 보일 것입니다. 하지만 나는 핵으로 인한 위험을 가장 확실하게 줄일 수 있는 체제는 독재 체제라고 생각합니다." 그런데 그가 보기에 현재 원자력 발전 시설의 분산 관리에는 민주적인 원칙이 반영되고 있다는 것이다. 물론 그는 이런 민주적인 원칙이 사회의 모든 측면에 적용되기를 바라기는 한다. 또한 핵 위험을 독점적으로 관리해야 한다는 그의 견해에는 과장된 면이 없지 않다. 그럼에도 현재의 핵폐기물 관리 경향은 고도의 기술을 가진 고급 인력은 물론이거니와 독립적이고도 안정적인 규정을 요구하고 있다는 사실을 부인할 수는 없다. 핵폐기물을 관리하면서 이런 조건을 충족하는 나라는 얼마 되지 않으며 따라서 핵에너지는 여전히 '유보된' 에너지로 인식되고 있다.

이와는 다른 주장을 가진 사람들도 있다. 프랑스의 경우, 라 아그 재처리 센터에 고준위 핵폐기물이 있다는 사실만으로도 원자력 발전을 확대하지 않을 충분한 이유가 된다고 말이다. 기존의 폐기물만으로도 벅찬데 무슨 명목으로 새로운 원자력 발전소를 세운단 말인가? 하지만 불행하게도 원자력 발전소 건설 중단 요구는 이미 파생된 핵폐기물 문제는 물론 중·단기에 걸친 전기 공급 문제를 해결하지 못한다.

이런 상황에서 우리가 판단하기에는 두 가지 조치가 우선적으로 필요하다. 하나는 단위 전기 생산량당 발생하는 핵폐기물 양을 줄일 수 있는 기존의 방안을 최대한 개선하기 위해 계속 노력하는 일이다.[39] 다른 하나는 이미 비축된 핵폐기물에서 발생하는 위험을 줄이고자 채택된 방안도 더욱 개선하기 위해 노력하는 것이다. 특히 이 두 번째 조치는 핵폐기물 문제를 영구적으로 해결할 수 있는 방법을 발견하는 일과 무관하지 않다.

---

[39] 핵연료 이용률을 개선하는 것도 방법이 될 수 있다. MIT의 카지미 교수 팀은 우라늄 이용률을 높이기 위해 핵연료의 새로운 기하학적 배치를 제안하면서 이 방향으로 계속 연구하고 있다.

제4장 핵융합의 신비를 벗기자

자기(磁氣) 밀폐 핵융합과 관성 밀폐 핵융합, 이 두 가지 중에 어떤 것이 승리를 거둘 것인가? 이 두 가지 핵융합 방식은 가벼운 원자핵의 융합 과정에서 발생하는 엄청난 에너지를 확보하려는 야심과 무관하지 않다. 핵융합 과정에는 매우 어려운 기술적인 문제들이 쌓여 있기 때문에 산업화를 위해 전기를 생산할 수 있으리라는 희망을 포기하는 사람들이 늘어나고 있다. 하지만 핵물리학자들은 자기 핵융합과 관성 핵융합에 열광하고 있다. 앞으로 10여 년이면 과학적인 가능성에 거의 도달해 지구에 무한하고 깨끗한 에너지원을 마련할 수 있을 것으로 기대하기 때문이다. 우리는 핵융합의 문제가 무엇인지 이해하기 위해 미국에서 세 번의 만남을 가졌다.

핵융합 입문
미래를 향한 여행. 우리가 만난 핵물리학자들은 바로 이런 여행을 제안했다. 그들의 설명을 좀 더 잘 이해하려면 그들이 제시하는 개념들을 미리 조금이라도 익혀 두는 것이 좋을 듯하다. 그렇지 않으면 마치 달나라 이야기처럼 들릴 테니 말이다.

정전기 반발 작용 대 강한 상호 작용

달나라 이야기보다는 별나라 이야기가 맞을지도 모르겠다. 자연 핵융합은 오직 별에서만 발생하기 때문이다. 그곳에서는 아주 높은 온도(수천만 도 정도)와 아주 높은 밀도(물의 밀도보다 수백 배 정도) 하에서 원자핵*들이 고에너지를 방출하면서 결합한다. 어째서 원자핵은 이처럼 극단적인 조건이 갖춰져야만 자발적으로 결합하는 걸까?

그 이유는 원자핵의 구성 요소들이 아주 강한 반발력을 가지고 있기 때문이다. 중성자*가 전기적으로 중성, 즉 바닥 상태에 있다고 해도, 양성자*가 가진 양전하는 원자핵이 서로 접근하는 데 방해가 된다. 쿨롱의 정전기 반발 작용[40]이 일어나기 때문이다. 그런데 매개 역할을 하는 중성자가 몇 개 더 있다면, 그리고 핵자(核子)*들이 서로 충분히 가까이에 있다면, 이 미립자들의 세계에서는 원자핵을 보다 안정된 상태로 만들기 위해 매우 강한 핵 상호 작용이 발생하게 된다. 다시 말해 이런 것이다. 멀리 떨어져 있는 양성자들은 서로 반발한다. 하지만 아주 가까이 있는 양성자들에 충분한 중성자를 더하면 이 양성자들은 서로 강하게 이끌린다.

그러므로 양성자를 원자핵의 일부로 만들려면 정전기 '장벽'을 뛰어넘을 수 있을 정도로 충분한 에너지를 공급해 주면 된다. 이 장벽은 작용하고 있는 전하의 수에 비례한다. 그렇다면 어떤 원자핵의 전하가 가장 수가 적을

---

40 같은 부호를 가진 전하는 서로 반발하고 반대 부호를 가진 전하는 서로 끌어당긴다. 원자핵은 양전하를 띤다. 원자핵의 전하 수는 원자핵에 포함된 양성자의 수와 같다(중성자의 전하는 중성이기 때문이다).

우주의 기본 힘과 상호 작용

네 가지 기본 힘의 도움만 있으면 우주에서 발생하는 모든 현상을 설명할 수 있다.
- 중력: 원자의 세계에서는 무시할 수 있는 힘이지만 중량이 무거운 물체에는 이 힘이 작용한다. 이 힘으로 인력, 조수, 별들의 궤적 등을 설명할 수 있다.
- 전자기 상호 작용: 전기, 빛 혹은 화학 반응 등에서 나타난다. 쿨롱의 정전기력이 그것을 잘 보여 준다.
- 강(强)상호 작용: 원자핵의 결합을 가능하게 한다.
- 약(弱)상호 작용: 이것으로 베타선*의 방사능이 설명된다.

까? 수소의 동위 원소*들이다. 이 원소들은 양성자가 단 한 개뿐이다.

결합 에너지 그리고 핵융합에 의해 방출되는 에너지

쿨롱의 반발 작용을 극복한 두 개의 원자핵은 어떤 메커니즘으로 고에너지를 방출하게 될까? 이 원리를 설명하는 것이 바로 질량과 에너지의 등가 관계, 즉 아인슈타인의 그 유명한 공식 $E=mc^2$이다.[41] 이 공식은 무엇을 말하는 것일까? 간단하게 말하자면 질량은 에너지로 변할 수 있고 그 역도 마찬가지라는 것이다.

여러분은 이 사실을 믿을 수 있는가? 원자핵 하나의 질량이 이 원자핵을 구성하는 핵자들의 개별 질량의 합과 같지 않다는 사실은 이미 1920년대에 발견되지 않았는가![42] 이처럼 원자핵과 핵자들의 질량이 차

---

41 이 공식은 정지 상태에 있는 물질에 관한 일반 상대성 원리를 표시하는 공식 $E^2=(mc^2)^2+(pc)^2$(m은 입자의 질량, c는 진공에서 빛의 속도 3×10^8km/s, p는 입자의 속도에 의한 질량 생성물)의 단순한 형태이다.

42 양성자와 중성자는 전기적 특성이 다르면서(전자는 양전하를 띠고 후자는 전하가 없다) 질량은 거의 같기 때문에 원자 1개의 질량을 결정한다(중성자가 양성자보다 0.1퍼센트 무겁다). 쿨롱의 반발 작용을 결정하는 것은 Z(원자 번호*, 양성자의 수)인 반면 결합 에너지 연구에서 가장 핵심적인 요인은 A(질량수*, 양성자와 중성자의 수의 합계)이다.

이가 난다는 사실은 여러 개의 핵자가 하나의 원자핵 안에서 공존하기 위해 필요한 조건을 보여 준다. 다시 말해 핵자는 자신과 다른 핵자를 연결해 주는 에너지에게 약간의 질량을 내주는 것이다(아인슈타인에게 심심한 감사를 표해야 한다). 물리학에서는 E_L로 표시하는 이 결합 에너지가 바로 핵자들을 완전히 분열시키기 위해 원자핵에 공급해야 하는 에너지이다.

서로 다른 원자핵 안에서 같은 핵자가 겪는 인력을 비교하려면 핵자당 평균 결합 에너지(E_L/A)를 계산한다. 이 에너지가 클수록 핵자 하나에 가해지는 인력이 강해지고, 그에 따라 핵자는 원자핵 내에서 더욱 조

〈핵자당 결합 에너지와 질량수의 관계〉

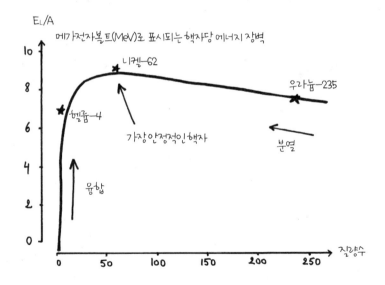

이 그림에서 가장 안정적으로 결합된 원자핵들의 질량수는 평균이다. 쿨롱의 반발 장벽 등과 같은 물리적 장벽이 없다면 다른 모든 원자핵도 이처럼 가장 안정된 원자핵에 가까워질 것이다.

화로운 상태에 있게 된다. 다시 말해 더욱 안정된 상태에 있게 되는 것이다. 핵자당 평균 결합 에너지는 질량수가 평균일 때 가장 강하고 질량수가 작거나 크면 약해진다. 즉 질량수가 아주 크거나 작으면 원자핵 내의 핵자들은 '서로를 지탱하는 정도가 낮다.'

원자핵의 분열과 융합이 어떻게 고에너지를 방출하는지 살펴보자. 위의 그림에 나타난 원자핵들의 핵자 수는 62개 이상인데 핵자의 수가 많을수록 핵자당 결합 에너지는 약해진다. 핵자는 높은 결합 에너지만을 좋아하기 때문에 최적의 안정성을 보이는 위치($A=62$)와 가까운 곳에 자리 잡으려고 할 것이다. 정확히 그 지점에서 핵자의 평균 분열 에너지, 즉 핵자당 결합 에너지가 가장 높아진다. 바로 이런 경우에 가장 안정된 원자의 핵자 수에 가까워질 수 있는 핵분열이 쉽게 발생할 것이다.

핵융합을 일으키기 위해 공급해야 하는 에너지는 원자핵이 처음에 가지고 있던 총 결합 에너지(E_L)와 이 원자핵이 분열할 때 발생하는 에너지(E_{L1}과 E_{L2})의 차이이다. 이 차이는 마이너스이다. 이것은 핵융합 작용이 에너지를 방출한다는 것을 의미한다.[43] 이 에너지는 열의 형태로 원자로에서 사라지기 전에 핵분열의 부산물과 핵분열 시 발생하는 중성자들에 전달된다. 그 열이 최종적으로는 전기로 변환되는 것이다.

질량수가 62 이하인 원자핵들의 경우에는 이 같은 추리를 반대로 적용할 수 있다. 핵자는 가장 큰 원자핵에서 가장 안정된 상태를 유지한다. 그만큼 핵자들 사이가 단단하게 연결되어 있기 때문이다. 따라서 이번에는 핵자들의 결합을 통해 에너지가 방출된다.

---

43 핵분열 에너지를 이해하는 또 하나의 방법은 결합 에너지를 핵자들의 '해체' 에너지로 이해하는 것이다. 핵자를 해체하기 위해 핵분열에서 파생된 원자핵들의 핵자에 공급하는 에너지는 우라늄-235의 원자핵에서 핵자들을 분리하기 위해 필요한 에너지보다 훨씬 많다. 이 두 에너지의 양의 차이가 핵분열에 의해 방출되는 에너지이다.

에너지 대차 대조

이상의 내용을 요약하면 다음과 같다.

1. 핵융합이 일어나려면 양전하를 띠고 있는(양성자는 양전하를 띠고 중성자는 중성이기 때문에) 원자핵들 사이의 정전기 반발 장벽을 극복하기 위한 충분한 에너지가 필요하다.

2. 핵융합이 시작되는 순간부터 에너지가 발생한다. 따라서 첫 번째 에너지 공급 단계에서 소비되는 에너지보다 두 번째 핵융합 단계에서 더 많은 에너지를 확보할 수 있다면 그것이 바로 에너지원을 확보하는 과정이 될 것이다.

하지만 이것이 과연 가능할까? 우주에 존재하는 가장 작은 두 개의 원자핵, 이중 수소*와 삼중 수소*의 원자핵을 예로 들어 보자. 이 두 원자를 택한 데에는 물론 이유가 있다. 지구상에 있는 핵융합로에서는 수많은 융합이 일어날 수 있지만 이중 수소와 삼중 수소의 융합은 가장 간단하게 얻을 수 있는 예이기 때문이다. 이 두 개의 수소 동위 원소*[44]의 양성자들이 전기적 반발력을 극복하고 융합을 일으키는 문턱, 즉 쿨롱 장벽을 넘기 위해서는 약 0.01메가전자볼트의 에너지가 필요하다. 그런데 이 두 수소는 헬륨-5(그 후 재빨리 헬륨-4가 된다)라는 하나의 원자핵으로 융합하면서 총 17.6메가전자볼트[45]의 에너지를 방출한다. 쿨롱 장벽을 극복하기 위한 에너지의 1,760배이다! 다시 말해 여분의 에너지를 얻으려면 1,000분의 1 정도의 에너지만이 필요하다!

---

44 이 두 수소의 원자핵은 양성자 수가 같기 때문에 같은 전하를 가지고 있고 중성자 수만 다르다. 원자들에 대해서 말하자면 수소 H는 양성자 하나와 전자 하나를 가지고 있고 중성자는 하나도 없다(Z=1, A=1). 반면 이중 수소 D는 양성자 하나, 전자 하나, 중성자 하나(Z=1, A=2)를, 삼중 수소 T는 양성자 하나와 전자 하나, 중성자 2개(Z=1, A=3)를 가지고 있다.
45 이 수치는 헬륨-4 원자에 포함된 운동 에너지 3.5메가전자볼트와 헬륨-5에서 방출된 중성자에 포함된 운동 에너지 14.1메가전자볼트의 합이다.

〈이중 수소와 삼중 수소의 핵융합〉

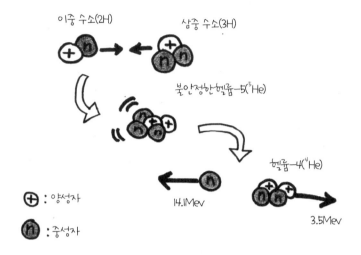

이중 수소(2H)　　　삼중 수소(3H)

불안정한 헬륨-5(^{5}He)

헬륨-4(^{4}He)

⊕ : 양성자

ⓝ : 중성자

14.1Mev

3.5Mev

D + T → n(14.1Mev) + ^{4}He(3.5Mev)
장점: 헬륨-4는 방사성 원소가 아니다.
핵융합에서 생성되는 중성자는 핵융합 연료의 삼중 수소를 얻는 데 이용될 수 있다.
n + ^{6}Li → ^{4}He 혹은 n + ^{7}Li → ^{4}He + n
(Li = 리튬)

인류가 꿈꾸는 핵융합, '로슨 조건'에 보내는 찬가

중성자 5개와 17.6메가전자볼트의 에너지! 단위 질량당 에너지로 보면 이 에너지의 양은 핵분열*에 의해 방출되는 에너지의 몇 배에 해당하고, 탄화수소가 연소하며 발생하는 에너지의 수백만 배에 달한다. 양으로만 따져 보아도 대단하다. 하지만 핵융합의 부산물은 해롭지 않은 불확정 가스인 헬륨이며 그 연료를 사실상 무한정 사용할 수 있다는 점에서 보면 더더욱 대단하다.

바닷물에서 이중 수소*를 분리하는 작업의 비용은 매우 낮다. 바닷물에는 이 이중 수소가 풍부하게 포함되어 있다(바닷물 1리터당 40밀리그램[46]이 들어 있는데 이 정도면 인류가 수십억 년을 사용할 수 있는 양이다). 그리고 삼중 수소*는 리튬에서 얻을 수 있다. 물론 삼중 수소는 반감기가 아주 짧기 때문에 자연 상태로는 거의 존재하지 않는 방사성 원소이기는 하다. 하지만 삼중 수소를 얻는 데 필요한 리튬은 건전지 등에서 이용되는 리튬과 마찬가지로 지각에 아주 풍부하게 퍼져 있다.[47] 깨끗하고 풍부한 에너지, 이것이 바로 인류가 꿈꾸는 에너지이다.

이 모든 과정이 아주 복잡해 보이지는 않는다. 1952년 첫 번째 수소 폭탄이 폭발하고 50년이 지난 지금, 어째서 인류가 아직도 핵융합 반응로 하나가 생기기를 기다리는지 설명하는 일도 그다지 복잡하지는 않은 것 같다. 문제는 핵융합의 원리는 간단하지만 그것을 작동시키는 일은 그렇지 못하다는 것이다.

핵융합을 하는 원자핵들이 잘 섞이도록 하기 위해서는(핵융합이 일어나려면 두 개의 원자핵이 한자리에 있어야 한다) 두 가지 방법을 생각해 볼 수 있다. 원자들을 밀폐된 공간에 오랫동안 가두거나(밀폐*의 시간을 늘리는 것) 공간의 크기는 그대로 두고 원자의 양을 늘리는 것(밀도를 높이는 것)이다.

또한 핵융합이 일어나는 여건을 바꾸는 방법도 있다. 비유를 하자면 이렇다. 음악이 울려 퍼지고 실내 공기의 온도가 상승하면 손님들은 자연스럽게 웃옷을 벗고(핵융합의 용어로 말하자면 플라스마* 상태가 되는 것이다. 이는 원자들이 고도로 이온화된 상태이다. 즉 플라스마란 음전하를 가진 전자와 양전하를 가진 이온으로 분리된 새로운 물질의 상태이다) 점점 자리를 벗어나 움직이게 된다. 그러면 서로 만날 확률이 자연스럽게 높아지는 것

---

46 참고로 비교하자면 바닷물 1리터에는 약 35그램의 소금이 들어 있다.
47 리튬이 풍부하기는 하지만 이중 수소보다는 못하다. 이중 수소와 삼중 수소의 혼합물은 제1세대 핵융합의 연료가 될 것이다. 그 다음에는 이중 수소와 이중 수소의 혼합물이 등장할 것이고 다시 그 다음에는 중성자를 만들어 내지 않는 핵융합의 단계로 넘어가리라 예상된다.

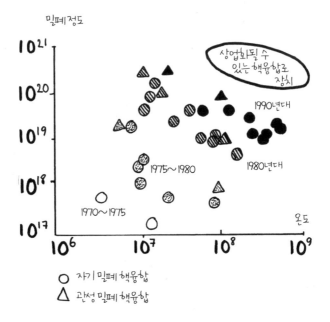

〈핵융합로의 온도, 밀폐 정도, 핵융합의 관계〉

이다.

이처럼 밀도, 밀폐* 시간, 온도를 바꿀 수 있다면 발전소를 유지할 핵융합 에너지를 얻기에 충분한 강도와 횟수의 충돌을 유도할 수 있을 것이다.

로슨(Lawson) 조건(핵융합 반응을 실현하는 기준—옮긴이)에 따르면 핵융합 반응의 에너지 균형[48]은 플라스마 밀도와 밀폐 시간의 곱을 만족하는 경우에 이루어진다. 따라서 핵융합 반응이 일어나기 위해서는 다음과

---

48 핵융합 때 발산되는 에너지와 플라스마 가열 에너지가 같아지는 임계점을 가리킨다. 에너지의 양으로만 계산한다면 이것은 반드시 핵융합로가 경제성이 있다는 사실을 의미하지는 않는다. 1. 플라스마 가열 에너지가 이 에너지를 생산하기 위해 소비해야 하는 에너지와 같지 않기 때문이고 2. 핵융합에 의해 발생하는 에너지를 다시 전기로 바꿔야 하기 때문이다(2번의 경제성은 1번보다 크게 떨어진다).

같은 두 가지 조건이 만족되어야 한다.

　- 낮은 밀도의 플라스마, 아주 높은 온도, 상대적으로 긴 밀폐 시간. 이것이 **자기 밀폐 핵융합**이다. 이 방법은 이중 수소*와 삼중 수소*의 혼합물을 아주 강한 자기장 용기 속에서 1억 도 이상으로 가열한다.

　- 극도로 높은 밀도의 플라스마, 고온, 아주 짧은 밀폐 시간. 이중 수소와 삼중 수소로 만든 '얼음'에 강한 빛을 쪼여 고도로 압축한다. 이것이 **관성 밀폐 핵융합**이다.

관성 밀폐 핵융합

　우리는 7월 25일 캘리포니아에 있는 버클리 대학의 핵물리학과를 찾아가 크리스토프 드보넬을 만났다. 그는 말했다. "좋습니다. 하지만 유의하십시오. 이제부터 설명할 것은 관성 밀폐 핵융합에 대한 낙관적인 입장입니다." 프랑스에서 크리스토프는 원자력 에너지 위원회(CEA) 소속 연구원이었다. 다행스럽게도 미국에서 크리스토프를 만날 수 있어 우리는 핵융합이라는 주제에 관해 아주 많은 지식을 얻게 되었다.

　크리스토프는 관성 밀폐를 연구하고 있었다. 그는 우리에게 이에 관해 단순하게 설명해 주려고 노력했다. "어디서부터 시작하죠? 이중 수소와 삼중 수소의 융합에 대해서는 들어 보셨을 것 같은데요?" 어쨌든 체면은 유지할 수 있었다. 그 융합에 대해서는 이미 복습을 했기 때문이다.

　관성 밀폐 방식의 아이디어는 이중 수소와 삼중 수소의 융합물을 구형(球形)의 얼음에 가두는 것이다. 그리고 이 알갱이의 윗부분을 승화[49]시킨다. 이렇게 해서 발생한 기체, 즉 플라스마는 펠릿 용기에서 빠져나오고

---

[49] 승화는 고체 상태에서 액체 상태를 거치지 않고 직접 기체 상태로 옮겨 가는 것을 의미한다.

그 반작용으로 펠릿 용기가 힘을 받는다.[50] 이 힘에 의해 용기가 압축되고 온도가 매우 높아지면서 거기에 들어 있는 원자핵들이 융합하는 것이다. 플라스마의 밀도와 온도가 충분히 높아지면 핵융합도 충분히 많이 이루어지므로 연료의 상당 부분을 소비하게 될 것이다. 물론 이 모든 과정은 핵융합에 의해 방출된 에너지의 효과로 인해 그 연료가 완전히 흩어지기 전에 이루어져야 한다.

"이처럼 훌륭한 아이디어를 현실로 만드는 데 필요한 설비의 규모에 대해 생각해 본 적이 있나요?" 크리스토프는 레이저 광선[51]을 사용하는 관성 밀폐 핵융합의 예를 들어 설명해 주었다. 미국 리버모어 연구소의 국가 점화 시설(National Ignition Facility, NIF)은 몇 밀리미터 길이의 금으로 된 압력 용기 속에 감금된 얼음 한 개에 레이저 광선 192개를 조사했고 축구장 2개 넓이의 시설을 건축하는 데 50억 달러를 지출했다. 프랑스는 보르도 근처에 같은 역할을 하는 관성 밀폐 핵융합 실험 시설인 레이저 메가줄(LMJ)을 세우고 2012년부터 240개의 레이저를 조사하겠다는 목표를 세웠다.

하지만 지금 당장 흥미로운 것은 각국의 국방부가 무기 개발 차원에서 관성 밀폐 핵융합 연구에 들어가는 비용 대부분을 대고 있다는 사실이다. 물론 과학자들은 이런 실험의 결과가 무기 개발이 아닌 민간 차원에서 적용되기를 염원하고 있다.

핵융합 반응을 일으키기 위해서는 소비되는 에너지보다 더 많은 에너

---

50 사람은 뛰면서 땅바닥에 힘을 가하게 된다. 이와 마찬가지로 증기가 용기를 빠져나오면 이 용기는 작용과 반작용의 원리에 따라 얼음에 힘을 가하게 된다.

51 이중 수소-삼중 수소로 이루어진 얼음을 기체로 만들기 위해 직접적인 방법과 간접적인 방법이 모두 쓰인다. 직접적인 방법은 레이저나 하전 입자로 된 광선을 목표물에 쏘는 것이다. 펠릿 용기가 들어 있는 압력 용기는 레이저나 하전 입자 광선에 의해 작동하는 'X선 발생 장치'와 같은 역할을 수행할 수 있는데 이때 X선의 Z축 방향을 따라 이루어지는 자기 수축(제타 핀치* 방식) 현상을 이용하는 것이 간접적인 방법이다.

핵융합의 경제성

NIF에서 이중 수소 1개와 삼중 수소 1개의 핵융합이 일어나기까지는 여러 단계의 에너지 변환을 거쳐야 한다.

- 레이저 전기 공급이 적외선(IR)으로 변환.
- 레이저의 IR(4메가줄)[52]이 자외선(UV, 1.8메가줄)으로 변환.
- 압력 용기(이 안에 이중 수소와 삼중 수소가 결합된 펠릿 용기가 들어 있다)의 온도 상승.
- 압력 용기에서 연료 캡슐을 압축하기 위해 사용되는 엑스선의 방출.

위의 과정에서 전체적인 경제성은 아주 낮은 편이다. NIF는 2010년이면 핵융합에 의해 발생하는 에너지의 양과 레이저에 의해 생산되는 에너지의 양이 같아질 것으로 기대하고 있다. 핵융합으로 얻을 수 있는 에너지 20메가줄은 압력 용기에 들어가는 최종 에너지(약 1.8메가줄)의 11배이기는 하지만 레이저를 쏘기 위해 소비된 에너지를 제외하면 에너지의 극히 일부만 남는다.

지를 생산할 수 있는 시설을 반드시 갖추어야만 한다. 지금으로서는 갈 길이 매우 멀지만 말이다.

"핵융합을 통해 지속적으로 전기를 생산하려면 아직도 갈 길이 멉니다." 이것이 크리스토프의 결론이었다. 1기가와트의 전기를 생산하는 핵융합 발전소를 가동하려면 1초에 10개의 압력 용기를 쏘아야 한다. NIF 시뮬레이션 테스트에서 기대되는 수치는 하루에 1개 정도가 고작이다. 레이저의 성능을 개선하는 데 시간이 필요한 것이다.

또한 핵융합 발전소 전체를 좌우하는 종합적인 공학 기술의 문제가 남는다. 핵융합이 발생할 때 방출되는 중성자의 에너지를 회수해야 하고, 그 에너지를 전기로 변환해야 하고, 가정에서 지속적으로 사용할 수 있

---

52 1메가줄(MJ)=100만 줄(J). 목표물에 에너지를 조사하는 시간은 수십억 분의 1초에 불과하기 때문에 그 순간 에너지의 힘은 수천억 와트와 맞먹는다. 전력망을 통해 이 정도 에너지를 지속적으로 공급해야 한다면 레이저 작동에 필요한 전기 1기가와트를 생산할 수 있는 시설 수천억 개가 필요할 것이다.

을 정도의 전기를 공급할 핵융합 연료 덩어리를 생산해야 한다. 아직 갈 길이 멀다.

크리스토프는 미국의 NIF와 프랑스의 LMJ에서 얻은 실험 결과를 통해 관성 밀폐 핵융합 기술이 자기 밀폐 핵융합 기술보다 10년 정도 앞설 것으로 예상하고 있었다. 그는 이미 우리에게 예고하지 않았던가? 자신은 핵융합의 미래를 낙관적으로 보고 있다고 말이다.

자기 밀폐 핵융합

7월 10일에 우리는 미국에서 연구를 계속하고 있는 또 한 명의 프랑스 과학자를 만날 수 있었다. 그의 이름은 앙투안이다. MIT에서 박사 논문을 쓰고 있는 그는 우리에게 핵융합의 대상이 되는 원자핵들을 가두는 또 하나의 방법을 설명해 주었다. 그것이 바로 자기 밀폐 핵융합이다.

자기 밀폐법의 핵심은 무엇인가? 핵융합에 필요한, 수십억 도의 고온에서 가열된 입자들이 뚫고 나갈 수 없는 자기장을 만드는 것이다.

이런 고온에서는 원자의 상태가 변화한다. 원자는 액체도 아니고 기체도 아니며 고체도 아닌 플라스마* 상태가 된다. 원자*가 아니라 전기를 띤 입자인 이온과 전자들로 구성된 물질이 되는 것이다. 이온과 전자는 전기를 띠고 있기 때문에 자기장에 민감하게 반응한다. 자기장 우리

Box 3

복습: 원자핵을 가두는 세 가지 방법

중력 밀폐법: 중력은 실제로 핵융합 반응이 일어나고 있는 별들이 결합하도록 보장해 준다.
관성 밀폐법: 중력 밀폐법과 자기 밀폐법 때문에 붙은 이 명칭은 종종 잘못 이해될 수 있다. 관성 밀폐법은 융합되어야 할 물질에 대한 그 어떤 적극적인 밀폐도 보장하지 않기 때문이다. NIF와 LMJ와 같은 시설은 단지 핵융합 연료가 든 소형 펠릿 용기를 가둘 수 있는 에너지만을 공급한다.
자기 밀폐법: 이제부터 살펴볼 자기장을 이용한 방법이다.

(cage)를 설치하면 플라스마는 밖으로 나가지 못할 것이다.

앙투안의 설명이 이어졌다. "플라스마를 가두려면 그것만으로는 부족해요. 쿨롱의 반발력을 뛰어넘을 수 있도록 이 플라스마를 계속 가열해야 합니다." 이어서 그는 우리에게 플라스마를 가열할 수 있는 여러 가지 다른 방법을 설명해 주었다. 그중에서 가장 장래성 있는 방법은 플라스마와 공명할 수 있는 주파수를 가진 전자기파를 사용하는 것이다. 즉 '극초단파가 아닌 고주파 송출기'[53]를 만드는 것인데 그 원리는 다음과 같다. 음식물에 포함된 물의 분자들을 극초단파를 이용해 가열하는 대신 분자들이 훨씬 더 높은 에너지와 공명할 수 있는 주위 환경을 조성한다.

"그런데 여러분은 핵융합의 역사를 알고 있습니까?" 사실 핵융합은 어제오늘에 이루어진 것은 아니다. 1932년에 마크 올리펀트 경에 의해 처음으로 관찰된 핵융합 과정은 맨해튼 프로젝트[54] 기간에 이미 알려졌다. 첫 번째 실험은 주로 융합될 입자들에서 방출되는 에너지를 관 속에 가두는 작업에 집중되었다. 하지만 이 관의 양끝이 폐쇄되지 않았기 때문에 에너지가 쉽게 빠져나갔다. 그 결과 이 관을 폐쇄하자는 생각을 하게 되었고, 이를 위해 속이 패인 원환(圓環)을 만들어 관을 덮기로 했다. 그것이 바로 토로이드이다.

첫 번째 토로이드 자기장 장치는 1950년에 소련에서 처음으로 설치되었다. 그 장치는 'toroidal'naya kamera s magnitnymi katushkami(토로이드 자기장 구멍)'의 첫 번째 글자들을 따서 토카막 (tokamak)이라 불렸다. 1970년대 이후 제조된 20여 개의 거대한 토카

---

53 전자기파를 만드는 데는 '자이로트론'을 이용한다. 이것은 일종의 관(管)으로, 그 안에서는 아주 강한 전자기장에 의해 운동 속도가 높아진 전자들이 활발하게 움직인다.

54 1942년에 원자폭탄을 개발할 목적으로 우수한 핵물리학자들을 모아 진행한 미국의 비밀 프로젝트이다.

토카막과 국제 열 핵융합 실험로(International Thermonuclear Experimental Reactor, ITER): 하나로 연결된 역사

지금까지는 토카막이 스텔러레이터보다 고무적인 결과를 보여 주었다. 따라서 국제 열 핵융합 실험로(ITER)에는 토카막을 배치하기로 결정됐다. 이 실험로는 EU를 비롯해서 일본, 러시아, 중국, 한국, 미국, 그리고 얼마 전부터는 인도 등의 지원을 받고 있다. 이 나라들은 프랑스 프로방스 지방의 카다라쉬에 들어서게 될 실험로를 건설하는 10년 동안, 그리고 실험로가 작동되는 20년 동안 들어갈 100억 유로를 지원하기로 2006년에 합의했다. 첫 번째 실험은 2016년에 시작될 예정이다. 이 실험의 목표는 15분 동안 전기 방전과 플라스마에 공급되는 에너지의 열 배를 생산하는 것이다.

이 계획은 또한 수많은 문제에 해답을 제시하고자 노력할 것이다. 그중 몇 개만 제시하면 다음과 같다.
• 핵융합 시에 튀어나오는 중성자들의 에너지를 가둘 수 있는 벽을 설치하는 문제와 이 에너지를 회수 가능한 에너지로 변환하는 문제.
• 1억 7,500만 도로 가열된 플라스마의 밀폐를 보장하는 초전도 자석을 영하 263도에서 냉각하는 문제.
• 입자와는 달리 자기장을 빠져나갈 수 있는 에너지 분산의 메커니즘을 이해하는 문제.
• 밀폐 시간을 모델화하는 문제.

막[55]은 코일에 의해 형성된 자기장과 플라스마에서 유도된 전기의 이중 작용으로 수소의 동위 원소들의 가스 혼합물을 가두게 되었다.

다른 핵융합 장치 가운데 하나인 스텔러레이터(Stellarator)*를 선택한 이들도 폐쇄된 관이라는 아이디어는 유지했다. 하지만 그들은 여러 가지 다른 자기장을 만들기 위해 훨씬 더 정교한 기하학적 배치를 시도했다. 앙투안은 흥분해서 계속 설명했다. "스텔러레이터에 갇힌 플라스마는 토

---

55 그중에는 유럽 공동 연구 토러스[Joint European Torus(Jet: 1983년부터 영국에서 작동 중이다)]와 토레 수프라(Tore Supra: 1988년부터 프랑스 프로방스 지방의 카다라쉬에서 작동 중이다) 등이 있다.

카막에 갇힌 플라스마보다 훨씬 더 안정적으로 기능을 할 수 있습니다."
하지만 스텔러레이터의 형태는 유별나게 복잡하기 때문에(물론 이것은 스
텔러레이터의 여러 특징 가운데 하나에 불과하지만) 전기를 띤 코일의 제작,
플라스마 에너지의 회수 체계, 거기에서 발생하는 물리 현상을 해석하고
예견하는 모델화 작업이 어려워지는 단점도 없지 않다.[56]

　다시 MIT로, 그러니까 앙투안이 연구하고 있는 토카막으로 돌아가자.
MIT의 핵융합로인 알케이터(Alcator)는 그리 크지 않다.[57] 하지만 이 핵
융합로는 플라스마의 압력과 자기장의 강도 면에서 세계 기록을 가지고
있어 대기압의 두 배에 해당하는 압력을 기록한 바 있다. "이 압력이 1초
만 유지되면 핵융합의 과학적 손익 분기점*에 도달할 수 있을 겁니다." 블
랑딘은 이 설명에 열광했다. 하지만 여기에서 1초는 연구자들에게는 한
세기에 해당하는 시간이다. 알케이터의 밀폐 시간* 기록은 수천 분의 1
초에 불과하기 때문이다. 그 짧은 시간을 위해 필요한 수단을 투자한 것
이 잘못된 일은 아니다. 전기가 방전되는 아주 짧은 순간 동안 지구 전
기장의 다섯 배에 해당하는 전기장을 유지하기 위해 알케이터는 3초간
100메가와트의 전기를 동원했다. 또한 알케이터를 1년 동안 작동시키는
데는 300억 달러가 필요했다.

　도대체 무엇을 위해서? 우리는 젊은 연구자들의 인내에 대해 경의를
표했다. 그들의 연구가 산업에 적용될 수 있으려면 아마도 30년은 걸릴
것이다. 기후 변화에 따른 정부 간 전문가 그룹처럼 그들은 언젠가는 무

---

56 연구자에게 풀어야만 하는 문제만큼 유혹적인 것은 없다. 풀지 못한 난제들은 연구자들에게
　연구를 계속할 동기를 부여한다. 독일의 막스 플랑크(Max Planck) 연구소에서 플라스마 물
　리학을 연구하는 학자들도 마찬가지이다. 이곳에서는 벤델슈타인(Wendelstein) 7-X가 건설
　중이다. 2012년 가동을 시작하는 이 장치는 30분간 가동하는 것을 목표로 하고 있다. 그를
　통해 핵융합 장치가 계속 작동할 수 있다는 것을 입증할 수 있을 것이다.
57 알케이터의 실내는 30센티미터 정도이다. 이에 비해 IETR의 토카막 내부는 대략 1.5미터이다.

한하면서도 깨끗한 에너지원을 개발했다는 공적으로 노벨 평화상을 받게 될 것이다. 어쨌든 지금으로서는 핵융합의 신비에 대해 몇 가지 의문이 남아 있어 이를 해결하기 위해 모스 교수를 만나기로 했다. 하지만 모스 교수는 우리에게 씁쓸한 교훈을 주었고 그로 인해 짧은 방문으로 예상했던 버클리에서의 체류가 자칫 길어질 뻔했다.

핵융합의 신비

7월 25일. 우리는 크리스토프와의 대화에 취한 나머지 에드워드 모스 교수가 기다리고 있다는 사실을 깜빡 잊어버렸다. 우리를 맞이한 모스 교수는 하와이 풍의 셔츠를 입은 아주 재미있는 사람이었다. 물론 그는 두 명의 여자 손님이 자기를 기다리게 했다는 사실을 달갑게 여기지 않았지만 우리를 맞이하러 언덕을 달려 내려왔다. 낡은 베이지색 모자와 밝은색 바지와 하얀색 운동화가 이 천재적인 과학적 직관의 소유자와 아주 잘 어울렸다. 우리가 미리 알고 있었던 것과 같이 그는 매우 비범한 경력을 쌓아 왔다. 전자학 학사 학위와 핵물리학 박사 학위를 받은 모스 교수는 최연소인 스물두 살이라는 나이에 버클리 대학 핵물리학과 교수로 임용되었다.

아주 짧은 몇 마디, 그러나 우리가 늦은 것이 실례가 되었다는 것을 느끼기엔 충분한 몇 마디를 건넨 다음, 50대에 접어들었으며 프랑스를 좋아하는 이 쾌활한 과학자는 곧 기분을 풀었다. 그는 백묵을 들고선 열정적으로 그래프 몇 개를 칠판에 휘갈기고 나서 웃음기가 어렸으면서도 비꼬는 듯한 말투로 결론을 내렸다. 공기와 태양을 향한 관심과 마찬가지로, 에너지 생산을 가능하게 하는 수단에 관심을 갖는 것은 아주 유용하다고 말이다.

태양. 그렇다. 태양에 대해 얘기해 보자. "태양은 연방 정부와 같은 겁

항성에서 일어나는 수소 원자들의 융합

태양을 포함한 항성 내에서 일어나는 주요 융합 반응은 수소 원자핵들(수소 원자의 양성자는 단 하나 p뿐이다) 사이의 p-p 반응으로 이는 헬륨을 만들기에 충분한 것이다. 이 반응은 네 개의 핵을 작동시키는 하나의 반응에 의해 시작된다.

네 개의 핵이 서로 만나게 될 개연성은 아주 희박하다. 항성 내에서 이런 일이 일어날 가능성은 거의 없다(항성은 이를 매우 높은 수준의 밀폐 기간을 통해 보상한다). 하지만 지구에서 이루어지는 실험의 경우는 그렇지 않다. 이런 점에서 핵융합 반응로의 목적이 항성의 에너지를 이용하는 것이라고 말하는 것은 정확하지 않다. 융합은 얼마든지 있지만 반응은 서로 다르다(항성 내에서 일어나는 수소-수소 융합, 1차 반응로에서 이루어지는 이중 수소-삼중 수소 융합).

또 다른 명백한 차이는 힘의 밀도이다. 태양의 중심에서, 즉 온도가 무려 1,500만 도에 가깝고 물질의 밀도가 납의 밀도보다도 15배나 더 높은 그곳에서 융합 반응에 의해 방출되는 에너지는 1세제곱미터당 276.5와트에 불과하다. 이것은 쉬고 있는 인간이 내뿜는 열기의 4분의 1밖에 안 된다.[58] 다시 말해 이런 식으로 전력을 생산한다는 것은 상상조차 하기 어려운 일인 것이다!

니다. 연방 정부는 효율성이 떨어지는 것을 삼켜 버리지요. 하지만 다행스럽게도 우리는 이 지구에서 핵융합 놀이를 할 수 있는 수단을 발견했습니다." 이중 수소*와 삼중 수소*의 원자핵이 만나면 두 개의 중성자*가 별에서 손을 잡고 결합할 때보다 백 배 더 강한 핵융합을 할 가능성이 있다. 방사성 물질 탐지 전문가인 모스 교수는 설명을 계속했다. "다만 문제는 삼중 수소*가 없다는 것이지요. 하지만 우리는 이 삼중 수소를 리튬-6의 전환*을 통해 얻을 수 있어요. 그 과정에서 발생하는 유일한 부산물은 헬륨이에요. 불활성 가스이자 위험하지 않은 가스 말이에

---

[58] 사람은 쉬면서 약 100와트의 열기를 내뿜는다. 이를 높이 1미터 75센티미터, 넓이 50센티미터, 깊이 10센티미터의 평행육면체(부피 0.0875세제곱미터)에 적용하면 밀도가 1세제곱미터당 1,140와트인 전력을 얻을 수 있다.

요. 따라서 아무런 문제가 없는 겁니다."

단지 부산물에 불과할까? 실제로는 전혀 그렇지 않다. 하나의 중성자가 융합실을 구성하는 물질들과 만나면 온갖 문제들이 시작된다. 이 물질들의 원자핵이 중성자를 흡수하면 방사성 원자들을 만들 수 있고 방사를 위한 내벽을 약화시킬 수 있다.

강철의 경우가 그렇다. 일상적으로 사용되는 산화되지 않은 강철은 40퍼센트의 니켈을 포함하고 있다. 그런데 니켈-60이 고속 중성자를 하나만 흡수해도 양성자 하나를 방출한 이후 코발트-60을 얻게 된다. 코발트-60은 정말 까다로운 물질이다. 코발트-60의 베타* 핵분열에는 교감하지 않는 두 가지 감마선*의 방사성 방출이 뒤따른다. 몇몇 우라늄 핵분열 물질만큼 고약하지는 않다고 해도 그다지 기분 좋은 일은 아니다. 게다가 코발트-60의 반감기는 아주 골치 아픈 기간인 5년이다. 최대로 충만한 에너지의 분출을 기다리기에는 너무 짧고 핵폐기물과 같은 차원에서 관리하기에도 충분히 길지 못하다.

또한 활성화 물질들에 삼중 수소를 덧붙이는 것을 잊어서는 안 된다. 이 방사성 가스의 반감기는 12년이다. 이것은 잠재적으로 매우 위험하다. 삼중 수소는 수소와 동일한 화학적 속성을 지니고 있어 원하는 곳에서 수소를 대체할 수 있기 때문이다. 특히 생명체의 근본적인 구성 요소인 물속에서 그렇다. 삼중 수소가 퍼져 있는 강철과 콘크리트는 방대한 폐기물 덩어리를 이루며, 그것을 관리하는 법을 따로 배워야 할 정도이다.

이 대목에서 모스 교수는 레이저를 통한 관성 밀폐 융합으로 나아갔다. 그의 말투는 매몰찼다. "이 시스템이 언젠가 전력 공급원이 될 거라고 생각하는 것만큼 멍청한 짓도 없을 겁니다." 그 이유는 무엇일까? 우선 두 가지를 고려해야 한다. 첫 번째는 현재 수준의 레이저를 이용한 전력 공급을 효율이 1퍼센트(r1)인 융합으로 얻는 에너지로 변환하는 에너지 사슬이다. 그리고 두 번째는 열을 효율이 r2인 전력으로 변환하는 시스템이다. 이 두 가지를 고려하면 융합 반응은 $\frac{1}{(r1 \times r2)}$ 의 에너지, 즉 이 시스템이 작동하는 데 들어가는 에너지의 300배를 끌어낼 수 있어야 한다. 그러나 이만큼의 에너지를 얻기란 거의 불가능하다! 융합 에너지를 전력으로 변환할 때의 효율을 개선하고, 직접 공략을 우선시하고, 가속된 중이온과 같이 보다 높은 효율을 보이는 또 다른 에너지 벡터를 사용해야 할 것이다.

어느 분야에나 관심을 보이는 모스 교수는 매우 흥미로운 과학자이기도 했다. 솔직한 화법, 양자 역학 방정식을 이해시키는 쉬운 설명, 자신이 잘 알지 못하는 주제들에 대해서는 이야기하기를 꺼리는 겸손함, 핵과 관련된 문제들의 본질을 가려내는 능력, 방법론이 독특한데도 불구하고 얻어 낸 놀라운 직업적 명망 등으로 인해 그는 과학계에서 매우 소중한 인물이 되었다. 블랑딘은 그를 냉각 융합 문제로 유도했다.

오늘날 수백만 도를 넘는 온도에 도달할 수 있는 융합 연료를 얻기 위해 엄청난 규모의 노력을 쏟고 있다. 하지만 어떤 이들은 우리 주변의 평범한 온도에서도 융합 반응을 관찰할 수 있다고 주장한다. 전위 차를 둔 두 개의 전극을 꽂은 중수(重水)가 그 예이다.

모스 교수는 이러한 해결책이 가능하지 않다고 냉철하게 판단했다. 그는 그처럼 허황된 방법을 우리가 얼마나 신뢰하는지 궁금하다는 듯 눈을 깜박거리고 눈썹을 찌푸리며 논쟁에 가담했다. 1989년에 유타 대학의 저명한 화학자인 스탠리 폰스와 마틴 플라이슈만은 한 보고서에서 리튬 염을 첨가하고 장력을 가한 중수 용액 내에서 열의 과잉 현상을 측정할 수 있다고 주장했다. 그들은 이 같은 열의 방출을 융합 반응과 결부

병적인 과학이란?

저명한 화학자인 어빙 랭뮤어(Irving Langmuir: 1932년 노벨상 수상자)가 창안한 개념. 호의를 품은 연구자가 엄밀한 방법을 적용하지 못하고 연구 결과에 자신의 욕망을 투사하는 현상을 설명하기 위한 것이다. 이때의 결과는 왜곡되었다고 할 수는 없어도 분명 잘못 해석될 여지가 많다.

'병적인 과학'의 징후는 다음과 같다.
• 측정하기 어려운 원인에 의해 야기된 결과.
• 검출하기 어렵거나 빈도수에 아무런 의미가 없는 결과.
• 매우 정확하게 측정했다는 자기 주장.
• 임시변통의 이론을 내세우는 설명.
• 비판자와 지지자의 수의 비율. 이 비율은 최고치에 도달했다가 다음 순간 거의 0에 가까운 수준에 머무르게 된다.

시켰다.

"왜 안 되겠는가?" 모스 교수는 말했다. 그는 두 화학자와 같은 시기에 CNN과 인터뷰를 하면서 '병적인 과학(pathological science)'의 훌륭한 예를 얻었다는 결론을 내렸다. 모스 교수는 측정된 열의 초과분은 이 실험에서 발생한 열의 총 손실의 0.1퍼센트에 불과하다고 설명했다. 결국 폰스와 플라이슈만은 익숙하지 않은 사람에게는 쉽지 않은 일인 방사성 물질 탐지 작업을 제대로 하지 못했다는 것이다. 간단히 말해 냉각 융합은 작동하지 않았다는 뜻이다.

모스 교수는 '소리-섬광'을 융합 반응으로 설명할 수 있다는 주장도 분석했다. 2002년에 특히 진전을 이룬 이 가정은 무엇에 근거를 두고 있는가? 스크루가 물속에서 매우 빠른 속도로 회전하면 물의 압력은 줄어들고 기포가 나타난다. 이 기포들은 막대한 열과 압력을 발생시키면서 빠른 속도로 사라진다. 몇몇 학자들은 바로 이 열과 압력을 통해 융합 반응을 일으킬 수 있다고 생각했던 것이다. 게다가 기포 속에서 볼 수 있는 빛의 섬광은 기포 안에 에너지가 존재한다는 증거이다. 하지만 이 에너지의 강도는 전자볼트의 수준이어서 동작점의 에너지보다는 40배나 더 크지만 융합 반응에서 얻을 수 있는 에너지보다는 100만 배나 더 작다. 다시 말해 융합으로는 섬광을 설명할 수 없는 것이다.

모스 교수는 말도 안 되는 이야기는 제쳐 놓고 본질에 집중하여 기술적인 효율성을 핵심으로 논하자고 결론지었다. 잠재적으로 융합이 매우 매력적인 것은 사실이다. 융합은 거의 무제한으로 연소를 계속할 수 있고 우연한 폭발의 위험도 거의 없다. 반응기 내부에 존재하는 가연성 물질의 양 자체가 너무 적고, 부산물의 부피가 아무리 커도 핵분열보다는 훨씬 짧은 시간 안에 통제할 수 있기 때문이다. 반면 장기간에 걸쳐 막대한 투자를 해야 한다는 단점도 있다. 그렇다면 인류는 무한한 에너지원에 이르고자 하는 희망에 얼마나 많은 비용을 지불할 준비가 되어 있을까? 우리에게 주어진 시간 동안 이용할 수 있는 자원이 무한하지 않다는 것을 알고 있을까?

집중 해부_ 우라늄인가? 토륨인가?

───────── 세계 일주 프로젝트 No. 6 ─────────

- 토륨 임계량 이하 원자로 제작의 가능성을 논의하는 물리학 세미나, 베르겐 대학(노르웨이)
- 베이징 칭화 대학의 페블 베드 모듈형 원자로(Pebble Bed Modular Reactor, PBMR) 검사(중국)

원자력 발전소의 작동 원리

원자력 발전소의 기능은 원칙적으로 고전적인 화력 발전소의 기능(62쪽 박스 3 참고)과 비슷하다. 한 가지 다른 점이 있다면 원자력 발전소는 **핵분열*** 반응을 이용해 열을 생산한다는 것이다.

하나의 중성자(원자의 기본 구성 요소 가운데 하나)가 타격을 가하면 하나의 원자핵(우라늄-235, 플루토늄-239, 특히 우라늄-233)은 두 개로 분열될 수 있다. 분열이 일어나는 순간 상당한 양의 에너지와 핵 연쇄 반응에 참여하기에 충분한 중성자가 방출되고 이어서 새로운 우라늄 핵들이 분열된다.

핵분열 과정을 통해 방출된 중성자는 다른 핵분열을 너무 빠르게 연쇄적으로 일으키지 않도록 지연될 필요가 있다. 이처럼 중성자를 억제하는 것은 물과 흑연 같은 감속재의 몫이다. 연쇄 반응이 폭발적으로 일어나는 것을 피하기 위한 중성자 흡수재들(붕소, 카드뮴)은 제어봉의 형태나 대부분의 반응기에 흐르는 물 첨가물의 형태로 사용된다.

핵분열이 일어나면 분열된 핵들의 결합 에너지[59]가 방출되고 이 에너지는 핵분열 생산물로 전환된다. 이 생산물들은 노심을 냉각시키는 열 냉각액(물, 가스, 액체 상태가 된 금속)에 의해 안정화되면서 열전도를 통해 가연로 속에서 에너지를 방출한다. 열로 변환된 에너지는 원자로 외부로 수송되어 방사능 감염을 막기 위해 폐쇄된 회로 속에서 전력 발전 터빈을 움직일 수 있는 증기를 생산한다.

총체적 이해를 돕는 정보

핵에너지는 풍부하고 밀도가 높을 뿐 아니라 온실 가스를 적게 배출하며 막대한 초기 투자액[60]만 제외하면 비용이 많이 들지 않는 장점을 가지고 있다.

우라늄을 사용하는 원자력 발전은 다음과 같은 제반 조건을 지켜야만 한다.

- 발전 시설의 안전성(숙련된 노동력과 효율적인 통제 기관이 필요하다).
- 장기간 수명이 지속되는 고준위 방사성 폐기물 관리. 오늘날 고준위 방사성 폐기물은 지하에[61] 보관되고 있다.
- 민간용 핵을 군사 용도로 변경하는 행위(핵 확산)의 방지.

고전적인 원자로의 개선

고전적인 원자로는 대체로 우라늄-235를 사용한다. 천연 우라늄의 0.7퍼센트만이 동위 원소인 우라늄-235이고 나머지 99.3퍼센트는 우라늄-238이다.

이 점을 활용하여 몇 가지 중요한 사항을 개선할 수 있다.

- 열 전력으로의 전환 효율 개선: 더 적은 양의 폐기물을 배출하면서 더 많은 에너지를 얻는다.
- 자원의 보다 완전한 사용: 핵분열성*이 아니고 친물질적*인 우라늄-238을 연소할 수 있게 된다(이른바 고속 중성자 반응로).
- 폭발시킬 수 있는 군사용 플루토늄 비축량을 감소시킨다.

---

59 제4장을 참고.
60 온실 가스 효과는 발전소 건축(강철과 콘크리트)과 연료 생산 및 재처리에만 제한적으로 나타난다. 대규모 건축 공사에 비용이 들어가기는 하지만 그 비용은 발전소가 가동되는 매우 오랜 기간에 걸쳐 상환된다.
61 제3장을 참고.

어떤 학자들은 안전하고 보급이 가능하며 군사용으로 전환할 수 없고 지속 가능한 핵에너지 기술 개발을 위해 패러다임의 변화가 필요하며, 그러므로 새로운 연료 기술인 토륨 원자로 기술에 관심을 집중해야 한다고 주장한다.

토륨 에너지 증폭기의 장점

노르웨이 베르겐에 있는 에길 릴레스톨 교수는 임계 이하 원자로에서 토륨을 연소할 수 있는 원형 시제품을 만들기 위해 애쓰고 있다. 이 '에너지 증폭기'가 토륨이라는 중금속을 이용할 수 있는 유일한 방법은 아니지만 아주 많은 이론적 장점을 가지고 있는 것만은 사실이다.

- 토륨은 우라늄보다 지구상에서 사용하기가 훨씬 쉽다.

- 이 원자로는 매우 안전할 수 있다. 토륨-232는 핵분열성*이 아니며 친물질적*이다. 따라서 핵분열을 하려면 그보다 먼저 하나의 중성자를 포착할 수 있어야 한다. 원자로 내에서 중성자는 토륨을 활성화(다시 말해 토륨을 핵분열성의 우라늄-233으로 변환)하는 데에 사용될 수 있고, 우라늄-233의 핵분열 반응을 촉발하는 데에도 비슷한 정도로 사용될 수 있다. 하지만 필요한 중성자 수가 핵분열 반응 능력으로 생산할 수 있는 수보다 많기 때문에 핵분열 연쇄 반응은 자가 유지될 수 없다. 부족한 중성자는 외부의 자원으로 보충되어야 한다. 이 외부의 자원은 '외부 차단기'의 역할을 할 수 있는 장점도 갖게 될 것이다. 즉 원자로가 필요 이상으로 비등하는 것을 막아 주는 역할이 그것이다.

- 토륨의 원자 번호*(90)는 우라늄(92)보다 낮기 때문에 초우라늄 원소가 생성될 개연성이 매우 낮고 폐기물의 양도 줄어들 수 있다. 그러므로 핵폭탄의 주재료인 플루토늄-239를 생산하기가 훨씬 어려워질

것이다.[62]

토륨 임계량 이하 원자로의 이해를 돕는 정보

1970년대에 미국 로스앨러모스의 실험실에서 찰스 보먼이 토륨 임계량 이하 원자로라는 개념을 생각해 냈다. 1984년 노벨 물리학상 수상자 카를로 루비아가 다시 받아들인 이 개념은 현재 릴레스톨 교수가 연구하고 있다. 릴레스톨 교수는 노르웨이에서 PEACE[청정 에너지를 위한 에너지 증폭기 원형(Prototype of Energy Amplifier for Clean Energy)] 프로젝트를 실현하기 위해 노력하고 있다.

릴레스톨 교수의 목표는 핵반응 유지에 필요한 세 가지 하위 시스템을 통합하는 것이다.

- 외부의 중성자 공급: 양자 가열을 통해 중성자를 제거할 수 있는 납으로 이루어진 '파쇄 반응 공급'.
- 양자의 공급: 원자로의 외부 차단기 역할을 하게 될 양자 입자 가속기(사이클로트론: 원자 파괴용 고주파 전자 가속기).
- 납-창연 공융 합금으로 냉각된 임계량 이하 원자로. 우라늄 원자로에서 이미 행해진 기술.

릴레스톨 교수는 이 원자로의 원형 시제품을 건설하고 ITER[63]을 태동시켰던 것과 유사한 국제 컨소시엄의 틀 속에서 연구를 진행하기 위해 이 일에 관심을 가진 정치계·경제계·과학계 인사들을 끌어모으고자 노

---

62 토륨-232에서 산출된 우라늄-233 역시 핵무기 제작에 이용될 수 있다는 점을 잊어서는 안된다.
63 110쪽 제4장 박스4 참고.

력 중이다.

현재 상황의 분석

새로운 형식의 원자로를 개발하려면 막대한 투자가 필요하다. 안전과 환경 보호를 위한 규약의 강제성이 약했으며 오늘날에는 받아들여질 수 없는(그것은 다행스러운 일이다!) 방법과 오염이 인정되었던 시대에 우라늄 원자로를 태동하게 했던 것보다도 훨씬 막대한 투자가 될 것이다. 그러므로 우라늄 저장물에 신경을 쓰지 않을 수 없는 나라(인도)나 자원을 너무 많이 가지고 있어서 이를 팔고 싶어 하는 나라(노르웨이)만이 이처럼 막대한 비용이 드는 연구에 관심을 가질 수 있을지도 모른다.

1990년대에 폐기물 변환을 위한 양자 가속기를 구상했던 연구자들이 부딪혔던 어려움은 오늘날 PEACE 프로젝트에도 동일한 장애물로 작용하고 있다. 이는 특히 원자로-가속기 결합의 실현 가능성에 심각한 걸림돌이 되고 있다.

'과거에 이미 허용된 투자를 이용한 우라늄 발전소의 개선'과 '토륨 발전소라는 새로운 개념의 창안' 사이에서 어느 쪽을 선택해야 할 것인가? 개발의 불확실성과 비용 부담 때문에 많은 사람들의 관심이 전자 쪽으로 기울고 있는 것이 사실이다.

미래의 길

2000년 미국 에너지 부는 우라늄 기술 개선에 관심이 있는 국가들의 재정 부담을 줄이기 위해 미래 핵 기술에 관한 국제 교류와 협력의 장인 '제너레이션 포럼 IV(Forum Generation IV)'를 만들었다. 현재 이 포럼에 합류한 단체는 전 세계 13개국에 이른다. 2개의 참관국(아르헨티나와 브라질), 9개의 정식 회원국(남아프리카공화국, 캐나다, 한국, 미국, 프랑스, 일본, 스위스, 그리고 2006년 말에 가입한 중국과 러시아), 유럽 원자력 공동체(Euratom)가 그들이다.

2002년 제너레이션 포럼 IV의 첫 번째 기술 로드맵 연구 결과가 발표되었다. 이 연구 보고서는 현실적으로 실현 가능하다고 판단되는 여섯 가지 원자력 시스템을 선별하여 보여 주고 있다. 이 시스템들은 경제적 경쟁력, 안전성, 장수 방사능 폐기물 감소, 우라늄 절약, 핵 확산과 핵의 악의적 사용 금지 등과 관련하여 확실한 진전을 보장한다.[64] 각국은 나름의 방법과 기술적 노하우에 따라 이 같은 미래 원자력 시스템들 가운데 하나를 선택하여 개발할 수 있다.

현재 가장 높은 관심의 대상이 되는 시스템은 소듐 냉각 고속로(SFR), 초고온 가스로(VHTR, 이 시스템의 원형은 1960~1980년대에 이미 만들어졌다), 가스 고속로(GFR, 앞선 두 가지 시스템의 장점을 섞었다) 등이다. 이 시스템들이 매력적인 까닭은 연료를 효율적으로 사용(우라늄-238을 연소하기 위해 고속 중성자를 사용한다)할 수 있고 초고온 설비를 산업 분야에 확대 적용(특히 초고온 전기 분해나 열화학적 분해를 통한 수소 생산)할 수 있기 때문이다.

---

64 「미래의 원자력 시스템」, 프랑크 카레이 보고, 2005.

원자력 용어집

가이거 계수기: 핵분열에 의해 방출된 입자들을 포착하고 신호음이나 눈금 바늘의 변화를 통해 검출 여부를 알려 주는 방사능 검출기이다.

감마선: 원자핵 전이로부터 생겨나는 고에너지 전자기파(5피코미터 이하의 매우 짧은 파장을 가진다)로 알파나 베타 광선보다 침투력이 강하지만 전리 작용은 덜 일으킨다. 감마선으로부터 몸을 보호하기 위해서는 보다 두꺼운 차폐재가 필요하다(77쪽 박스 2 참조).

과학적 손익 분기점: 융합 반응에 의해 생산된 에너지가 연소에 투입된 에너지와 같아지는 작용점(입출력이 같다는 뜻의 unity gain과 비슷하다).

노심: 원자로에서 핵연료가 들어 있는 부분이다. 경수로의 노심은 연료봉이라 불리는 가늘고 긴 관들로 이루어져 있다.

동위 원소: 원자 번호(Z)는 동일하지만 질량 단위(A)는 서로 다른 원자들. 화학적 속성은 같지만 물리적 속성(질량, 방사성)은 다르다. 예를 들어 이중 수소(A=2)와 삼중 수소(A=3)는 수소(Z=1)의 동위 원소들이다(77쪽 박스 2 참조).

밀폐: '밀폐 시간' 항목을 참고할 것.

밀폐 시간: 융합에 충분할 만큼 가연로 내부의 온도와 밀도가 높아지는 데 걸리는 시간.

반감기 또는 방사능 주기: 반사능 동위 원소의 종류에 따라 고유하게 정해져 있는 시간으로 이 시간이 지나면 시료에 존재하는 반사능이 절반으로 감소한다(77쪽 박스 2 참조).

방사능: 일정한 단위의 시료에서 초당 방사성 핵분열의 횟수로 그 강도를 나타낸다(82쪽 박스 4 참조).

방사화: 비(非)방사성 표면이 방사능 입자들에 의해 방사능을 띠게 되는 오염과는 달리, 방사화는 가속화된 입자들(특히 융합과 핵분열 시에 방출되는 중성자들)의 충격에 의해 원자핵이 변화하는 것을 말한다. 특히 이 방사화에 의해 방

사성 원소들이 생성된다.

베타선: 원자핵 전이, 특히 중성자가 양성자로 전이되거나 그 역방향의 전이가 일어날 때 생겨나는 가속된 전자(베타−) 또는 양전자(베타+)(77쪽 박스 2 참고).

상업적 손익 분기점: 융합 반응에 의해 생산된 에너지가 발전소를 가동하는 데 필요한 에너지와 같아지는 작용점(비율이 1:1 이상이 되어야 한다).

사용 후 핵연료: 원자로에서 사용되고 남은 핵 연료봉. 연소되지 않은 우라늄-235, 우라늄-238, 플루토늄, 핵분열 생산물, 소 악티늄족 원소들이 포함되어 있다.

삼중 수소: 두 개의 양자를 가진 수소(Z=1)의 동위 원소(N=2, A=3)로 화학 기호 T로 표기된다. 가장 유망한 융합 반응 반응체이다(D+T He+n+17,6MeV).

스텔러레이터: 자기 밀폐 방식 융합 기계의 한 종류(나선형).

악티늄족 원소: 원자번호 89에서 103 사이에(주기율표에서는 악티늄과 로렌슘 사이에) 위치한 화학 원소들이다. 핵 연소 중 주(主) 악티늄족 원소라고 불리는 우라늄과 플루토늄보다 적은 양으로 방사되는 악티늄족 원소들을 소(小) 악티늄족이라고 부른다. 여기에는 넵투늄, 아메리슘, 퀴륨 등과 그 동위 원소들이 포함된다.

알파선: 가속되고 전리된 헬륨 핵(2개의 양자와 2개의 중성자로 구성된 '알파 입자'. 불안정한 중핵으로부터 생겨난다(77쪽 박스 2 참고).

엑스선: 전자의 전이로부터 생겨나는 고에너지 전자기 광선(10나노미터 이하의 매우 짧은 파장을 가진다). 전자의 전이는 보통 하나의 원자와 전자가 매우 빠른 속도로 충돌할 때 발생한다.

연소 또는 점화: 외부 에너지의 도움 없이도 융합 반응이 스스로 유지되기 시작하는 작용점(토카막 내에서의 무한 이득, 관성 융합에서는 적어도 1 이상의 이득).

열 병합 발전: 열과 전력을 동시에 생산하는 발전(311쪽, 제16장 박스 2 참고).

원소: 동일한 원자 번호를 가진 개체(동위 원소)들의 전체. 예를 들면 수소(Z=1), 산소(Z=8), 철(Z=26), 우라늄(Z=92)이 여기에 해당된다.

원자: 물질의 근본적인 구성 요소. 전자구름에 둘러싸인 하나의 핵으로 구성되어 있다. 안정된 바닥 상태의 원자 속에는 양성자(양전하)만큼의 전자(음전하)

가 존재한다. 따라서 원자는 전자기적으로 볼 때 중성이다(77쪽 박스 2 참조).

원자 번호: 하나의 핵 안에 있는 양자의 수. Z로 표기되며 화학 원소들에 따라 다르다(77쪽 박스 2 참조).

이득: 전류, 전력, 전압 등에서 입력과 출력 사이의 증폭 비율.

이중 수소: 하나의 중성자를 가진(N=1, A=2) 수소의 동위 원소(Z=1). 화학 기호 D로 표기된다. 가장 유망한 융합 반응 반응체이다(D+T He+n+17.6MeV).

제타 핀치 또는 축을 따라 이루어지는 수축: 전자기장에서 전류가 흐르는 전도체(주로 플라스마)가 축 방향(z 방향)으로 수축하는 현상. 높은 강도의 금속판을 이용해 이 현상을 유발하면 엄청난 엑스선을 발생시킬 수 있다. 이는 관성 밀폐 융합 발전소에서 사용하는 방법이다.

전자볼트(eV): 전자볼트는 소립자 물리학에서 사용하는 에너지 단위이다. 1전자볼트는 1볼트의 전기장 내에서 기본 전하를 가진 입자(전자) 하나가 가진 잠재적 에너지로 정의된다. 에너지의 크기 순으로 나열해 보자면 수소 원자의 단일 전자를 제거하는 데는 13.6볼트가 필요하고 이중 수소와 삼중 수소의 핵융합은 17.6메가전자볼트(MeV)를 방출한다. 우라늄 핵의 분열에서는 평균 200메가전자볼트가 방출된다.

전환: 핵 안에 있는 양자 수가 달라짐으로써 화학 원소가 다른 원소로 변화하는 것. 방사화 참조.

중수: 이중 수소의 산화물(D_2O). 화학적으로는 물(H_2O)의 분자 구조와 동일하지만 물리적으로는 다른 속성을 가지고 있다. 수소(H) 원자들이 중수소(D) 원자들로 대치되어 있는 것이다.

질량수: 하나의 핵 안에 있는 핵자(양성자와 중성자)의 총수. A로 표기되며 동일 원소의 동위 원소에 따라 다르다(77쪽 박스 2 참조).

초우라늄 원소: 원자 번호가 우라늄(Z=92)보다 높은 원소들.

토카막: 자기 밀폐 방식 융합 기계의 한 종류(코어 형).

플라스마: 전기가 흐르는 입자들(전자와 전리된 원자)로 구성된 물질의 상태.

핵분열성: 모든 에너지의 중성자들을 받아들여 분열하는 물질을 말한다. 예를 들면 우라늄-233, 우라늄-235, 플루토늄-239 등이 있다.

핵분열 생산물: 핵분열로부터 생산되는 매우 강한 방사능을 띤 원자핵들.

핵원료성: 친물질성이라고도 한다. 하나의 핵이 직접적으로건 간접적으로건 중성자들을 흡수하면 분열성 핵으로 전환될 수 있는 물질이나 그 상태를 말한다. 토륨-232, 우라늄-238 등이 여기에 해당된다.

핵자: 핵의 기본 구성 요소. 하나의 양성자(양전하) 또는 중성자(전하가 없다)를 지칭한다. 양성자와 중성자의 질량은 매우 비슷하며 전자보다 약 1,800배 무겁다.

무궁무진한 가능성을 지닌
재생 에너지의 모든 것

제5장 거대한 수력 발전 시설, 이타이푸 댐

──────── 세계 일주 프로젝트 No. 7 ────────

• 이구아수 폭포의 이타이푸 댐(브라질)
• 산티아고의 '살아 있는 강(Rios Vivos)', 환경 운동 단체 에코시스테마스 (Ecosistemas)가 이끄는 반(反) 댐 건설 캠페인(칠레)

언제나 보다 크게, 언제나 보다 넓게. 이것이 꼭 합리적인 걸까? 선진국의 경우 댐과 각종 저수 시설을 이용하여 전체 수자원의 4분의 3 정도를 보존하고 있지만 개발 도상국의 경우 그 비율은 5분의 1 정도에 지나지 않는다. 기술의 발전으로 대규모 건축이 가능해진 오늘날에는 개발 도상국들도 대규모 댐과 저수 시설을 수없이 만들고 있으며 이는 그다지 놀랄 일도 아니다. 하지만 이 같은 대형 프로젝트를 진행하면서 그 프로젝트가 끼치는 사회적·환경적 영향을 언제나 올바르게 판단할 수 있을까?

거인을 세우다

산티아고와 상파울루를 오가는 비행기를 탈 기회가 생긴다면 창가 자리를 요구해야 한다. 창문 아래 펼쳐지는 안데스 산맥을, 날카로운 검과도 같은 바위들이 평면으로 이루어진 세계를 꿰뚫는 듯한 그 환상적인 풍경을 볼 수 있기 때문이다. 그곳에서 조금 더 가면 굽이치는 브라질의 강들이 보인다. 하늘에서는 보일락 말락 할지 몰라도 이 방대한 지역에 펼쳐진 강들의 수력 자원은 실로 대단하다. 아직 개발되지 않은 수력 자원만 해도 190기가와트에 이르는데 이는 현재 브라질에서 수력 발전으로 생산되는 전기량의 두 배에 달하는 수치이다. 그중에서도 중요한 장소들은 주로 아마존 강 북쪽 유역에 자리 잡고 있다. 다시 말해 우리가 도착한 상파울루와 기타 소비 중심 도시들로부터 매우 멀리 있는 것이다.

며칠이 걸려서 우리는 이타이푸 지방에 도착했다. 자연적으로 두 개의 강에 의해 나누어진 지형이 이곳에서 하나로 만나 3개국의 국경을 이루고 있다. 동에서 서로 흐르는 이구아수 강은 브라질과 아르헨티나의 국경을 형성하고 브라질과 파라과이 사이에는 드넓은 파라나 강이 흐른다.

바로 이곳, 파라과이와 브라질의 국경을 이루는 파라나 강 위에 이타이푸 댐이 들어서 있다. 과라니 족의 언어로 '노래하는 돌'이라는 뜻을 가진 이타이푸는 그 말뜻대로 여러 나라와 관련된 다국적 운명을 가지고 있는 듯하다.

8월 17일. 패키지 관광버스 전용 주차장은 대만원이었다. "산업 관광이 유행하는 건가?" 블랑딘이 놀라서 외쳤다. 표지판, 매표소, 기념품 가게, 이 거대한 구조물의 기능에 대해 설명할 준비가 되어 있는 가이드들. 이타이푸 댐은 매일 이 댐을 보러 오는 1,500명의 관광객을 맞이할 모든 준비가 되어 있었다.

그렇다면 이 댐은 어디에 쓸모가 있을까? "물론 전력을 생산한다."고 답할 것이다. 하지만 '물론'이라고? 만약 당신도 우리처럼 댐은 당연히 전력을 생산한다고 생각했다면 이런 사실을 알고는 매우 놀랄 것이다. 전세계에 있는 댐 10개 가운데 4개만이 전력 생산 용도로 건축되었다는

〈이타이푸 지방의 지도〉

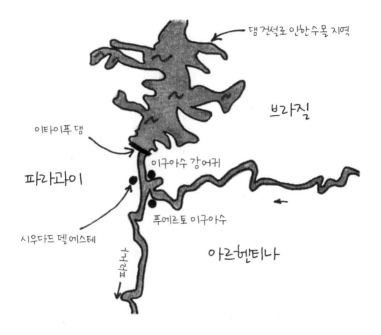

댐 건설로 인한 수목 지역

브라질

이타이푸 댐

이구아수 강어귀

파라과이

푸에르토 이구아수

시우다드 델 에스테

파라나

아르헨티나

사실 말이다. 4개는 경작지 관개를 위해 세워졌고, 그 밖에 도시에 물을 공급하거나 홍수와 가뭄의 위험을 막기 위한 댐들도 있다.

우리의 견학은 이 거대한 댐의 중요한 역사적 순간들을 되짚고 이 댐이 지역에 가져오는 긍정적인 영향을 설명하는 비디오를 보는 것으로 시작되었다. 브라질과 파라과이는 1973년 이후 지금까지 이타이푸 댐에서 생산되는 에너지를 정확히 절반씩 소유하고 있다. 또한 한 나라가 다른 나라에 여분의 에너지를 판매할 수도 있다(다시 말해 파라과이가 브라질에 에너지 잉여분을 되팔 수도 있다). 2004년 이타이푸 댐에서는 90테라와트시의 전력이 생산되었다. 이는 파라과이 전력 소비량의 97퍼센트이자 브라질 전력 소비량의 22퍼센트이다.

Box 1

전 세계의 수력 자원과 그 개발

2004년에 수력 발전으로 생산된 전력량은 2,900테라와트시[TWh: 테라와트 (TW)/1시간(h)]에 이르는 것으로 나타났다. 이는 같은 기간 전 세계에서 생산된 전력의 5분의 1 정도이며 특히 재생 가능한 전력 중에서는 10분의 9를 차지하는 양이다. 유네스코에 따르면 경제적으로 실현 가능성이 있는 수력 자원의 3분의 1만이 개발된 상태이다. 특히 남아메리카, 중앙아프리카, 인도, 중국 등에는 가용할 수 있는 엄청난 양의 수력 자원이 잠재되어 있다.

전 세계의 수력 자원을 모두 합하면 그 전력 생산량은 1만 4,000테라와트시에 달할 것으로 보인다. 이는 현재까지 개발된 수력 자원의 다섯 배에 해당된다.

이타이푸 댐은 1975년에 공사를 시작했고 1984년에 첫 번째 전력 발전기가 가동되었다. 2007년에는 새로운 터빈 두 개를 설치해 전력 생산량이 1만 4,000메가와트에 이르게 되었다. 이제 소개는 끝났다!

소개가 끝나고 안내인 고레치 씨가 '포르투뇰' 단어 몇 개를 말하는 것을 들었다. 포르투뇰은 브라질에서 사용하는 포르투갈 어와 파라과이에서 사용하는 스페인 어가 혼합된 이타이푸 언어이다. 그러고 나서 우리는 고레치 씨에게 얼굴이 붉어질 수도 있는 질문을 던졌다. 2006년에 완공된 싼샤(三峽) 댐[65]에게 세계 최대의 수력 발전소라는 타이틀을 빼앗기지 않았느냐는 질문이었다. "싼샤 댐이요? 그건 2등이에요." 고레치 씨가 다소 못마땅한 어조로 말을 받았다. 브라질이 아무 거리낌 없이 왕관을 넘겨줄 거라고 생각한다면 이 나라의 민족적 자긍심을 잘못 알고 있는 것이다.

우리는 고레치 씨의 말을 듣고 놀랍다는 사실을 숨기지 않았다. 수치는 거짓말을 하지 않기 때문이다. 이타이푸 댐의 전력 생산량이 1

---

65 양쯔 강의 지류를 막아 중국 후베이 성 이창 시에 건설된 다목적 댐이다. 2만 2,500메가와트의 발전량을 자랑하는 이 댐은 전 세계 수력 발전소 중 발전량 1위이다.

Box 2

와트에서 와트시까지(1)

전력의 단위, 와트(Watt)

전력은 W로 표기하는 와트와 그 1,000배의 단위(킬로 k, 메가 M, 기가 G, 테라 T)로 측정된다.

설치 전력은 발전소가 생신할 수 있는 최대 전력량을 나타낸다. 발전소는 일반적으로 다양한 전력 생산량을 가진 복수의 전력 생산 단위를 갖추고 있다. 이타이푸 댐은 동일한 생산력을 가진 터빈 20개를 갖추고 있으며 각각의 터빈은 700메가와트의 전력 생산량을 자랑한다. 따라서 이타이푸 댐 전체의 설치 전력은 20×700MW=14,000MW에 달한다.

모든 터빈을 동시에 가동하는 경우는 드물다. 그렇기 때문에 실질 전력 생산량(일정한 기간 동안 생산된 전력량의 평균)은 설치 전력과 다를 수 있다.

전력 소비량의 몇 가지 예:

손전등 1개=1와트

진공청소기 1개=1,000와트=1킬로와트(kW)

TGV 열차 모터 1개=100만 와트=1메가와트(MW)

발전소 1개=10억 와트=1기가와트(GW)

만 4,000메가와트인 데 비해 양쯔 강의 싼샤 댐의 전략 생산량은 1만 8,200메가와트이고 2008년에는 2만 2,500메가와트로 늘어날 것이기 때문이다. "사진도 필요 없는 일이지요!" 하지만 브라질이 왕관을 포기하도록 만들기에는 부족해 보인다. 중국 댐의 용량이 브라질 댐보다 크다고는 해도 중국 댐이 실제 생산하는 전력은 그보다 적기 때문이다. 어떻게 이런 일이 가능할까? 물의 유량이 이타이푸에서 더욱 규칙적이기 때문이다. 따라서 브라질의 댐은 중국의 댐보다 훨씬 자주 전력 생산 설비를 완전 가동할 수 있다. 이것이 우리를 안내했던 브라질 여인의 믿음이었다.

고레치 씨는 이 거대한 건축물을 끝에서 끝까지 한눈에 볼 수 있는 곳으로 우리를 안내했다. 댐을 가로지르는 자동차 한 대가 아주 작아 보여 이 댐의 웅장함을 실감할 수 있었다. 이 댐은 약 8킬로미터에 걸쳐 펼

Box 3

와트에서 와트시까지(2)

일의 단위, 와트시(Watthour)

자동차의 순간 연료 소비량을 아는 것이 주어진 거리에서의 소비량을 아는 것보다 더 유용할 때가 있다. 마찬가지로 기계 장치의 에너지 소비량을 아는 것이 기계 장치가 사용하는 힘의 크기를 아는 것보다 실용적이다.

에너지 소비량을 가늠하는 데에는 '와트시(Wh)'라는 간단한 단위가 사용된다. 1와트시는 1와트의 효율을 가지는 기계 한 대가 한 시간 동안 사용하는 에너지 양을 표시한 것이다. 동일한 기계를 두 시간 동안 사용하면 두 배의 에너지를 소비할 것이므로 2와트시로 표시할 수 있다. 간단하지 않은가?

발전기 하나가 생산하는 에너지를 측정하는 데에도 동일한 단위가 사용된다. 날마다 설치 전력의 평균 50퍼센트만 가동하는 100메가와트짜리 발전소는 가동 시간의 80퍼센트를 완전 가동하는 800메가와트짜리 발전소보다 더 적은 전력을 생산한다. 그 이유는 아주 간단한 계산만으로도 알 수 있다. 1년은 8,760시간이므로 위의 발전소들은 일 년 동안 각각 438만 메가와트시(=1,000MW×50%×8,760시간)와 560만 6,400메가와트시(=800MW×80%×8,760시간)의 전력을 생산하는 것이다.

주의할 점

'와트/시간'에 대해 이야기하는 것은 의미가 없다! 신문을 읽다 보면 종종 'W/h'나 'kW/h'라는 단위를 볼 수 있다. 전력(W)이라는 것이 시간당(Wh/h) 에너지라면, 시간당 전력을 따로 이야기하는 것 자체가 의미 없는 일이다. 시간당 에너지를 다시 시간으로 분류하는 것이 무슨 의미가 있겠는가?

여러 가지 단위

당신은 아마도 에너지의 또 다른 측정 단위들을 알고 있을 것이다. 예를 들어 식료품의 칼로리 양[1,000칼로리를 의미하는 대칼로리(Cal)나 킬로칼로리(kcal)로 표기되는]이 있다. 칼로리와 킬로칼로리는 비교적 오래전부터 사용된 단위이고 최근에는 몇몇 산업 분야에서만 사용되고 있다. 물리학에서 사용되는 줄(J), 전기 요금 청구서에서 흔히 볼 수 있는 킬로와트시(kWh, 1,000Wh에 해당한다) 등도 있다. 이 단위들은 모두 다른 분야에서도 사용될 수 있지만 각 분야의 관례에 따라 주로 사용되는 단위가 결정된다.

1줄(J)=초당 와트
1킬로와트시(kWh)=시간당 1,000와트
1킬로와트시(kWh)=3,600초당 1,000와트(W)=360만 줄(J)
1칼로리(cal)=4.18줄(J), 1대칼로리(Cal)=4,186줄(J)

쳐져 있으며 350미터의 넓이와 196미터의 높이를 자랑한다. 상식으로는 상상할 수 없는 규모였다.

고레치 씨는 엄청난 수치를 알려 주어 우리를 더욱 질리게 했다. 댐을 건설하는 데 무려 50만 톤의 강철과 1,300만 세제곱미터의 콘크리트가 들어갔다는 것이다. 또한 땅과 바위를 5,500세제곱미터나 뚫어야 했고 그 가운데 2,150만 세제곱미터는 둑을 쌓는 데 사용되었다고 했다. 여러분들은 강철 100톤과 50만 톤의 차이를, 콘크리트 1,000만 세제곱미터와 1,300만 세제곱미터의 차이를 쉽게 느낄 수 있겠는가?

고레치 씨는 서둘러 이 차이를 이미지로 떠올릴 수 있도록 설명해 주었다. 댐 건축에 들어간 강철은 에펠탑 380개를 지을 수 있는 양이었다. 콘크리트로 말하자면 마라카나 스타디움[66] 210개 혹은 영불 해협의 터널 15개를 만들 수 있는 양이다. 이런! 이처럼 엄청난 양의 콘크리트와 강철로 만들어진 이타이푸 댐은 미국 잡지 「포퓰러 메커닉스(Popular Mechanics)」가 경의를 표할 만도 한 댐이다. 이 잡지는 이타이푸 댐을 현대 세계의 7대 경이로운 건축물[67] 가운데 하나로 선정한 바 있다.

1초당 6만 2,200세제곱미터의 물(파리 센 강 평균 유량의 125배에 달하는 양)을 흘려보내는 터빈들을 보러 가기에 앞서 우리는 둑 위로 올라가 인공 호수를 내려다보았다. "이렇게 많은 물이! 이렇게 많은 물이!" 맥마흔이었다면 이렇게 외쳤을 것이다.[68] 평균 깊이가 120미터에 달하고 총 연장 170킬로미터를 자랑하는 이 호수는 면적이 1,350제곱킬로미터인

---

66 리우데자네이루의 전설적인 축구 경기장이다. 원래 20만 명을 수용할 계획으로 건설을 시작한 이 스타디움은 현재 10만 3천 명의 관객을 수용할 수 있다.

67 이타이푸 댐 외에 영불 해협 터널, 네덜란드 간척지, 엠파이어 스테이트 빌딩, 캐나다 내셔널 타워, 금문교, 파나마 운하가 선정되었다.

68 프랑스 제3공화국의 제2대 대통령이었던 맥마흔은 1875년 가로네 강 범람으로 일어난 홍수 앞에서 이 세 마디를 반복했다고 알려져 있다.

발두아즈(프랑스 일드프랑스 주의 한 지역—옮긴이)보다 약간 더 넓다. 현재 휴양지로 변모한 이 호수는 여행객들에게 65개의 해변 중 어느 곳을 선택해야 할지 곤란해 할 수밖에 없는 행복한 고민을 안겨 주고 있다.

무엇이 이 호수 때문에 수장되었을까? 엄청난 면적의 땅과 함께 매력적인 발레 공연장이 세테 케다스 대폭포라고 불리는 일곱 개의 낙수대 아래로 사라져 버렸다. 이타이푸 댐은 특히 생태계를 엉망진창으로 만들었다. "하지만 이 댐은 그만큼 많은 일자리를 만들어 냈어요. 그러니까 다른 이유로 불평할 수는 없는 노릇이지요!" 고레치 씨가 말했다. 지역 사회는 이 콘크리트 거인의 그늘에서 번영을 누리고 있다. 댐의 건축, 유지, 관광 명소로서의 명성은 지역 주민들에게 큰 혜택을 가져다주고 있다. 하지만 이 모든 혜택들의 대가는 무엇인가?

사회적·환경적 문제들

8월 9일. 808미터의 제방과 65킬로미터의 둑이 이타이푸 남쪽에서 아르헨티나와 파라과이를 연결하고 있다. 이 둑이 야시레타 댐이다. 이 댐 역시 파라나 강에 자리 잡고 있다. 이 댐의 건설로 인해 주민 4만 명이 이주해야 했고 풍요로웠던 생태계가 파괴되었으며 수많은 종(種)들이 모습을 감추었다. 문제의 댐은 근시안적인 정책의 예를 보여 주고 있다. 이런 댐들은 평야와 계곡을 파괴한다. 우리가 산티아고에서 방문했던 칠레의 환경 단체 에코시스테마스가 주장하는 것이 바로 이것이다.

이 주장은 단지 그들이 벌이고 있는 '살아 있는 강' 캠페인을 정당화하기 위한 것인가? 파타고니아에 수력 발전용 댐을 세우는 것을 막기 위한 운동 말이다. 에코시스테마스의 신조는 다음과 같다. "인간이 계속해서 자연의 경고를 무시할 수는 없다. 특히 좋은 계약 조건의 혜택을 입는 기업들이 사회적·환경적 영향을 간과할 경우에는 말할 것도 없다."

우연치고는 재미있었다. 적어도 그날만큼은 자연이 인간에게 도전을 해 온 것이다. 1983년 이후 처음으로 산티아고에 눈이 내려 안내인의 발이 묶여 버렸다. '눈사람' 안내인을 만날 수 없게 된 우리는 대신 미치 우르투비아 살리나스와 대화를 나누기 시작했고 그녀는 흔쾌히 안내인 역할을 맡아 주기로 했다. 미치가 준 따뜻한 음료로(언제나처럼 블랑딘은 차를, 엘로디는 커피를 마셨다) 생기를 회복한 우리는 이전의 대화를 통해 알게 된 정보를 간략하게 정리해 보자고 제안했다.

칠레에서 생산되는 전력의 70퍼센트는 수력 발전에 근거하고 있다. 이런 점에서 실질적 전력 생산량은 강수량에 상당 부분을 의존하게 된다. 강수량이 적으면 수력 발전소들은 국가가 필요로 하는 전력의 40~50퍼센트만을 제공할 수 있다. 극심한 가뭄이 닥쳤던 최근에(1968~1969년과 1998~1999년) 칠레는 대부분 가스로 작동하는 화력 발전소에 의존했다. 하지만 소비하는 천연가스의 대부분을 수입하는 이 나라는 볼리비아가 가스 수송관을 폐쇄했을 때 큰 타격을 입었다.

이런 배경을 알고 나면 칠레가 일시적인 전력 공급 부족 사태에 대처하기 위한 해결책을 마련하는 데 많은 노력을 기울이는 이유를 알 수 있다. 칠레 정부와 전기 회사들은 개인뿐만 아니라 산업계에도 해당되는 에너지 효율성 증가[69]를 위한 야심 찬 프로그램을 시작했다.[70] 하지만 5퍼센트의 경제 성장률이 6퍼센트의 에너지 소비율 증가로 이어지는 이 나라

---

[69] 칠렉트라[Chilectra, 에네르시스(Enersis)의 계열사로 스페인 기업인 엔데사(Endesa)가 일정 부분 경영에 참여하고 있다]는 2006년 대규모 전력망을 위한 국제위원회 칠레 협회(Comite Chileno del Consejo Internacional de Grandes Redes Electricas, CICRE)로부터 에너지 효율성 모범 기업으로 상을 수여했다.

[70] PPEE(Programa Pais Eficiencia Energetica)로 불리는 프로그램으로 2005년 경제부의 감독하에 시작되었다.

에서 이런 프로그램만으로는 전력 수요를 충족할 수 없다. 그러므로 자연 자원을 이용할 수 있는 새로운 생산 수단을 마련해야 한다. 이 때문에 칠레는 수천 메가와트의 전력을 생산할 수 있을 것으로 보이는 파타고니아의 수력 자원에 새로이 관심을 두게 되었다. 이런 맥락으로 사람이 거의 살지 않는 아이센 지역에 600메가와트짜리 댐을 건설하는 '쿠에르보 강(Rio Cuervo)'[71] 프로젝트가 시작되었다.

우리는 핵심을 찌르는 질문과 함께 토론을 시작했다. "쿠에르보 강 프로젝트 때문에 이주해야 하는 사람이 많은 것도 아닌데 왜 이 일에 반대하는 거죠?" 안내인 역할을 맡은 미치는 어리둥절한 표정으로 우리를 바라보았다. 몇 초 동안 생각을 정리한 그녀는 이야기를 시작했다. 일단 이야기를 시작하자 여러 가지 주장들이 한꺼번에 터져 나오는 통에 그녀의 말을 받아 적기가 어려울 정도였다.

첫 번째 주장은 생태학적인 것이었다. 인간의 활동으로부터 보호되어 온 이 세계의 끝자락에서는 다른 지역에는 없는 동식물 종이 번성해 왔다. 미치는 중요한 동식물 종들을 보호하면서 모험과 신선한 공기 등을 모두 즐길 수 있는 녹색 관광을 제안했다.

두 번째 주장은 칠레의 고유한 상황과 관련된 것이었다. 주된 경제 활동이 이루어지는 소비 중심 도시들은 칠레 북쪽, 즉 산티아고와 발파라이소 사이에 있다. 그런데 문제의 수력 발전 자원은 남쪽 끝에 있다. 따라서 생산된 전력을 거의 2,000킬로미터 떨어진 곳까지 수송해야 한다. 파리에서 빌뉴스(리투아니아의 수도—옮긴이)까지의 거리라고나 할까. 게다가 비용도 매우 많이 든다. 철탑과 고압선들을 설치해야 하는데 그렇더

---

71 문자 그대로 '까마귀 강'을 뜻한다.

Box 4

줄 효과

줄 효과는 전도체의 전기적 저항에서 비롯되는 물리적 현상으로 전류가 흐를 때 일어나는 온도 상승 효과(초전도성 물질을 제외하고)로 나타난다. 줄 효과는 전기 에너지가 열에너지로 바뀌는 가운데 손실되는 전력의 양을 이야기할 때 주로 언급된다.

전선으로 전력을 수송하면 줄 효과에 의한 손실은 전압이 약할수록 커진다. 그렇기 때문에 원거리 전력 수송은 항상 고압선을 사용하는 것이다.

전력 상실분의 크기
프랑스에서는 생산된 전력의 5퍼센트가 줄 효과로 사라진다.

그렇다고 해서 언제나 줄 효과를 최소화하기 위해 노력하는 것은 아니다. 전기 주전자와 헤어드라이어를 비롯해 전기를 사용하는 방열 제품들의 내성을 강하게 만드는 것도 줄 효과이기 때문이다.

라도 전력의 일부는 도중에 손실될 수밖에 없다. 이른바 '줄 효과'에 의해 손실이 발생하는 것이다.

철탑과 고압선 설치는 미관상으로도 좋지 않다. 나라 이곳저곳을 관통하는 고압선들로 인해 산과 들, 작은 촌락들의 모습이 바뀌게 될 것이다. 또한 고압선 근처에서 받게 되는 전자파가 건강에 해로운 것도 쿠에르보 강 프로젝트에 반대하는 이유가 된다.

마지막으로 에코시스테마스는 쿠에르보 강 프로젝트를 주도하는 기업인 에데사와 콜분(Colbun)에서 제시한 여러 경제 자료에 이의를 제기한다. 4,000개의 일자리를 창출하겠다는 약속은 거짓으로 드러났다. 그 일자리들은 댐 건설이 끝나고 나면 없어질 것이기 때문이다. 그 댐을 활용하는 데에는 소수의 숙련된 노동자들만 필요한데, 이들 대부분을 다른 지역에서 데려올 가능성이 크다. 보다 온화한 기후에서 이 댐을 이용하겠다는 여가 산업의 전망 역시 불투명해 보인다. 지역 자체가 너무 외진 곳에 있기 때문이다.

　마지막으로 지역 주민들에게 더 나은 전력을 공급하겠다는 약속 또한 눈속임에 불과하다. 직류 전송선[72]을 설치하겠다는 계획만 보아도 쿠에르보 강 프로젝트의 목적이 생산된 모든 전력을 북쪽 지방으로 전송하는 것이라는 사실에는 의심의 여지가 없기 때문이다. 이 프로젝트의 영향을 받게 될 지역의 면적 역시 다시 한 번 생각을 하게 만든다.

　그렇게 먼 곳에서 전력을 생산한다는 것, 자연 경관에 거대한 상처를 낸다는 것, 전송 단계에서 일정량의 전력 손실을 감수할 수밖에 없다는 것을 고려할 때, 쿠에르보 강 프로젝트에는 매우 많은 비용이 들어갈 것으로 보인다.

　며칠이 지난 뒤 루이스 아르케로스가 퍼시픽하이드로(PacificHydro)사(社)[73]에서 우리를 맞아 주었다. 루이스는 조용하고 침착한 목소리로 쿠에르보 강 프로젝트의 원동력을 자세하게 설명했다. "에코시스테마스의 제안을 자세히 살펴보십시오. 그들이 진심인 양 진정한 관광 산업이라고 부르는 것은 실제로는 소수의 특권층만 누릴 수 있는 여행일 겁니다." 그는 오히려 댐을 선호한다. 댐을 건설하면 훨씬 많은 사람들에게 전력 생산의 혜택을 줄 수 있을 것이기 때문이다. "왜냐고요? 우선 전송 비용을 감안하더라도 댐 건설이 비용이 가장 덜 드는 해결책이기 때문입니다. 댐이 없는 시나리오를 한번 생각해 보세요. 어떤 일이 일어나겠습니까?" 전력을 충분히 공급받지 못하는 기업들은 나름의 전력 생산 기지를 건설할 것이며 당연하게도 석탄을 이용할 것이다. 석탄을 이용한 전력 생산은 댐보다 비용이 많이 들 뿐만 아니라 온실 효과를 야기하여

---

72 교류 전송선보다 전력 손실이 적다.
73 2004년 칠레에 설립된, 수력과 풍력 에너지가 전문인 오스트레일리아 회사이다(www.pacifichydro.com.au).

전력 전송과 건강: 전자파는 어떤 영향을 끼치는가?

위험한 강도라고 판단된 자기장에의 노출은 국가적·국제적 차원의 권고 사항과 지침에 의해 제한되고 있다. 오늘날 문제가 되는 것은 강도가 약한 자기장에 지속적으로 노출되는 것도 생물학적인 반응을 일으킬 수 있는지, 그리고 인간의 안녕을 방해할 수 있는지이다.

지난 30년간 전리 작용을 하지 않는 방사선[74]의 생물학적 영향과 그 의학적 적용에 대해 약 2만 5,000편의 과학 논문이 간행되었다. 과학 소설에서 출발하여 심화된 연구를 참고했음에도 불구하고, 또한 가정에서 상당량의 전자파에 노출된 아이들의 백혈병 발병률이 증가하고 있다는 사실(확실한 인과관계가 확립되지는 못했지만)을 고려한 몇몇 역학 조사에도 불구하고, 세계 보건기구(WHO)는 1998년 당시의 자료만으로는 약한 강도의 전자파에 노출되는 것이 건강에 특별한 영향을 주는지 확정 지을 수 없다는 결론을 내렸다.

이 현상을 보다 잘 이해하기 위해 오늘날에는 주로 두 가지 방향에서 연구가 진행되고 있다. 한편으로는 전자파 노출과 암 발병 사이의 관계를 확실하게 밝히기 위한 연구가 진행 중이다. 다른 한편으로는 휴대 전화를 오래 사용하면 건강에 어떤 영향을 받을 수 있는지에 대한 연구가 있다(물론 지금까지는 미약한 무선 주파수에 노출되면 건강상의 부작용이 일어날 수 있다는 어떤 증거도 없다).

출처: 세계보건기구

환경에도 해로운 영향을 준다. 루이스는 이야기를 계속했다. "그렇다면 어떤 대안으로 칠레의 에너지 위기에 대응할 수 있을까요? 에너지 효율성과 재생 에너지와 관련된 대규모 프로그램을 가동해야만 합니다. 그것도 적절한 시기에 말이지요. 실용적으로 생각하면 이것으로 충분하지 않을까요?"

루이스가 주장한 해결책은 의심의 여지 없이 확실한 것으로 보인다.

---

74 전리 작용을 하지 않는 방사선은 전달되는 전자기 에너지가 원자나 분자를 이온화시킬 정도로 충분하지 않다. 하지만 이 경우에라도 생체에는 영향을 끼칠 수 있다.

싼샤 댐

1919년부터 중국의 지도자들은 현재 싼샤 댐이 있는 지역에 관심을 갖기 시작했다. 산두핑(三斗坪) 지역에 있는 양쯔 강 하류의 유량은 초당 1만 4,300세제곱미터에 이른다. 이는 파리 센 강의 평균 유량의 44배에 달하는 수치이다. 이 지역에 수력 발전을 위한 댐을 건설하는 계획은 1944년에 이어 1955년에 검토되었지만 완전히 승인되기까지는 더 많은 시간을 기다려야 했다. 1989년에 5년간의 유예 명령이 내려졌음에도 불구하고 1992년에 결의안이 채택되었다. 중국 의회는 전체 인원의 3분의 2가 찬성함으로써 이 계획을 실행시켰다. 길이 2,335미터에 높이는 180미터에 달하는 싼샤 댐은 1994년에 건설되기 시작했다. 공식적으로 2006년 5월에 완공되었고 2008년부터 전력을 생산했다. 그 사이 도시 15개와 마을 16개가 사라진 자리에 1,084제곱킬로미터에 이르는 호수가 만들어졌다. 오래전부터 '푸른 강'이라는 이름으로 알려졌던 '창장 강(長江: 양쯔 강의 원래 이름—옮긴이)' 유역에 살던 주민 120만 명이 이주해야 했다.

세계에서 가장 규모가 크다고 알려진 이 댐은 무엇보다도 가장 많은 전력 생산량을 자랑한다. 댐에 설치된 터빈 32개는 용량이 22.5기가와트이고 일 년 동안 84.7테라와트시의 전력을 생산할 수 있다. 이는 원자로 12개가 생산할 수 있는 양과 같다.[75]

싼샤 댐 건설은 후베이 성의 경제 성장에 기여하여 연안 지역 주민들이 그 혜택을 받았고 홍수에 보다 효과적으로 대처할 수 있는 수단이 되기도 했다. 2009년이면 싼샤 댐은 중국 전체의 필요 전력의 2퍼센트를 공급할 것으로 예상되고 있다.

반면 싼샤 댐의 존재로 인해 강의 생태계는 심각한 변화를 겪게 되었다. 댐이 상류에서 하류로 흐르는 침전물을 가로막으면서 특히 문제가 심각해졌고 결국 환경은 커다란 피해를 입고 말았다. 하지만 전력 생산이 중단된다면 상하이와 우한을 포함한 산두핑 하류의 7,500만 주민이 그 피해를 입게 될 것이다.

하지만 이처럼 극명하게 대립되는 입장들을 볼 때 우리는 특히 신흥 경제국에서 환경 연합이 차지하는 위치에 대해 생각해 보지 않을 수 없었다. 정책 결정자들이 빠른 속도의 경제 성장과 개발을 원할 경우 이들의

---

75 댐지 80퍼센트의 효율로 가동된다고 가정한 수치.

입장이 효과적으로 전달될 수 있는가? 그들은 엄격한 재감정(再鑑定)을 실현하기 위해 필요한 기술적·재정적·인적 자원을 보유하고 있는가? 가능성 있는 대안을 구체적으로 제시할 방법을 가지고 있는가? 또한 기간 시설 건설을 위한 프로젝트에 더 이상 반대할 수 없게 되었을 때, 계약 조건에 환경적·사회적 조항이 포함되도록 할 수 있는가?

이 단계에서 우리는 싼샤 댐 건설에 관한 중국 정부의 결정을 떠올리지 않을 수 없었다. 댐이 건설되기 전에 이러한 경고의 음성이 정부에 전해지기는 했던가?

'대규모 수력 발전'에는 막대한 경제적 장점을 지니면서 사회적·환경적 요소를 세심하게 고려한 프로젝트도 존재한다. 그럼에도 재생 에너지 가운데서 가장 나쁜 평판을 받을 수밖에 없을 것 같다.

하지만 잊어서는 안 되는 사실이 있다. 댐의 목적이 단지 전력 생산만은 아닌 것과 마찬가지로 모든 댐이 저수지를 갖추어야 하는 것도 아니다. 물의 흐름을 이용하는 댐도 존재한다. 이런 수력 발전소는 조상들이 사용했던 풍차처럼 높은 곳에 자리 잡고 흐르는 강물을 이용해 전력을 생산한다. 물론 이때 전력 생산량은 물의 유량에 좌우된다. 그렇기 때문에 물을 가두는 댐과 마찬가지로 수요와 완전히 일치할 수는 없다.

이 두 가지 수력 발전 시스템의 목적은 매우 다르다. 물을 가두는 댐은 전력 사용량이 최고에 달했을 때를 대비하는 시설이지만 물의 흐름을 이용하는 댐은 기본적으로 필요한 전력을 공급하기 위한 시설이다.

물의 흐름을 이용한 수력 발전은 환경 보호에 보다 적절할 뿐만 아니라 프랑스의 경우에는 물을 가두는 댐과 비슷한 양의 전력을 생산하고 있다. 그럼에도 여전히 그 쓰임새가 널리 알려져 있지 않은 것이 사실이다.

마지막으로 물의 유량이 너무 적고 수요 자체가 제한되어 있을 경우에는 소규모 수력 발전 시스템을 생각해 볼 필요가 있다. 물의 흐름을 이

수력 발전 댐의 단점과 장점

단점	장점
− 상류와 하류에서의 환경적인 영향 •열대 지역에서 물에 잠긴 식물들이 부패하면서 막대한 양의 메탄 가스가 방출된다. •저수지로 인해 물에 잠긴 생태계가 소멸된다. •흐르는 물이 고인 물이 되면서 생기는 단점들이 있다. 상류에서는 진흙의 퇴적작용으로 인한 부영양화와 증발 때문에 엄청난 양의 물이 손실된다(아스완 댐에 있는 나세르 호수의 경우 매년 증발에 의해 100억 세제곱미터의 물이 손실된다). 하류에서는 습지가 사라지고 주변을 비옥하게 하는 강의 범람도 바랄 수 없게 된다. 또한 수질 오염으로 인해 광천수도 피해를 받고 퇴적물의 교체가 이루어지지 않아 침식이 빨라진다. 그뿐만 아니라 민물의 유입이 줄어들면서 연안의 지하수층의 염도가 증가한다. − 주민들이 이주해야 한다. − 전력 생산을 강수량에 의존하기 때문에 생산량이 불규칙하다. − 사고 발생의 위험이 있다. 1959~1987년에 세계적으로 30건의 댐 사고가 일어나 1만 8,000명이 희생된 것으로 조사되었다.	− 물을 저장할 수 있다. •홍수를 조절하고 가뭄을 방지할 수 있다. •농지 관개를 개선할 수 있다. •주민들에게 물을 공급할 수 있다. •관광지가 생겨나고 물고기를 양식할 수 있다. − 에너지 사용 •황 화합물과 질소 화합물이 방출되지 않아 공기가 깨끗하다. •열대 지방에서 산소가 부족해지는 것을 제외한다면 방출되는 온실 가스는 감소한다. •간헐적인 에너지의 결합이 가능하기 때문에 에너지를 비축할 수 있다. •건설 기간이 길지만 유지 비용은 적다. 즉 최초 투자는 장기간에 걸쳐 이루어지고 생산되는 전력의 가격은 낮다. •효율이 높다. 물이 가진 에너지의 90퍼센트를 전력으로 변환할 수 있다. •댐 건설에 필요한 에너지의 45~250배에 달하는 에너지를 생산할 수 있다.

용한 이런 소규모 발전소들은 한 가정이나 한 마을에 전력을 공급하기 위한 것으로 환경 피해를 최소화할 수 있다.

초대형 댐과 소규모 수력 발전의 차이는 실로 엄청나다. 하지만 그 중간에 위치한 해결책이 없는 것도 아니다. 그것은 기술적인 차원의 해결책인데, 대규모의 댐 1개보다는 중간 규모의 댐을 여러 개 만드는 것이다.

웅장함은 덜 하겠지만 실현 가능성은 훨씬 높고 환경에 미치는 악영향을 줄일 수도 있다. 불행하게도 보다 현명한 이 해결책은 여전히 큰 관심을 끌지 못하고 있다. 특히 결정권을 가진 사람들이 관심이 없다. 역사에 자신의 이름을 새기고자 하는 성향을 가진 인간이 영광과 합리성 사이에서 지금처럼 고민하지 않는다면 지구는 훨씬 더 건강해질 수 있을 것이다.

제6장 약속의 대양

• 크발순 해협의 함메르페스트 스트룀 수력 발전소(노르웨이)

아이디어를 찾아 바다로 떠나자. 점점 더 많은 기업가들이 바다를 에너지의 형태로 새롭게 활용하고자 한다. 바다의 자원은 높은 파도, 조류, 조수 등으로 매우 풍부하며 이런 자원을 통해 엄청난 에너지를 얻을 수 있을 것이다. 이것이 경솔한 생각일까? 그렇지 않다. 원형 시제품을 만드는 데 여전히 많은 돈이 들어가는 것은 사실이지만 스칸디나비아와 지중해 연안국에서는 이미 상업적인 에너지 시설들이 가동 중이다. 이 푸른색 황금, 즉 바다에 주의를 기울여야 한다. 바다는 대단한 폭발력을 지닐 수 있기 때문이다.

대양의 바닥에 수력 발전소를 세우다

1월 29일. 세계 일주를 계속해야 하는데 어느 방향으로 가야 할 것인가? 한겨울이라는 사실을 감안하면 지구 반대쪽으로 가서 여름의 감미로움을 느껴 볼 만도 하지 않은가? 하지만 우리는 그 반대의 결정을 내렸다. 노르웨이에서 눈의 요정을 만나고 싶은 유혹을 이기지 못했다고나 할까? 노르웨이의 곳과 스칸디나비아식 환대는 더 먼 길을 떠나기 전에 신선한 첫걸음이 될 것 같았다.

여행을 준비하면서 우리는 해저에 설치된 특이한 풍력 발전소가 있다는 이야기를 들은 적이 있다. 이 발전소는 조류의 흐름을 따라 전기를 생산하면서 함메르페스트에서 멀지 않은 작은 마을 크발순의 30여 가구에 전력을 제공한다고 했다. 핀마르크(노르웨이의 해안 마을—옮긴이)의 해안을 찾아간다? 언젠가는 극지방에 가고 싶은 꿈을 이룰 수 있을 것이다. 어쩌면 다음번에 말이다. 우리가 여행하기로 계획한 세계는 물론 넓다. 노르웨이만 해도 북해와 바렌츠 해를 따라 무려 1,750킬로미터나 뻗어 있다. 함메르페스트에서 남쪽의 도시로 가려면 기차로 며칠이 걸릴 정도이다. 그래서 우리는 베르겐과 오슬로 사이에서 실행되고 있는 다양한 프로젝트를 살펴보면서 노르웨이에서의 일주일을 보내기로 결정했다. 물론 스타반게르에 가서 이 발전소를 발명한 사람을 만날 수 있는 기회를 놓쳐서는 안 될 것이다.

2000년 비에른 베켄은 노르웨이 석유 회사인 스타토일을 떠나 함메르페스트 에네르기(Hammerfest Energi)에 들어가기로 결정했다. 그곳에서 그는 특별한 프로젝트를 담당하게 되었다. 전력을 제공하기에는 비용이 너무 많이 드는 고립된 지역의 30여 가구 주민들에게 조수의 흐름을 이용하여 전력을 공급하는 프로젝트였다. 크발로위아 팔라 섬과 노르웨이 최북단 사이를 가로지르는 좁은 해협은 물의 흐름이 상당히 빠르다. 바로 이 사실이 그런 아이디어를 생각해 내도록 흥미로운 관점을 제

랑스 조력 발전소

1966년 브르타뉴 지방에 건설된 랑스 조력 발전소는 오늘날 거대한 규모로 조력 에너지를 전력으로 변환하는 세계 유일의 시설이다. 이 발전소는 길이 750미터, 높이 13미터 규모의 댐으로 랑스 하구를 막고 10메가와트짜리 터빈 24개를 돌려 일 년에 600기가와트시의 전력을 생산한다(이는 28퍼센트의 하중 계수이다). 가동된 지 40년이 지난 이 프로젝트는 하구의 생태계에 많은 변화를 가져오기는 했어도 무려 25만 가구에 전력을 공급하고 있는 하나의 성공 사례로 여겨진다. 프랑스의 산업 지역 중에서 랑스 발전소가 가장 많은 관광객을 끌어모은다는 사실을 알고 있는가? 이곳을 찾는 관광객의 수는 일 년에 약 40만 명이다.

프랑스 국립 해양 개발 연구소(Ifremer)가 2004년 보고서에서 밝히고 있듯, 이런 종류의 시설을 갖출 수 있는 지역은 매우 적다. 현재 캐나다(펀디 만에서 20메가와트), 영국, 호주, 러시아(무르만스크에서 0.4메가와트) 등에서 실험적으로 조력 발전소를 가동하고 있지만 잠재적인 연간 생산량은 100테라와트시에 그치는 것으로 알려져 있다. 이는 기본적인 에너지 수요(~13만 1,400테라와트시)에 매우 제한적인 기여밖에는 할 수 없는 양이다.

출처: 프랑스 국립 해양 개발 연구소 보고서, 2004년

공했을 것이다.

북극권에 있는 크발순의 수로는 일 년 중 몇 달은 얼음으로 덮여 있다. 따라서 크발순에서는 프랑스의 랑스 조력 발전소처럼 밀물과 썰물 사이의 차이를 이용해 전력을 생산할 수 없다.

이를 역으로 생각하면 얼음은 단지 표면에만 형성된다는 뜻이기도 하다. 그러므로 해저에서 조류의 에너지를 이용하는 데는 아무런 방해물이 없는 것이다. 해저에 설치된 터빈은 일 년 내내 바닷물의 흐름에 따라 작동될 수 있다. 비에른이 선택한 장소에서 조수는 대략 초속 2미터(시속 7.2킬로미터)로 흐른다.

초속 2미터의 흐름으로 해저 터빈을 가동시킬 수 있을까? 이것은 보

Box 2

밀도의 문제

풍력 또는 수력-풍력에 의해 생산되는 힘은 단위 시간당 터빈에 전달되는 유체의 운동 에너지의 1퍼센트에 해당된다(계수 Cp⟨1⟩). 방정식으로는 다음과 같다.

$$힘 = \frac{1}{2}p \times A \times V^3 \times Cp$$

단위 시간당 터빈의 표면을 통과하는 공기 흐름의 산물(AV)을 단위 부피당 유체의 운동 에너지($\frac{1}{2pV}$)로 나눈다고 하자.

AV: 바닷물의 밀도(수온이 낮고 소금기가 많을수록 높아진다. 1세제곱미터당 약 1,025 킬로그램) 또는 공기의 밀도(기온이 낮고 습도가 높을수록 높아진다. 섭씨 20도, 습도 70퍼센트에서 1세제곱미터당 1.2킬로그램).

A: 수력-풍력 혹은 풍력 발전 터빈 회전판의 표면.

V: 물이나 바람의 속도.

Cp: 힘의 계수(터빈의 효율성 정도).

결론: 유체의 속도가 빠를수록 밀도가 높아지고 풍력 발전으로 생산되는 힘도 커진다.

호기심 많은 사람들을 위한 사소한 연습 문제:

함메르페스트의 터빈이 공기 중에서 초속 2미터로 흐르는 바닷물에서와 같은 전력을 생산하려면 바람의 속도가 얼마나 되어야 하겠는가?

답: 초속 19미터, 즉 시속 68킬로미터가 필요하다. 이는 풍력 발전기가 받아들일 수 있는 최대 풍속에 가깝다.

통 풍력 발전 후보지가 수익성이 있는지 판단하는 최소 기준(초속 4~5미터 또는 시속 14.5~18킬로미터)보다도 두세 배가량 낮은 수치이다. 그렇다면 어떻게 전력을 생산할 수 있을까? 이유는 간단하다. 물은 공기보다 밀도가 800배나 높기 때문이다.[76] 따라서 같은 속도로 움직인다고 가정할

---

76 kg/m³는 유체의 밀도를 표시하기 위한 기호이다. 밀도가 낮은 유체(예를 들어 기름과 같은)는 보다 밀도가 높은 유체(식초) 위에 떠다닌다. 물에 소금기가 있으면 밀도는 더욱 높아진다. 그래서 일반 수영장에서보다 사해 수면에서 훨씬 쉽게 물에 뜨는 것이다.

발전소와 하중 계수

일 년 중 최대로 작동하는 기간이 다섯 달 반인 100킬로와트 용량의 발전소는 일 년 내내 작동하는 50킬로와트짜리 시설보다 적은 양의 전력을 생산한다. 전자의 연간 실질 생산 전력은 46킬로와트인데 반해 후자는 50킬로와트이기 때문이다. 이때 전자의 하중 계수는 45.8퍼센트이고 후자의 하중 계수는 100퍼센트이다.

프랑스에서의 하중 계수 비교
원자력 발전소의 하중 계수: 70~80퍼센트
화력 발전소의 하중 계수: 약 40퍼센트
풍력 발전소의 하중 계수: 20~30퍼센트

때 물은 같은 부피의 공기보다 800배가 많은 운동 에너지를 갖게 되는 것이다. 바로 이 에너지가 수력 발전기와 풍력 발전기의 프로펠러 회전판에 전달되어 전력으로 변환된다.

이런 해저 풍력 발전기의 첫 번째 이점은 겉으로 드러나 보이지 않는다는 것이다. 풍력 발전기의 빠른 보급에 저항하는 '님비(NIMBY)'[77] 현상이 나타나더라도 물에 잠겨 있는 수력-풍력 발전기는 그런 문제를 일으킬 이유가 전혀 없다.

이에 더해 조수의 흐름은 예측이 가능하다는 이점도 있다. 때에 따라 변화가 있기는 하지만 조수의 흐름은 잘 알려져 있는 대로 태양과 달의 주기와 일치한다. 그 결과 전력 생산 계획도 단순해질 수 있다. 평균적으로 수력-풍력 발전기가 작동하는 빈도는 태양 에너지와 풍력 에너지 발전기의 그것보다 높을 것이기 때문이다. 모든 산업 생산 시스템에서와 마

---

77 'Not In My Backyard(우리 집 뒤뜰만 빼고)'의 약자이다. 자기 집 근처에 기간 시설이 들어서는 것에는 반대하지만 같은 시설이 자기 집에서 멀리 떨어진 곳에 설치되는 것에는 신경 쓰지 않는 태도를 말한다.

찬가지로 전력 생산에서 중요한 것은 설비의 최대 용량이 아니라 주어진 기간 동안의 평균 용량이다.

하중 계수는 기계 한 대가 용량의 최고치를 어느 정도 사용하는지를 의미한다. 기술의 안전도와 유지·보수 조항 같은 기술적인 제약에 따라 달라지며 재생 에너지의 경우에는 에너지 자원의 자연적인 변화에 따라 달라진다.

예를 들어 구름의 존재와 바람의 습도는 태양열 발전판과 풍력 발전기의 하중 계수에 영향을 준다. 태양열이나 풍력 발전의 하중 계수가 보통 20~30퍼센트인데 비해 조력 발전기의 하중 계수는 두 배에 가까운 40~50퍼센트[78]에 이른다. 대양의 해류(해류는 조류보다 더욱 규칙적이고 일정한 방향으로 흐른다)를 이용한 발전은 조력 발전의 새로운 기록을 수립했는데 그 하중 계수는 80퍼센트에 달한다. 생산량이 많을수록 수입도 많아지기 때문에 하중 계수는 어떤 프로젝트가 수익성이 있는지 계산할 때 결정적인 요소로 작용한다.

마지막으로, 바람의 경우 수평축 풍력 터빈은 바람에 따라 팬의 방향을 바꿔 주어야 하는데, 그와 달리 해저의 해류는 일정한 통로로 이동한다. 예를 들어 멕시코 만류는 항상 일정한 방향과 흐름을 유지한다. 조류 역시 고정된 방향으로 흐르지만 그 흐름은 파도의 높낮이에 따라 달라질 수 있다.

조건이 이러하므로 값비싼 유동 반원형 나셀(항공기 등의 엔진 덮개—옮긴이)을 설치할 필요는 없을 듯하다. 프로펠러 날개만으로도 두 가지 흐름의 해류를 따라가기에 충분할 것이다. 따라서 해수력 발전기를 만드는 것이 비슷하게 생긴 풍향계를 만드는 것보다 편리할 수도 있을 것이

---

[78] 조력 발전소들은 일 년에 4,000시간 동안 최고 용량으로 작동한다(Ifremer 2004).

Box 4

해류는 어디에서 올까?

유럽의 해안에서 조수는 해류를 만들어 낸다. 프랑스 국립 해양 개발 연구소는 이 해류들이 막대한 에너지 자원이 될 수 있다고 강조한다. 전 세계에서 매년 조수에 의해 분산되는 에너지는 2만 2,000테라와트시에 달하는 것으로 평가된다. 이는 석유 20억 톤이 연소하면서 생산하는 에너지와 거의 비슷하다. 현재 인류가 매년 10억 톤의 석유를 1차 에너지로 소비한다는 점을 고려하면 더욱 실감나는 수치이다(조력 발전소에서 생산할 수 있는 전력은 100테라와트시라는 사실을 기억하자).

해류는 원칙적으로 달의 인력으로 인해 발생한다. 즉 달의 주기를 따라 일어나는 것이다. 태양의 인력은 14일 주기로 해류의 힘을 변화시킨다. 춘분과 추분(태양의 중심이 적도 상에 있을 때)은 일 년에 두 번, 조수가 가장 강력한 시기와 일치한다.

몇몇 연안 지대는 지형상 이런 현상을 증폭할 수 있는데 브르타뉴와 노르망디 지방이 그 예다. 이 두 지역에서는 해류가 상당한 속도에 도달하는 곳들을 발견할 수 있다. 라 쇼세 드 생(초속 3미터), 르 프롱뵈르 아 우에상(초속 4미터), 레 조 드 브레아(초속 2미터), 프레엘 곶(초속 2미터), 르 라즈 블랑샤르(초속 5미터) 등이 그런 곳들이다.

다. 그렇지 않은가?

오늘날 풍력 발전이 순풍을 받고 있는데도 불구하고 바다 밑에 이런 기계들이 설치되지 않는 이유는 무엇일까?

너무 빨리 열광해서는 안 될 것이다. 바다의 환경과 관련된 기술적 문제들도 많이 있다. 전력 시설과 수력 시설의 방수, 염분으로 인한 부식, 해조류와 조개류로 인한 기능 저하로 물속에 있는 터빈의 효율성이 떨어질 수 있는 가능성, 보수와 유지를 위한 접근의 어려움, 충분한 깊이와 적절한 신호가 필요한 선박들과의 충돌 가능성을 비롯해 고려해야 하는 문제들의 목록은 너무나도 길다!

그렇더라도 해류를 이용한다는 아이디어가 여러 기술자들의 상상력을 자극한 것만은 분명해서 다양한 아이디어들이 빛을 보고 있다. 비에른과

〈프로펠러를 설치한 해수력 발전기〉

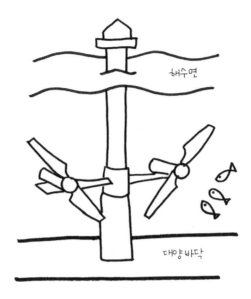

그의 동료들은 전자 공학과 심해 석유 굴착 산업, 풍력 발전 기술과 관련된 최근의 발전들을 조합하여 성공의 날개를 달 수 있었다.

비에른과 동료들은 새로운 시스템을 상상해 냈다. 비에른은 자신들의 선택을 경쟁자들의 것과 비교하면서 열정적으로 설명했다. 그는 우선 특수 기둥에 프로펠러를 설치하여 정비를 할 때 그 기둥이 물 밖으로 올라오는 설비의 개념을 비판했다. 기둥이 선박과 충돌할 위험이 많고 기둥을 설치하려면 얕은 여울을 찾을 수밖에 없다는 것이다.

비에른은 수평으로 놓인 모래시계와 같은 모양을 한 원곡형 설비도 비판했다. '벤투리 효과(Venturi effect)'[79]에 의한 유속의 증가가 독을 빨아들이는 치명적인 흡입기와 같은 역할을 할 수 있다는 것이다.

비에른은 이런 방법보다는 대양의 깊숙한 곳, 그러니까 선박의 항해에

---

79 유체(가스 혹은 액체)가 흐르는 영역이 좁아지면 속도는 빨라지는 현상을 의미하는 용어이다.

지장을 주지 않을 정도로 깊은 곳에 거대한 프로펠러들을 설치하는 방법을 선호한다. 바닷속 45미터 깊이에 프로펠러를 설치하면 잠수부들이 가벼운 정비 작업을 위해 충분히 접근할 수 있다. 작업의 규모가 보다 큰 경우에는 크레인 선으로 프로펠러를 들어올릴 수 있을 것이다. 마지막으로 직경이 20미터인 회전식 구조물은 바다에 사는 물고기들에게 피해를 주지도 않을 것이다. 분당 6~12회 정도의 회전 속도라면 물고기들이 별다른 위험 없이 그 사이로 지나다닐 수 있을 것이기 때문이다.

처음 결과들은 고무적이었다. 2004년 1월에 설치된 300킬로와트 용량의 시제품은 매우 만족스럽게 작동했다. 그 시제품을 고안한 사람은

〈비에른이 개발한 해수력 발전기〉

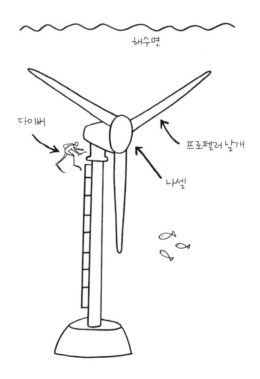

현재 함메르페스트 스트룀을 상업화하고자 애쓰고 있다. 그는 우리에게 이 기술을 통해 어느 억만장자가 소유한 작은 섬에 전력을 제공하는 데 성공했으며 보다 큰 규모의 설비를 세우기 위해 관심을 가지고 있는 영국 팀들과 협상을 하고 있다고 밝혔다.[80]

수리 동력 발전[81] 개발의 잠재력

킬트를 입은 해수력 발전기들? 스코틀랜드야말로 해양 에너지를 판매해야 할 입장에 있다. 스코틀랜드 정부에 따르면 이 나라는 유럽의 바다가 가진 잠재적 에너지의 약 4분의 1을 소유하고 있다. 이 같은 하늘의 선물을 무심코 지나친다는 것은 말도 안 되는 일이다. 2020년까지 전력의 40퍼센트를 재생 에너지로 생산하겠다고 결정한 스코틀랜드 정부는 이 새로운 기술이 산업적·제도적 프로젝트로 구체화될 수 있도록 지원하고 있다.[82]

영국은 고무되어 있는 이웃 나라를 바짝 추격하는 중이다. 마린 커런트 터빈즈(Marine Current Turbines)는 1994년부터 함메르페스트 스트룀과 같은 영역에서 경쟁력 있는 기술을 개발해 왔다. 영국은 노르웨이보다 앞선 2003년부터 브리스톨 해협에서 300킬로와트짜리 시험 설비인 시플로(Seaflow)를 테스트하고 있다. 현재 많은 사람들이 북아일랜드 스탠퍼드 록에 설치된 1메가와트짜리 발전기 시젠(Seagen)의 성공을

---

80 스타토일과 함메르페스트 에네르기는 2007년 스코티시 파워와 합작회사를 설립한다고 발표했다. 함메르페스트 UK는 함메르페스트 스트룀을 최적화하여 2009년에 스코틀랜드 해안에서 대형 시제품을 테스트할 예정이다. 이 테스트가 성공적으로 끝나면 이 회사는 50~100메가와트의 전력을 생산할 수 있는 1메가와트짜리 설비를 상업화할 것이다.
81 흐름 에너지(해류를 포함한)를 이용한 발전은 수리 동력 발전 또는 해수력 발전이라고 부르고, 조차를 이용한 전력 생산은 조력 발전, 파도의 역학 에너지를 이용한 것은 파력 발전이라고 부른다.
82 해양 에너지 연구를 위한 유럽 센터의 설립. 영국 남서부에 위치한 '웨이브 허브(Wave Hub)'는 파도 에너지 변환기를 만드는 실험을 행하는 영국의 첫 번째 연구 센터이다.

수치로 보는 수리 동력 발전의 잠재성

「영국 해류 에너지원 2단계 평가 보고서(Phase II UK Tidal Stream Energy Resource Assessment)」(또는 「블랙 앤 비치 보고서(Black & Veatch)」)는 낙관적인 관점에서 평가했다는 사실을 밝히면서 다음과 같이 조류와 연결된 수리 동력 자원의 가능성을 전망했다.

• 현재 기술로는 영국 해안에서 자연적으로 생산되는 연간 110테라와트시(연간 1,100억 킬로와트시)의 에너지 중에서 18테라와트시(원자로 두 대가 생산하는 전력과 같다)를 전력으로 전환할 수 있다. ABPmer(영국의 해양 환경 전문 컨설턴트 회사—옮긴이)가 진행한 보다 최근의 기술-경제학적 연구(2007년 7월)는 이보다 많은 28테라와트시의 전력을 생산할 수 있다고 보고 있다.
• 유럽에서 이용 가능한 잠재적인 전력 생산의 총합은 연간 35테라와트시에 이른다.
• 보다 불확실하기는 하지만 전 세계적인 잠재적 생산력은 연간 120테라와트시에 이르는 것으로 추정된다. 스코틀랜드 정부에 따르면 필요한 시설을 갖추기 위해서는 약 600억 유로를 투자해야 한다. 하중 계수가 40퍼센트라고 가정한다면 이는 34기가와트의 설치 전력에 해당하는 수치로 원자로 34대가 생산하는 전력보다 조금 못한 정도이다.

믿고 있다. EDF 에너지(프랑스의 거대 공기업—옮긴이)가 이곳에도 투자를 한 것이다!

프랑스는 유럽에서 두 번째로 큰 수리 동력 잠재성을 갖추고 있다. 이드로엘릭스(Hydrohelix)와 제휴한 PME는 이른바 '마레네르지(Marenergie)'라고 불리는 프로젝트의 중심에 있다. 이 회사는 버팀대 없이 대양 바닥에 설치할 수 있는 해수력 발전기를 개발했다. 사벨라(Sabella) D03이라고 불리는 이 발전기는 직경이 3미터이고 높이가 5.5미터이다. 이 영역에서 프랑스가 개발한 유일한 모델인 사벨라 D03은 2008년 4월 6주간의 시험 가동을 위해 오데 강 하구에 설치되었다. 이 작은 시험

각양각색의 해수력 발전

전 세계에서 해수력 에너지 개발을 위해 발급된 특허증만 수천 개가 넘는 것으로 보인다. 그 모두를 다 헤아리기도 어려운 일이다!

함메르페스트 스트룀, 시젠, 마레네르지는 모두 수평축을 중심으로 한 해수력 발전기이다. 하지만 이와는 다른 개념의 수리 동력 발전기들도 있다.
• 2개의 물줄기 사이에 설치된 해수력 발전기: 멕시코 만류에서 사용될 목적으로 개발된 이중반전의 프로펠러가 달린 커다란 어뢰 같은 발전기이다(애틀랜틱 플로리다 대학, 오션 에너지).
• 수직축으로 설치된 프로펠러[이탈리아의 에네르마르(Enermar) 프로젝트]: 그르노블 폴리테크닉 연구소 산하 지구 물리학 흐름과 산업 실험실에서 개발한 하비스트(HARVEST) 프로젝트의 다리우스(Darrieus) 터빈, 블루 에너지에서 개발한 데이비스(Davis) 터빈, 고를로프(Gorlov) 터빈.
• 진동성 외형: 영국의 스팅레이(Stingray).
• 날개가 달린 풍차의 아류들: 프랑스식 개념인 하이드로 터빈(Hydro-gen).

설비(용량이 10킬로와트로 영국과 노르웨이의 설비보다 30배나 작다)는 지역 공동체와 지역 산업체들의 보조로 실현될 수 있었다. 프랑스가 수리 동력 발전에 적극적으로 참여하는 데에 있어서 얼마나 소심한지를 보여 주는 검소한 자세가 아닌가?

파랑(波浪)도 개발되고 있다!

프랑스의 바다는 약 34기가와트의 수리 동력 에너지를 생산할 수 있는 것으로 예측되고 있다. 그리 나쁘지는 않다. 하지만 파도가 우리에게 전해 줄 수 있는 수백 기가와트의 에너지에 대해서는 뭐라고 말할 수 있을까?

영국은 운이 좋았다는 사실을 다시 한 번 강조하지 않을 수 없다. 영국은 가용 에너지만 약 120기가와트인데 이는 영국의 전체 에너지 수요의 네 배에 달하는 양이다. 프랑스의 경우 파랑이 가지고 있는 잠재적인 에너지는 연간 417테라와트시에 달한다고 알려져 있다. 이는 프랑스의 전체 전력 소비량(2000년 기준 450테라와트시)에 근접한 수치이다. 물론 이 잠재적 에너지 전부를 개발할 수는 없는 일이다. 하지만 이 수치는 에너지원을 일부분이라도 개발하려는 노력에 대한 관심을 증폭시킬 수 있을 것이다!

한 마리의 괴물처럼 보이는 시설이 이 잠재적 파랑 에너지의 개발을 시도하게 되었다. 네스 호의 괴물이 호수 바깥으로 나온 것이다! 오크니 만의 안개 속에서, 그리고 포르투갈의 해안 근처에서 그 괴물의 모습을 보게 될 것이다.

이것은 바다뱀처럼 보일 수도 있다. 원기둥 4개가 수평으로 누워 반쯤 물에 잠긴 채 서로 연결되어 길이 120미터의 고리를 형성하고 있는 모습을 상상해 보라. 강렬한 붉은색의 이 시설은 대양이 중국의 신년 축하 행사 때 볼 수 있는 용을 움직이고 있는 것처럼 보인다. 펠라미스 웨이브 파워(Pelamis Wave Power)는 바로 이 움직임을 개발하여 전력을 생산할 생각을 했던 것이다.

해류가 그랬듯이 파랑도 일본, 인도, 포르투갈, 영국, 노르웨이를 비롯한 전 세계의 숱한 수력 에너지 개발자들의 창조력을 자극해 왔다. 1세대 시스템이라고 불리는 이 설비들은 해안 가까이에서 가동되고 있다. 넘실거리는 물을 담아 두는 방처럼 기능하는 이 설비는 두 가지 측면에서 단점을 가지고 있다. 첫 번째는 연안 지대를 독차지한다는 점이고 두 번째는 파랑 에너지를 온전히 이용할 수 없다는 점이다. 파도는 해안에서 가까울수록 분산되기 때문이다.[83]

---

83 프랑스령 폴리네시아의 웨이브젠(Wavegen) 시스템, 포르투갈의 아조레스(2001년부터 0.4 메가와트 생산)와 스코틀랜드의 아일레이(0.5메가와트 생산)에 설치된 시제품들이 1세대에 속한다.

Box 7

펠라미스 변환기

파도의 에너지가 최대치에 이르는 높이인 50~60미터 깊이의 바다에 설치된 각각의 펠라미스 변환기는 직경이 3.5미터에 무게가 무려 700톤이고 750킬로 와트의 전력을 생산한다. 전력 생산 설비는 순대처럼 생긴 40개의 붉은 원기둥이 파도와 수직으로 배치된 구조이다. 대양에서 1제곱킬로미터의 면적을 차지하고 있는 이 설비는 2만 가구에 제공할 수 있는 매우 깨끗한 에너지 30메가와트를 생산하게 될 것이다.

이 시스템은 어떤 방식으로 기능할까? 원기둥을 연결하는 접합부에는 수력으로 작동하는 잭들이 있는데 이 잭들은 파도의 움직임 아래에서 압축된다. 이때 안에 들어 있는 고압 윤활유가 수력 발전 모터 쪽으로 운반되고 사슬의 끝에서는 모터가 전력 생산 교류발전기를 움직인다. 이렇게 생산된 전력을 케이블을 통해 육지로 끌어들이기만 하면 되는 것이다.

〈펠라미스 변환기의 도면〉

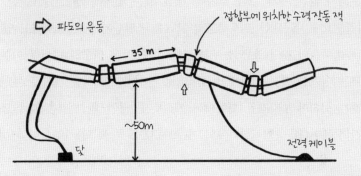

이 도면은 http://www.cdnm.info/news/science/pelamis_wave_power_system510455.gif로부터 영감을 받았다.

펠라미스 웨이브 파워의 본거지인 스코틀랜드 아일레이 근처에서 테스트를 마친 이 설비는 2006년부터 포르투갈 쪽으로 위치를 옮겨 가동되고 있다. 2007년에는 이 설비의 동생 격인 모델이 스코틀랜드 오크니에 있는 유럽 해양 에너지 센터에 설치되었다.

포르투갈의 포보아 데 바르심 근처에는 세 대의 펠라미스가 있다. 해양 기업인 아구사도라(Agucadoura)는 이 펠라미스를 상업적으로 이용하는 첫 번째 기업이 될 것이다. 스코틀랜드 정부도 이내 미디어를 통해 이에 상응하는 반격을 가해 왔다. 2007년 2월 22일 총액 4백만 파운드(560만 유로)를 들여 네 대의 펠라미스를 설치하겠다는 것이다.

2세대 시스템은 보다 깊은 바다(40~60미터)를 상대로 한다. 펠라미스의 경우가 바로 여기에 해당된다. 그뿐만 아니라 수직으로 움직이면서 전력을 생산하는 물에 뜬 플랫폼 형식의 파워 부이(Power buoy), 부서지는 파도가 높이 솟아 있는 저수 탱크를 가득 채우면 중력에 이끌려 자연스럽게 배수 장치로 연결되면서 터빈이 돌아가는 방식의 웨이브드래건(Wavedragon) 프로젝트도 여기에 해당된다.

해류와 파랑 사이에서 기술자들은 어떤 기술을 개발하는 것이 경제적으로 보다 실현성이 높은지를 두고 고민에 빠져 있다.

조류 개발의 선구자인 프랑스는 앵글로 색슨 족 이웃에 비해 뒤처져 있는 것이 현실이다. 학교에서 "가능성은 있다."는 말을 듣는 것만으로는 충분하지 않은 것과 같다. 투자를 해야 하는 것이다. 싱크 탱크들은 연구, 증명, 개발을 위한 프로젝트의 재원을 조달받기 위해 노력하고 있다. 그들 대부분이 찾을 수 있는 지원금은 아주 적은 액수일 뿐이며 이것만으로는 맹렬한 혁신 경쟁에 적극적으로 참여하기 어려울 것이다. 에인절 투자자나 슈퍼 투자자를 찾아야 할까? 투자자들을 찾는 것은 결국 그들 자신의 몫이다!

현재 수리 동력 에너지와 파도 에너지의 생산 비용

수리 동력 에너지와 파도 에너지를 생산하는 비용은 1메가와트시당 50~100유로로 다소 높은 것이 사실이지만 점점 다른 재생 에너지의 생산 비용과 비슷해지고 있다. 이 두 가지 에너지가 이제 막 개발되기 시작했다는 점을 고려하면 생산 비용은 앞으로 크게 낮아질 가능성이 있다.
2004년 프랑스 국립 해양 연구소는 설치 용량이 700메가와트가 되면 에너지 생산 비용은 1메가와트시당 30~60유로로 낮아질 것이라고 예상했다.

일부 국가에서는 바다를 기반으로 한 전력의 생산과 개발을 장려하기 위해 전력 매입 가격을 정해 놓았다. 1메가와트시당 프랑스는 15유로(2007년 4월), 영국은 22유로, 포르투갈은 25유로이다.

집중 해부_ 풍력 에너지를 이용한 발전

세계 일주 프로젝트 No. 9

- 캘리포니아 테하차피에 있는 5,000개의 풍력 발전기(미국)
- 테투안의 풍력 발전과 시멘트 제조 공장(모로코)
- 풍력 에너지의 이용: 레위니옹(프랑스)과 다카르(세네갈)
- 우트시라 섬의 풍력 에너지 저장(노르웨이)

풍력 발전기를 소개합니다

풍력 발전기에 대해 간략하게 설명하면 다음과 같다.

-바람의 운동 에너지가 풍력 발전기의 회전 날개에 전달된다. 날개가 움직이면서 나셀 고정자 안에 있는 회전자가 돌고 여기에서 전류가 생산된다.

-풍력 발전기는 다음의 경우 더 많은 전력을 생산할 수 있다.

- 바람의 속도가 빠를수록.
- 풍력 발전기 날개의 면적이 클수록.
- 날개에 의해 움직이는 공기 흐름의 밀도가 높을수록.

-바람의 속도는 지면으로부터 멀어질수록 빨라진다.[84] 따라서 보다 빠른 바람을 이용하기 위해서는 날개를 보다 높이 설치해야 한다.

-날개에 닿는 공기의 부피는 날개의 길이에 비례한다. 날개의 길이가 길수록 풍력 발전기의 전력 생산 능력도 커진다.

-현재 작동 중인 풍력 발전기들의 전력 생산량은 900킬로와트에서 2~3메가와트에 이른다. 최고 기록은 고도 135미터에 설치된 에어로 발전기의 7메가와트이다.

기술적 이해를 돕는 정보

낮은 대기층에서 압력의 차이로 발생하는 풍력 에너지는 태양 주기에 따른 재생 에너지이다. 5,000년 전부터 배를 앞으로 나아가게 하거나 연을 날리기 위해 이용되어 왔던 풍력 에너지는 그 이후 들판에서 가축에게 먹일 물을 퍼올리는 데 사용되었고 35년 전부터는 전력 생산에 사용되어 왔다. 2007년 말 현재, 전 세계적으로 설치된 풍력 발전기들이 생산할 수 있는 전력의 총량은 94기가와트이고 그중 프랑스에 있는 풍력 발전기의 용량은 3기가와트에 달한다. 풍력 발전은 연간 30퍼센트씩 성장하고 있다.

오늘날 풍력 발전에 대한 찬반 논란이 뜨겁다.

반대파의 주장은 다음과 같다.

- 풍력 발전기는 그 크기 때문에 풍경에 안 좋은 영향을 미칠 수 있다.
- 공기 중에서 날개가 돌아가면서 주기적인 소음 피해가 발생할 수 있다.
- 발전기에 둥지를 트는 새들과 집단 이동하는 새들에게 위협이 될 수 있다.
- 전력 생산이 고르지 못해 하중 계수가 낮을 수밖에 없으며(20퍼센트 전후) 특히 탈선을 예측하기가 어렵다.
- 생산이 불안정하기 때문에 전력이 필요할 때 그 수요를 완전히 충족시키기 어려우며 전력망이 허약할 경우 빠르게 고립될 수 있다 이런 요인들 때문에 전력 생산이 위기에 처할 가능성이 높아지므로 보다 안정된 전력 생산 도구를 마련해야만 한다. 일반적으로 환경을 오염시키는 화력 발전이 보조 역할을 한다.

---

84 언덕 꼭대기에서는 간혹 바람의 전달력이 바뀔 수도 있다는 사실을 고려해야 한다.

- 환경과 관련된 장밋빛 약속을 할 수 있는 수준에 이르지 못한 전력 생산 기술을 지지하기 위해 공동체가 지원해야 하는 보조금이 너무 많다(풍력 발전으로 생산된 전력을 의무적으로 구입해야 한다).

찬성파는 다음과 같은 점을 들어 풍력 발전을 옹호한다.
- 지역적으로나 전 지구적으로 오염 물질을 방출하지 않는다.
- 방대한 풍력 자원을 사용할 수 있다.
- 미적 판단은 사람에 따라 다를 수 있으며 미관상 큰 문제가 되지 않는 지역에 발전기를 설치하면 된다(바다 한가운데가 그 예다).
- 소음을 최소화하기 위해 풍력 발동기와 전력 생산 설비 사이의 거리를 최대한으로 좁히는 규정을 제정한다.
- 풍력 발동기를 튜브 형태로 만들어 회전 속도를 늦추면 새들의 피해를 줄일 수 있고(새들이 집을 짓기에 수월한 격자형보다 튜브형이 나을 것이다) 새들의 이동 경로를 벗어난 곳에 발동기를 세울 수도 있다.
- 프랑스뿐만 아니라 전 유럽에 바람이 끊임없이 불고 발동기가 돌아갈 수 있는 장소가 많이 있다.
- 펌프로 풍력 발전소와 에너지 이전 기지를 결합할 수 있으며 이를 통해 풍력 에너지를 수력 발전 저수지에 비축해 두었다가 필요할 때 사용할 수 있다.
- 풍력 발전기 설치를 허용한 농촌 공동체에 수익을 전할 수 있다.

서로 다른 지형에 적합한 풍력 발전 시설
* 캘리포니아 테하차피에 있는 5,000개의 발전기
테하차피 언덕은 로스앤젤레스 북동쪽에 있는 모하비 사막의 서쪽 끝과 샌와킨 계곡을 연결한다. 이 언덕에는 모든 세대와 형태를 아우르는

풍력 발전기 5,000대가 자리 잡고 있다(초기의 발전기들은 1980년대에 설치되었다). 이곳에서 생산되는 760메가와트의 전력은 50만 가구(1년에 1,400기가와트시)에 공급된다. 아름다움이란 거의 찾아볼 수 없는 황량한 언덕에서 강한 바람을 이용하여 상당한 양의 전력을 생산하다니, 성공적인 조합이 아닐 수 없다.

※ 모로코 테투안의 풍력 발전기와 시멘트 제조 공장

테투안 언덕에 자리 잡은 라파르쥬(Lafarge) 시멘트 공장에 풍력 발전기가 전력을 공급한다는 사실을 알고 있는가? 라파르쥬 그룹의 지속 가능한 개발 정책의 일환으로 시작된 이 프로젝트는 그룹 이미지 개선에도 많은 도움이 되고 있다. 즉 미디어를 통해 프로젝트의 녹색 이미지를 전달하면서 동시에 개척자적인 이미지(라파르쥬의 풍력 발전은 아프리카에서 시행된 첫 번째 청정 개발 프로젝트이다)를 결합하는 것이다. 예상과는 달리 풍력 발전은 수익성도 매우 높은 것으로 드러났다. 2005년 5월 전력 공급이 시작된 이후 매우 적합한 장소(바람의 초속 9~11미터)에 설치된 12대의 발전기가 시멘트 공장에 필요한 전력의 40~50퍼센트를 공급하고 있다. 이는 모로코의 전력망이 취약하다는 점과 전력 공급 비용이 갈수록 증가하고 있다는 점에서 매우 큰 의미를 가질 수 있다. 모로코에서는 풍력 에너지 개발을 위한 또 다른 프로젝트들도 가동되고 있다. 그중 한 예로 모로코 정부는 2010년까지 2,000메가와트의 풍력 발전 시설을 확충할 계획이다.

※ 상황에 맞는 기술 적용: 태풍과 농촌 지역

필요한 에너지의 86퍼센트를 석유와 석탄 등의 형태로 수입하던 레위니옹 지역은 2002년에 '프리퓨어(PRERURE)'[85]라는 이름의 야심 찬 에너지 자립 계획을 실행에 옮겼다. 승용차 같이 타기, 태양광, 지열, 풍력 등은 매우 중요한 수단이 될 수 있다. 생트쉬잔 고지에는 이미 275킬로와트짜리 양날개 풍력 발전기 14대가 설치되어 있다. 양날개란 말인가? 그렇다. 날개가 2개이기 때문에 가볍고 인도양 남쪽에서 빈번히 발생하는 태풍 예고가 있을 경우에는 땅에 눕혀 놓을 수도 있다.

다카르에 있는 체이크 안타 디오프 대학의 태양 에너지 연구 개발 국제 센터의 체이크 모하메드 파델 케베와 빈센트 삼부는 매우 튼튼하고 저렴한 풍력 발전기를 개발했다. 날개의 직경이 3미터인 이 발전기는 세네갈의 약한 바람에도 작동되고 풍속이 초속 8m만 된다면 전력 500와트를 생산할 수 있다. 물론 500와트란 매우 적은 양이다. 발전기 부속의 95퍼센트가 이 지역에서 나는 자재(날개에 쓰이는 나무, 지주대 보수용 기둥 등)로 만들어지고 설치된 배터리가 매우 작다는 점을 감안해도 시제품의 단가를 맞추기가 어렵다. 이 발전기는 에너지 저장을 위해 배터리를 이용하는 화학적인 전력 비축보다는 농촌에서 이루어지는 각종 활동(취수와 제분 등)에 도움을 주는 것으로 만족하고 있다.

현재 상황의 분석

기상 예측 시스템이 개선되고 있다고는 해도 풍력 발전의 본질적인 문제인 간헐적인 생산 중단을 완전히 해결할 수는 없을 것 같다. 국가적인 에너지 통합 정책(특히 수력 발전의 비중이 강조되며 원자력과 화력 발전도 포함된다)의 틀 속에서 풍력 발전은 이산화탄소 배출을 제한된 비율 이내로 줄이면서 전력 공급을 늘리는 중요한 역할을 할 수 있다. 이산화탄소

---

85 재생 에너지 생산과 에너지의 합리적인 사용을 위한 지역 계획.

배출 제한 비율은 전력 소비가 최대치에 이를 경우에 전력을 공급하려면 전체 전력망 내에서 어떤 생산 방식이 반드시 필요한지를 고려하여 산출된다.

풍력 에너지 문제의 해결책

풍력 에너지의 비축 가능성은 이따금 생산이 중단될 수밖에 없는 풍력 발전의 결점을 보완할 수 있는 결정적 단서이다. 오늘날 전력을 비축하는 대부분의 방법은 비용이 많이 들면서 환경을 오염시킬 수 있는 납·산 배터리 방식이다. 이 점을 감안하면 보다 편리한 에너지 비축 수단의 발견은 매우 중요한 의미를 지닐 수 있다.

그렇다면 수소는 어떤가? 수소는 풍력 발전 전력으로부터 생산될 수 있으며 가스의 형태로 둥근 병에 비축될 수 있다. 스타토일-하이드로(Statoil-Hydro) 사(社)는 노르웨이의 항구 도시 헤우게순의 가장자리에 있는 작은 섬으로 2004년에 600킬로와트짜리 풍력 발전기 2개가 설치된 우트시라에서 풍력 발전과 수소의 결합 테스트를 성공적으로 마쳤다. 이 발전기들은 섬에 살고 있는 10여 가구에 전력을 공급하며 잉여 전력은 물의 가수 분해를 통해 생산되는 수소의 형태로 비축한다. 바람이 불지 않을 경우 이처럼 비축된 수소를 가연로나 수소 모터에서 연소시켜 지역 전력망에 전력을 공급할 수 있다. 이 설비의 설치 및 유지 비용은 여전히 매우 높은 수준이지만 그 전망만큼은 매우 밝은 것이 사실이다.

제7장 온천의 나라에서
지열을 발견하다!

───────── 세계 일주 프로젝트 No. 10 ─────────

• 하코바루의 지열 발전소(일본)

지열(地熱)이라고? 그야말로 쥘 베른의 소설 『지구 속 여행』이 아닌가! 지열 연구는 자연 현상을 이용하고자 하는 것이다. 지각 아래로 내려가면 100미터마다 온도가 섭씨 3.3도 상승한다. 전 지구적 차원에서의 평균치는 이렇지만 지역에 따라 관찰되는 편차도 상당하다. 이런 편차가 존재하는 지역에만 관심을 두는 것은 아니지만 어쨌든 화산 지역이 다른 지역보다 지열이 더 높은 경향이 있다고 추측하기란 어려운 일이 아니다.

일본 열도가 그렇다. 유라시아 지각판의 동쪽 끝에 위치한 일본은 서브덕션(subduction: 지각판들이 서로 충돌하면서 한쪽 판이 위로 겹쳐 올라가거나 아래로 끌려 내려가는 현상―옮긴이) 지대에 가까이 있어서 지진이 잦을 수밖에 없다. 지질 시대 제4기에 강력한 화산 활동으로 생겨난 일본 남부의 규슈 섬은 일본식 관습으로 유명한 온천이 아주 많은 곳으로 알려져 있다. 물론 이곳의 온천이 단순한 휴식의 목적만으로 사용되는 것은 아니다.

지열을 향한 첫걸음

7월 4일 오전 5시 15분. "정말로 수산 시장에 가려고?" 다른 동료들보다 일찍 일어나는 습관이 있는 블랑딘이 하품을 하며 물었다. 옆에 있는 침대에서 대답이 터져 나왔다. "벌써 이틀 동안 다섯 시에 일어나는 훈련을 했으니까 오늘은 문제없을 거야!"

빠르게 이동하기 위해 지하철을 타기로 했다. 시간이 너무 일러서 그런지 흰 장갑을 끼고 최대한 많은 승객을 객차 안에 밀어 넣기 위해 사람들의 등을 떠미는 푸시맨들의 모습은 볼 수 없었다. 목적지에 도착한 우리는 쓰키지 수산 시장의 마지막 경매 장면을 볼 수 있었다. 생선을 다루는 도매상인들이 긴 갈고리를 손에 들고 하얀색의 타원형 고치들을 경매장으로 끌고 왔다. 낙찰된 상품에는 그림 문자로 된 검인이 찍혔고 냉동 참치의 망가진 입에는 색이 바랜 리본이 매어졌다. 사람들은 곧바로 경매장을 떠났다. 이곳의 하루는 벌써 끝난 것이었다.

몇 시간 후에 우리는 오이타에 도착했다. 남쪽의 섬인 규슈는 지나칠 정도로 활동적인 도쿄와는 너무도 분위기가 달랐다. 우리는 여전히 쓰키지를 상상했던 것이다!

우리는 버스를 타고 벳푸로 갔다. 일본에서는 지상 낙원이라고 하면 세련된 음식과 온천욕을 떠올리게 된다. 온천이 넘쳐날 뿐만 아니라 매우 높은 평가를 받는 이 화산 열도에서도 벳푸의 온천은 특히 명성이 자자하다. 우리는 놀라운 색채를 지닌 벳푸의 '지옥천'으로 관광을 떠나기로 했다. 첫 번째 관문에서 실패를 맛본 우리는 두 번째 문을 열자마자 놀라지 않을 수 없었다. 어리둥절한 나머지 문을 닫는 것도 잊어버렸다. 황량한 작은 공원에 교묘하게 꾸며져 있는 화단 가운데에서 산화철로 인해 붉은빛이 돌고 진흙투성이인 온천이 시끄러운 소리와 향을 발산하며 우리를 기다리고 있었다. 화산 연기 가득한 극장에서는 대지가 증기와 기포를 내뿜었다. 이 극장은 때때로 붉은 피처럼 흐르는 온천수로 뒤덮였다.

스틱스 강을 떠난 우리는 올림푸스로 향했다. 료칸이었다. 그날 저녁 우리가 묵은 작은 료칸에는 물과 모래 목욕 장비 일체가 준비되어 있었다. 이를 통해 우리는 온천의 감미로움과 지열학에 대해 배울 수 있는 기회를 가졌다.

그리스어 'ge(땅)'와 'thermos(열)'에서 이름을 가져온 지열학(geo-thermal science)은 지하의 열 상태, 그리고 거기에서 열과 전력을 끌어내는 기술을 연구하는 분야이다. 화산 연기, 따뜻한 수원(水源), 간헐천은 이와 같은 자연적 표면 현상 중에서 가장 많이 알려져 있으며 먼 옛날부터 치료를 위해 사용되어 왔다.

온천수의 새로운 용도

7월 5일이다. 전날은 꿈과 같은 하루였다. 우리는 아침 일찍 일어나 일본의 동쪽에서 서쪽으로 48시간 동안의 횡단을 시작했다. 이 여정을 마치고 나면 비행기에 몸을 싣고 태평양을 건너 미국으로 향할 예정이었다. 중간에 분고모리라는 작은 마을에 들러 하킴을 만났다. 오이타 대학에서 지열학 박사후 과정 연수를 받고 있던 그는 친절하게도 하루 동안 우리와 동행해 주기로 하였고 통역까지 맡아 주기로 했다.

인접해 있는 협곡에 위치한 하코바루 지열 발전소는 자동차를 이용하지 않으면 접근 자체가 불가능하다. 그곳으로 가는 도중에 볼 수 있는 경치는 그야말로 경탄할 만한 것이었다. 우리는 하킴에게 지열, 하코바루,

그의 연구, 일본 생활에의 적응 등과 관련해 질문 세례를 퍼부었다. 그는 주위를 둘러싼 산들에 대한 이야기를 들려주었다. 오이타 지역의 화산들은 지질 시대 제4기에 형성된 것으로 추정된다. 현재는 모두 휴화산이지만 지하의 온도는 다른 어떤 곳보다도 높은 상태이며 온천도 여러 군데 있다.

하킴에 따르면 지열이 사람들에게 알려진 것은 따뜻한 물이 나오는 샘에서 온천욕을 하기 시작한 이후부터이다. 하지만 지열에서 전기를 얻는 일은 20세기에 들어와서야 가능해졌다. 구전에 따르면 1904년 이탈리아

발전에 이용되는 지열은 어디에서 오는 걸까?

온도는 지열 변화율에 따라 깊은 곳일수록 높아진다. 일반적으로는 100미터마다 섭씨 3.3도씩 높아지지만 지질학적으로 편차가 상당하다. 지열 변화율은 지질학적으로 불안정한 몇몇 지대에서는 매우 높고, 안정된 대륙 내에서도 상당한 편차를 보인다. 프랑스에서는 온도가 100미터당 평균 섭씨 4도씩 높아진다고 알려져 있지만 마찬가지로 지역에 따라 큰 차이를 볼 수 있다. 예를 들어 피레네 산맥의 지열 변화율은 100미터당 섭씨 2도이고 알자스 북쪽 지역은 100미터당 섭씨 10도나 된다.

그렇다면 이 열은 어디에서 나오는 것일까? 지구가 생성되던 45억 5천만 년 전의 아련한 기억을 간직하고 있기라도 하다는 듯이 아직도 온도가 섭씨 4,200도에 가까운 지구 중심핵에서 비롯되는 것인가? 하지만 이 같은 '심층 흐름' 가설로는 지열을 전부 설명할 수 없다. 지구 표면 10여 킬로미터를 덮고 있는 암석층은 열을 제대로 전달하지 못하기 때문이다.

지열의 90퍼센트는 사실상 이 암석층 속에 내재되어 있는 방사성 원소들로부터 비롯된다(본 실석으로 우라늄, 토륨, 칼륨과 관련이 있다). 주변 환경에 의해 에너지가 열로 변환되면서 방사능의 감소가 일어난다. 따라서 지열의 정도는 방사성 원소들의 농도, 즉 암석층의 화학적 성분에 달렸다고 할 수 있다. 화강암의 지열이 현무암보다 세 배가량 높은 것은 그 때문이다.

그렇더라도 마그마가 표면 가까이 자리한 지역의 경우 지열 변화율은 100미터당 섭씨 30도에 이른다.

출처: www.geothermie-perspectives.fr

의 라르데렐로 시(市)에서 지노리 콘티 왕자가 지열을 이용해 전구 5개에 불을 밝힐 수 있는 전력을 생산하는 데 성공했다고 한다. 하지만 지열 발전 분야에서 최초였던 이 성공은 세간에 알려지지 않은 채 넘어가고 말았다.

1970년대의 석유 파동과 에너지 가격 급등은 지열 발전에 대한 시각을 바꾸어 놓았다. 전 세계적으로 설치되어 있는 지열 발전의 전력 생산량은 1960년의 400메가와트에서 20세기 말에는 8,000메가와트로 늘어났다.

마츠오카 히로타카는 우리를 하코바루로 안내했다. 그곳에는 규슈 전력이 설립한 지열 발전소가 있다. 그는 이 발전소의 책임을 맡고 있었다. 차도에서부터 굴뚝이 보였다. 출입 코드가 새겨진 카드를 받고 무기차[86] 한 잔을 대접받은 다음 우리는 앞으로 방문하게 될 곳에 관한 기록 영화를 보았다. 이 영화를 통해 우리는 이곳에 설치된 첫 번째 발전 시설은 3년간의 굴착 및 제반 시설 공사를 거친 다음 1977년부터 가동되기 시작했다는 사실을 알 수 있었다. 두 번째 발전 시설은 1990년에 설치되었다. 이 두 설비만으로도 110메가와트의 전력을 생산할 수 있는데 이는 3만 7,000가구에 공급할 수 있는 양이다. 하코바루는 일본 최대의 지열 발전소인 것이다.

물은 온도가 섭씨 230도에 달하는 지하 1,500~2,200미터에서 길어 올린다.[87] 그 정도 깊이에서는 주위의 온도에도 불구하고 물이 수증기가 아닌 액체 상태로 유지된다. 압력 자체가 높기 때문이다(다음 박스 2의 설

---

86 볶은 밀로 만든 차로 일본에서 여름에 마시는 음료이다.
87 비교를 위해 예를 들자면 마그마는 일반적으로 지하 30~50킬로미터에 위치하며 그곳의 온도는 섭씨 1,000도에 달한다.

Box 2

온도와 압력이 물질에 미치는 영향

산에서 달걀을 삶으면 바닷가에서 삶을 때보다 시간이 더 오래 걸린다. 산 위는 바닷가보다 기압이 낮아서(높은 곳에서는 위쪽에 있는 공기층이 크지 않기 때문에 그만큼 누르는 힘도 덜하다) 물이 끓기까지 들어가는 노력도 적다. 그 때문에 물은 바닷가에서의 끓는점인 섭씨 100도보다 낮은 온도에서 끓기 시작한다. 이처럼 더 낮은 온도의 액체로 달걀을 삶으려면 더 많은 시간이 필요한 것이다.

〈온도와 압력에 따른 물질의 상태〉

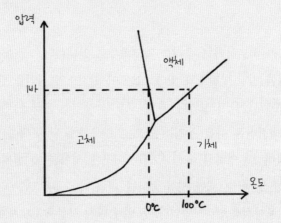

바닷가의 기압은 1바이다. 이 압력 수준에서 물은 섭씨 0도에서 얼음이 되고 섭씨 100도에서 끓는다. 여기까지는 새로울 것이 하나도 없다.

이보다 높은 압력에서 물을 끓이려면(액체가 기체로 변하려면) 온도가 섭씨 100도 이상이 되어야 한다. 이런 이유로 지표보다 높은 압력이 유지되는 자연 혹은 인공의 지하 저수지 내에서는 온도가 섭씨 100도 이상이 되어도 물이 액체 상태를 유지할 수 있는 것이다.

3중 지점 온도(액체, 고체, 기체 상태가 공존하는)를 넘어설 경우 물은 압력만 충분히 낮추어 준다면 기체로 변하게 된다. 이것이 바로 물이 지표면으로 상승했을 때 일어나는 현상이다.

기억할 점: 기체(혹은 증기) 상태와 액체 상태 모두를 '유체'라고 명명할 수 있다.

명을 볼 것). 이 물이 지표면으로 올라오면 압력이 낮아지면서 축축한 증기로 변하게 된다. 액체 상태의 물과 증기가 혼합되는 것이다.

하코바루의 지열 발전소는 지하의 온수를 퍼올리기 위해 우물 15개를 팠고 발전소에서 사용한 물을 다시 주입하기 위해 우물 14개를 추가로 만들었다. "지열의 세계가 석유의 세계와 이토록 닮았다니, 재미있군요." 엘로디가 말했다. 채취 가능한 유체의 양을 가늠하기 위한 시뮬레이션 정보, 지질학적 연구, 생산을 위한 굴착, 압력 유지를 위한 저장소로의 물질 재주입, 굴착지 바깥으로 나온 액체 정화의 필요성……. 비슷한 점이 한두 가지가 아니었다!

이 발전소는 '더블 플러시(double flush)'라고 불리는 이중 분리 시스템을 갖춘 세계 최초의 발전소이다. 히로타카 씨가 우리에게 그 원리를 설명해 주었다.

먼저 굴착지 입구에서 물과 고압 상태의 증기 혼합물을 채취한다. 이 혼합물에서 증기만 전력 생산 터빈으로 보낼 수 있다. 검토된 압력과 터빈의 회전 속도를 고려하면 물방울은 금속판을 손상시키는 방사물이 될 수 있기 때문이다. 그러므로 본격적인 발전에 앞서 물과 증기의 혼합물을 분리기[88]로 걸러야 하는데 이를 통해 온수와 고압 상태의 증기를 따로 얻을 수 있다.

더블 플러시는 온수에서 일정한 양의 증기를 추출할 수 있게 해 준다. 압력이 낮아지기 때문에 첫 번째 분리기에서 채취된 온수는 부분적으로 기화한다. 이 증기 역시 새로운 분리기를 거친 다음 전력 생산 터빈으로 보내질 수 있다. 증기가 많을수록 전력 생산도 늘어난다. 그렇다면 이 시

---

[88] 혼합물을 안정시키고 중력을 이용해 물과 증기를 분리하기에 적합한 크기를 가진 단순한 탱크이다.

스템은 수익성이 있을까? 이중의 증기 배출 시스템에 더 많은 투자가 필요한 것은 사실이지만 이 시스템으로 발전소의 효율을 15~25퍼센트 높일 수 있다. 하코바루의 생산 효율성은 20퍼센트 정도라고 알려져 있다. 기술 혁명이 일어나지 않는다면 효율은 5분의 1에 그치는 것이다. 그런데 이런 기술적 최적화가 기후 변화를 최소화할 수 있는 가장 효과적인 수단이라면 어찌할 것인가?[89]

지열을 이용하는 과정에서는 온실 가스가 거의 발생하지 않는다. 전세계 지열 발전소의 73퍼센트를 연구한 결과에 따르면 지열 발전소의 이산화탄소 방출량은 1킬로와트시당 평균 55그램이다. 천연가스를 이용한 화력 발전소의 10분의 1에 불과한 것이다. 게다가 이 수치는 유체를 저수조로 재주입하면 더 낮아질 수 있다. 실제로 오늘날 많은 지열 발전소에서 이 방법이 사용되고 있다.

그렇다면 더욱 많은 수의 지열 발전소를 볼 수 없는 이유는 무엇인가? 그 중요성에도 불구하고 개발 잠재성을 완전히 충족하는 경우가 드물기 때문이다. 그 이유는 다음과 같다. 예를 들어 일본에서 이용 가능한 지열 자원의 절반 이상이 도시 안이나 국립공원 근처에 있다. 또한 지열 자원 대부분이 2만 7,000개에 달하는 이 나라의 온천과 가까운 곳에 있다. 그 때문에 풍경을 보존해야 한다는 의지, 관광 자원의 소멸을 막고자 하는 의지, 전력과 온천 사용을 놓고 벌어지는 경제 주체들 사이의 경쟁 등이 생겨나 여러 가지 기술적 제한 조치들이 마련되었다. 이 제한 조치들은 전력 생산의 개발 비용을 크게 높이고 있다. 오늘날 이런 방식으로 생산된 전력은 고전적인 화력 발전소에서 생산된 전력보다 두 배 이상 비

---

89 제16장을 참고.

지열로 인한 지진

수력 발전 저수지가 발전소에 충분한 유체를 제공할 수 없는 건조한 지역에서는 압력을 높인 물을 생산 굴착지에 주입한다. 이때 압력은 바위를 부술 만큼 강해서 국지적인 지진을 일으킬 위험이 있다. 스위스의 발 지역 주민들이 겪은 지진이 이를 증명한다(2006년 12월과 2007년 1월에 심해 열자원 개발 프로젝트와 관련하여 리히터 강도 3.2~3.4에 달하는 지진이 일어났다).

싸다.

골짜기 한복판에 자리한 이 거대한 발전소는 미래의 지역 발전 모델이 되기는 어려워 보인다. 지금이야말로 이중 시스템을 검토할 단계인 것이다!

효율적인 이중 시스템

지하 3,000미터에서 섭씨 200도의 물을 끌어올린다고? 기술적으로는 가능하지만 경제적으로는 그다지 매력적이지 않다. 온도가 더 낮은 물을, 그러니까 보다 덜 깊은 곳에 있는 물을 길어 올려 전력을 생산할 수는 없을까? 얼핏 봐서는 불가능한 일인 것 같다. 전력을 생산하려면 고압의 증기가 필요하기 때문이다. 그렇기 때문에 땅속 깊은 곳에서 뜨거운 물을 길어 올려야 하는 것이다.

"아! 아! 고압이요. 물론 그렇지요. 하지만 반드시 물을 증기로 만들어야 하는 것은 아니에요." 히로타카 씨가 놀리듯이 말했다. 물보다 더 낮은 온도에서 기화하는[90] 다른 액체들이 있다는 것이다. 예를 들어 알코올은 섭씨 100도에 이르기 전에 끓기 시작해 기체가 된다. 펜탄도 마찬가

---

[90] 일반적인 압력, 즉 대기압 아래에서라는 조건이 붙는다.

펜탄을 가열하는 방법

열 교환기는 유체를 서로 섞지 않고도 고온의 유체가 가진 열을 차가운 유체로 전달해 준다. 이를 위해서는 방수 처리된 열 교환면과 열 전도체만 있으면 된다. 예를 들어 고온의 유체가 흐르는 관을 차가운 유체가 가득 담긴 통에 넣는 방법을 생각해 볼 수 있다.

차가운 유체의 양이 동일하다고 할 때, 관이 길수록 전달되는 열의 양이 커지고 그만큼 온도가 높아진다. 여기에서 나선관의 개념이 생겨났다. 일정한 부피의 통에서 나선관은 차가운 유체와의 접촉면을 최대로 늘릴 수 있다.

두 유체 사이의 교환면을 늘리기 위한 노력의 일환으로 평형을 이루는 가는 관 여러 개(멀티 튜브)보다는 큰 관 1개를 사용하는 경우가 더 많다. 일반적인 가정에 있는 라디에이터가 그 좋은 예이다.

지 경우여서 섭씨 36도에서 끓기 시작한다.

유레카! 그러니까 펜탄 증기 터빈을 사용하면 되는 것이다! 고압에서 펜탄은 섭씨 70도를 전후해서 기화한다. 다시 말해 펜탄을 가열하려면 인접한 물의 온도가 섭씨 90도면 충분한 것이다.

펜탄은 물보다 비싸고 유독성을 띨 수 있다는 결점이 있다. 그 때문에 폐쇄된 시스템이 고안되었다. 이 시스템은 터빈으로 운반된 펜탄을 수거하고 다시 냉각하여 새로 사용할 수 있게 하며 외부 환경과의 접촉을 막아 준다.

히로타카 씨는 이런 이중 시스템을 이용한 2메가와트짜리 원형 시제품을 보여 주었다. 그것은 물과 펜탄이라는 두 가지 방열액을 적절히 사용하여 움직인다. 오늘날 비교적 널리 알려져 있으며 소량의 전력 생산에 적용되고 있는 이 기술 덕분에 섭씨 90도 정도의 온수로도 전력을 생산할 수 있게 되었다.

고에너지 · 중에너지 · 저에너지 지열

지열, 지열……. 이 단어를 들으면 지금 소개하고 있는 것과 같은 발전소가 떠오르는가? 아마도 그렇지 않을 것이다. 프랑스에서는 오히려 저에너지 지열에 관심이 있기 때문이다.

현재 전 세계적으로 350개 이상의 고에너지와 중에너지 지열 발전 시설이 가동 중이다. 2007년에 지열 발전으로 생산된 전력은 전 세계 전력 소비량의 0.3퍼센트인 9.7기가와트였다. 이러한 점을 고려하면 전력은 지열에서 얻을 수 있는 혜택의 일부에 불과하다는 사실을 알 수 있다. 지열은 전력뿐만 아니라 열을 생산하기 위해서도 사용될 수 있는 것이다.[91]

최초의 현대적인 저·중에너지 지열 난방망은 1930년 아이슬란드의 수도 레이캬비크에서 선을 보였다. 오늘날엔 이 섬 주민들의 95퍼센트가 700킬로미터에 이르는 열 전달망을 통해 난방 혜택을 받고 있다. 2005년에는 70개국 이상이 열 생산을 위해 지열을 이용한다고 밝혔으며 그 양

Box 5

지열에는 어떤 종류가 있을까?

고에너지 지열	중에너지 지열	저에너지 지열	초(超)저에너지 지열
섭씨 150도 이상. 지하 1,500~3,000미터. 지질학적으로 비정상적일 정도로 지열이 높은 지역: (화산지대인) 태평양 '불의 지대', 앤틸리스 제도의 활꼴 열도, 지중해의 활꼴 열도, 아프리카의 거대 지구(地溝).	섭씨 90~150도 사이. 고에너지 지열과 지질학적으로 같은 지형이지만 깊이가 1,000미터 이하이다. 침적성 분지에서는 2,000~4,000미터까지 내려가기도 한다.	섭씨 90도 미만. 아마존 분지, 남아메리카의 리오 플라타 분지, 미국 아이다호의 보이즈 지역과 미시시피-미주리 분지, 헝가리의 파노니아 분지, 프랑스의 파리 분지와 아키텐 분지, 오스트레일리아 분지, 베이징, 중앙아시아 지역 등.	표층에 축적된 열. 지구 어느 곳이든 몇 미터 깊이에서 얻을 수 있다. 지열 펌프를 이용해 주민들의 난방을 위해 쓸 수 있다.

출처: www.geothermie-perspecitives.fr

은 연간 70테라와트시에 달한다.

초저에너지 지열에 대해서는 어떻게 생각하는가? 온도는 매우 낮지만 가정에서 긴요하게 사용할 수 있다. 시골의 온천 우물은 수동적인 지열 활용 시스템이라고 말할 수 있다. 열을 품고 있는 공기 중 일부는 집 안으로 들어가기에 앞서 건물의 환기 장치를 통해 지하 1~2미터 깊이로 정원에 묻혀 있는 관에 주입된다. 겨울이 되면 이 깊이의 지하는 지표면의 공기보다 따뜻한 상태를 유지하기 때문에 공기는 관으로 전달되는 과정에서 다시 데워진다. 반대로 여름에는 땅이 바깥 공기보다 더 차다. 집에 있는 편리한 우물은 비교적 시원한 땅의 온도를 이용해 집으로 들어가는 더운 공기의 숨을 죽일 수 있다. 우물의 사촌 격인 지열 펌프 역시 땅과 공기 사이의 열 관성 차이를 이용하지만 보다 능동적인 방식이라고 할 수 있다.

지열 변화율을 찾아서!

지열의 보고는 바로 온천이다. 하지만 누구나 알 수 있듯이 온천은 주위의 공기가 더 차가울 때만 효과가 있다. 절대적인 온도가 중요한 것이 아니라 온도의 차이가 중요한 것이다.

같은 원리에 따라 더운 환경에서는 오히려 차가운 수원이 열 순환에 근거한 산업에 필요한 요소가 된다. 저압의 증기를 다시 냉각하고 응축해야 하는 화력 발전소는 열의 잉여분을 흡수하기 위해 종종 바닷가나 강과 인접한 곳에 세워진다.[92] 하코바루에서는 주위의 공기가 그 역할을

---

91 지열을 이용한 전력 생산은 종종 열 전달 시스템을 동반한다. 하코바루에서 '낮은 온도'의 열 이용은 전체적으로 80퍼센트의 효율을 보이고 있다.

92 열의 잉여분은 일정한 한계 내에서 주변 환경과 그 상태에 따라 달라진다. 건기에는 차가운 수원에 의지해 냉각이 이루어지는 발전소 활동을 줄일 필요가 있다. 이러한 열 폐기물은 환경 당국에 의해 통제된다.

대양의 열에너지 활용하기

지열을 통해 열 전달망에 열을 공급할 수 있다면 차가운 수원으로 에어컨을 가동하는 것도 가능하지 않을까?

스톡홀름 연구 센터의 에어컨 시스템은 발트 해의 물을 이용해 작동한다. 미국에서는 코넬 대학이 2000년부터 카유가 호수의 물을 이용하고 있으며 토론토 중심부의 40여 개 건물은 2006년부터 온타리오 호수의 차가운 물을 이용하고 있다.

보라보라의 인터콘티넨탈 호텔은 2006년 5월 이 시스템을 이용하는 세계 최초의 사유 건물로 자리매김했다. 이 같은 설비 투자는 전통적인 에어컨과 비교해 90퍼센트에 달하는 현금을 절약할 수 있다는 장점이 있다. 대양 심층에서 길어 올린 물이라는 이미지를 사용한 마케팅 효과(해수 요법도 그중 하나이다)도 그 못지않은 장점이 될 수 있다.

수행한다.

절대적인 온도보다 온도의 차이가 중요하기 때문에 해수면의 물은 온수의 수원으로, 대양의 심층수는 차가운 수원으로 이용할 수 있다. 그러므로 일반적인 기온에서 기화하고 대양 심층수의 온도인 섭씨 4도에서 액화하는 펜탄의 성질을 이용하면 하코바루에서와 같은 원리에 따라 전력을 생산할 수 있을 것이다. 물론 여기에는 한 가지 제약이 따른다. 심층수를 끌어올리기 위해 필요 이상의 에너지를 만들어 내야 한다는 것이다.

열의 차이 외에도 다른 요소들을 활용할 수 있다. 강의 하구에서 나타나는 것처럼 염분 함유량이 서로 다른 물의 혼합물에서도 에너지를 얻을 수 있고 고도와 압력이 서로 다를 때도 마찬가지이다. 열 변화율을 찾아내는 길은 이처럼 활짝 열려 있는 것이다!

제8장 지속적인 삼림 관리
사막화에 대항하는 무기

————————— 세계 일주 프로젝트 No. 11 —————————

• 사막화에 대항하는 투쟁, 은간다, 카올라크 지역(세네갈)

개발 도상국에서 난방이나 조리용으로 사용되는 목재는 전 세계 목재 사용량의 절반 가까이를 차지하고 있다. 이러한 목재 소비는 수목 재배지와 숲으로 덮인 지역을 위협할 뿐만 아니라 토양의 균형을 위태롭게 하고 매우 민감한 생태계의 사막화를 가속화한다. 이런 경향은 그 원인이 아주 근본적이기 때문에 뿌리 뽑기 어렵다. 삼림 파괴는 경제라는 긴 사슬의 여러 고리들 중 하나일 뿐이고 많은 가정이 그 대가로 생계를 꾸려나간다. 하지만 분명 해결책은 있다. 세네갈 카올라크의 구릉 지대에 있는 마을 은간다에서 실행되고 있는 '녹색 은행' 프로그램이 그 증거이다. 이 프로그램의 실행과 더불어 은간다에서는 사막화 현상이 결코 해결할 수 없는 문제로 여겨지지 않게 되었다.

2007년 3월까지 세계의 사막화 진행 상황

지구 지표면은 전체 면적의 30퍼센트 정도인 약 40억 헥타르가 숲으로 덮여 있다. 1990년부터 2005년까지 지구는 전체 숲 면적의 3퍼센트를 잃어 연평균 0.2퍼센트의 감소율을 보였다. 아시아, 태평양, 유럽, 북아메리카, 카리브 해, 그리고 북아프리카의 몇몇 지역은 오히려 숲이 우거진 지역이 늘어나면서 반세기 이상 계속 진행된 삼림 파괴로부터 벗어나는 데 성공하기도 했다.

그럼에도 불구하고 숲의 손실은 한 해 730만 헥타르에 달한다. 날마다 파리 면적의 두 배에 해당하는 200제곱킬로미터의 숲이 사라지는 것이다. 전체 삼림의 약 16퍼센트를 소유한 아프리카는 1990년에서 2005년 사이에 9퍼센트 이상의 숲을 잃었다.

출처: 「2007년 세계 삼림 현황」, 국제 식량 농업 기구(FAO), 2007년 3월

'투바'라고요?

3월 3일. 세네갈에 도착한 이래로 사람들이 '투바'에 대해 이야기하지 않고 넘어가는 날은 하루도 없었다. "목요일이 바로 투바에요." "투바에 갈 수 있는 표를 구했나요?" 카사블랑카와 다카르를 오가는 비행기가 공중분해된 이유를 설명해 줄지도 모르는 이 두 음절의 단어는 예고처럼 혹은 초대처럼 모든 사람의 입에 오르내렸다.

우리는 다른 사람들과 대화하다 보면 그 투바라는 것이 은연중에 그 비밀을 내비치리라고 믿어 의심치 않았다. 여행을 시작한 지 두 달이 지나면서 우리는 모험을 하는 동안 경험하게 되는 예상 밖의 사건들과 다양한 만남에 익숙해지는 법을 배우기 시작했던 것이다.

케바와 문 다오는 우아캄에 우리의 숙소를 마련해 주었다. 옛날에 이곳은 캅베르 반도의 북부에 자리한 어촌이었지만 점차 확장된 끝에 지

금은 수도로 통합되었다. 숙소의 주인 가족은 월로프 어[93]를 썼지만 우리 앞에서는 친절하게도 프랑스 어로 말했다. 그들의 집은 활기 넘쳤다. 세 살 먹은 파투 시비유는 자기 키보다 높은 곳에 있는 모든 것에 관심을 보였다. 이곳에 묵고 있는 젊은 프랑스 인 해외 협력단원 플로랑은 파투 시비유를 무릎에 앉힌 채 어르기도 했다. 그동안 한 살배기 아부두 플로랑은 엄마의 팔에 안긴 채 세상에 나온 신비에 감탄하고 있는 듯했다.

그들은 우리를 가족처럼 환대해 주었다. 이것이 바로 세네갈의 테랑가[94]이다. 저녁 식사 시간은 이 나라의 관습과 전통 요리에 대해 많은 것을 배울 수 있는 좋은 기회였다. 우리는 일상생활에서 부딪치는 여러 가지 문제에 대해 스스럼없이 질문을 던질 수 있었다. 투바? 주인 가족은 투바란 다카르에서 200킬로미터 떨어진 곳에 있는 아주 중요한 종교 중심지라고 설명해 주었다. 투바는 세네갈에서 가장 규모가 큰 2개의 평신도회 중 하나의 발상지로 매년 종교 축제일이면 30만 명의 순례자가 그곳을 방문한다는 것이다. 그날이 바로 돌아오는 목요일이었다. "하필이면 이럴 때 오다니! 당신들이 투바로 가는 날은 앞뒤로 며칠 동안 축제일로 정해져 있어요!"

세네갈 국민의 90퍼센트가 이슬람교도이다. 그들 대부분은 스스로를 어떤 형태로든 한 명의 위대한 영적 지도자의 제자라고 여긴다. 종교계 원로는 보통 평신도회들 중 어느 한쪽과 관계를 유지한다.

고문직을 수행하고 있는 뤽 호앙 지아는 우리에게 도움이 될 만한 주

---

93 월로프 어는 세네갈에서 가장 많이 사용되는 언어이다. 세네갈 인구의 약 45퍼센트를 차지하는 월로프 족뿐만 아니라 다른 민족들도 월로프 어를 사용한다.
94 월로프 어로 '테랑가(teranga)'는 '환대'를 의미한다. 이 단어는 종종 손님을 환대하는 세네갈의 전통을 의미한다.

소 여러 개와 함께 청량음료 비삽[95] 여러 잔을 주었다. 그는 티디아니야(Tidianiyya) 회가 인구의 50퍼센트를 차지하는 티잔(tijaan: 티디아니야의 추종자)들을, 무리디이야(Mouriddiya) 회가 인구의 30퍼센트를 차지하는 무리드(mourid: 무리디이야의 추종자)들을 재규합하고 있다고 설명했다. 평신도회는 종교적 정체성을 넘어 아주 강한 영향력을 행사하고 있다고도 했다. 예를 들어 '투바'를 종교 축제-이 축제는 권력의 상징이기도 하다-의 장소로 여기는 무리드는 교통과 운송 분야를 장악하고 있다.

결국 우리는 아주 곤란한 상황에 빠진 것이다! 세네갈에는 열흘 정도만 머물 예정이었는데 종교 축제와 관련된 휴무로 인해 부득이 며칠 동안 휴가를 갖게 된 것이다. 다음 주 목요일이 투바에 가는 날이기 때문에 신도들은 수요일에 길을 떠난다. 금·토·일요일은 징검다리 휴일이다. 하지만 어쩌겠는가? 우리도 함께 투바로 가기로 했다. 지치기는 하겠지만 독특한 경험이 될 것이다!

사하라 사막 이남 아프리카의 사막화에 대항하는 삼림 벌채 규정

투바로 가던 도중 우리는 뜻밖에도 아주 매력적인 경험을 할 수 있었다. 열렬한 신앙을 가진 무리드 무리에서 벗어나 카올라크 지방에 있는 어느 작은 마을을 방문한 것이다.

투바로 가기 3일 전인 3월 5일이었다. GTZ[96] 사무실에서 외르그 바우어와 그의 동료들이 우리에게 '내수용 연료 공급과 지방의 전기 보급 추진을 위한 계획(PERACOD)'을 소개해 주었다. 이 계획의 실현을 위해 2004년 세네갈 에너지 국에 담당 부서가 설립되었다. 12년 동안 진행될

---

95 히비스커스가 주원료인 새콤한 맛의 청량음료.
96 기술 협동 독일 연합(Deutsche Gesellschaft für Technische Zusammenarbeit)의 약자.

이 계획의 목표는 1990년대 중반에 두 가지 목적으로 시작된 활동을 지속적으로 실시하는 데 있었다. 하나는 숲을 적극적으로 개간하기 위한 준비와 교육이고 다른 하나는 지방에 광전지 시스템을 확산하는 것이었다.

실제로 PERACOD는 아라쉬디에 분지, 카사망스, 생루이 지역에서 용역업자의 자격으로 개입하고 있기도 하다. 그 목적은 무엇일까? 천연자원의 관리를 개선하고 지방 공공 단체에 삼림의 관리권을 보장해 주는 지방 분권법의 실행을 장려하는 것이다.

세네갈은 삼림 관리 분야에 있어 서부 아프리카에서는 가장 오랜 경험을 가진 나라에 속한다. 하지만 지금 세네갈에서는 나무들이 너무 많이 벌채되고 있다. 농지 개간, 가뭄, 그리고 삼림 개간 등으로 인해 1981~1990년 사이에 연평균 8만 헥타르에 가까운 자연림이 사라졌다. 그중 3만 헥타르는 목탄과 난방용 목재 같은 내수용 연료 생산을 위해 희생되었다. 삼림 벌채의 속도는 현재 연평균 4만 5,000헥타르로 다소 줄어들었지만 이런 속도 또한 여전히 걱정할 만한 수준이다.

사하라 사막과도 이어져 있고 듬성듬성 나무들도 있는 사바나의 경계 지역 사헬에서는 삼림 벌채로 인한 사막화가 더욱 걱정스러운 상태에 있다. 벌채된 나무들은 땅이나 물속에 뿌리를 내리지 못하고 줄기는 바람을 막지 못하며 잎은 토양에 부식토를 공급하지 못한다. 활발하게 진행되는 풍화작용은 토지의 생산성 하락으로 이어지고 그 결과 발생하는 사막화로 인해 삼림과 농업 자원에 의지하는 사람들은 자기 소유의 땅을 버리고 떠날 수밖에 없는 실정이다.

또 다른 걱정도 있다. 사람들이 목탄을 만들기 위해 나무를 많이 벨수록 그 목탄을 도시에 팔아 더 많은 이득을 보는 것도 사실이다. 하지만 동시에 숲의 재생 능력, 다시 말해 미래의 목탄 생산 능력을 떨어뜨리게 되는 것이다. 하지만 사람들은 숲을 보존하는 것이 지금 당장의 이익에는 손해가 된다고 생각한다. 어떻게 이들이 삼림 관리 규정을 준수할 거라고 기대할 수 있을까?

이 문제를 해결하기 위한 세네갈의 전략은 단순한 데에서 출발한다. 시골 주민에게 책임감을 일깨우고 그들의 벌채 속도를 늦출 수 있는 대안적인 경제 구조를 제안한 것이다. 따라서 PERACOD는 지방 공동체와 그 구성원들을 직접 참여시키는 삼림 관리 방안을 구상했다.

알라산 은디아예는 PERACOD의 국가 측 조정인이다. 그는 1990년대 중반부터 아라쉬디에 분지에서 겪어 온 경험을 우리에게 들려주었다. PERACOD의 목표는 숲과 녹색 은행을 동일시하면서 주민들에게 숲을 유지해야만 큰 이득을 얻을 수 있다는 사실을 이해시키는 것이었다. 이 같은 목표에 따라 주민들은 경제적 이익을 창출하는 임업 관련 활동들을 하게 되었다. 주민들은 양봉, 바이(원숭이 빵이라고도 불리는 바오바브나무 열매) 생산, 약용 식물 재배, 아라비아 고무 경작 등으로 목탄 판매에 버금가는 소득원을 얻었다. 삼림 보존을 위한 대책은 지속적인 삼림 관리 기술에 관한 교육, 각 지방에서 생산되는 절약형 연소 화덕의 보급, 새로운 연료의 도입 등으로 보완되었다.

이처럼 현명한 관리를 통해 창출된 소득은 목탄 산업의 소득보다 훨씬 많았다! 따라서 우리는 그 지역을 꼭 방문해야만 하는 것이다! 그까짓 투바, 우리는 PERACOD가 담당하는 16개 마을 가운데 하나인 카프린 주의 은간다를 찾아가기로 마음을 굳혔다.

남은 문제는 GTZ로부터 우리의 예고 없는 방문을 허락받는 것이었다. 화요일 저녁에 우리를 기쁘게 하는 답이 왔다. "당신들이 교통수단만 찾는다면 이곳에 올 수 있습니다!" 따라서 몇몇 세부 사항만 결정하면 될 일이었다. 일정이 빡빡했지만 별다른 어려움 없이 체류 날짜와 기간을 정할 수 있었다. 목요일 새벽에 출발해서 은간다에서 하루를 보내고 밤에 돌아오는 일정이었다.

다카르에서 카올라크까지

우리는 투바를 고려하지 못했다. 투바는 무리드의 가장 큰 종교 축제였으므로 무리드 평신도회가 주요 교통수단을 장악하고 있었다. 따라서 순례 기간 동안 수많은 신도들을 실어 나르도록 소형 버스와 택시가 모두 동원되는 것은 당연했다. 그럼에도 불구하고 사람들은 버스 터미널에 가면 택시 몇 대가 있으니 다음 날 모든 일정이 순조로울 거라고 말했다. 그러니까 충분히 일찍 출발하기만 하면 문제없이 목적지에 도착할 수 있

〈세네갈 지도〉

을 것이다!

우리는 3월 8일 새벽에 우아캄을 떠났다. '땅콩의 수도'로 가는 부쉬 택시를 찾기 위해서였다. 우리가 제일 먼저 도착했고 택시는 자리가 다 차면 출발할 예정이었다. 하나, 둘, 셋……. 택시 기사를 포함해 열한 명의 승객이 탔다. 문을 닫았다. 드디어 출발이다!

좌석 하나에 네 명씩 끼어 앉은 택시는 내장재도 없었고 차체에는 구멍이 나 있었다. 앞 유리창은 금이 간 데다가 백미러는 깨진 상태였고 안전벨트라고는 찾아볼 수도 없었으며 타이어는 절반 정도 바람이 빠져 있었다. 심지어 브레이크도 가까스로 작동되는 것 같았다. 하지만 걱정을 말라는 듯이 백미러에는 묵주가 매달려 있었다. 마치 우리를 보호하기 위해 달아 놓은 것처럼 말이다. 우리는 너무 피곤해서 기진맥진한 상태였다. 엘로디는 차창에, 블랑딘은 엘로디에게 기댄 채 세 시간 동안 자느라 창 밖의 경치는 거의 보지 못했다.

카올라크에서 우리는 삼림 전문가이자 지역 책임자인 라민 보디안의 GTZ 사무실에 머물렀다. 그는 우리에게 임업 기술을 설명해 주었고 은난다에서 가이드 역할을 할 오스만 시세의 귀중한 연락처를 주었다. 당직을 서야 했기 때문에 라민은 우리를 그곳에 데려다 줄 수 없었다. 그래서 대중교통을 타기로 했다. 버스, 모터 달린 자전거, 그리고 낡은 픽업트럭을 즉흥적으로 개조한 부쉬 택시처럼 우리에게 전혀 익숙하지 않은 교통수단을 말이다.

삼림 파괴와 싸우는 법을 가르치다

"헬로우!" 우리의 안내인 오스만은 뜻밖에도 영어를 사용하는 사람이었다. 그는 미국에서 20년을 살다 얼마 전에 이 나라로 되돌아왔다고 했다. 그가 쓴 '시카고의 반항적인 신문팔이' 스타일의 모자는 찰리 채플린 영화의 한 장면을 연상하게 했다.

아침 11시, 이미 태양이 강하게 내리쬐고 있었다. 마을의 중심은 광장이었고 그 광장으로부터 가장자리에 콘크리트 건물이 쭉 늘어선 중심 대로가 뻗어 있었다. 초가 지붕을 인 전통 가옥들은 대로에서 다소 떨어진 곳에 여기저기 자리 잡고 있었다. 마을 인구는 1,000여 명이었다.

오스만은 청중의 마음을 사로잡을 줄 알았다. 오스만은 먼저 1992년 리우 정상 회담으로 인해 자신이 어떻게 세계의 기후와 환경 문제를 인식하게 되었는지 말해 주었다. 그러고 나서 고국으로 돌아와 무언가를 해야겠다고 결심했던 당시의 강한 의지에 관해 설명했다. 그 뒤 그는 온몸을 던져 PERACOD에 헌신했다. '그 미국인'은 마을을 위해 영어 실력을 발휘했고 점차 GTZ의 신임할 만한 지방 통신원으로 인정받게 되었다.

오스만의 설명에 따르면 조와 땅콩을 재배하기 위해 새로운 농지를 개간하면서도 삼림을 파괴할 수 있다. 하지만 그가 머물던 곳에서 삼림 파괴의 주된 원인은 다름 아닌 목재 거래에 있었다. 벌채된 목재는 마을에서 연료로 사용될 뿐만 아니라 도시 주민들이 헐값에 구입할 수 있는 에너지원으로 이용되기도 한다. 게다가 그 수요로 인해 목재 산업, 구체적으로는 에너지 면에서 비중이 크고 수송도 쉬운 연료인 목탄 산업이 생겨난다. 벌목공, 목탄 제조업자, 운송업자, 소매상인, 여러 단계의 중간상인이 이 비공식적인 수공업에 개입하여 생활비를 벌고 있다. 무엇보다도 숲을 보호해야 한다는 생태학적인 이유 하나만으로 이런 일자리들을 없애기란 쉽지 않다!

PERACOD의 성공은 대중 교육의 결과이며 또한 자신의 노하우를 다른 이들에게 전하는 중계자 역할을 할 수 있는 첫 번째 전문가 집단을 양성한 결과라고 할 수 있다. 예를 들어 PERACOD에 참여하는 마을마

수입과 일자리를 창출하는 세네갈의 삼림 지역

삼림 지역은 세네갈의 경제 발전에 필수적이라고 알려져 있다. 삼림은 국가 에너지 필요량의 절반 이상을 공급하고 나무를 쓰지 않는 다양한 생산품의 원료도 생산하며 토양의 비옥함을 유지해 주기 때문이다. 가축의 먹이를 공급하고 생물 다양성을 보존하기도 한다. 하지만 삼림 지역이 세네갈 경제에서 공식적으로 차지하는 비중은 국내 총생산의 1퍼센트를 넘지 않고 1차 산업의 5퍼센트에 지나지 않는다.

이 같은 통계는 삼림 생산의 약 4분의 1만 고려한 것으로 나머지 4분의 3은 여전히 정부의 통제를 벗어나 있는 실정이다. 추정하기로는 직접적인 삼림 벌채는 연간 3억 유로 가량의 매상을 올리고 있고 2만여 개의 일자리를 창출하고 있다고 한다.

출처: GTZ-에너지 광업국, 환경 자연국, PERACOD 자료(2005년 9월)

다 각각 두 명의 양봉가가 양성되었는데 그들은 습득한 기술을 마을 이웃들과 공유할 책임을 지고 있다. 이런 방식으로 지식과 기술이 전파되는 것이다.

오스만은 목재와 석탄의 국내 수요를 줄이기 위해 은간다에 도입된 여러 가지 방법을 알려 주었다. 그중에는 개량 화덕도 있었다. 세네갈에서는 전통적으로 불완전한 화덕에서 솥을 데웠다. 연소가 불완전했기 때문에 한 끼 식사를 준비하는 데 어마어마한 연료가 들었다. 특히 불이 잘 붙지 않은 찌꺼기에서 나오는 검은 연기는 위생에 해로운 영향을 미치는 세네갈의 주요 오염원이기도 했다. 하지만 이름에서 알 수 있는 것처럼 개량 화덕은 연소의 질을 개선한다. 테라코타 화병과 비슷하게 생긴 이 화덕은 공기의 유입을 원활하게 하는 구멍과 연기가 빠지는 굴뚝을 갖추었다. 그런데도 이 개량 화덕은 거의 사용되지 않고 있어 보급이 시급하다는 것이 오스만의 설명이었다.

또 다른 마을로 가는 길에 우리는 질문을 퍼부었다. 몇 킬로미터 반경에 위치한 숲이 정말로 과거보다 더 잘 관리되고 있을까? 오스만은 임업교육을 받은 후에 마을 사람들이 '숲의 순환'에 대해 더 잘 이해하게 되었다고 대답했다. 이런 일이 8년째로 접어들면서 지나친 벌채로 피해를 주지 않고도 숲의 8분의 1을 벌채할 수 있었다. 숲을 돌아본 지 얼마 지나지 않아 우리 일행은 갈라진 초원 쪽으로 가기 위해 마을의 울타리를 벗어났다. 그곳에서는 건기 동안 350~700킬로그램의 약용 식물이 재배되고 있었다. 우리는 그 짧은 시간 동안 얼굴을 익힌 많은 아이들에게 에워싸인 채로 초원에 도착했다.

마을을 돌아보며 오스만은 PERACOD에서 배운 양봉 기술로 갖게된 벌통을 보여 주었다. 좀 더 가다 보니 주민들이 나무 대신으로 사용할 수 있는 짚과 진흙 연료를 만드는 작업장이 나왔다. 다른 여러 종류의 작업장은 특정 구역에만 집중되어 있는 것이 아니라 숲 곳곳에 흩어져 있었다. 나무 열매를 수확(연간 20~30톤)하고 고무를 채취(연간 8~9톤)하고 가축 사료와 지붕 제작용 짚을 거둬들이는 작업장들 말이다.

이런 다양한 활동은 이 지역 주민의 독립성을 높일 뿐만 아니라 야심적인 마케팅을 통해 목탄 판매보다 높은 수입을 창출하는 것으로 나타났다. 예를 들어 호텔 투숙객들을 상대로 꿀과 바오밥 열매 가루 등을 포장하여 파는 산업은 지역 시장의 시세보다 훨씬 높은 수익을 올리고 있었다.

오스만은 마을 회관의 사무실에서 이 모든 활동을 조직하고 관리하는 협동 관리 위원회 위원들과의 만남에 우리를 초대하는 것으로 견학을 끝냈다. 이곳에서 공동 재정권을 쥐고 있는 것은 부인들로 구성된 한 모임이었다. 농업 생산물 판매에서 나오는 수입은 모두 이 모임에 맡기게 된다. 그러면 모임은 마을의 경제 계획과 마을을 위한 여러 형태의 자주적 행동에 참여한 사람들에게 봉급을 준다. 이 모임에서 일하는 여성들은 우리에게 녹색 은행의 운영에 따르는 만족감이 어떤 것인지를 보여주었다. 부수입으로 마을의 공공시설을 개선할 수 있었고 마을 아이들이 도시로 일자리를 찾아 떠나지 않아도 되도록 다양한 일자리가 창출되었다는 것이다.

불행하게도 이런 성공 사례가 많지는 않다. 주민들이 이 마을에서 저 마을로 성공의 열쇠가 전해지는 것을 무척 경계하기 때문이다. 계획에 참여한 사람들에게만(마을 주민의 10분의 1 정도) 수입이 전적으로 돌아가는 탓도 있다. 그러므로 삼림 파괴 금지를 공동체 전체로 확대하는 작업은 아주 어려운 일임에 틀림없다. 게다가 삼림의 '잘못된 벌채'는 종종 해당 지역과는 아무런 관련이 없는 외국인들의 소행이다. 그럼에도 불구하고 아라쉬디에 분지 가장자리에는 아름다운 숲이 보존되고 있다. 그리고 그곳 사람들의 생활은 더 나아졌다. 결국 긍정적인 발전이라 아니할 수 없다.

경제 활동의 변화와 사회 재건 계획

부쉬 택시를 타고 라테라이트(사바나 지역의 적갈색 토양—옮긴이)로 뒤덮인 비포장도로 위를 달려 돌아왔다. 황량한 바오바브나무들과 사바나 너머로 태양이 지는 동안 우리는 이런저런 생각이 떠오르도록 내버려 두었다. 목탄 산업의 입장에서 보아도 삼림 파괴는 부정적인[97] 외부 요인의 하나이다. 그 누구도 삼림 파괴로 인한 손실을 말로 표현할 수 없다. 값

---

97 관련된 손실을 보상할 수도 환산할 수도 없는 경제 활동이기 때문에 이런 애매한 뉘앙스를 사용했다.

으로 매길 수 없는 성질의 것이기 때문이다. 지나친 목재 소비를 줄이는 대신 그에 해당하는 보상을 받을 수 있는 가능성이 없다면 이런 관행은 계속될 것이다.

PERACOD의 성공 열쇠는 바로 보상의 개념을 확립하는 것이었다. 그 덕분에 장·단기적인 면에서 환경과 마을 주민 모두 승자가 될 수 있었다. 보상이라는 개념을 염두에 두고 PERACOD는 개량 화덕을 보급하여 목재 연료의 수요를 줄이는 한편 보다 수익성이 높고 지속적인 활동을 위해 경제 개혁이 결합된 해결책을 제안했다. 그런 방식으로 PERACOD는 사회 질서를 어지럽히지 않으면서도 수많은 마을의 경제를 꾸준히 개선하는 데 성공했던 것이다. 결국 PERACOD는 여러 지역에서 행해졌던 비공식적인 삼림 경제를 공식 경제에 편입시킴으로써 숲에 대한 체계적 관리를 가능하게 했다.

PERACOD가 구상한 '횡단적 접근'이 몇 가지 삼림 문제를 해결하는 데 그 진가를 발휘했다는 것은 부인할 수 없다. 하지만 이 같은 접근법이 과연 수월하게 전국으로 퍼질지에 대해서는 의문이 제기될 수 있다. 다시 말해 사회적으로 매우 중요한 경제 분야들이 환경에 미치는 영향을 줄이는 것이 문제로 떠오른다면, 어떻게 모든 이해 당사자가 만족할 수 있는 해결책을 찾아낼 것인가라는 의문이 그것이다.

이 질문은 잠비아의 '발전을 위한 국가 연합 프로그램(PNUD)'에서 제기된 것이기도 하다. PNUD는 목탄을 액화 석유 가스(GPL)로 대체하고 싶어 한다. 이 '액화 부탄가스화(化)'와 유사한 정책들은 아프리카의 여러 나라에서 채택되었고 우리는 여행했던 모든 나라에서 이 같은 정책을 접할 수 있었다.

세네갈에서 이런 정책의 목적은 삼림 파괴를 줄이는 것이었지만 남아프리카와 잠비아에서는 위생과 관련된 목적이 우선이었다. 집 안에서 사용하는 목재나 석탄 같은 고체 연료로 인한 사망자는 연간 160만여 명으로 추정된다. 고체 연료의 연기는 어린아이들에게는 심각한 기도 감염을, 어른들에게는 각종 폐 질환을 유발할 수 있다. PNUD가 보급하고자 하는 액화 석유 가스는 이런 현실에 대한 하나의 적절하고 실용적인 대안이 될 수 있다.

한편 토탈 잠비아 사(社)는 정유 공장에서 생산된 액화 석유 가스를 이용하는 방법만 알 뿐이다. 그런데 액화 석유 가스는 포장 비용 때문에 목재 연료와 경쟁하기에는 너무 비싼 에너지가 되고 만다. 그래서 토탈 잠비아와 PNUD는 목재 에너지 분야에서 일하는 많은 사람들을 위해 사회적 모델을 바꾸어야 한다는 어려운 도전과 마주하고 있다. 액화 석유 가스를 싼 가격에 포장하는 방법을 고안하지 못한다면 목재 에너지 분야에 종사하는 사람들은 액화 석유 가스의 완강한 반대자가 될 것이다. 현재 극빈층에 속한 사람들이 목탄 제조로 생활비를 벌고 있기 때문이다(이들의 수입은 주로 목탄의 생산, 운송 또는 판매에 의존한다).

지속적인 경제 모델은 공공재의 체계적인 관리보다는 단기적인 생존을 더 중요시하는 비정상적인 경제 체제를 대체하기에 부족함이 없다. 균형을 회복하기 위해서는 해당 지역 주민들을 끌어들여 과감하게 책임감을 고취하는 계획이 필요할 것이다.

이런 외부 요인에 대한 관리 대책은 경제 이론에서는 흔히 볼 수 있는 것이다. 이 대책의 핵심은 공공재에 대한 소유권을 만들어 내는 것이다. 숲의 그늘이 사라지는 데에 따르는 위험과 지역 개발의 필요에 대한 교육 등은 이런 계획이 성공하는 데 있어 없어서는 안 될 전제 조건들이다. 예를 들어 공공재 소비를 체계적으로 계획하고 관리하는 것과 관련된 지역 주민들의 소유권 문제를 원만하게 해결할 수 있는 방안, 경제 상황이 지나치게 성급하게 변하면 가장 먼저 고통을 겪을 수 있는 극빈층을 위해 다양한 경제 대안의 실행을 보장할 수 있는 방안 등이 그런 전제 조건이다.

제9장 버릴 것이 없다, 바이오매스 에너지

───────── 세계 일주 프로젝트 No. 12 ─────────

- 나무에 의지하는 친환경 지역, 오스트필데른(독일)
- 바이오매스의 가스화, 뭄바이 인도 공과 대학(인도)
- 바이오매스 가스를 이용한 화장(火葬), 퐁디셰리 묘지(인도)

지구 상에서 세 명 중 한 명은 취사와 난방을 위해 가공이 덜 된 형태의 에너지를 이용한다. 나무, 말린 쇠똥, 농업 잔여물, 목탄 등이 그것이다. 그렇지만 바이오매스 에너지 사용을 이런 가공이 덜 된 에너지의 사용과 같다고 말할 수는 없을 것 같다. 바이오매스 산업은 완전 연소, 열분해, 가스화뿐만 아니라 1차 원료[98]를 대신해서 사용할 수 있는 가능성까지 자세하게 연구했다. 그 결과 두 가지 성공 요건을 갖추게 되었다. 첫째 바이오매스 에너지는 재생이 가능하고, 둘째 기후에 미치는 영향이 아주 적다. 놀랍지 않은가? 지금까지 바이오매스 에너지는 극빈층이 주로 사용하는 에너지였지만 선진국 기업들이 높이 평가하면서 점차 만족할 만한 성과를 내고 있다!

---

[98] 건축물에서 나온 목재, 녹말 플라스틱, 대마로 만든 절연체 등.

나무로 난방과 전기 공급을 해결한다

2월 9일. 우리는 처음으로 짐을 잔뜩 메고 세계 일주 프로젝트를 수행했다. 배낭에 집어넣지 못한 짐들을 몸에 칭칭 두르고서 뒤뚱뒤뚱 몸을 흔들어 대며 걸어가는 키 작은 두 여자를 상상해 보라. 등에 멘 배낭은 머리보다 훨씬 높이 올라갔고 균형을 맞추겠다며 배에도 불룩한 가방을 둘러멘 모습을 말이다. 오스트필데른에서 만난 사람을 놀라게 하고 슈투트가르트 주재 프랑스 총영사의 추천을 단번에 무의미하게 만들어 버린 우리의 모습을 머릿속에 그려 볼 수 있을 것이다!

우리는 폴리시티(Polycity) 독일 지사의 홍보 책임자인 우르술라 피에츠슈의 뒤를 곧장 따라갔다. 폴리시티는 '유럽 CONCERTO(박스 1의 설명 참조)'의 아홉 가지 계획 가운데 하나이다. 이 프로그램의 목표는 에너지 경제와 도심 지역 설계·재개발에 있어 재생 에너지 이용을 널리 알리고 다음 3개의 대도시를 모범적인 사례로 제시하는 것이다.

독일의 오스트필데른은 과거 군사 지역이었던 샤른하우저 공원에 새로운 구역을 건설하기로 했다. 슈투트가르트와 가까운 이 구역엔 1만여

Box 1

진취적인 '유럽 CONCERTO'

CONCERTO는 2005년에 유럽 의회가 시작한 프로그램이다. 운송국과 에너지국의 보호 아래 많은 공을 들인 이 연구 프로그램은 9개의 다양한 계획으로 지역 대표자, 산업 파트너, 대학 팀들과 연계하며 도시 지역의 지속적인 관리를 위해 일하는 28개의 공동체를 통합하고 있다.

폴리시티 계획('지속적 도시 내의 에너지망 확충')은 여러 개의 공동체가 재생 에너지원과 에너지 경제 계획을 에너지 자원 확보 계획에 통합하여 환경적 측면뿐만 아니라 경제적·사회적 측면에서도 득을 보았다는 것을 증명하고자 한다. CONCERTO는 사고와 경험을 교환할 수 있는 발판을 이룩했다. 지속 가능한 도시 에너지 영역에서 유럽의 가장 선진적인 경험을 선보이는 진열장, 그 안에는 영감을 불러일으키는 사례가 가득하다!

www.concertoplus.eu

명이 살 예정이었다. 스페인의 바르셀로나 북부에서 주민 5만여 명을 받아들인 세르다뇰라 델 발레스의 개발 계획과 이탈리아 토리노 아르콰타의 구(舊)노동자 지구 재개발도 그 사례이다.

프랑크 헤틀러는 150헥타르에 이르는 샤른하우저 공원을 에너지가 최적화된 도시의 전당으로 만들 책임자이다. 프랑크는 주거지, 상점, 그리고 훌륭한 녹색 공간을 형상화한 축소 모형 옆에서 우리에게 이 계획의 몇 가지 특징에 관해 설명해 주었다.

주거 지역을 건설하기 위해 고용된 건축가들은 국가 규범보다도 엄격한 에너지 소비 기준을 만족시키는 데에만 그쳐서는 안 되었다. 그러기는 커녕 그들은 제안에 경제적·사회적 기준도 포함시켜야 했다. 언뜻 보기에 에너지 소비 수준 '제로'를 향해 가는 집들의 수가 계속해서 늘어나고 있는 오늘날, 에너지 절약 계획에서 충분한 수준에 도달하지 못한 주거 지역은 비난의 대상이 될 수도 있다. 하지만 경제 효과를 지나치게 추구하면 상당한 초과 경비가 발생하기 때문에 평범한 가정들, 즉 유럽의 여러 교외 지역과 독일 오스트필데른 시의 '보통' 주민들에게는 이런 에너지 절약 계획의 실현이 능력 밖의 일일 수도 있었다.

따라서 에너지 혁신을 도시 규모로도 실현할 수 있다는 가능성을 증명하려는 폴리시티의 목표와 같은 맥락에서, 그리고 많은 비용이 들지 않는 범위를 고려하여, 가장 적절한 품질과 가격이 정해져야 했다. 그 다음으로 재료와 계획이 확정되었다. 한편에는 집단 주거지가 다른 한편에는 단독 주택이 연속적으로 이어져 있는 소규모 빌라 구역이 확정된 것이다. 각 건물의 에너지 소비율은 독일 평균보다 30~38퍼센트 경제적이었으며 프랑스의 평균과 비교해도 훨씬 경제적인 수준이었다.[99]

---

99 344쪽, 제18장 박스 2 참조

혁신은 에너지 낭비를 줄이는 건물을 짓는 데만 국한되지 않았다. 그것은 또한 에너지 생산으로 인해 발생하는 환경적 손실 비용과 그 개선 방향의 조사를 바탕으로 이루어지기도 했다. 태양열을 이용한 실내 공기 조절, 공동 발전과 재생 에너지 대책, 에너지 관리의 정보화, 공공시설에서 솔선수범하는 에너지 절약 등이 그 좋은 예이다.

오스트필데른에서 실행된 계획들에서도 비슷한 예를 볼 수 있다. 이곳에서는 바이오매스를 이용한 발전소에서 전기와 열을 함께 생산하기도 했다.[100] 그 결과 광전지판이 각 건물에 70킬로와트의 전기를 공급하고 있으며 머지않은 장래에는 200제곱미터의 태양열판이 설치될 예정이다. 종합적으로 평가하면 앞으로 샤른하우저 공원에서 소비되는 에너지의 80퍼센트가 재생 가능한 원료로 공급될 것이다.

공기가 차고 건조하다. 오늘 아침부터 겨울의 태양은 추위로 얼어붙은 땅을 녹이고자 무한한 에너지를 쏟게 될 것이다. 엘로디가 꿈꾸는 스키 타기에 좋은 계절이고 눈 덮인 지역을 산책하기에도 딱 좋은 계절이다. 하지만 우리는 발전소로 향했다. 문제의 발전소는 주거 지역에서 다소 떨어진 곳에 있었다. 우리는 연기가 나고 불꽃을 내뿜고 번쩍거리는 거대한 산업 시설을 예상했다. 하지만 나무판으로 장식된 입방체 안에 들어서 있고 광전지판들로만 이루어진 한쪽 면과 굴뚝 때문에 대칭의 균형이 무너진 그 발전소는 우리의 예상과는 거리가 멀었다.

연료 저장통이 발전소 건물의 절반을 차지하고 있었다. 잘린 풀과 축축한 흙에서 나는 향기가 났고 거무스름한 더미들이 잔뜩 쌓여 있었다. 거기엔 우리가 발견할 거라고 믿었던 잘 정돈된 장작은 전혀 없었다. 대

---

100 311쪽, 제16장 박스 2 참고.

바이오매스란 무엇인가?

'바이오매스'라는 용어는 넓은 의미에서 살아 있는 물질의 총체를 의미한다. 제1차 석유 파동 이래 바이오매스는 에너지나 농학적 목적으로 이용되는 유기물을 뜻하는 용어로 사용되고 있다.

출처: www.tenerrdis.fr

신 가지치기를 하고 남은 나무들, 낙엽, 농업 잔여물 등이 있었고 그것들이 발전소를 가동시키고 있었다. 발전소는 이것들을 저렴한 가격에 사들여 공동체와 농부들이 귀찮은 찌꺼기를 처리하도록 도왔다.

이 찌꺼기의 습도는 매우 다양하다. 발전소의 경영 책임자인 젊은 엔지니어 요셴 핑크는 습도가 달라서 발생하는 문제를 해결하기 위해 물기를 아주 많이 머금은 물질을 소각할 수 있도록 화덕에 주입되는 공기의 양과 다른 매개 변수를 알맞게 조정했다고 설명했다. 이를 위해 적당히 젖은 연료를 얻으려면 분무기를 사용해 쓰레기 더미에 정기적으로 물을 주기만 하면 된다.

우리는 기계가 삐걱거리는 소리에 고개를 들었다. 천장은 기계 그물로 된 하나의 왕국이었다. 입이 크게 벌어진 기계가 연결선 구실을 하는 레일 위로 미끄러져 정지했다가 곧바로 갈고리를 세우며 축축한 연료 더미 사이로 내리꽂혔다. 장터에서 플라스틱 인형이나 형광색 장난감 동물 등을 꺼내는 데 사용되는 집게의 작동 원리와 똑같았다! 몇 초 후에 그 기계는 아주 많은 양의 쓰레기를 집어서 위로 올라갔다가 옆에 있는 저장 창고로 이동했다. 그 다음에는 잘 미끄러지는 연소 석쇠 위에 소각할 쓰레기를 실어 저장 창고에서 화덕으로 운반했다.

이어서 우리는 바이오매스의 다음 과정인 화덕으로 자리를 옮겼다.

요셴은 칸막이 창을 열어 잠시 화덕을 볼 수 있도록 해 주었다. 칸막이 창은 무척 두꺼웠지만 나무가 타면서 발생하는 열을 막기엔 충분하지 않았다. 화덕 내부의 온도는 섭씨 500도 정도였다. 요셴은 연간 6만 3,000세제곱미터(하루 평균 170세제곱미터 이상이다)의 연료를 먹어 삼키는 이 괴물 같은 화덕이 사실은 거대하고 정밀한 난로에 불과하다고 말했다. 이 큰 화덕에서 생산되는 열은 곧바로 기름을 통해 물 저장통으로 이동하고, 저장통에 담긴 물은 그 열로 인해 수증기로 변하며, 이 수증기가 전기를 생산하는 터빈을 작동시킨다는 설명이었다.[101] 물이 가진 잠재적 열은 재활용될 수 있다고 했다. 예를 들어 도시의 여러 주택에 열을 공급한다는 것이다. 바이오매스 발전소는 이런 방식으로 모두 1메가와트의 전기와 5.3메가와트의 열을 생산한다.

밖으로 다시 나온 우리는 환경 문제를 논의했다. 프랑크와 요셴은 목재가 연소하면서 내뿜는 오염 물질과 타르로부터 연기가 여과된다고 설명했다. 어떻게 오염 물질을 덜 방출하는 연료인 천연가스를 태우는 것보다 나무를 태우는 것이 더 '친환경적'일 수 있을까? 기후의 측면에서 보면 그 대답은 분명하다. 나무는 자라면서 공기 중에 있는 이산화탄소를 흡수한다. 따라서 나무를 태우는 것은 이 나무가 과거에 흡수했던 이산화탄소를 내뱉는 것에 불과하다. 결국 나무에 포함된 이산화탄소가 적다면 공기 중에는 이산화탄소가 많이 남아 있었던 것이다. 이처럼 씨앗에서 재가 되기까지 나무는 공기 중의 이산화탄소 양에 아무런 변화도 주지 않는다.

또 다른 측면에서 단순화해 보자.[102] 천연가스는 연소되면서 과거에 화

101 62쪽. 제2장 박스 3 참조.

Box 3

나무 난로는 환경적 대안이 될 수 있을까?

널리 퍼져 있는 믿음과는 달리 나무 난로와 화덕이 항상 친환경적인 것은 아니다. 난로와 화덕에 사용되는 자원이 자연물이고 풍부하며 재생 가능하다 할지라도 연소로 인해 방출되는 연기는 아주 심각한 대기 오염을 유발할 수 있다. 그중에서도 특히 연기는 일산화탄소, 휘발성 유기 화합물, 질소 산화물, 다환식 방향족 탄화수소와 미세 입자들이 포함되어 있으며, 공기 중의 오염 물질이 여기에 더해진다. 이런 방출 물질 중 일부는 발암성 물질이기도 하다.

캐나다 환경부에 따르면 검인증을 받지 못한 나무 난로는 검인증을 받은 난로가 60시간 동안 작동하면서 방출하는 미세 입자들과 같은 양을 단 9시간 만에 방출한다고 한다. 이는 자동차가 1만 8,000킬로미터를 주파하면서 방출하는 미세 입자의 양과 맞먹는다. 난로의 검인증 제도가 공기 오염을 제한하는 데 기여하는 것은 사실이다. 하지만 공기의 청정도에 심각한 재난을 초래할 수 있는 가정용 굴뚝의 품질을 규제하기는 훨씬 어렵다. 2007년 겨울 알프스 론 지역에서 열흘 동안 연속으로 관측된 공기 중 미세 입자들의 허용 한계치 초과 원인을 굴뚝 사용이 증가했기 때문이라고 보는 시선도 있었다.

결론적으로 목재를 사용하는 현대식 난로는 친환경적일 수 있다. 하지만 전통적인 방식 그대로의 굴뚝이라면 그 효과는 훨씬 덜하다!

석화되었던 이산화탄소를 공기 중에 배출하여 그 양을 늘린다. 반면 바이오매스의 순환은 '온실 효과를 일으키는 가스의 양에 있어서는 중립적'이라고 할 수 있다. 이렇게 해서 오스트필데른의 바이오매스 발전소는 연간 1만여 톤의 이산화탄소 배출을 피하는 효과를 낳고 있다.

그렇다면 길모퉁이마다 바이오매스를 이용한 발전소가 붐을 이루는 것을 볼 수 있을까? 물론 바이오매스 기술은 그다지 복잡하지 않고 비싼 비용이 들지도 않는다. 다만 문제는 나무나 녹색 쓰레기를 공급하는 것

---

102 이것은 어디까지나 단순한 방식이다. 식물의 일생의 주기와 온실 효과를 일으키는 가스의 방출을 생각할 때는 다른 요소들도 고려해야 하기 때문이다. 비료에 의해서 가스가 제거된 질소 산화물, 수송에 사용된 운송 수단이 내뿜는 가스, 에너지를 집에서 사용할 수 있는 연료로 바꾸는 기계가 내뿜는 가스 등이 그런 요소들이다. 하지만 이런 점을 고려하더라도 총결산은 여전히 플러스로 남는다.

이다. 양이 충분하고 가격 변동이 거의 없으며 품질이 일정하고 신뢰할 만 하다는 점 등이 보장되어야 할 것이다. 따라서 발전소 전용의 효율적인 쓰레기 수집망을 확보할 필요가 절실하며 지역마다 충분한 양을 고르게 공급해야만 한다.[103]

도시의 바이오매스 발전소는 여러 동네에 분산되어 있는 녹색 쓰레기 수집에 기반하기 때문에 특히 잘 조직된 수집망을 필요로 한다. 현재 바이오매스 발전소 관련 기술이 특히 산업화된 나라들에서 제 기능을 발휘하고 있는 것은 바로 이런 이유 때문일 것이다! 시골의 극빈층에 전기를 공급하는 데에는 바이오매스를 가스 형태로 공급하는 발전기가 더 나을 수도 있다.

시골에 전기를 공급하기 위한 합성 가스

우리는 인도 델리의 남쪽 교외에 있는 에너지 연구소(TERI)를 방문했다. 방문객들을 환영하는 이 연구소는 에너지 소비에 있어 놀라운 방식으로 건설된 복합 산업 단지 '재처리 센터(RETREAT Center)' 내에 있었다. 이 센터에서 소비되는 얼마 되지 않는 에너지는 현장에서 태양열 판 몇 개와 바이오매스 가스를 기화하는 발전 장치로 생산된다. 우리는 이미 목탄에 적용되는 열분해 원리를 알고 있었지만 이곳 인도에 와서야 비로소 또 다른 불완전 연소 기술에 익숙해지게 되었다. 바로 기화의 기술이다.

5월 3일. 뭄바이 인도 공과 대학(IIT Bombay)에서 들었던 설명처럼, 중요한 것은 바이오매스와 석탄 등 탄소 함유량이 높은 물질을 연소하거나 화학적 합성을 일으키기에 충분한 가스 형태로 전환하는 것이다.

---

103 제16장 310쪽을 보면 어느 기업가가 부산물을 재활용하기 위해 맺은 제휴 덕분에 설탕을 추출하고 남은 사탕수수 찌꺼기를 활용한 예를 확인할 수 있다

기화 작용을 이용한 합성 가스 생산

기화는 섭씨 800도 정도의 높은 온도에서 일어나는 부분적인 산화이다. 산화
제로 순수한 산소를 사용하면 매우 밀도 높은 가스를 에너지로 생산할 수 있
지만 공기[산소 21%+질소 78%(질소는 특히 생성된 가스를 희석하는 데 쓰인다)]를
쓰는 편이 훨씬 저렴하기 때문에 공기가 널리 사용되고 있다. 이 과정의 비밀
은 탄소-탄소의 결합을 깨뜨리기에 충분한 양의 산화제를 투입하는 데 있다.
충분한 양이라고는 하지만 유기물(에너지와 관련된 의미로 말하자면 불활성 기체
인 탄소 가스만을 형성하는 물질)을 완전히 산화하는 것을 피할 수 있을 정도로
적은 양이다.

이렇게 해서 얻은 합성 가스는 천연가스와는 분명히 다르다. 합성 가스에는
18~20퍼센트의 수소, 18~20퍼센트의 일산화탄소, 8~10퍼센트의 이산화탄
소, 2~3퍼센트의 메탄, 물, 질소(공기에 의한 산화의 경우), 그리고 불순물(불완
전 연소된 입자들, 재, 타르, 중탄화수소) 등이 포함되어 있다. 합성 가스를 만드
는 과정은 애초에 바이오매스에 포함되어 있던 화학 에너지의 55~85퍼센트
를 기화할 수 있을 때 가장 효과적이라고 할 수 있다.

그렇다면 이렇게 얻어진 합성 가스의 용도는 무엇일까? 석탄을 다룬
제2장에서 설명했던 것처럼 피셔-트로프슈 공정[104]으로 액화 탄화수소를
만들 수 있다고 해도(석탄을 액체로 바꾸는 'CtL' 과정 혹은 바이오매스를 액
체로 바꾸는 'BtL' 과정) 오늘날 가스는 특히 열과 전기를 생산할 목적으
로 사용된다. 그런데 어째서 바이오매스나 석탄처럼 합성 가스의 원료가
되는 물질을 태우지 않고 합성 가스 자체를 태우는 걸까? 첫 번째 변화
에서 이미 원료에 포함된 에너지의 3분의 1이 사라지는데 어떤 논리로
이런 에너지 손실을 설명할 수 있는 걸까?

물론 효율성의 문제와 관련이 있다. 하지만 이 효율성의 문제가 하나의
에너지원에서 기대할 수 있는 모든 것을 설명할 수는 없다. 결론을 말하자

---

104 60쪽. 제2장, 박스 2 참고.

Box 5

합성 가스가 고체 에너지보다 나은 몇 가지 이유

• 불순물을 훨씬 쉽게 제거할 수 있다.
• 천연가스로 작동되는 무수한 장비들을 합성 가스로도 손쉽게 사용할 수 있다. 가스 모터는 이미 존재하지만 바이오매스를 이용한 모터는 보다 복잡하다!
• 중유, 석탄, 바이오매스 등 탄소 함유량만 높다면 어떤 원료로도 생산할 수 있다. 이런 원료의 유연성은 합성 가스의 확실한 성공 조건이다.
• 연소된 합성 가스는 화학 산업의 원자재 역할을 할 수 있다.
• 가장 심한 오염 폐기물은 불완전 연소된 고체 연료의 잔여물과 가스를 세척한 폐수에 집중된다. 오염 폐기물들이 한곳에 집약되면 취급과 관리가 훨씬 쉬워질 것이다.[105]

면 가스는 고체 에너지보다 더 효율적인 에너지원이 될 수 있다.

뭄바이에서처럼 이곳 에너지 연구소에서도 교류 발전기에 연결되어 전기를 생산하는 가스 모터에 합성 가스를 공급하기 전에 미리 타르를 제거한다. 제2차 세계대전 동안 기름이 부족했던 프랑스의 거리에서 흔히 볼 수 있었던 이 가스화 장치의 후속 모델 덕분에 오늘날 인도의 시골은 저개발 상태에서 벗어날 수 있게 되었다.

지방에 분산되어 있는 발전 시설에서 전기만 생산되는 것은 아니다. 해당 마을의 경제 활동을 장려하고 수입을 높이는 역할을 하며 나아가서는 전기 설비를 관리하기 위한 협동조합이 설립되기도 한다. 전기의 힘은 마을 주민들에게 커다란 도움이 되는 것이다. 마을 주민들은 전기 덕분에 일자리를 얻고 불안정한 상황에서 벗어날 수 있는 수단을 확보할 수 있다.

뭄바이에서 기화에 관한 기본적인 지식을 배운 덕분에 우리는 풋내기

---

105 탄소 가스의 포집에도 이와 비슷한 논리가 지배적으로 적용된다. 66쪽. '집중 해부_ 지질학적인 탄소 저장' 참고.

합성 가스와 가스 모터

모터의 연료로 합성 가스를 쓰는 것이 어제오늘 일은 아니지만 기술적인 면에서는 여전히 개선의 여지가 남아 있다. 현재 합성 가스의 시장 규모는 모터 제조업자들이 오염된 가스를 처리하는 시스템을 모터에 달도록 유도하기에는 너무 협소하다. 그 결과 현재 가스 모터에 장착되어 있는 장비들의 효율성을 높이려는 노력은 가스 세척에만 집중되어 있다. 가스 세척은 모터에 남아 있으면 모터 성능을 떨어뜨리는 타르를 깨끗하게 제거하는 작업이다.

들이 하는 질문으로 방해를 할 필요도 없이 퐁디셰리 기술 대학에서 진행 중인 연구에 관한 소개를 이해할 수 있었다! 우리는 기화가 일어나는 세 단계를 다시 한 번 확인했다. 합성 가스 생산, 가스 세척, 100킬로와트짜리 모터 안에서의 합성 가스 연소가 그것이다.

하지만 퐁디셰리 연구자들의 목표는 각 단계의 효율성을 최대로 높이는 것만은 아니었다. 그들은 전 과정에서 쓰이는 다양한 연료의 특성을 규정하고자 했다. 아주 토속적인 것에서부터 아주 이국적인 것에 이르기까지 모든 연료를 기계에 주입할 수 있다. 석탄, 호두의 껍질과 잎, 밤송이, 야자열매, 톱밥 등등을 말이다. 그렇다면 최종 목표는 무엇일까? 가격과 품질 사이의 관계에 따라 다양한 연료의 주입을 조정할 수 있는 데이터베이스를 구축하는 것이었다. 그것은 이 모든 장비의 '잡식성'을 증명하게 될 것이었다!

위생적이고 친환경적인 바이오매스 가스

5월 12일, 퐁디셰리. 우리에게 인도는 기화의 나라로 보였다. 우리는 기화 장치를 대학 한가운데서만 볼 수 있을 거라고 생각했지만 그렇지 않았다. 퐁디셰리에서 일하는 장의사가 이 장치를 사용하고 있었던 것이다. 실로 놀라운 활용이 아닌가? 묘지에서 에너지를 절약한다는 생각은 터무니 없는 것 같다. 하지만 퐁디셰리에서 재생 에너지 사용 장려의 책임을 맡은 기관이 우리에게 추천한 장소는 바로 묘지였다. 묘지를 향해 출발!

묘석 몇 개가 있기는 했지만 매우 드물었다. 인도 인구의 85퍼센트 정도가 힌두교 의례를 지키는데 힌두교 장례식에서는 시신을 화장한다. 몇 주 전에 우리는 아그라로 관광을 갔다. 그때 화장대에서 피어오르는 구릿빛 불꽃과 짙은 연기 기둥을 보고서 힌두교의 전통적인 화장 의식이 진행되고 있다는 사실을 짐작했다.

우리는 같은 날 오후에 기차로 델리에 도착했다. 델리로 향하면서 우리는 비탄에 잠긴 황제가 지은 화려한 사랑의 상징물인 타지마할 너머의 정말로 멋있는 석양의 유혹을 도저히 뿌리칠 수가 없었다. 릭샤 운전기사 'VK'는 야무나 연안의 탁 트인 전경 아래로 우리를 데려다 주었다. 저녁 땅거미가 드리우고 있었다. 낙조를 알리는 변화무쌍한 황혼의 빛 아래 놓인 대리석 묘비의 기이한 매력에 빠져들면서 우리는 낮에 보았던 화장 의식을 떠올리고는 거기에 동반되는 비애를 느끼기도 했다. 노랫소리를 알아들을 만큼 가까운 것은 아니었지만 강 저편으로는 저물어 가는 햇빛이 황혼녘 미풍에 일렁이면서 빚어내는 고혹적인 풍경이 보였다.

화장터 기술 책임자의 자세한 설명을 듣고 난 뒤에 우리는 야무나의 진흙투성이 강가에서 이루어지는 화장에 대해 다시 한 번 생각해 보게 되었다. 쨍쨍 내리쬐는 대낮의 햇빛 아래에서 저승으로 가는 의식이 끝나는 것이다. 그러니까 강가에서 고인의 살과 지방과 뼈를 태우는 것이다. 대도시 내에서 행해졌던 전통적 화장의 횟수도 이제 점점 줄어들고 있다. 공간(화장대 설치)과 시간(시신의 화장 시간)의 제약은 더 이상 현대적 삶의 리듬과 어울리지 못한다.

다른 도시에서와 마찬가지로 퐁디셰리의 장례 서비스 역시 두 시간밖

Box 7

수치로 보는 화장과 환경

힌두교 장례식에서는 시신을 화장해야 한다. 전통적인 화장대는 여섯 시간 동안 타면서 나무 400킬로그램을 소비한다. 인도에서는 연간 850만 건의 화장이 행해진다. 이로 인해 나무 5,000만 그루가 소비되고 이산화탄소 800만 톤이 대기 중으로 방출된다.

에 걸리지 않는 화장을 제안한다. 현대식 화장은 두 단계로 이루어진다. 마른 나무에서 합성 가스가 생성되고 생성된 가스와 함께 시신이 화장되는 것이다. 가스가 연소실 안에 균일하게 퍼지면 화장 속도는 그만큼 빨라지게 된다. 결과적으로 현대식 화장은 전통적인 화장보다 3~4배 빠르고 나무도 절반밖에 들지 않는다.

시간이 절약된다고 해서 고인과 작별하는 이 새로운 방식이 매력적으로 다가갈 수는 없을 것이다. 전통은 두꺼운 벽을 지니고 있는 법이다. 안내인은 인도 인구의 50퍼센트만이 조상을 화장한다고 설명했다. 그럼에도 합성 가스를 이용한 화장이 널리 퍼진다면, 그것은 에너지와 위생의 측면에서 모두 이 방법이 단순 화장보다 훨씬 낫다고 평가받기 때문일 것이다(나무가 타면서 많은 독소가 배출되기도 한다). 도시가 확장되고 생활 방식이 변하면 사람들은 자기 지역의 오염을 줄이고자 열망하게 된다. 그로 인해 정책 입안자들은 자원을 절약하고 환경을 소중히 여기는 기술의 도입을 추진하게 되는 것이다. 그 결과 인도의 신(新)재생 에너지 국(MNRE)은 새로운 화장 계획에 80만 루피(약 1만 4,000유로)를 보조하고 있다.

이 민감한 주제를 통해 우리는 신기술 수용이 가능한 조건은 무엇인지 한 번 더 고심할 기회를 가질 수 있을 것이다. 수천 년 전부터 내려오는 전통은 종종 신기술과 부딪힐 것이 분명하기 때문이다!

집중 해부_ 지구 온난화에 맞서는 나무 심기

기본 원리

수많은 단체들이 온난화에 맞서기 위해 "나무를 심자!"고 외치지만 대부분은 근거를 갖고 있지 못하다. 당신은 나무 심기를 어떻게 생각하는가?

식물은 광합성을 하면서 이산화탄소를 생산하고 저장한다. 이 자연의 능력을 이용하려는 생각은 나무 심기가 그다지 까다로운 일이 아니기 때문에 더욱 매력적으로 보인다. 이는 또한 엄청난 기후 변화에 직면하여 혼자서는 무엇을 해야 할지 모르는 인간이 겪을 수도 있는 혼란에 대처하는 행동이며 가치를 평가할 수 없을 정도로 소중하고 현실적인 행동이기도 하다

나무 심기에 관한 찬반양론

찬성의 논거

• 나무는 성장하면서 탄소를 흡수하여 유기물의 형태로 저장한다.

따라서 나무를 심으면 대기 중에 있는 탄소량의 감소에 기여할 수 있다.

• 인류는 나무에 삶이나 자연, 장수와 같은 긍정적인 상징체계를 부여해 왔다. 그런 만큼 숲을 재조성하는 일이 얼마나 유용한지 입증하기란 쉬운 일이며 나무 심기에 찬성하는 무수히 많은 관계자들의 지지를 어렵지 않게 얻을 수 있다.

반대의 논거

경작할 수 있는 토지에 숲이 들어서면 흡수되는 태양 광선의 양이 많아질 것이며['알베도(albedo)'라고 불리는 반사율은 지표면의 색과 구조에 따라 달라진다] 그 결과 지구는 태양 광선의 많은 부분을 온실 효과의 원인인 적외선으로 바꾸게 될 것이다. 몇몇 과학자들은 공기 중 탄소 농도의 저하로 인해 발생하는 온도 상승이 알베도의 증가로 인해 소멸될 것이라고 주장하기도 한다.

불확실성과 주의 사항

• 토지의 활용이라는 개념은 핵심적이다. 초원이나 경작지를 숲으로 대체한 토지의 이용이 기후에 미치는 결과는 아무런 영향도 없다는 의견에서 긍정적인 평가에 이르기까지 매우 다양할 수 있다. 사실 정확한 판단을 내리기 위해서는 나무를 심기 전과 후의 전체 탄소 비축량을 비교하여 나무를 심은 후에 탄소량이 많아졌다는 사실을 확인해야 할 것이다. 정확히 이런 맥락에서, 그리고 물을 자유롭게 사용할 수 있다는 가정하에서, 가장 이상적인 토지의 활용은 사막에 나무를 심는 일일 것이다.

• 탄소 순환에 관련된 지식은 불완전하다. 기후 변화로 인해 스트레

스를 받은 나무가 어떤 반응을 일으키는지에 관해서는 그다지 알려진 바가 없다. 2003년 프랑스에 가뭄이 들었을 때처럼 나무는 이산화탄소를 방출하는 주범이 될 수도 있다.

이런 물리적인 근거들에 나무 심기 자체의 불확실성이 추가된다. 산불이 나거나 숲이 우거진 땅을 다른 용도로 전환하기로 결정한다면 과거 나무를 심으면서 쏟았던 노력은 연기로 사라져 버릴 수도 있을 것이다! 그런 일이 일어나지 않는다고 하더라도 나무로 만든 종이나 가구가 어느 날 갑자기 썩어 버릴 수도 있다. 그런데 부패라는 생물학적 과정에서도 온실 효과를 일으키는 가스가 배출된다. 즉 나무를 심는 것은 탄소를 저장하는 하나의 방식이 될 수는 있지만 불가피하게 제한된 시간 동안에만 유효한 방식인 것이다.

현재 상황의 분석

농학자, 산림 전문가, 기후학자들을 흥분시키는 산림 계획이 기후에 어떤 영향을 미치는지는 긍정과 부정의 결단을 내리기 힘든 문제이다.

이처럼 의견의 일치를 보지 못한 상황은 여러 나라의 제도적 결정에도 그대로 반영되고 있다. 교토 의정서에서 합의된 청정 개발 체제(MDP)[106]를 예로 들어 보자. MDP 내에서 산림 개발을 위한 탄소 배출권을 얻을 수 있는 가능성은 생물 다양성의 보존, 천연자원의 보호, 계획의 지속성을 포함하는 비(非)기후적 목적의 달성 등에 좌우된다. 하지만 이 탄소 배출권은 제한된 기간 동안만 부여될 뿐이고 나무 심기의 결과를 평가받은 후에야 연장될 수 있다. 실제로 유럽 연합은 온실 가

---

106 223쪽. 제10장 박스 3 참고.

탄소 배출을 보상할 수 없는 이유

프랑스의 환경·에너지 관리 에이전시인 아뎀(ADEME)은 2006년에 세계 10개 국에서 온실 효과를 일으키는 가스를 줄이기 위한 프로젝트에 출자했다. 에 너지 효율 증가 프로그램, 재생 에너지 개발, 나무 심기 사업[107]을 포함하는 이 프로젝트를 검토하면서 아뎀은 개인과 기업에 '탄소 배출을 보상할 것'을 제안한 31개 기관을 조사한 바 있다.

이 기관들은 전체 활동을 토대로 탄소 1톤의 감소에 해당하는 평균 가격을 책정하고 전체 활동의 영향력에 상응하는 탄소의 양을 톤 단위로 계량화했 다. 이를 근거로 이 기관들이 배출한 탄소량만큼의 비용을 지불하면 지구 온 난화에 미친 영향을 보상할 수 있을 것이다.

하지만 탄소 배출의 보상을 비난하는 사람들은 이는 16세기에 루터가 비난 했던 면죄부로 귀환하는 일이며 온난화를 막을 수 있는 혁명적인 행동의 시 행을 지연시킨다고 주장한다. 그 주장이 옳을 수도 있다. 에너지 경제 계획과 재생 에너지 개발 계획은 온실 가스 배출량을 줄일 수 있고 그 이후 실행될 국민 복지의 증대에 기여할 수 있을 것이다. 게다가 아무런 죄책감 없이 탄소 를 배출해 환경을 오염시키는 것보다는 그에 대해 보상을 하는 편이 훨씬 나 을 수도 있는 것이다.[108] 탄소 배출의 주범을 다른 환경 오염의 주범들보다 고 결한 인물로 만들 수 있다는 점이 유감스럽기는 하지만 말이다.

오염을 줄이고 세입(稅入)이 될 수 있는 보상 시스템도 합법적인 모든 상거래 에 동반되는 흔적과 책임 없이는 적용될 수 없다는 점을 지적해야겠다. 이 보 상 시스템에 동의한 기관들이 배출한 탄소량이 계산에서 누락된 경우에는 제3자가 그 양을 계산할 수 있어야 할 것이다. 2008년에 아뎀이 정한 '보상 실행자 차트' 덕택에 프랑스에서는 이 보상 시스템이 투명하게 실시될 수 있 었다.

스의 교환을 허가하는 시스템에서 산림 개발과 관련된 계획들은 제외하 기도 했다.

하지만 산림을 파괴해서는 안 된다는 사실에 있어서만은 모든 관계자 가 의견의 일치를 보고 있다. 물론 이것만으로는 공기 중의 탄소 함량을 낮추는 데 크게 기여하지 못한다. 하지만 생물 다양성을 보존하고, 토양 을 일정한 목적에만 사용하게 하고 비옥하게 하며, 산림 파괴의 속도를 늦추고, 물이 토양에 쉽게 스며들 수 있도록 해 사막화 속도를 늦추는 데 는 기여할 수 있을 것이다.

---

107 이 중에서 나무 심기는 명백하게 줄어들고 있다. 영국 산업의 지도자 격인 두 기업, 클라이 미트 케어(Climate Care)와 퓨처 포레스트(Future Forests)는 환경 보호 단체가 가한 비판 적 폭력에 대한 반응으로 식목 계획 참여를 줄였다. 이 계획은 오늘날 두 회사의 주식의 20퍼 센트밖에 차지하지 않으며 결국엔 5퍼센트 이하로 떨어질 것이다.

108 우리는 에너지 세계 일주를 하면서 배출한 탄소를 보상하기로 결정했다. 각자 15만 9,100킬 로미터를 여행하며 54.4톤의 이산화탄소를 배출했다.

제10장 향기로운 바이오가스

세계 일주 프로젝트 No. 13

• 도시 내부에 쓰레기장을 설치한 노바 이구아수, 리우데자네이루(브라질)
• 유기물의 메탄화, 퐁디셰리 기술 대학, 퐁디셰리(인도)

메탄화, 혐기성 처리 또는 메탄 발효는 세균을 이용해 유기물을 가스로 바꾸는 무공해 처리 과정을 의미한다. 이렇게 해서 발생하는 바이오가스의 주요 성분은 메탄이다. 천연가스의 주요 구성 성분이기도 한 메탄은 상당량의 에너지를 지니고 있다고 알려져 있다. 반면 온실 효과를 낳는다는 결정적인 단점 또한 가지고 있다. 이산화탄소가 온실 효과에 미치는 영향은 메탄과 비교하면 미미한 정도이다.

기술이 발전하고 도시 위생 및 환경에 대한 관심이 증가하면서 신흥 국가들은 바이오가스를 전망 좋은 사업으로 인정하고 있다. 쓰레기를 전면적으로 재활용할 것인가 아니면 초보적 수준의 가정용 기기를 설치할 것인가? 바이오가스가 필수적이라면, 어떤 것이 더 바람직할까?

전기 생산을 위한 쓰레기장의 가스 수집

우리는 8월 23일 리우데자네이루에서 루이자를 만났다. 루이자는 우리의 비루한 입성과 비교되는 아주 우아한 옷을 입고 나왔다. 1월에 여행을 시작한 이후 우리는 늘 어울리지 않는 온갖 색깔의 옷을 걸치고 있었다. 유럽에서는 프랑스적인 우아함을 존중하는 의미로 역 안의 코인로커나 호텔 화장실에서 옷을 갈아입기도 했다. 하지만 여행을 시작한 지 6개월 반이 지나자 우리는 점차 모종의 일탈을 허용하기 시작했다. 세계 일주를 하는 편리한 방법들을 자연스럽게 익히게 되었던 것이다. 이곳 브라질에서 우리는 청바지에 티셔츠 차림으로 활보하고 있다.

40분 정도를 달려 우리는 노바 이구아수의 쓰레기 매립장인 아드리아노폴리스의 입구에 도착했다. 아드리아노폴리스는 2003년 개장한 이래 매일 평균 1,000톤의 쓰레기를 처리하고 있다. 리우데자네이루 주변의 수백만 주민이 버리는 쓰레기, 산업체 600여 개의 쓰레기, 2,400여 개의 상업 시설에서 나오는 엄청난 양의 쓰레기가 이곳 노바 이구아수로 들어온다.

아드리아노폴리스를 잘 아는 에두아르도가 우리의 방문을 반겨 주었다. 30대 정도로 보이는 에두아르도는 아드리아노폴리스의 책임 기술자이다. 차를 타기 전에 에두아르도는 노바게라르(Novagerar)의 역사를 간단히 설명해 주었다.

2001년 SA 파울리스타 그룹은 마람바이아와 아드리아노폴리스 쓰레기 매립장의 경영권을 20년 동안 양도받았다. SA 파울리스타는 바이오가스의 잠재력을 향상시키겠다는 전제하에 경영권을 인계받을 수 있었다. 현재 노바게라르는 브라질과 아일랜드의 합작 투자로 운영되고 있으며 쓰레기장에 산재되어 있는 가스를 모으고 활용하는 일에 전념하고 있다.

우리는 자동차를 타고 매립장을 둘러보았다. 아드리아노폴리스는 신식 쓰레기 매립장으로 매우 현대적인 시설을 갖추고 있었다. 에두아르도는 매립장의 운영 방식을 설명하기 위해 매립장 전체[109]의 일부인 16헥타르 크기의 구역을 보여 주었다. 모든 쓰레기는 트럭으로 이곳까지 옮겨진다고 했다. 기중기가 쓰레기를 엄청난 높이의 탑으로 쌓아 올리고 있었다. 각각의 층은 모두 열 개의 겹으로 되어 있었고 각각의 겹을 이루는 쓰레기는 흙으로 덮여 있었다. 더 높은 탑을 쌓기 위해 쓰레기를 옮겨 오는 트럭들이 이 굉장한 탑들 사이로 난 길로 계속해서 지나갔다. 아드리아노폴리스의 인공적인 쓰레기 기둥은 마치 이집트의 피라미드 같았다.

이 매립장이 문을 연 지 4년 여가 지났기 때문에 제일 처음에 만들어진 층은 이미 모든 진행 과정이 마무리된 상태였다. 우리는 트럭이 쓰레기를 내려놓는 곳으로 이동했다. 이곳에서 에두아르도는 차를 세우고 우리가 작업 과정을 좀 더 자세히 관찰할 수 있게 해 주었다. 트럭이 쓰레기를 내려놓을 때마다 불도저가 쓰레기를 배열하고 분리했다. 모든 일이 음악의 악보처럼 체계적이었다. 모든 트럭은 매립장으로 들어오기 전에 입구에서 무게를 재는 등 필요한 등록 절차를 거쳐야 했다. 이렇게 매립장으로 들어온 트럭은 쓰레기를 모두 내려놓고 또 다른 쓰레기를 가져오기 위해 왔던 길을 다시 돌아갔다. 10분 간격으로 새로운 트럭이 도착했다. 엄청난 작업이었다.

엘로디가 물었다. "그러면 바이오가스는 이 쓰레기 탑들 안에 있는 건가요?" 에두아르도는 "곧 알게 됩니다."라고 대답하면서 안내를 계속했다. 우리는 다른 곳으로 이동하는 도중에 거의 완성되어 가는 쓰레기층을 가까이에서 볼 수 있었다. 아주 넓은 검은 방수포가 쓰레기를 덮고 있었는데 이 방수포는 곧 흙으로 덮이게 된다. "이 검은 방수포는 폴리에틸렌

---

109 매립장은 최대 120헥타르까지 확장될 예정이다.

Box 1

메탄화와 바이오가스 사용법

메탄화는 박테리아를 이용해 유기체를 가스로 바꾸는 것이다. 여기에 이용되는 박테리아는 우리 몸의 소화 기관에도 있는 것들이며 메탄은 방귀에 포함되어 있는 가스의 일종이기도 하다. 메탄화에 이용되는 박테리아는 늪이나 진흙, 오물에서도 발견할 수 있다. 이 박테리아들은 산소 없이도 살 수 있다는 특징을 지니고 있기 때문에 메탄화는 혐기성 처리라고 불리기도 한다.

메탄화에는 각 단계별로 여러 종류의 박테리아가 필요하다.

• 우선 셀룰로오스, 지질, 단백질과 같은 복잡한 분자는 가수 분해를 통해 지방산과 같은 보다 간단한 분자로 변하게 된다.
• 그다음으로 '산 발효'는 지방산을 초산으로 변형시키는 것인데 이 과정을 통해 탄산가스와 수소가 만들어진다.
• 마지막으로 '메탄 생성 경로'에는 두 가지가 있다. 초산을 메탄과 탄산가스로 분리하거나 탄산가스와 수소를 결합해 메탄으로 만든다.

위의 단계를 거쳐 만들어진 바이오가스에는 주로 메탄과 탄산가스가 포함되어 있다. 메탄과 탄산가스의 비율은 최초 배합물의 성질에 따라 달라진다. 더 자세히 말하면 배합물에 포함되어 있던 탄소, 수소, 산소, 질소의 상대적 비율에 따라 달라지는 것이다. 셀룰로오스 발효를 이용해 만들어진 바이오가스는 약 55퍼센트의 메탄과 45퍼센트의 탄산가스를 포함하게 된다. 여기에서 셀룰로오스란 글루코스 중합체로 식물의 세포벽 구성에 필수적이며 일반적으로 탄소와 수소가 많이 포함되어 있다.
지속적인 발효 작용이 일어나기 위해서는 매일 일정량의 이산화탄소와 메탄이 계속해서 방출되어야 한다. 게다가 안정적인 비율은 발효가 제대로 이루어져야만 얻을 수 있다. 셀룰로오스의 경우 안정값은 1.3~1.4이다.

재질로 되어 있어요. 그래서 방수가 잘 되고 아주 질기죠." 에두아르도가 설명했다. 두께가 1.5밀리미터 정도인 방수포는 쓰레기층 안으로 습기나 공기가 스며드는 것을 막아 주고 바이오가스가 공기 중으로 유출되는 것을 방지하는 역할을 한다고 했다. 결국 방수포는 바이오가스를 추출하기 위해 필요한 중요한 요소들 가운데 하나인 것이다. 이곳에는 방수포 이외에도 바이오가스 추출 시설이 하나 더 있다. 일정한 간격을 유지하면서 수직으로 설치되어 있는 이 시설은 폐기물에서 추출된 가스를 사용처로 보내는 역할을 하는 관과 연결되어 있었다.

일단 쓰레기에서 추출된 바이오가스는 일련의 처리 장치를 거치게 된다. 정화가 되지 않은 바이오가스는 부식성이 강해 기계에 손상을 줄 수 있다. 바이오가스는 황산화수소, 수분과 탄산가스, 그리고 심지어 염소를 포함하고 있다. 또한 쓰레기에서 갓 추출되었기 때문에 불순물이 들어 있기도 하다. 방수포로 싸여 있긴 하지만 바이오가스 생산장이 워낙 광범위하다 보니 완전 방수는 기대하기 힘든 것이 사실이다. 그 결과 바이오가스에는 어느 정도의 공기가 섞여 있기도 한데 그 양은 흡입 상태와 기상 상태에 따라 약간의 차이가 있다. 또한 갓 추출된 바이오가스는 대개 쓰레기 내부에 있던 화학 물질로 오염되어 있는 경우가 많다. 처리 장치에서는 바이오가스에 포함된 이러한 모든 불순물을 정화한다. 이때 40~50퍼센트에 달하는 메탄을 충분히 태워 이산화탄소와 결합되지 못하게끔 한다.

바이오가스 연소를 이용한 열과 전기의 생산은 경제적인 측면에서 매우 흥미로운 일이다. 루이자가 바이오가스를 에너지원으로 사용하는 것이 가능한지 물었다. 이에 에두아르도는 10메가와트 상당의 전기를 생산할 수 있는 발전기가 2008년에 건설될 예정이라면서 아직은 우리에게 보여 줄 수 있는 단계가 아니라 아쉽다고 했다. 바이오가스를 연료로 사용하면 저렴한 비용으로 전기를 생산할 수 있다고도 했다. 브라질의 전기 수송관에 바이오가스로 생산된 전기가 흐르게 될 날이 머지않아 보였다.[110]

---

110 수분, 불순물, 이산화탄소를 제거한 바이오가스는 천연가스 수송관으로 운송할 수 있다.

Box 2

가스와 온실 효과

'온실 효과를 유발하는 가스(GES)'로 가장 널리 알려진 것은 이산화탄소, 즉 CO_2라고 불리는 탄산가스이다. 탄산가스가 악명을 떨치게 된 이유는 간단하다. 대기에서 머무는 기간과 방출량을 고려하면 탄산가스는 기온 상승에 장기적으로 가장 큰 영향을 미치고 있기 때문이다.[111]

하지만 지구 온난화에 이산화탄소보다 더 큰 영향을 미치는 온실 가스가 있다. 지구 온난화에 미치는 영향은 다음의 두 가지 요소를 고려해 판단한다.

• 대기 내 지속 기간: 가스가 온난화에 미치는 영향이 크더라도 가스 분자가 빠르게 해체되면 장기적인 측면에서는 그 효과가 줄어든다.

• 절대적 기온 상승에 미치는 영향: 온실 가스의 물리적 성분과 관련이 있으며, 이를 통해 온실 가스가 온실 효과에 미치는 영향의 정도를 결정한다.

이 두 가지 요소를 모두 고려해 일정량의 가스가 대기 안에 남아 있는 동안 지구의 온난화에 미치는 영향을 판단한다. 이때 가스가 대기 내에 존재하는 기간은 매우 중요하다. 어떤 가스가 온실 효과에 미치는 영향이 아무리 크더라도 배출된 다음 대기에 머무는 기간이 그리 길지 않다면, 온실 효과에 미치는 영향은 크지 않아도 오랫동안 잔존하는 가스보다 해롭지 않다고 할 수 있다. 수천 년 동안 대기에 남아 있는 가스도 있다는 사실을 생각해 보자!

그러므로 여러 가지 가스가 온실 효과에 미치는 영향을 논할 때에는 기간을 통일해야 한다. 가스가 온난화에 미치는 영향은 동일한 기간이라는 공통 기준을 적용하면서 이산화탄소와 비교해 정해진다.

온실 효과에 영향을 미치는 가스	대기 내 지속 기간[112] (1년)	온난화에 미치는 영향(20년)	온난화에 미치는 영향(100년)	온난화에 미치는 영향(500년)
이산화탄소 (CO_2)	150	1	1	1
메탄(CH_4)	12	62	23	7
질소(N_2O)	114	275	296	156
프레온가스 (CFC-12)	100	10,200	10,600	5,200
4불화탄소(CF_4)	50,000	3,900	5,700	8,900

출처: 디디에 호글루스테인(Didier Hauglustaine: 방사능 및 기후 변화에 관한 몇 편의 보고서를 작성한 과학자—옮긴이)

이 표는 무엇을 의미하는 걸까? 우선 온실 효과의 주범이 이산화탄소만은 아니라는 사실을 보여 준다. 이 표를 보면 어째서 교토 의정서[113]가 20세기 후반 지구 온난화의 주요 원인인 여섯 가지 온실 가스의 배출 감축 일정을 제안했는지 알 수 있다.

그다음으로 메탄이 환경에 얼마나 나쁜 영향을 미치는지 보여 준다. 메탄은 방출된 지 100년이 지난 다음에도 지구 온난화에 미치는 영향이 이산화탄소보다 23배 크다. 이 표를 보면 500년 후에도 7을 나타내고 있다. 이처럼 메탄과 이산화탄소 사이에 나타나는 영향력의 차이는 메탄을 대기 중으로 방출하기 전에 태워서 이산화탄소로 바꾸는 것이 얼마나 중요한지 보여 준다.

마지막으로 오존층 파괴의 주범인 불화탄소(CFC, HFC, CF₄)가 지구 온난화에 미치는 영향을 확인할 수 있다. 1987년 채택된 몬트리올 협약의 주요 사항은 오존층의 회복이었고, 협약이 체결된 이후 프레온 가스 배출량은 현저하게 줄어들었다. 하지만 프레온 가스의 대체재인 냉매(HFC)의 배출을 줄이는 것은 여전히 풀어야 하는 과제로 남아 있다.

바이오가스는 전기 터빈으로 옮겨지기 전에 굴뚝 모양의 시설에서 연소된다. 메탄은 탄산가스에 비해 온실 효과에 미치는 영향이 23배나 되지만 바이오가스를 연소해 메탄을 이산화탄소로 바꾸면 그 영향을 줄일 수 있다.

아드리아노폴리스에서는 메탄을 연소하거나 발전에 사용함으로써 21년 동안 1,400톤에 달하는 이산화탄소 방출을 막을 수 있을 것이다. 이는 같은 기간을 기준으로 프랑스 인 7만 2천 명 또는 브라질 인 13만 3천 명이 소비하는 이산화탄소의 양과 같다.[114]

---

111 온실 가스는 인간이 지구에서 삶을 영위할 수 있도록 한다. 온실 가스가 없다면 지구의 온도는 영하 18도 이하로 내려갈 것이다. 주요 온실 가스로는 수증기, 이산화탄소, 메탄, 이산화질소, 오존이 있다. 자연적인 온실 효과에서는 수증기가 가장 큰 역할을 하지만 인간 활동으로 방출되는 온실 가스는 자연의 기후 체계를 교란한다.

112 '대기 내 지속 기간'은 기체의 농도가 37퍼센트로 줄어드는 데 걸리는 시간을 의미한다. 이 개념은 방사핵이 절반으로 줄어드는 시간의 개념과 비슷하다.

113 기후 변화와 관련된 국제 협약으로 1997년에 채택되어 2005년에 공식 발효되었다.

114 2003년 프랑스 국민 1인당 이산화탄소 배출량은 9.3톤이었고 2000년 브라질에서는 5톤 정도였다.

매립장 경영은 에너지 관리만을 의미하지는 않는다. 에두아드로는 토양과 지하수가 오염되는 것을 막기 위해 모든 쓰레기 매립지를 철저하게 방수 처리해야 한다고 설명했다. 쓰레기에서 나오는 하수는 하수 처리 장치로 옮겨진다. 이곳에서 수분은 증발하고 찌꺼기는 쌓이며 남은 찌꺼기는 일련의 처리 과정을 거쳐 비료로 쓰인다.

마지막으로 에두아드로는 이 프로젝트가 사회에 미치는 영향에 관해 설명했다. 많은 사람들이 마람바이아의 옛 쓰레기장인 카리오카 주변에 살고 있었다. 하지만 노바 이구아수가 문을 열자 카리오카는 문을 닫게 되었고 결국 많은 주민들이 일자리를 잃었다. SA 파울리스타는 주민들의 사정을 모른 척하지 않았고 노바게라르에서 일자리를 찾지 못한 사람들이 온실 유지나 관리 등의 분야에서 일자리를 찾을 수 있도록 주선했다.

그렇다면 SA 파울리스타를 모범적인 기업이라고 말할 수 있을까? 우리는 SA 파울리스타의 성공을 통해 지속적인 개발을 가능하게 하는 것은 강한 추진력과 노력이라는 사실을 깨달았다. 아드리아노폴리스 매립지의 초기 설립자들은 교토 의정서의 '청정 개발 체제'가 제공하는 재정 지원을 받기 위해 환경적·사회적 책임안을 받아들여야만 했다. 이들은 교토 의정서의 재정 원조를 받은 첫 번째 사업자들이었다. SA 파울리스타가 쓰레기에서 바이오가스를 추출하는 방법을 처음으로 고안한 회사는 아니었지만 이 회사의 프로젝트는 교토 의정서의 재정 원조를 받았다는 이유로 언론의 커다란 주목을 받았다.

1970년대에 쓰레기가 증가하자 서구의 많은 국가들은 유기물 발효와 바이오가스 추출이 가능한 대규모의 매립지를 건설했다. 1980년대부터는 전기와 열을 동시에 생산하는 열 병합 발전[115]이 성행했다. 1980년에

Box 3

교토 의정서의 메커니즘

교토 의정서에 따르면 온실 가스 감축 의무에 동의한 산업 국가들은 2008~2012년 사이에 자국 내 온실 가스 배출 총량을 1990년대 수준 대비 5퍼센트 감축해야 한다. 교토 의정서는 온실 가스 감축 의무 보유국을 정하고 이 국가들이 의무 감축량을 달성하게 하고 있다.

유연성 체제라고 불리는 교토 메커니즘은 최소한의 비용으로 온실 가스 감축 목표량을 달성할 수 있게 한다. 온실 가스는 배출된 다음 약 열흘 이내에 일률적으로 대기 안에 퍼지게 된다. 그러므로 파리에서 온실 가스 배출을 줄이든 벵갈루루에서 줄이든 지구에 미치는 영향은 같은 것이다. 하지만 벵갈루루에서는 파리에서보다 훨씬 적은 비용으로 온실 가스 배출을 줄일 수 있다.

교토 메커니즘은 온실 가스 감축 의무 보유국에 속한 기업이 온실 가스 감축 의무를 타국에서 실행할 수 있게 한다. 타국에서 실행한 감축 실적이 타당하다고 인정되면 자국의 목표량을 채울 수 있고, 목표량보다 많은 양을 감축했다면 감축분을 팔 수도 있다.

이 메커니즘은 다음 두 가지 종류의 국가에 적용될 수 있다.

• 공동 이행 제도(MOC): 이 제도는 교토 의정서를 비준한 모든 국가에 적용되며 배출량 감소를 목표로 한다. MOC에 찬성한 국가는 감축분을 양도할 수 있다. 그러므로 MOC는 가스 배출량이 할당량보다 적은 국가들을 염두에 둔다고 할 수 있다. 러시아와 우크라이나를 비롯해 대부분의 동유럽 국가가 여기에 속한다. 1990년대에 경제적으로 타격을 받은 이 국가들의 가스 배출량은 여전히 할당량 이하이다.
• 청정 개발 체제(MDP): 이 체제는 교토 의정서를 비준했지만 비준 당시에는 국가 발달 수준이 낮아 온실 가스 감축 대상에서 제외된 국가에 적용된다. 대부분의 개발 도상국과 중국, 인도, 브라질처럼 다량의 온실 가스를 배출하는 국가들이 여기에 포함된다.

MOC와 MDP는 경우에 따라 변경될 수도 있다.

1. 에너지, 교통, 쓰레기 처리 산업 등 환경적으로 더 중요하다고 판단되는 분야에서 투자가 발생한 경우.
2. 기준이 된 경제 발전 계획과 비교해 상대적으로 온실 가스 배출량을 많이 줄였을 때.

예를 들어 우크라이나의 전기 시설 정비에 투자하고자 하는 독일 회사가 있다. 이 독일 회사는 복합 순환 방식의 가스 터빈 설치를 제안했다. 복합 순환 방식은 현재 사용하고 있는 단순 순환 방식에 비해 생산량을 최소 3분의 1 이상 늘릴 수 있는 시스템이다. 즉 이 설비를 설치하면 가스 배출량을 크게 줄일 수 있는 것이다. 이 경우에 독일은 MOC를 적용받는 국가가 될 수 있다.

교토 메커니즘의 세 가지 이익

- 지역 및 범세계적 환경 보호.
- 프로젝트 참여국의 경제적·사회적 발전.
- 최소 비용으로 의무 사항을 수행한 기업에게 주는 재정 지원.

유럽 내 재활용 시설은 단 3개에 불과했지만 1983년에는 23개로 늘어 났다. 이런 변화는 1990년대에 더욱 가속화되어 1997년에는 423개의 재활용 시설이 들어섰다. 대부분의 경우 바이오가스는 전기 에너지로 변환되어 사용되었지만 재활용 시설에서 발생하는 열에너지는 수송 문제 때문에 제한적으로 재활용될 수밖에 없었다.

라틴 아메리카의 경우는 어땠을까? 라틴 아메리카는 고도로 도시화되어 있어 인구의 75퍼센트가 도시에 거주하며 그중 117개 도시의 인구는 50만 명 이상이다. 이러한 인구 집중으로 인해 쓰레기 배출량이 증가하면서 다양한 문제가 발생했고, 이 때문에 아드리아노폴리스와 같은 기술적인 매립지가 생겨났다. 에두아르도의 설명에 따르면 현재 남아메리카 대륙 전체에는 3개의 매립지[116]가 있다.

이 3개의 매립지에서는 쓰레기에서 나오는 가스를 이용해 전기를 생산하고 있다. 하지만 여기에서 소비되는 쓰레기는 전체 쓰레기의 40퍼센트에 불과하다고 한다. 리우그란데에서 하루에 쏟아지는 쓰레기만 해도

---

115 311쪽 제16장 박스 2 참고.
116 멕시코의 몬테레이, 브라질의 상파울루, 우루과이의 말도나도에서 각각 7메가와트, 23메가와트, 0.9메가와트의 전기를 생산한다.

1만 7,000톤에 달하는 것이다. 에두아르도는 이런 매립지의 개발을 보편화하는 데 있어 가장 큰 문제는 기술적인 것이 아니라 쓰레기 재활용으로 먹고사는 많은 가정에 새로운 수입원을 제공할 수 있는지의 여부라고 설명했다.

메탄화는 기본이지!

아드리아노폴리스 쓰레기 매립장을 둘러보면서 우리는 인도의 기억을 떠올렸다. 인도에서는 원리는 같지만 불완전한 방식으로 메탄화를 실행하고 있었다. 인도에서 우리는 바이오가스를 만드는 데 반드시 고도의 기술력이 필요하지는 않으며 불완전한 방식으로도 충분하다는 사실을 알게 되었다.

5월 12일 인도에서 프로메테우스의 공동 설립자 중 한 명인 리아즈가 우리와 합류했다. 리아즈는 엘로디와 함께 '재활용이 가능한 에너지 개발 책임 기관(AER)'의 지원을 받고 있는 다양한 크기의 단지들을 둘러보았다. 우리는 제일 먼저 퐁디셰리 기술 대학이 바이오가스를 추출하는 커다란 단지를 보러 가기로 했다.

우리는 학생 450명을 수용하고 있는 낡았지만 깨끗한 기숙사의 정원으로 들어갔다. 바이오가스를 만드는 시설은 식당 뒤에 있었다. 누군가 우리에게 거기에서 무엇을 보았느냐고 묻는다면, 솔직히 그다지 대단한 것을 보지는 않았다고 답할 수밖에 없다. 단지 거대한 석판이 구덩이를 덮고 있을 뿐이었다. 우리는 머리를 구덩이 안으로 넣어 보았다. 구덩이를 들여다 본 엘로디가 "바로 이거예요. 사람들이 거짓말을 한 게 아니었어요. 색깔, 냄새, 모든 것이 여기에 있어요."라고 말하자 리아즈는 매우 만족스러운 듯했다. 요리사들은 화장실 관과 연결되어 있는 이 구덩이에 날마다 음식물 쓰레기를 가져다 부었다.

  그렇다고 이것이 거저 얻은 지식은 아니라고들 했다. 사람들이 이 구덩이에 들르는 것은 하나의 습관이 되어 있었다. 쓰레기가 많아질수록 얻을 수 있는 바이오가스도 많아진다. 바이오가스는 작은 플라스틱 관을 통해 식당까지 전송되어 가스버너의 연료로 사용된다. 식당에서는 특별한 처리를 할 것도 없이 필요할 때마다 수도꼭지 같은 것을 열었다가 잠그기만 하면 된다. 한 달 평균 40킬로그램들이 가스 8~10통을 절약할 수 있다고 하니 이 얼마나 경제적인가!

  '바이오 생산기'라고 불리는 크고 정교한 통을 사용하면 메탄화를 보다 단순화할 수 있다. 가장 기본적인 바이오 생산기의 가격은 100유로 미만이고, 아시아와 아프리카에서는 1천만 가구 이상이 가정용 바이오 생산기를 사용하고 있다. 쓰레기를 모으는 것에서부터 모든 과정이 수작업으로 이루어진다. 가스는 비싸고 인건비는 싼 퐁디셰리에서는 바이오 생산기를 사용해 경제적으로 상당한 이익을 얻고 있었다. 또한 바이오 생산기를 사용하면서 주민들의 삶의 질이 향상되었다. 과거 이곳 주민들은 연기가 심하게 나고 사용하기 불편한 나무를 연료로 썼지만 이제는 바이오가스가 나무를 대신하고 있다.

  바이오가스를 사용하는 시설은 개발 도상국의 시골에는 제대로 정착했지만 프랑스의 가정에서는 별다른 관심을 받지 못했다. 프랑스에서는 누구나 손쉽게 도시가스를 사용할 수 있고 부탄가스도 싸기 때문일 것이다. 하지만 산업이나 농업 활동으로 생겨나는 쓰레기 양이 많아지면서[117] 사람들은 여러 가지 재활용 방식 가운데 메탄화에 주목하고 있다. 메탄화를 통해 바이오가스는 에너지가 되고 남은 찌꺼기는 비료가 된다. 메

---

117 프랑스의 신생 기업인 나스케오 환경(Naskeo Environnement)은 중소기업들에게 메탄화를 이용해 쓰레기를 재활용하자고 제안했다.

바이오가스를 생산할 수 있는 자원

농축된 유기물은 손쉽게 바이오가스를 얻을 수 있는 자원이다.
- 선별을 거쳐 수집된 유기성 폐기물. 효과적으로 메탄화될 수 있으며 적절한 바이오 생산기를 사용하면 바이오가스로 전환되는 속도를 높일 수 있다.
- 쓰레기. 이때 바이오가스의 농도는 추출 과정에서 진공 상태를 얼마나 유지하는지에 따라 달라진다. 프랑스는 바이오가스 추출을 의무화하고 있지만 추출된 바이오가스를 에너지로 사용할지 여부는 아직까지 선택 사항으로 남아 있다.
- 정화조에서 나온 쓰레기. 메탄화는 유기물을 제거하고 정화조에 필요한 에너지만 공급한다.
- 가축의 분뇨. 프랑스에서는 가축의 분뇨를 최소 4개월간 의무적으로 저장해야 한다. 저장 기간 동안 가축의 배설물이나 다른 농업 폐기물은 메탄가스를 방출한다.
- 농산물 가공업으로 인한 폐기물.
- 호수 바닥과 늪에 쌓인 유기 침전물. 분해되는 과정에서 자연적으로 바이오가스가 생성된다. 르완다의 키부 호수에는 많은 유기물이 침전되어 있는 것으로 알려져 있다.

탄화가 보편화된다면 화학 비료와 냄새 나는 쓰레기 매립장을 없앨 수 있다.

지나친 비료 사용, 과도한 토양 개발, 집약적 목축…… 이러한 오늘날의 농업을 환경친화적이라고 할 수는 없다. 사실 농업과 농산물 가공업(비료 생산, 교통, 식품 포장, 냉동고와 같은 저장고 등으로 구성되는)으로 얼마나 많은 온실 가스(이산화질소와 메탄)가 배출되는지는 간과되고 있다.

한 예로 다양한 음식물이 기후에 영향을 미치고 있다. 이 경우 개인의 작은 실천이 인도주의적 차원에서는 큰 힘이 될 수 있다. 노르망디식 칠면조 오믈렛이나 에스칼로프(얇게 썬 고기 튀김—옮긴이)는 구내식당에서 제공되는 감자튀김보다 준비 시간이 오래 걸린다는 사실을 유념하자.

〈여러 가지 식료품의 열량 차이〉

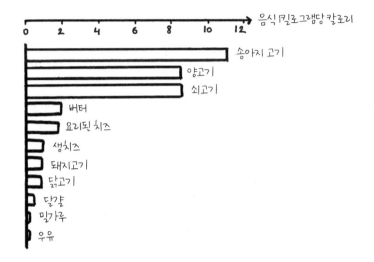

환경 문제는 대개 인간의 사소한 행동에서 비롯되므로 인간 스스로 가 주체적인 소비자가 되어야 한다. 육식은 줄이고 제철 과일과 야채를 먹도록 하자. 저장 식품을 먹어야 한다면 얼린 것을 선택하고 '지역 농산 물 생산자 협회(AMAP)'가 생산한 것을 먹자. 지구를 보호하면서 먹는 즐 거움을 누릴 수 있는 방법은 많다. 기후 영양학자로 거듭나기 위한 첫 번 째 단계는 기후에 미치는 영향에 따라 식단을 조정하는 것이다. 온실 가 스 관리는 일상에서 출발하는 것이 가장 기본이 될 수 있다!

제11장 지구를 구하는 바이오, 청정, 나노 기술

———————— 세계 일주 프로젝트 No. 14 ————————

• 식물성 세포를 이용한 바이오수소 생산. 스탠퍼드 대학 생화학 연구소, 팰러앨토(미국)
• 식물을 이용한 발전. 미국 스탠퍼드 대학 통합 시스템 센터, 팰러앨토(미국)

지금까지 기술이란 인간의 창의성과 자연에 대한 지식을 활용해 우리의 수고를 덜어 주는 것이었다. 하지만 이제 기술은 변화하고 있다. 19세기부터 제기되어 온 에너지와 환경 문제를 해결하고자 다양한 기술이 개발되어 왔다. 그 가운데 미래 사회에서 각광받을 것으로 보이는 기술은 바이오와 나노 기술이다. 수소 합성 단백질이란 무엇일까? 광합성을 통해 전자를 포획해 전기를 생산하는 시스템은 어떤 시스템일까? 이런 아이디어들은 단지 비현실적인 꿈에 불과한 것일까, 아니면 진정 현실로 이루어질 수 있는 것일까? 연구자들의 노력이 있었기에 비현실적으로 보이던 이 아이디어들은 현실이 될 수 있었다.

식물을 이용한 태양열 바이오수소

7월 말 미국의 캘리포니아. 하늘에는 구름 한 점 없었다. 미풍이 불어와 우리가 태평양 가까이에 있다는 사실을 실감할 수 있었다. 우리는 캘리포니아 주에 머무는 단 2주 동안 로스앤젤레스에서 샌프란시스코까지 모두 돌아보았다. 유능한 젊은이들이 단지 날씨에 끌려 미국 서부 해안으로 오는 것은 아닐 거다. 그들은 고액 연봉과 실리콘 밸리의 고도의 기술력에 끌려 이곳 서부 해안으로 오고 있다.

실리콘 밸리 중앙에 있는 스탠퍼드 대학은 전 세계의 뛰어난 인재들을 모아 연구를 지원한다. 작년에 생화학 박사 과정에 입학한 짐이 연구실을 구경시켜 주기로 했다. 연구실로 가기 전에 짐은 우리에게 제임스 스워츠 교수 팀의 연구를 소개받으면서 캘리포니아의 햇살을 만끽할 수 있는 시간을 주었다.

짐이 말문을 열었다. "우리는 깨끗하면서도 견고한 에너지 매개물을 찾고 있어요." 이런 매개물이 존재한다면 현재 사용되는 배터리보다 손쉽게 에너지를 보관할 수 있을 것이고, 이를 이용해 온실 가스를 배출하지 않는 자동차를 생산할 수 있을 것이다. 수소가 연소되면서 배출하는 물질은 물이 전부이다. 따라서 수소는 그들이 찾는 잠재적 대체 에너지가 될 수 있다. 하지만 이런 역할을 할 수 있는 수소는 자연 상태로는 존재하지 않기 때문에 인위적으로 만들어야 한다는 어려움이 있다. 또한 제조 과정에서 다량의 에너지를 소비하는 수소는 화석 에너지를 주요 에너지 공급원으로 사용하기 때문에[118] 깨끗하지 않다고 알려져 있다.

이런 이유로 스워츠 교수 팀은 태양과 식물을 이용하겠다는 야심을 가지게 되었다. 자연은 수많은 테크놀로지를 내포하고 있다. 식물 세포로부터 수소를 얻는 방법을 알아내지 못할 이유가 없지 않은가?

---

118 수소 발생 과정에 대한 자세한 설명은 399쪽의 '집중 해부_수소 자동차' 부분 참고.

Box 1

광합성

식물은 하루 종일 이산화탄소를 흡수하고 산소를 배출한다. 광합성은 이산화탄소와 산소가 교환되는 일련의 반응이라고 할 수 있다.

더 자세히 말해 광합성은 바이오 에너지를 사용해 식물의 성장을 돕는다. 엽록체 안에서 일어나는 광합성을 통해 식물은 물, 이산화탄소, 빛 등의 유기물을 사용할 수 있다.

광합성은 두 단계로 이루어진다.

1. 광화학 반응이 일어나는 동안 식물의 뿌리를 통해 흡수된 물은 잎까지 전달되어 산소와 양자와 전자로 바뀐다. 이 반응을 화학 기호로 나타내면 다음과 같다.

$$2H_2O + 빛 \rightarrow 4\,H^+ + 4^{e^-} + O_2$$

스워츠 교수 팀은 광합성 과정에서 발생되는 이 네 개의 전자를 얻고자 한다.

2. 두 번째 단계는 생화학 단계로 '캘빈(Calvin) 순환' 혹은 '이산화탄소 고정'이라고 불린다. 첫 번째 단계에서 얻어진 전자와 식물의 잎을 통해 흡수된 이산화탄소로 글루코스와 물을 만든다.

$$6\,CO_2 + 24\,H^+ + 24^{e^-} \rightarrow C_6H_{12}O_6 + 6H_2O$$

첫 번째 단계는 식물의 에너지 원천을 밝혀 얻고자 하는 가스를 합성하는 것이다. 짐과 그의 팀원들은 광합성 전자가 중요한 역할을 할 것이라고 생각하고 있었다(박스 1 참고).

두 번째 단계는 새로운 합성물을 식물에 주입하는 것이다. 자연을 여자에 비유한다면, 수소 제조용 전자를 사용할 때 필요한 단백질을 핸드백 안에 넣고 다니는 거라고 설명할 수 있다. 이 합성물을 '수소 발생 효소'라고 한다. 그렇다면 어디에서 수소 발생 효소를 발견할 수 있을까? 짐의 설명에 의하면 수소 발생 효소는 혐기성 박테리아에서 발견된다. 여기에서 혐기성 박테리아란 호수 침전물, 해저 온천수 또는 우리 몸의 창자와 같이 산소가 없는 곳에서 사는 미세 유기체를 말한다. 수소 발생 효소는 수소를 만들기 위해 양자를 이용하는 전자 포획처럼, 단순한 화학 반응을 촉진한다.[119]

그런데 수소 발생 효소의 구조는 어째서 이렇게 복잡한 걸까? 이유는 매우 간단하다. 양자와 전자가 결합하는 구역을 보호하기 위해서이다. 수소 발생 효소가 활발한 반응을 일으키는 지점에는 다량의 철 원자나 철-니켈 원자가 포함되어 있는 경우가 많은데, 이 원자들은 광합성 결과 방출된 산소에 의해 부식된다. 다시 말해 짐과 그의 동료들은 산소와 차단된 단백질에 대해 연구하고 있지만 그 연구를 하려면 역으로 산소가 반드시 필요하다. 바로 그 점이 그들이 진행하고 있는 연구의 어려움이다!

천연 수소 발생 효소에서 출발한 이 연구의 관심은 현재 단백질을 향하고 있다. 이들의 연구는 단백질에 산소가 들어가는 것을 방해하면서 동시에 산소가 전자와 접촉하는 것을 허용하고, 거기에서 형성되는 수소 발생 효소가 배출되는 경로를 마련하는 작업이 될 것이다. 연구자들은 이 모든 것이 가능하다고 믿고 있다. 분자 구조를 조금 변형하기만 한다면 충분하다는 것이다.

그리고 식물은 태양 에너지를 수소로 전환하는 효율적인 방법을 알고 있다.[120] 넓은 땅에 식물을 심고 덮개로 덮으면 식물이 배출하는 가스를

---

119 이는 $2H^+ + 2e^- \rightarrow H_2$ 반응에 의해 일어난다.

120 스위츠 교수 팀은 태양열을 화학 에너지로 변환하는 광생물학적 방법을 이용해 두 시간 동안 수소 7퍼센트를 생산했다. 여기에서 7퍼센트는 식물 세포 전체가 빛에 노출되었을 경우 생성되는 화학 에너지의 양을 기준으로 한 것이다. 이렇게 보면 7퍼센트는 매우 적은 양인 듯 보인다. 그렇다면 현재의 기술을 살펴보자. 물을 수소와 산소로 분해하는 데 사용되는 전기를 태양 에너지에서 가져올 경우 그 생산량은 얼마나 될까? 한 개의 단결정 규소 태양 전지의 효율성은 정확히 15퍼센트이다. 이렇게 얻어진 전기로 전기 분해를 하면 그 생산량은 이론상으로는 100퍼센트이지만 실제로는 40퍼센트이다. 결국 생산량은 고작 6퍼센트가 된다

모아 병에 담아 팔 수 있을지도 모른다.

이제 다시 스탠퍼드 대학 연구실로 돌아오자. 연구는 분자 구조를 변형하는 것에서 시작된다. 그 방법은 무엇일까? 먼저 무작위로 유전자 돌연변이를 일으킨다. 이 돌연변이를 통해 처음 상태의 수소 발생 효소와는 일치하지 않는 유전자 수천 개가 복제된다. 그리고 각각의 키메라 반응(하나의 식물체 안에 유전자 형이 다른 조직이 서로 접촉하면서 존재하는 현

Box 2

단백질 1개를 수천 개로 늘리는 방법

단백질 1개로 수천 개의 서로 다른 단백질을 만들기 위해서는 수천 개의 유전자가 필요하다. 유전자 정보를 기억하는 것은 DNA의 몫이다(박스 3의 DNA 부분 참고).

그렇다면 어떻게 유전자를 늘릴 수 있을까? 1993년 노벨 화학상을 받은 중합 효소 연쇄 반응(PCR)은 유전자 증폭을 가능하게 한다. 자연적인 방법인 PCR은 DNA 중합 효소가 유전 물질을 복제할 수 있게 한다.

열이 조금만 있어도 DNA는 두 가닥으로 갈라져 중합 효소와 결합할 수 있게 된다. 이것이 PCR의 첫 번째 단계이다. 그다음으로 증폭시키고자 하는 주형 DNA에 '시발체(프라이머)'를 넣는다. 프라이머는 합성하고자 하는 단백질의 유전 정보를 지닌 특정 DNA와 결합하는 보충 역할을 한다. 또한 프라이머는 중합 효소가 붙을 수 있는 지표 역할을 하고 외가닥 유전자를 만들어 낸다. 이렇게 해서 두 가닥의 새로운 DNA가 만들어진다.

PCR을 거쳐 연쇄적으로 새롭게 생겨나는 DNA를 사용할 수 있게 되었다. 이 과정을 반복하면 복제 유전자의 수는 두 배로 늘어난다. 즉 n번의 과정을 거듭하면 2^n개의 복제 유전자를 얻을 수 있고, 이런 과정을 거치면서 유전자의 수는 매우 빠르게 늘어난다.

시험관을 중합 효소가 제 역할을 수행할 수 없는 환경으로 만들면 복제 과정에서 예측하지 못했던 변화가 일어난다. 중합 효소가 뉴클레오타이드(염기)를 착각하여 불완전한 복제 유전자가 생겨나는 것이다. 이 불완전한 복제 유전자로 인해 약간 변형된 복제 유전자와 다양한 종류의 유전자를 얻을 수 있다.

유전자 복제가 완성될 때마다 단백질 1개를 만드는 것은 어렵지 않다. 이런 과정을 되풀이하면 1개의 단백질로 수천 개의 단백질을 얻을 수 있는 것이다.

상)을 분석해 이들 중 '가장 상태가 좋은 것'을 선택한다. 상당히 지리멸렬한 작업이 아닐 수 없다!

젊은 연구자들은 강한 동기, 인내심, 그리고 희생이 없다면 불가능할 하루 일과를 보낸다! 짐과 그 동료들의 좌우명은 "가을일은 미련한 놈이 잘한다."이다. 이들은 이상적인 단백질을 발견할 수 있을 거라고 생각하고 자신들의 운을 믿으면서, 온종일 일련의 유전자 돌연변이를 연결시켜 수천 개의 분자를 합성한 다음 이를 정밀 검사한다. 어마어마하고 반복적인 일이다. 짐은 지난 3년간 어떤 기적적인 수소 발생 효소도 찾지 못했지만 연구를 계속하고 있다. 깨끗한 에너지원을 찾고자 하는 이런 연구는 짐 외에도 다른 의욕적인 학생들에 의해 계속될 것이다. 연구 지원만 계속된다면 말이다.

짐처럼 인내심 있는 연구원들이 더욱 많아져 연구에 매진해야 한다. 한번 형태가 밝혀진 중합 효소는 산소에 내성을 가지게 되므로 수소의 유용한 생산을 위해서는 다양한 형태를 합성해야 한다. 지금까지의 연구는 자연적인 공정으로 나아가는 긴 여정의 첫발일 뿐이다. 태양 에너지를 효율적으로 전환하고 광합성을 이용한 수소와 산소의 분리를 최적화해야 한다. 그리고 현재 연구되고 있는 가스의 포집과 이용에 필요한 기반 시설을 늘려야 한다.

생명을 길들이기란 어려운 기술일까?

짐의 연구실에서 나오고 나서 우리를 사로잡은 것이 믿음인지 아니면 공포인지 알 수 없었다. 식물이 수소를 만들 수 있다는 것은 사실이다. 하지만 거기에 도달하기 위한 고도의 기술은 그리 훌륭하지 못한 야심을 위해서도 사용될 수 있는 것이 아닐까? 짐은 이런 우리의 생각을 이상하게 여기는 눈치였다. 며칠 전 카네기 연구소에서 만났던 크리스토퍼 소머빌 교수가 다시금 생각났다.

소머빌 교수는 현대 유전학의 아버지라 할 수 있다. 식물계의 권위자인 소머빌 교수는 최초로 애기장대(학명 Arabidopsis thaliana)의 DNA를 완벽하게 해독하는 업적을 세운 바 있다. 애기장대는 아주 평범한 식물에 지나지 않지만 6~8주 만에 모든 성장을 마치기 때문에 연구 대상으로 아주 적합했다. 이 새로운 실험 대상으로 소머빌 교수는 1,000만

DNA의 크기에 관한 규칙은 어느 정도 밝혀져 있는 데다가 예외가 드물기 때문에 DNA의 크기로 단백질의 구성 상태를 파악할 수 있다. DNA에서 단백질 생성을 담당하는 특정 부분을 찾아내면 다음과 같은 일들을 할 수 있다.

- 유전자를 제지하거나 활성화하여 세포에 의해 생성되는 단백질의 양을 제어할 수 있다.
- 경우에 따라서는 돌연변이를 이용해 유전자를 직접 변형함으로써 단백질의 기능을 변화시킬 수 있다.

DNA에 저장된 정보를 찾고 이해하는 작업을 통해 유전자 공학에 새로운 길이 열리게 되었다.

달러짜리 프로젝트를 따 낼 수 있었고 많은 과학자들의 관심이 '게놈 프로젝트(Arabidopsis Gnome Initiative, AGI)'에 집중되었다. 이 국제적 프로젝트의 연구원들은 마침내 2000년에 식물의 잎을 구성하는 1,400억 개에 달하는 DNA를 해독하는 데 성공했다. 지난 11월 '바이오 에너지 연구소(Energy Biosciences Institute, EBI)'의 총책임자로 임명된 소머빌 교수는 앞으로 식물 세포를 연료로 전환하기 위한 연구에 매진할 것이다.

소머빌 교수는 무슨 계기로 이 연구를 시작하게 된 걸까? 그는 우리에게 1970년대 자신의 학창 시절에 관해 들려주었다. 당시 그는 현재의 아내와 함께 인류를 구원하고자 하는 원대한 꿈을 꾸고 있었다. 그들은 이꿈을 좇아 직업을 선택했다. 인류의 가장 중대한 악(惡)을 제거하겠다는 무모해 보이는 도전을 위해 그들 부부는 파리의 파위스에 자리를 잡고 가장 먼저 기근[121] 해결에 앞장섰다

---

121 1972년 메도즈 연구(Meadows: '로마 클럽의 연구'로도 알려져 있다)는 인간이 천연자원을 사용하는 정도에 대해 경종을 울리는 발표를 했다. 전통적인 성장에 관한 이 연구는 삶의 수준(1인당 할당되는 식량과 공산품)이 급격한 몰락에 직면해 있다고 설명했다.

세계 인구가 증가하는 추이와 비교해 경작 가능한 토지의 면적은 제한되어 있어 기근 문제가 심각했다. 소머빌 교수는 이 재앙에 대응하기 위한 유일한 해결책은 생산력을 증가시키는 것뿐이라고 생각했다. 그는 화학 비료를 사용하지 않으면서 식물 자체의 종(種)을 개량해 생산성을 높이고자 했다. 농민들은 오랜 세월에 걸쳐 터득한 방법으로 이미 가장 좋은 종자와 가장 좋은 식물을 구별할 수 있었지만 개량된 종자는 그보다 더 나은 결과를 내지 못했다. 그러나 유전 공학을 이용하면서 개량 식물은 진전을 보이기 시작했다. 소머빌 박사는 생각했다. 이 방법이 가장 이상적이라고 할 수는 없겠지만 인류를 위한 유일한 방법이자 실현 가능성이 있는 방법이라고 말이다.

'유전자 변형 식품(Genetically Modified Organism, GMO)'은 '생존을 위한 해결책'으로 제시되고 있으며 이에 반대하는 사람들은 무능력하고 응석이나 부리는 자들로 치부되고 있다. 미국에서 소비되는 음식물의 60퍼센트가 유전자 변형 식품이라는 사실은 크게 놀랄 만한 것은 아니며 질적 개선을 위한 연구도 여전히 진행 중이다. 하지만 유전자 변형 식품이 인간의 건강에 미치는 영향을 고려해야 한다는 여론도 있다. 여러분도 그렇게 생각하는가?

전기를 만드는 바늘방석?

며칠이 지난 후 '통합 시스템 센터(Centre for Integrated Systems, CIS)'에 연구원으로 있는 학생들이 우리를 맞이했다. 이들이 소개한 프로젝트는 2002년 스탠퍼드 대학에서 발족된 '세계 기후와 에너지 관련 프로젝트(GCEP)'와 관련된 것으로 스워츠 교수나 소머빌 교수의 연구와 어느 정도 같은 맥락의 연구였다. 프로젝트의 주요 내용은 식물성 세포를 전기 생산에 사용하고자 하는 것이었는데 전혀 불가능한 일처럼 보이지는 않았다.

이 프로젝트의 목표도 역시 광합성 전자이다. 하지만 식물 내부의 수소 발생 효소 안에 전자를 모으기보다는 식물 외부에서도 사용할 수 있도록 엽록체를 추출하고자 한다. 전기선이 통과하는 나무, 식물을 이용해 재충전하는 배터리, 나뭇잎에 달린 전구 등을 상상해 보라.

박사 과정을 마치고 연수를 받고 있던 명랑한 한국인 원형은 우리에게 자신이 참여하고 있는 연구에 대해 설명해 주었다. 광합성 작용이 일어나는 엽록 세포의 크기는 20~30마이크로미터이고 엽록 세포의 세포 소기관은 이보다 열 배 정도 작다고 한다. 연구팀이 찾고 있는 전자는 바로 이 무한히 작은 세포 안에 들어 있다. 원형은 이 연구에서는 아주 날카로운 전도체를 사용해야 한다고도 했다. 그래야만 전도체가 엽록체를 관통할 때 세포 소기관을 망가뜨리지 않고 전자를 포획할 수 있기 때문이다. 그때 다른 한 개의 전도체는 세포막 외부에 있어야 한다.

'광합성을 이용한 바이오 전기' 프로젝트에서 프리츠 프린즈 교수 팀은 우선 원세포에서 추출한 엽록소를 영양이 충분한 배양액에 넣어 본래 기능을 잃지 않도록 했다. 그 다음 전극을 이용해 엽록소를 포획해야 하는데 그러기 위해서는 먼저 엽록소가 움직이지 못하게 해야 한다. 이 엽록소는 말하자면 풍선 안에서 자라는 빈대처럼 이리저리 달아날 것이기 때문에, 전극이 들어가기 전에 엽록소를 마비시키는 편이 효율적인 것이다. '엽록소를 잡기 위한 함정'은 판유리 표면에 이미 존재한다. 바로 이곳에 모세[122] 압착력에 의해 운동성을 잃은 세포 소기관이 머무르게 된다.

이제 엽록소를 포획해야 한다. 전극을 충분히 날카롭게 만든 다음 조심스럽게 목표물 가까이 가져간다. 아주 정확한 유도 장치를 사용해야 원하는 결과를 얻을 수 있다. 이런 과정을 통해 얻을 수 있는 전력은 4피

---

122 모세관 현상이라고 불리는 표면 장력. 액체가 스스로 상승하게 만든다.

코암페어 정도이다. 다시 말해 전구 1개를 밝히는 에너지를 얻으려면 전극 100억 개가 필요한 것이다. 블랑딘은 전극으로 이루어진 숲에서 대량의 엽록소 전자를 빨아들이는, 고행자가 수련을 하는 바늘 꽂힌 양탄자를 상상했다. 절대 불가능해 보였던 일이 이제는 거의 현실이 되고 있는 것이다.

원형은 아주 현실적인 사람이었다. 그는 발전이라는 단기적인 목표뿐만 아니라 더 넓은 가능성도 내다보고 있었다. 하긴 이렇듯 기발한 연구에서 얻을 수 있는 이득이 전기 생산뿐이겠는가? 원형은 정확한 유도 장치 기술은 다른 분야에서도 충분히 사용될 수 있다고 전망하면서 이 프로젝트는 단지 하나의 목표만을 중시하지는 않는다는 점을 상기시켰다.

청정 기술의 범람

우리는 스탠퍼드 대학에서 단지 몇 군데의 실험실만 돌아보았을 뿐이다. 그러니 다른 실험실들에서는 또 얼마나 많은 발견이 이루어지고 있을까? 또 전 세계적으로는 어떨까? 바이오 기술 분야만 생각해도 현기증이 날 지경이다. 바이오 기술은 첨단 기술력을 동원하는 여러 분야들 가운데 하나일 뿐인데도 말이다.

환경과 관련된 첨단 기술은 '청정 기술' 또는 '하이테크'라고 불린다. 이 종합적인 용어는 온실 가스 배출을 줄이기 위한 기술 전체를 일컫기도 한다. 반면 대체 에너지원(태양, 풍력, 바이오매스, 바이오 연료) 개발, 자원의 최적화, 경제적인 에너지 생산 시설의 체계 연구(하수와 쓰레기 처리 기술, '녹색' 건물 건설을 위한 소프트웨어 및 설비) 등은 거기에 포함되지 않는다. 2008년 1월 현재 엑사리드(Exalead)[123]로 검색된 274만 6,000개

---

123 구글과 경쟁하는 프랑스의 검색 엔진.

2007년 청정 기술 투자의 현황

2007년 9월 「레 제코(Les Echos)」지는 에른스트 앤드 영(Ernst&Young)과 다우 존스 벤처원(Dow Jones VentureOne)이 연구한 결과를 발표했다.
청정 기술 분야의 투자는 2007년에 크게 성장해 2006년의 성장률 35퍼센트를 넘어섰고 2007년 상반기에 이미 11억 달러가 투자되었다. 미국에서는 1월과 6월 사이에 71건의 거래를 통해 8억 9,300만 달러가 투자되었고 유럽에서는 19건의 거래 결과 8,000만 달러가 투자되었다. 이 금액은 각각 미국과 유럽 위험 부담 자본의 5.4퍼센트와 4퍼센트에 해당된다.

의 결과를 통해 우리는 청정 기술이라는 용어가 얼마나 다양하게 사용되고 있는지 알 수 있었다.

실리콘 밸리에서는 현재 청정 기술 연구가 활발하게 진행되고 있다. 우리는 실리콘 밸리의 몇몇 실험실을 돌아보면서 이 분야에서 두각을 나타내고 있는 젊은 연구자들을 만날 수 있었다. 그들과 이야기를 나누면서 우리는 과거 인터넷 관련 업종이 차지하던 자리를 현재는 청정 기술이 대신하고 있으며 많은 벤처 기업과 투자자들이 청정 기술에 관심을 보이고 있다는 사실을 알게 되었다.

팰러앨토에서 우리는 '윌슨 손시니 굿리치 앤드 로사티 프로페셔널 코퍼레이션(Wilson Sonsini Goodrich & Rosati Professional Corporatioin)'의 변호사인 마크와 마이클의 환대를 받았다. 마이클은 여러 개의 기업을 소유한 아메리칸 드림 4세대로, 실현 가능성 있는 벤처 기업을 선택하는 데 있어서 경쟁이 얼마나 유익한지 너무나도 잘 알고 있었다. 대학 내에도 분명 창의적인 아이디어가 있다. 하지만 이런 아이디어가 실제 사업으로 이어지기란 매우 어려운 일이다. 마이클은 창의적인 아이디어가 실제로 사업이 되는 데는 벤처 투자자나 에인젤 투자자의 역할이 중요하다고 했다. 전문가들의 경험은 기업가의 경쟁심을 자극하여 훌륭한 면은 강화하고 시장에 적합하지 않은 면은 버릴 수 있게 한다.

마크와 마이클은 우리에게 자신들이 새로 만든 'CA 클린테크(CA Cleantech)'[124]에 대해 설명했다. 클린테크 내부의 전문적인 캘리포니아 경연 대회는 몇몇 개인들의 자발적인 협력에 의해서 생겨났다. 이들은 모두 전문 분야에서 10~20년 정도 일한 경력을 가지고 있다. 변호사, 투자가, 연구자, 기업가 들이 이 지역에서 '자유로운 네트워킹'에 열광하는 사람들의 두꺼운 주소록을 들고 마이클이 설립한 비영리 단체로 찾아온다. "사람들이 당신 회사의 조직망에 쉽게 접근할 수 있다면 그들 또한 당신에게 문을 열어 줄 것이다."

역량 있는 단체들의 참여와 제도적 지원과 충분한 사전 지원에 힘입어 프로젝트는 눈 깜짝할 사이에 성공 가도를 달리기 시작했다. 2006년 상반기에 CA 클린테크는 샌프란시스코 시의 원조 외에도 100만 달러의 지원금을 확보했다.

그러면 CA 클린테크가 하는 일은 무엇일까? 재정적인 지원 외에도 CA 클린테크는 전도유망한 기업들을 골라 자신들의 네트워크에 참여시키고, 투자자들을 소개하고, 질적인 성과물이 나올 수 있도록 돕는다. CA 클린테크는 기업인들에게 진정한 교육자의 역할을 하고 있는 것이다. 첫 번째 선발이 끝나면 해당되는 모든 후보들(2006년에는 120개 프로젝트가 지원해 절반 정도가 선발되었다)은 전문가들로부터 창업 성공을 위한 교육을 받을 수 있다. 전문가들이 보증한 프로젝트는 창업을 할 수 있도록 CA 클린테크의 도움을 받고 수상자에게는 5만 달러 상당의 지원금

---

124 CA는 캘리포니아(Califonia)를 의미한다.

과 실질적인 원조(사무실 배치, 구인, 법률 상담 등)가 제공된다. 마이클이 확고한 신념을 가지고 설립한 CA 클린테크는 투자자와 젊은 기업가들을 연결하고 젊은 기업가들을 전문화의 길로 안내하는 역할을 맡고 있다.

첫해의 성공을 시작으로 CA 클린테크는 2007년에 더욱 전문화되었다. 우리는 화려하고 상징적인 구글 사옥에서 열린 '지속력 강한 구조물' 분야의 지원자 소개 행사에 초대받았고 그곳에서 창의적인 생각을 지닌 참가자들의 활기에 매혹되었다. 대학과 멋진 일자리의 보고(寶庫)이며 뜨거운 태양과 적극적인 문화를 지닌 캘리포니아는 매혹적인 땅이었다. 마이클은 당시 2008년을 기약하며 EU 클린테크를 추진하고자 했다![125]

---

[125] 여기서 알아야 할 것은 프랑스와 유럽에는 기업의 개발과 촉진을 위한 네트워크가 이미 여러 개 구축되어 있다는 사실이다. 최근 아고라 에너지(Agora Energy)가 프랑스 에인절스 (France Angels)와 함께 BA 클린테크를 시작한 것이 대표적인 예이다.

제12장 새로운 사업의 가능성, 잠비아의 태양열 판매

- 농촌 지역의 태양 전지판, 선테크(Suntech), 루사카(잠비아)
- 빈민 가정의 태양열 램프, 코스모스 이그나이트(Cosmos Ignite), 델리(인도)

안정적인 전기 배선과 비싸고 기술적인 제약도 있는 태양 전지판 가운데 하나를 선택해야 한다면 당연히 저렴하면서도 충분한 공급을 보장하는 전기 배선을 택할 것이다. 태양 전지판을 설치하는 데에 드는 초기 투자 비용은 상당한 액수이다. 하지만 전기가 들어오지 않는 지역이라면 이야기는 전혀 달라진다. 태양 전지판을 설치할 수 있게 되면서 고립된 지역에 사는 많은 이들은 안락한 생활을 영위할 수 있게 되었다.

사실 기술의 가격이란 상대적이라고 할 수 있다. 헤르다와 라우레이스 스뮐더르스는 가격을 결정하는 요인이 유용성과 밀접한 관계에 있다고 판단했다. 그리고 이 같은 판단을 바탕으로 잠비아에서 태양열 발전 설비 사업을 시작했다. 세계에서 가장 가난한 나라에 최첨단 기술을 파는 모험에 뛰어든 것이다. '성공적인 사업'과 '사회 발전'을 동시에 이루려는 두 네덜란드 인의 도전은 진정 대담한 것이었다.

보조금이 없어도 태양열 발전을 할 수 있다!

4월 10일 우리는 잠비아의 수도 루사카 근교에 있는 한 평범한 별장에서 스뮐더르스 부인을 만났다. 선테크의 안주인인 스뮐더르스 부인은 50대의 네덜란드 인으로 푸른 눈에 염색한 금발 머리를 하고 있었다. 복잡하지만 잘 정돈되어 있는 스뮐더르스 부인의 사무실은 부침이 심하면서도 일관성 있는 그녀의 삶을 잘 보여 주는 것 같았다. 마치 한 편의 소설 같은 삶 말이다.

선테크는 태양열 발전 설비를 수입해 판매하는 일을 전문으로 하는 회사이다. 주력 상품으로는 램프, 휴대용 충전기, 열쇠고리, 그리고 태양전지판 등이 있다. 스뮐더르스 부부는 어떻게 세계에서 가장 가난한 나라의 수도인 루사카에서 사업을 시작할 생각을 할 수 있었을까?

네덜란드에서 교육에 종사했던 라우레이스와 헤르다가 이곳으로 오기로 결심한 것은 지금으로부터 20년 전의 일이었다. 그들이 처음 도착한 곳은 짐바브웨였다. 이곳에서 스뮐더르스 부부는 각자 학교에서 전공 분야(헤르다는 영어, 라우레이스는 과학)를 가르치면서 태양열 화덕과 온수기 제작에 열정을 쏟았다. 두 번째 계약이 만료되자 그들은 남아프리카[126]의 다른 나라에도 가 보고 싶어졌다. 자리를 옮기지 않고 계속해서 머물 수 있는 나라는 어디일까? 스뮐더르스 부부는 우선 남아프리카에서 영어를 사용하는 나라들을 추린 다음 각 나라의 장단점을 따져 보았다. 힘든 결정의 연속이었다. 보츠와나로 갈 뻔도 했지만 결국 선택한 나라는 잠비아였다.

스뮐더르스 부부는 모험을 하고 싶었기 때문에 벤처 기업을 설립하고

---

126 아프리카 대륙 남쪽에 위치한 국가들로 국토 대부분이 적도성 열대 우림이다.

자 했다. 그들이 나라를 선택할 때 중요한 기준이 되었던 조건은 투자 환경과 안정성 등이었다. 이런 점에서 잠비아는 그들에게 마치 약속의 땅과 같았다. 잠비아는 70여 개의 부족으로 구성되어 있지만 인구 밀도가 매우 낮다. 국가 면적은 프랑스의 1.5배인데 인구는 겨우 1,000만 명인 것이다. 또한 잠비아에서는 단 한 번도 전쟁이 일어난 적이 없었다.

잠비아는 지리적으로 고립되어 있어 세계 15개 극빈국[127]에 속하기는 하지만 무궁무진한 발전의 가능성을 지닌 나라이다. 지하자원, 특히 구리가 풍부하고 거대한 미개발 지역이 남아 있으며 아프리카 전체의 30퍼센트에 달하는 지하수를 보유한 나라이기도 하다. 전기가 충분히 보급되지는 못했지만 잠비아의 풍부한 자원은 성공의 발판이 될 수 있다.[128] 시골에 사는 대다수의 가난한 사람들은 아직까지 '녹색 혁명'을 경험하지 못하고 있었다. 이곳에서 가난은 재앙이 아니었다. 불안은 늘 존재하지만 다른 인종이나 부족이 겪는 위험에는 비할 바가 못 되었다.

물론 단점도 있었다. 잠비아는 인구가 적고 그 환경이 산업 창출에 유리하지 못하며 교육과 보건 시스템이 없다시피 했다. 그러나 그 어떤 것도 이 네덜란드 인 부부를 막을 수는 없었다. 이들은 뒤처진 잠비아에서 거대한 시장을 보았던 것이다. 그들은 경제적 수익과 잠비아 국민의 안락한 생활 보장을 연계할 수 있는 사업을 하고자 했다. 스뮐더르스 부부의 주력 분야는 에너지였다.

헤르다와 라우레이스는 고객이 될 사람들에게 무엇이 필요한지 조사

---

127 인간 개발 지수(HDI)는 1990년 국제연합 개발 계획(UNDP)이 각국의 개발 정도를 비교하기 위해 만든 통계 지수이다. 국내 총생산(GDP)보다 더 자세하다 할 수 있는 HDI는 삶의 희망, 교육 정도, 그리고 물론 GDP 관련 자료까지도 모두 종합한다. 2007년 발표된 HDI 순위에서 잠비아는 177개 국가 가운데 165위를 차지했다.

128 댐을 건설하면 자국의 에너지 공급에 도움이 될 뿐만 아니라 주변 국가에 전기를 수출할 수도 있다.

태양열 화덕

태양열 화덕에 달린 거울은 햇빛을 한곳으로 모은다. 화덕에는 그릴 위에 용기를 올려놓을 수 있는 장치가 있다. 용기 안에서 음식은 뜨거워지고 심지어 구워지기까지 한다.

〈스뮐더르스 부부의 태양열 화덕〉

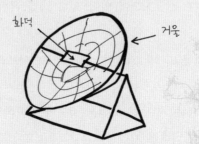

태양열 화덕은 나무로 불을 때는 전통적인 요리 방법과 비슷하지만 태양 에너지가 필요하기 때문에 반드시 실외에 설치해야 한다는 제약이 따른다.

하는 한편, 잠비아의 잠재력을 분석하기 시작했다. 이전에 짐바브웨에서 만들었던 태양열 화덕을 팔겠다는 생각은 일찌감치 포기해야만 했다. 잠비아 사람들은 실외에서 요리를 하지 않기 때문에 구매자가 전혀 없었던 것이다.

헤르다는 지역의 습관과 문화에 맞지 않는 기술은 유용하지 못하다고 생각했다. 그래서 선테크는 주민들의 요구에 부응하는 물건들을 팔고자 했다. 잠비아 사람들에게 필요한 것은 무엇일까? 결국 그들에게 필요한 것은 전기를 이용한 현대적인 안락함이었다. 그런데 무슨 용도로 전기가 필요할까?

스뮐더르스 부부는 전 세계적인 개발 체계를 간접적으로 비난하면서 특히 현장 경험이 부족하다고 꼬집었다. 스뮐더르스 부인의 설명에 따르면 잠비아 사람들에게 필요했던 것은 조명이 아니었다. "지금 그들에게 중요한 것은 정보를 얻고 라디오를 듣고 TV를 보고 휴대 전화를 충전하는 일이에요." 그래서 선테크는 정보화된 생활을 하기 위한 제품을 만들게 되었다는 것이다.

놀라운 것은 스밀더르스 부부가 태양열을 이용했다는 점이다. 태양열 발전 기술은 유럽에서도 매우 비싸다고 여겨지고 있다. 그런데 잠비아라는 가난한 나라에서, 정부 보조금도 기대할 수 없는 이 나라에서, 태양열 발전을 이용하다니!

태양열 발전의 장점은 크게 두 가지이다. 먼저 태양열 발전은 고립된 지역의 가정에 특히 유용하다. 각 가정이 필요에 따라 적합한 시설을 설치할 수 있기 때문이다. 잠비아 국민의 3분의 2는 하루 수입이 1달러도 채 되지 않는다. 그런데 어떻게 이들이 수십 달러에 달하는 초기 투자 비용을 부담할 수 있었을까? 스밀더르스 부부는 태양열 발전 시설을 설치하고 싶지만 돈이 없는 가정은 설치 비용을 수입이 생기는 수확기에 지불할 수 있도록 했다. 잠비아 사람들에게 태양열 발전 시설이 중요한 것이라면 설비를 사기 위한 돈을 마련할 것이라고 예상했기 때문이었다.

스밀더르스 부부는 선테크의 '사업 계획'을 추진하기에 앞서 마지막으로 기술적 측면을 점검했다. 태양 전지판은 그 자체로 견고하다고 치더라도 태양열 발전에는 전기망을 연결하는 기술이나 전지판의 설치와 유지가 뒤따라야 하는 법이다. 잠비아는 매우 넓은 데다가 교통망[129]이 제대로 갖추어져 있지 않기 때문에 선테크는 기계의 설치나 유지에 있어 어떤 관여도 하지 않는 방식을 선택했다. 대신 고객들이 직접 태양열 발전 시설을 설치하게 하고 지사 몇 군데를 두어 그곳에 '상담 센터'와 '애프터 서비스 센터'를 만들었다.

---

129 잠비아에는 남북으로 나 있는 도로 하나와 동서를 가르는 도로 2개가 있다.

필요한 일에는 해결책이 있기 마련이다. 선테크는 초기에 상당한 어려움을 겪었고 매달 적자로 쪼들리기도 했다. 현재 선테크는 상당한 수입을 올리고 있으며 연간 순이익은 대략 8만 달러이다. "아주 좋아요. 우리 사업은 이제 본궤도에 올라섰죠." 두 부부 경영자는 회사의 활동 영역을 확장하는 데에 있어 결코 부정적인 법이 없었다. 이들은 지금의 분위기를 몰아 좀 더 나은 시설의 설치와 유지에 힘을 쏟을 것이라고 했다.

빈민국에서 창업할 때 피해야 할 장애물들

선테크는 빈민국에서 창업하는 것이 가능하다는 사실을 증명했다. 그렇지만 정착하기까지 많은 시간이 걸렸다. 헤르다는 몇몇 경쟁 업체를 강하게 비난했는데 이 업체들이 방문 판매를 통해 많은 신제품을 싼값으로 팔아 치우기 때문이었다. 헤르다는 이 경쟁 업체들이 단기적인 이윤 창출에만 눈이 멀어 품질도 보증되지 않고 검사도 받지 않은 물건을 판매하면 기업의 이미지가 나빠진다는 사실을 간과하고 있다고 말했다.

헤르다는 첨단 기술 기업은 판매된 물건이 올바르게 사용되고 있는지 늘 신경을 써야 한다고 설명했다. 그렇게 해야만 시장에서 오래 살아남을 수 있다는 것이었다. 헤르다는 정교한 제품일수록 회사에서 직접 나서서 이용을 권장하지 않으면 안 된다고 했다. 바람직한 기업은 교육에 힘쓰면서 사회 발전에 기여한다는 것이 그녀의 논리였다. 박애주의 때문이라기보다는 매우 단순한 이유 때문이었다. 구입한 물건을 제대로 이용하고 좋은 점을 발견할 줄 아는 이용자만이 제품에 대한 만족감을 얻을 수 있고 주위 사람들에게 제품을 홍보할 수 있기 때문이다. 그리고 결국엔 그들이 판매 촉진에 기여하게 된다.

스뮐더르스 부부는 직접 현실과 부딪치면서 상업적인 통찰력을 가지게 되었다. 그리고 헤르다는 여기에 '실천적 규칙'을 덧붙여 요약해 주었다. "당신들은 아주 대담하군요! 모험에 끌린다면 이 규칙들이 당신들을 도와줄 수 있을 거예요." 요컨대 위험한 일을 해 보려는 취향을 갖는 것은 좋지만 성공하기 위해서는 유념할 사항들이 있다는 것이 그녀의 주장이었다.

- 주요 고객들의 수입 특성을 파악하고 거기에 걸맞은 재정 계획을 세운다.
- 주민들에게 무엇이 필요한지 정확하게 파악한다. 특히 서구적인 가치로 그들을 판단하지 않도록 한다.
- 지리적 특성에 맞는 해결책을 찾는다.
- 선진국이 지금처럼 발전된 산업 기술을 보유하기까지 겪었던 과정을 그대로 답습하기보다는 대담한 기술적 도약을 꾀한다.
- 국가 원조가 거의 없고 국민 교육도 제대로 되지 않는 극빈국에서는 기기의 설치와 보존에 대한 주민 교육이 지속적인 발전과 홍보를 위해 무엇보다도 중요하다.

빛보다 더 가치 있는 것이 정보라고 누가 생각할 수 있었겠는가? 이것이 바로 스뮐더르스 부인이 보여 준 경영 방침의 변화였다. 태양열을 이용한 휴대 전화 충전기는 아주 잘 팔렸다. 스뮐더르스 부인은 고객들에게 무엇보다도 필요한 것이 TV나 라디오 수신기[130]라는 사실을 알아차렸기에 지금처럼 성공할 수 있었던 것이다.

---

130 브라질에서도 해가 진 후 숙제나 집안일 등의 다양한 일을 하는 데 필요한 조명보다 정보를 얻기 위한 전기 수요가 훨씬 많았다. 브라질 국민은 TV를 통해 국가에 참여하고 있다는 느낌을 강하게 받기 때문이다.

발전 시설 설치와 유지의 중요성

신중을 기한다

1980년대 초 아르헨티나와 캐나다가 협정을 맺고 풍력 발전기를 개발할 당시의 이야기이다. 풍력 발전기는 포클랜드 전쟁과 역사적인 상황으로 인해 완성되지 못한 상태로 세네갈에 전해졌다. 세네갈 정부는 지방 자치 단체에 이 일을 위임했고 지역 정치인들은 바람이 잘 부는 곳인지 아닌지는 고려도 하지 않은 채 눈에 잘 띄는 곳에 풍력 발전기를 설치했다. 무용지물이 되어 버린 발전기는 결국 몇 달 만에 모두 분해되었고 부품은 지역 주민들이 처리했다. 이렇게 한번 잘못 받아들여진 기술은 신뢰를 회복하기 힘들었고 오늘날까지도 거부당하고 있다.

출처: 세네갈 에너지 장관과의 인터뷰

시설 유지도 중요하다

세네갈에서는 열정을 가진 공무원들이 풍력 발전기 관리를 책임지고 있었다. 하지만 풍력 발전기는 그들의 직장에서 200킬로미터나 떨어진 곳에 설치되었고 세네갈 공무원의 보수는 그리 많지 않았다. 교통비도 지원되지 않자 공무원들은 점차 발전기 관리에 무심해졌다. 결국 한번 고장이 난 풍력 발전기는 다시는 가동되지 않았다.

관리를 민간에 위임해야 한다

모로코 전기 공사는 태양열 발전소의 설치와 관리를 모두 민간에 위임하고 있다. 성과제 도입은 태양 에너지를 이용해 시골 지역 전체에 전기를 보급하는 계획을 성공으로 이끈 요인 중 하나였다.

시장을 넓히려면 가난한 이들을 겨냥하라!

4월 30일 뉴델리. 코스모스 이그나이트 이노베이션 사(社)는 미국의 어느 벤처 기업과 비교해도 뒤지지 않는 기업이었다. 이 기업은 경쟁력과 잘 짜인 사업 계획을 가지고 있었으며 적극적이었다. 그러니까 시장에서 큰 반향을 일으킬 모든 준비가 되어 있었던 것이다. 이 기업의 창립자인 아밋 처프는 유럽으로 여행을 떠나기 전날이었는데도 친절하게 우리를 맞아 주었다. 밝은 미소의 아밋 처프 회장은 겉모습부터 성공한 사업가의 풍모를 지니고 있었다. 단도직입적으로 본론으로 들어가는 것으로 보아 아밋 회장은 많은 이야기를 하고 싶어 하는 듯했다.

인도에서는 대체 누구를 대상으로 시장을 넓혔을까? 바로 가난한 이들이었다. 물론 이들의 구매력은 상당히 제한되어 있었지만 그 수는 대단했다. 상품만 제대로 구상한다면 소비자의 수는 1, 2백만 명 정도가 아니라 최소 20억 명에 달할 것이었다. 아밋 회장은 빈민 대상 사업의 이같은 측면을 중요시했다. 그는 빈민을 대상으로 하는 사업을 하위 시장으로만 여기지 않고 큰 야심을 가지고 접근했던 것이다.

아밋 회장과의 대화는 순조롭게 진행되었고 그가 추구하는 실용 정신과 열정이 우리에게도 잘 전해졌다. 그가 질문을 던졌다. "가난한 사람들에게 가장 필요한 것이 무엇인 것 같습니까?" 하지만 그는 우리의 대답을 기다리지도 않고 말했다. "그것은 물론 '물'입니다. 그리고 좀 더 현대적이고 깨끗한 에너지를 필요로 하고 있지요." 특히 조명의 연료로 등유를 사용하는 전 세계 인구는 약 15억 명이고 인도에서는 8,000만 명이 그러한데, 등유는 위험하고 지저분할 뿐만 아니라 정부 지원금을 받아야 할 정도로 비싸다고 했다.

따라서 조명을 위한 새로운 에너지를 찾는 일이 급선무라는 것이었다. 태양 에너지를 이용하는 다양한 방법이 고안되었지만 아밋 회장은 그 어느 것도 아직 적정 수준에 이르지 못했다고 했다. 여기서 적정 수준이라는 것은 간단하다. 조명이 밝고 사용이 간편하고 수명이 길어야 하며 가격이 합리적이어야 한다. 또한 인간 공학적이어야 한다. 예를 들면 용도 변경이 손쉬워 회중전등이나 천장용으로 쓰일 수 있어야 하며 또한 친환경적이어야 한다는 것이다.

아밋이 졸업한 스탠퍼드 대학에서는 '마이티 라이트(Mighty Light)'라는 이름의 강력한 조명을 개발했다. 마이티 라이트는 혁신적인 방전광 다이오드를 채택하여 약 10만 시간 사용이 가능하다. 일상적으로 하루 여덟 시간 정도 조명 기구를 사용한다고 가정하면 30년 이상 사용할 수 있는 것이다. 광도는 기존 조명에 비해 40배나 강하다. 이 마이티 라이트는 내부에 작은 태양 전지판을 포함하고 있어 자체적으로 충전된다.

2005년부터 시판된 마이티 라이트는 저렴하고 수명이 길며 천장용이나 벽걸이용, 그리고 손전등 등으로 다양하게 사용할 수 있다. 게다가 친환경적이고 충격에 강하고 방수도 된다. 인간 공학적 차원에서 그리고 디자인 차원에서 많은 노력을 기울인 작품이라고 할 수 있다. 아밋 회장은 우리에게 끝부분이 모두 둥글게 처리된 형광 오렌지색의 반(半)입방체 제품을 보여 주었다. 어둠 속에서 몇 가지 실험이 행해졌고 마이티 라이트는 밝은 빛을 냈다.

아밋 회장은 스탠퍼드 출신이라는 사실에 강한 자부심을 느끼고 있었으며 자신이 개발한 제품들을 무기 삼아 세계를 정복하리라는 야심을 내비쳤다. 그는 인도, 파키스탄, 아프가니스탄, 과테말라, 르완다, 케냐, 나이지리아, 캄보디아 등 여러 국가들로 사업을 확장하고 있다고 했다. 지금은 매년 2만 개의 마이티 라이트를 생산하여 50달러에 물건을 공급하고 있지만 2008년부터 생산량을 10만 개로 늘린다면 가격을 30달러로 낮출 있다는 것이다. 아밋 회장은 1년 반 정도면 투자 단계는 모두 끝날 거라고 예상했다.

마이티 라이트만큼 획기적이지는 않지만 저렴한 10달러 정도의 제품이 효율성 면에서 더 낫다고 보는 전문가들도 있다. 이들은 코스모스 이그나이트 이노베이션이 자사의 비싼 제품을 팔기 위해 국제기구들을 포섭하고 있다고 주장했다. 하지만 이 회사의 기술에 이론의 여지가 없음이 밝혀졌고 환경 오염 역시 줄었다고 한다. 또한 주민들이 이제는 등유를 사용하지 않는다는 점 역시 결국 코스모스 이그나이트 이노베이션이 내기에서 이겼다는 사실을 분명하게 증명하고 있다.

아밋 처프 회장이 경영과 재정의 능력을 사회적 이익을 위해 사용했다는 데에는 의문의 여지가 없다. 아밋 회장은 사람들이 깨끗하고 안정된 조명을 사용할 수 있게 했다. 슈워브 재단은 아밋 회장을 사회사업가라고 일컬으면서 그를 테레사 수녀나 리처드 브랜슨과 같은 반열에 올려놓았다. 이들의 공통점은 무엇일까? 뛰어난 능력과 결단력, 창의력으로 이 세계를 좀 더 살기 좋은 곳으로 만들고자 애썼고, 필요하다면 숱한 문제에 부딪히는 것도 마다하지 않고 그 문제들을 해결하고자 했다는 것이 아닐까?

사회사업가라는 용어는 새로운 것이 아니다. 사회사업가는 1960~1970년대에 이미 사업을 통해 사회 변화를 이끌어 낸 이들을 가리키기 위해 사용되었다. 그리고 1980~1990년대에는 전 세계 50여 개국에서 약 1,600개의 기업을 결집시킨 아쇼카 재단의 설립자 로자베스 모스 캔터와 빌 드레이튼에 의해 널리 퍼졌다.[131]

가장 잘 알려진 사회사업가로는 '가난한 이들의 은행가'라고 불리는 그라민 은행 설립자 모하마드 유누스가 있다. 유누스는 사회 하층민의 사회적이고 경제적인 발전을 실현하고자 노력한 공로로 2006년 노벨 평화상을 수상했다. 이 밖에도 많은 기업가들이 있다. 먼저 낮은 가격으로 브라질 농촌에 전기를 공급할 수 있게 한 파비오 로자가 있고 남아프리카의 에이즈 환자들을 돌보는 등 의료 구호 활동을 했던 베로니카 코사도

---

131 사회 변화를 촉진한 기업이 아쇼카만은 아니다. 이 밖에도 스콜 재단, 슈워브 재단, 에코잉 그린 등이 있다.

있다. 프랑스에는 '희망의 은행가'라고 불리는 마리아 노박이 있다. 이 훌륭한 기업가들은 건강과 교육과 환경을 위한, 그리고 가난을 퇴치하기 위한 번뜩이는 아이디어로 사업을 구상했다. 이 얼마나 아름다운 영감인가?

제13장 일광욕

지붕 위에서 햇볕을 쬐고 빈둥거리면서 에너지를 만들 수 있다? 태양열 집열판은 일광욕의 명수이다. 첨단 기술인 태양 전지판보다는 덜 복잡한 태양열 집열판은 빛 에너지를 열에너지로 전환해 전기를 생산한다! 태양열 온수기는 일반 가정뿐만 아니라 온수가 필요한 모든 시설에 설치 가능하다. 우리는 인도의 실험 공동체 오로빌의 공동 부엌에서 이 태양열 온수기를 발견할 수 있었다.

기술이 발전하면서 창의적인 아이디어들이 등장하고 있다. 태양열을 받은 액체는 기화하기 마련이기 때문에 태양열 증기를 이용해 전기를 만들 수도 있지 않을까 하는 아이디어가 나왔다. 하지만 이것이 태양 전지판 설치 비용보다 저렴할지는 아직 미지수다. 일반 가정에서 사용하기에는 두 가지 모두 그리 저렴하지는 않다. 하지만 화석 연료를 사용하는 화력 발전소가 많은 지역에서는 태양열을 이용하는 이 새로운 기술이 환영받고 있다. 태양열 전기는 과연 미래를 위한 대체 에너지가 될 수 있을 것인가?

온수와 사랑에 빠지다!

5월 14일. 리아즈는 인도에서의 길고 긴 여정에 동행해 주었다. 여행 안내서에는 오늘 밤 우리를 숙박시켜 주기로 한 퐁디셰리의 공동체 마을을 비난하는 글이 실려 있었다. 그 안내서에서는 이 마을의 설립자인 스리 오로빈도와 '마더'라고 불리는 그의 동반자에 대한 이야기도 읽을 수 있었다. 반질반질한 종이 위에 그려진 이곳 설립자의 눈은 경계심을 늦추지 않고 계단을 오르는 사람들을 날카롭게 바라보고 있었다. 이 그림에서 보이는 고집에서부터 우리는 인도의 혁명 철학자인 스리 오로빈도와 '마더'의 사상을 배우기 시작했다.

퐁디셰리의 아슈람과 대안 학교

우리의 신비 입문은 1926년 새로운 교육을 실천하는 스리[132] 오로빈도가 세운 교육 시설 아슈람[133]을 방문하면서 시작되었다. 아슈람에서는 현재 400명 정도의 학생이 교육을 받고 있다.

우리는 학생들의 창의력을 존중하면서 교육을 통해 학생 개개인의 꿈을 실현시키고자 하는 이곳의 교육 시스템에 놀라지 않을 수 없었다. 학생들은 반으로 나누어져 있지 않고 네댓 명씩 그룹을 이루고 있었다. 학생들은 선생님뿐만 아니라 수업 주제까지도 선택할 수 있고 결코 점수로 평가받지 않는다고 했다. 등나무 의자가 있는 건물 일 층의 좁은 공간이 이른바 '교실'이었다.

---

132 힌두교의 신, 지존자, 성전에 붙이는 존칭.
133 고대 인도의 산스크리트 어로 '수행자의 마을'을 뜻한다.

이곳에서 학업을 마친 모한티는 현재 방콕의 아시아 기술 대학 교수이다. 에너지와 개발 분야의 전문가인 모한티는 인도에 대해 설명하면서 아슈람의 신비로움을 설명해 주었다. 아슈람의 고유 방식에 따라 교육을 받은 아이들은 어떻게 될까? 아슈람의 아이들이 다른 아이들보다 창의적인 면에서 더 뛰어난 것은 사실이라고 한다. 인도 정부는 아슈람의 교육방식을 인정했으며 모한티 같은 다른 학교의 교수들이 이곳에서 수업을 하기도 한다.

모한티에 의하면 아슈람의 교육은 아이들의 책임감을 고취하는 데에 그 목적이 있다. 이곳 아이들은 어려서부터 스스로 선택하는 법을 배우고 자아 성찰과 명상을 통해 창의적이고 성숙한 삶을 준비하게 된다고 한다. 우리가 믿지 못하겠다는 듯이 질문을 하자 모한티는 비웃는 듯한 미소를 지으며 말했다. "이곳에는 어떤 종교도 종파도 없습니다."

이상적인 마을 오로빌

오로빌에서 이틀을 머물면서 우리는 차근차근 이곳을 알아 나갔다. 퐁디셰리에서 북으로 12킬로미터 떨어진 이 새벽의 도시는 다문화 사회가 실현 가능하다는 것을 보여 주고 있다. 이곳 사람들은 모두 노동과 성찰을 중요시하며 인간관계를 새롭게 규정한다. '마더'라고 불리는 미라 알파사를 통해 인도 정부와 유네스코는 오로빌의 계획이 지닌 가치를 인정하게 되었다. 그것이 벌써 40년 전의 일이며 창시자인 스리 오로빈도가 죽은 지 18년이 되던 해의 일이다. 사막이었던 이곳은 그 후 나무로 뒤덮였고 지금은 숲이 울창하다. 현재 이곳에는 2,000명 가량이 살고 있다. 계획했던 5,000명에 도달하려면 아직 멀었지만 인도인, 프랑스 인, 독일인 등을 포함해 35개 나라에서 온 다양한 민족이 이곳에서 공동체의 삶을 영위하고 있다.

돈, '구매력', 과소비, 실업 그 어느 것도 찾아볼 수 없는 오로빌! 이 마을은 책에서나 볼 수 있었던 '공화국'이나 '유토피아'가 실현된 곳이다. 이곳에서 필요한 모든 것은 주민 모임에서 결정되고 돈은 공동체 활동에 참여한 사람들에게 골고루 돌아간다. 그렇다고 선사 시대로 돌아가자는 것은 아니다. 오로빌의 목표는 각자의 능력을 기반으로 하여 공동체로 나아가는 것이다. 바로 이런 목적으로 1984년에 대체 에너지와 도시 계획을 주로 기획하고 연구하는 '과학 연구 기관(Center for Scientific Research, CSR)'이 설립되었다. 이렇게 해서 오로빌은 친환경적이면서도 물과 전기를 자급자족할 수 있는 혁신적인 해결책을 마련했다. 그리고 이런 해결책은 오로빌이라는 공동체뿐만 아니라 전 세계를 위한 것이기도 하다.

오로빌은 폐쇄적인 곳이 아니다. 숙박업, 연구 기관인 CSR에서 진행되는 연구원들의 연수, CSR의 연구 개발품을 판매하는 트러스트 오로르 등이 그 증거이다. 그리고 주민 대부분은 상담원으로서 다양한 역할을 하고 있기도 하다. 실제로 주민들 가운데에는 높은 수준의 교육을 받은 사람들이 많다. 건축가, 전문의, 예술가 등 전문직 종사자들이 일찍 은퇴해 이곳에서 새로운 인생을 시작하고 있다.

방문객들이 이 공동체 마을에서 '보보(부르주아의 물질적 풍요와 보헤미안의 정신적 자유를 동시에 누리는 미국의 새로운 상류 계급—옮긴이)'의 분위기를 느낄 수 있는 까닭은 아마도 이 때문일 것이다. 조금 위선적인 것은 아닐까? 이곳 사람들은 돈이 부족해 보이지 않았다. 사실 그들은 오로빌로 오기 전에 모아 둔 돈이나 오로빌 밖에서 제공되는 지원금으로 훌륭한 집을 짓고 살고 있다.

오로빌에서 살겠다는 선택이 개인적으로는 커다란 변화이며 큰 용기가 필요한 일이라는 사실에는 이견이 없다. 이곳 주민들은 좀 더 나은 세상을 건설하기 위한 실험에 참여하기 위해 자신들의 직업, 집, 습관을 모두 버린 것이다. 이 공동체에는 어떤 물질적인 압박도 없기 때문에 주민들은 자신들의 열정을 마음껏 발산할 수 있다. 영화나 건축에 관심이 있는 사람들이 있는가 하면 새로운 에너지 개발에 열정을 쏟는 사람들도 있다.

오로빌에도 상징적인 건물이 있다. 마을 한복판에 위치한 마트리만디르는 직경이 36미터에 달하는 금색 구형 건물로 내부에는 대리석으로 장식된 명상 공간이 있다. 오로빌은 그저 숲 속의 빈터였던 곳을 비의(秘儀)적인 정원으로 만들었고 그 정원 한가운데에 마트리만디르를 세웠다. 이 건물은 '마더'가 임종하면서 남긴 유언을 충실하게 반영하고 있다. 오로빌의 주민들은 '마더'가 마지막 순간에 남긴 이 엉뚱한 착상은 깨달음을 널리 알리기보다는 그 가치를 떨어뜨릴 거라고 믿고 있었다. 그 점에 대해서는 우리도 동감이다.

오로빌에서는 태양열을 생각한다!

오로빌 주민은 각자의 노동력과 능력을 이용해 마을의 경제 활동에 기여한다. 대부분의 활동은 공동으로 행해지며 식사도 이 규칙에서 벗어나지 않는다. 거대한 규모의 공동 식당은 마을 주민뿐만 아니라 배고픈 방문객까지도 반갑게 맞이한다. 식당 지붕에는 태양열 집열판이 설치되어 있었다.

지붕에 올라가기 전에 태양열 집열판의 'BA ba'에 대해 살펴보도록 하자. 'BA ba'는 태양열을 이용해 액체를 가열하는 방식으로 뜨거워진 액체와 증기는 위생과 산업 시설에 사용할 수 있다. 벌써 '솔라 샤워'를 사용해 본 사람도 있을지 모른다. '솔라 샤워'는 아주 단순하게 작동하는 기초적인 태양열 시스템이라고 할 수 있다. 검은색 봉지에 차가운 물을

Box 1

'솔라 샤워'의 진화: 태양열 온수기

'솔라 샤워'는 다음 몇 가지 사항을 보완해야 한다.
- 물을 담을 때 큰 봉지보다는 가는 관을 사용하자. 태양에 노출되는 면적이 넓어져 열전도가 빨라지므로 수온도 빠르게 올라간다.
- 물을 가만히 두지 말고 순환시키면 많은 양의 물을 데울 수 있다. 태양열을 포착하는 부분이 저장고보다 낮은 곳에 있을 때는 사이펀을 사용하는 것이 편리하다. 이것이 미관상 좋지 않다면 저장고를 아래쪽에 설치하고 작은 펌프를 달면 된다.
- 한겨울에 기온이 영하로 내려가는 곳에서는 반드시 물에 동결 방지제를 넣어야 한다. 동결 방지제를 넣어 마실 수 없게 된 물은 화장실에서 사용하면 된다. 그러기 위해 태양열 온수기는 두 개의 관을 갖추어야 하는데, 동결 방지제가 들어 있는 관이 온수기를 데워 물이 들어 있는 관에 열을 공급한다.

이 세 가지를 개선한 시설이 일반 가정이나 병원, 체육관 등과 같은 공공시설의 지붕에서 볼 수 있는 현재의 태양열 온수기이다. 태양열 온수기는 물이 검은색 물통의 아주 길고 가는 관 안에서 순환하면서 태양열을 흡수하고 열 전환 장치로 이동해 목욕용 물을 데우는 시스템이다.
널리 사용되는 또 다른 방식의 태양열 온수기는 텅 빈 튜브 형태로 되어 있어 물이 매우 얇은 금속관 내부의 유리관을 따라 순환한다. 이 방식은 대류로 인한 열 손실을 최소화하면서 물이 흡수한 열의 전도율을 높일 수 있다는 장점이 있다.

〈개선된 태양열 온수기〉

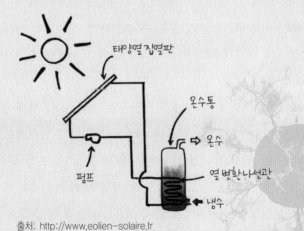

출처: http://www.eolien-solaire.fr

채워 햇볕 아래 몇 시간 동안 걸어 놓으면 늦은 오후 즈음에는 물이 알맞게 따뜻해져 목욕을 할 수 있는 것이다.

다시 오로빌의 뜨거운 태양 이야기로 돌아오자. 오로빌의 공동 부엌에는 에너지 자원부의 재정 지원으로 설치할 수 있었던 거대한 태양열 온수기가 있다. 많은 부분이 개선된 이 태양열 온수기는 토착 온수기와는 다음과 같은 점이 다르다.

- 목적: 하루 세 번 1,000명 분의 식사를 제공하는 부엌에 필요한 온수를 전량 공급할 수 있다. 밥을 짓고 인도식 기본 반찬을 하는 데에는 온수가 상당히 많이 필요한데도 말이다.

- 작동 방법: 검은색 판 대신 볼록 렌즈를 설치해 태양열을 한 개의 축으로 집중할 수 있다. 축 안에서는 압력을 높인 물이 흐른다. 중앙의 알루미늄 소재 튜브는 매우 뜨거워서 태양처럼 눈이 부실 정도이다.

- 설치: 오로빌에서 직접 제작한 거울 1만 1,000개로 덮인 직경 15미터의 태양열 집열판이 붙어 있다.

- 자동화: 정보 시스템이 중심축의 위치를 조정해 태양의 움직임을 따라갈 수 있다.

2005년부터 상용화된 태양열 온수기는 화창한 날에는 최대 200킬로그램까지 증기를 생산할 수 있다. 즉 온도가 가장 높은 시기를 기준으로 했을 때 한 시간에 증기 83킬로그램을 생산할 수 있는 것이다. 하지만 요리사들이 해가 뜨기만을 기다리고 있을 수는 없기 때문에 이 온수 장치는 부분적으로 디젤 보일러를 사용하고 있다. 그래서 비가 오든 바람이 불든 정시에 식사를 제공할 수 있다고 한다. 필요한 증기의 20퍼센트는 태양으로부터 얻을 수 있으므로 에너지 독립을 달성하려 하는 오로빌의 입장에서는 상당한 진보라고 할 수 있다.

태양열 붐

태양열로 물을 데우는 것은 현실적으로 가능한 일이고 비용도 저렴하다.

위생 시설에 온수를 공급하는 데에는 태양열이 가장 현명한 선택이라는 사실이 밝혀졌다. 프랑스에서 태양열 온수기의 설치 초기 비용이 비싼 것은 사실이다. 하지만 7~8년 사이에 가격이 많이 내려가 지금은 가스나 전기 사용을 실질적으로 줄일 수 있는 정도에 도달했다.

Box 2

태양열 온수기의 가격

토착 시스템은 매우 저렴하다. 1992년 브라질 민간 단체인 '소시에다드 데 솔'은 상파울루 대학의 '산학 연계 센터(CIETEC)'에 입주해 '저렴한 가격의 온수기(CESBM)'를 보완한 바 있다. 그 결과 2002년 이후 많은 브라질 가정이 CESBM을 설치했다.

CESBM은 열대 기후에 알맞게 고안된 장치였다. 태양열 집열판은 플라스틱으로 되어 있었고 단열 기능이나 보호 유리판 따위는 찾아볼 수 없었다. 태양열을 최대한 많이 모을 수 있도록 설계된 것이 아니라 장치에 무리를 줄 수 있을 정도로 온도가 올라가는 것을 막기 위한 설계였던 것이다. 저장고, 검은 통, PVC 관을 포함한 온수기 전체를 구입하는 비용은 75유로 정도였다.

하지만 열대 기후 지역이 아닌 곳에 적합하게 설계된 온수기는 사정이 다르다. 프랑스의 경우 설치비를 포함한 온수기의 가격은 5,000~8,000유로로 열대 지역의 가격과 비교해 5~10배 정도 차이가 난다. 가격이 이렇게 높다 보니 정부와 지방 자치 단체에서는 새징직인 지원을 하고 있나. '칼리솔(Qualisol)'이라는 자격이 부여된 설치 업체의 수가 지금보다 많아져서 수요를 따라갈 수 있게 된다면 설치비는 내려갈 것으로 예상된다.

집안일을 좋아하고 배관에 자신이 있다면 온수기를 직접 설치해 보는 것도 좋을 듯하다. 직접 설치할 경우 비용은 대폭 줄어든다. 인터넷을 검색하면 150~900유로 정도로 비용 차이가 나기는 하지만 저렴한 비용으로 온수기를 직접 설치한 사람들의 경험담을 찾을 수 있을 것이다. 하지만 설치하는 데에는 최소한의 기술이 필요하다는 사실을 명심해야 한다.

태양열 집열판의 연간 매출

판매량	2000	2001	2002	2003	2004	2005	2006	2007
프랑스	6,350	17,650	23,400	38,900	56,650	121,500	220,000	275,000
DOM*	24,060	32,350	40,530	43,410	60,250	42,889	81,000**	
총	30,410	50,000	63,930	82,310	116,900	164,389	301,000	

* DOM 해외도(유럽 바깥에 있는 프랑스 영토-옮긴이)
** 추정치

프랑스에서는 2006년 한 해 동안 30만 제곱미터에 달하는 태양열 집열판이 설치되었다. 이는 2005년에 비해 80퍼센트나 증가한 것으로 다른 유럽 국가들과 비교해도 가장 큰 폭으로 증가했다. 프랑스에서 태양열 집열판이 설치된 전체 면적은 116만 400제곱미터로 812.3메가와트의 열을 생산할 수 있다. 프랑스는 유럽에서 독일, 그리스, 오스트리아 다음으로 많은 태양열 집열판을 설치한 국가이다. 독일은 태양열 집열판을 150만 제곱미터에 설치하여 독보적인 위치를 차지하고 있다.

중국은 1억 제곱미터라는 엄청난 면적에 태양열 집열판이 설치되어 있으며 이 시설을 이용해 2006년에는 2,000만 명에게 온수가 공급되었다.

출처: http://www.ines-solaire.com

프랑스는 태양열 집열 기술에 늦게서야 관심을 보이기 시작했기 때문에 아직까지는 지중해 연안 전체가 수혜를 받지는 못하고 있다. 하지만 2004년부터는 이 부분에서 빠른 속도로 발전을 보여 왔다.

태양열 에너지 붐에 동참하여 가정이나 공동 시설에 태양열 집열 장치를 설치하고 싶지 않은가? 한창 절정에 달한 중국에서부터 이슬라마바드의 무인 세차장[134]에 이르기까지 태양열 온수기가 지구 전체를 뒤덮고

---

[134] 파키스탄의 선워시(SunWash) 시스템은 토탈 파르코 주유소의 무인 세차장에 필요한 설비이다.

있다.

실험실이 집이 되다

7월 26일 버클리에 땅거미가 질 무렵, 우리는 "파란색 집이에요."라고 적힌 엽서를 한 손에 들고 재커리 노우드가 기다리고 있는 숙소를 찾아 갔다. 한참을 돌아다닌 다음에야 우리는 석양을 받아 다양한 푸른빛을 띠고 있는 목조 주택을 찾을 수 있었다. 식물 연구소 같은 인상의 작은 정원에서는 여기 살고 있는 비영리 단체 멤버 네 명의 '바바 쿨'[135]적이고 실험적인 성향을 엿볼 수 있었다. 버클리 남쪽에 두 개의 집을 소유하고 있는 '코페라티브 루츠(Cooperative Roots)'는 2003년 창립 당시부터 공동으로 관리해 온 이 집의 지속적인 개선을 약속했다. 파란 집의 현명한 경영자인 재커리는 에너지 손실을 최소화하기 위해 노력하고 있었다.

우리는 파란색 집에 사는 재커리의 동료들과 인사를 나눈 다음 재커리를 따라 메인 건물의 지붕 위로 올라갔다. 지붕은 태양 전지판으로 완전히 뒤덮여 있어서 원래 지붕인 초록색 철판이 거의 보이지 않을 지경이었다. 정원에 있는 창고의 지붕은 태양열 집열판으로 덮여 있었다. 파란색 집은 예산이 빡빡해 캘리포니아에서 시행하는 태양 에너지 개발 계획의 도움을 받아야 했다. 이처럼 안개 낀 언덕 위 파란색 집에 태양 전지판과 태양열 집열판을 설치한 그들의 결정은 태양 에너지에 미래가 있다는 사실을 입증하는 좋은 예라고 할 수 있다.

화려하지 않으면서 보급이 쉬운 여러 개의 개선안 가운데 우리는 보일러를 손질하고, 외부 파이프를 볼품은 없어도 값이 싸고 단열 기능이 있

---

135 비폭력적이고 활기가 넘치는 사람을 일컫는 말.

는 두꺼운 파이프로 교체하는 방안을 특히 유념했다.

재커리는 집안일을 하지 않을 때에는 버클리 대학의 연구실에서 재생 에너지를 연구하며 세스 샌더스 교수의 지도 아래 박사 논문을 쓴다. 재커리의 연구 주제의 출발점은 아주 분명했다. 가격 면에서 비교하면 태양광에 비해 태양열이 훨씬 유리하다는 것이다. 태양열이 일반 가정에서도 경쟁력 있는 전기 에너지원이 될 수 있을까?

태양열은 태양광을 대신할 수 있을까?

재커리와 동료들은 자신들의 집에 작은 태양열 발전소를 만들고자 했다. 그들은 발전을 위해 필요한 충분한 양의 온수를 얻기 위해 안이 비어 있는 튜브와 포물선 형태의 태양열 집열판을 연결하는 기술을 선택했다. 자리를 많이 차지하지도 않았고 가격도 저렴했다. 그렇다고 복잡한 유지 장치가 필요한 것도 아니었다. 온도는 최대 섭씨 200도까지 올라갔다.

〈재커리가 개발한 태양열 발전기〉

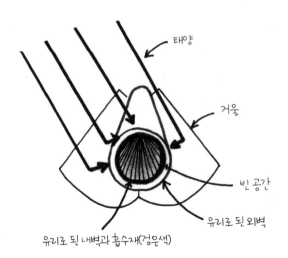

태양

거울

빈 공간

유리로 된 외벽

유리로 된 내벽과 흡수재(검은색)

가장 어려운 문제는 어떻게 하면 낮은 온도의 열을 변환해 교류 발전기를 돌릴 수 있는가 하는 것이었다. 그래서 저렴한 소형 압력 조절기를 도입했고 그 결과 물의 온도가 아주 낮을 때도 적정량의 전기를 생산할 수 있게 되었다. 이 모두를 재커리가 해냈다. 그의 모의실험 장치는 태양 에너지의 10퍼센트를 전기로 전환하는 데 성공했다. 태양 전지판을 이용한 전기 생산량인 15퍼센트보다는 적지만 이 장치를 통해 얻을 수 있는 것이 전기만은 아니기 때문에 실험 결과는 성공적이었다고 할 수 있다. 액체에 남아 있는 열의 일부는 위생 시설에 사용되는 물을 데우거나 냉난방[136]에 사용된다. 생산성을 50퍼센트까지 올려 이 장치의 손익 분기점을 현저하게 낮출 수 있게 된 것은 '전기와 열 병합 발전(Combined Heat and Power, CHP)"[137]의 원리 덕분이었다.

이 시스템이 기발하기는 하지만 현실적으로 사용이 가능하면서 가격도 적당한 시제품을 제작해야 한다는 과제가 남아 있다. 기존의 태양열 장치가 전기와 열 병합 생산에서 실패한 경우가 많았기 때문에 아직 확신할 수 있는 단계는 아니다. 연구 센터에서 개발한 제품 대부분은 아직 검증 단계에 있다. 태양열을 이용한 CHP를 여러 차례 실험한 결과로 볼 때 아직 확실한 것은 아무것도 없다. BSR 솔라에서 제작한 여러 제품도 아직 시험 중이다. 한 가지 분명한 것은 독일 회사 선머신(Sunmachine)이 예상하는 대로 태양열을 이용한 CHP의 상업화가 이루어진다면 이 시스템의 수익성이 보장되는 것은 물론 재커리의 파란색 집보다 훨씬 큰 개인 주택을 지을 수도 있다는 사실이다.

---

136 열을 이용해 냉방을 한다? 이것은 흡착식 실내 공기 조절기의 마술이다!
137 311쪽 제16장 박스 2 참고.

사막 한가운데서 펼쳐지는 관중 없는 곡예

결국 문제는 규모이다. 개인 용도로 사용되는 태양광 전지판 시스템의 미래가 밝다면 태양열 집열판 시스템의 미래는 그것보다도 밝다고 할 수 있을 것이다. 하지만 모험에 과감하게 뛰어들기를 두려워하는 기업들이 보기에 태양열 집열판에 전부를 거는 것은 거의 도박과도 같을 것이다.

7월 18일. 우리는 로스앤젤레스에서 샌프란시스코로 가는 도중에 크레이머 분기점의 태양열 발전소를 방문하기 위해 죽음의 계곡 남쪽으로 방향을 바꾸었다. 1985년에 건설된 이 발전소는 현재 세계에서 가장 큰 태양열 발전소로 165메가와트에 달하는 전기를 생산하고 있다.

모하비 사막은 에너지 소비가 많은 도시에서 멀리 떨어져 있어 발전소가 들어서기에는 적합하지 않은 장소로 보였다. 발전을 담당하는 솔렐 (Solel) 사(社)에 미리 연락을 하지 않은 탓에 발전소 출입을 허락받지는

〈솔렐의 태양열 발전기〉

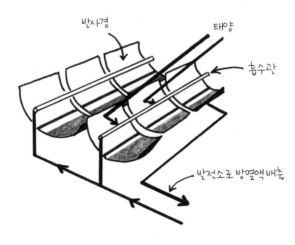

반사경
태양
흡수관
발전소로 방열액 배송

못했다. 우리는 수 제곱킬로미터에 달하는 발전소를 스치듯이 견학할 수밖에 없었고 사진 촬영도 잠깐 동안만 허용되었다. 우리는 발전소 입구를 피해 북쪽으로 갔다. 이곳에도 높이 2.5미터의 철조망이 있어 발전소를 구경하고자 했던 기대는 무산됐다. 하지만 포기할 우리가 아니었다. 우리는 렌터카의 튼튼한 지붕 위로 올라갔다. 다행히 지붕은 꽤 튼튼했다. 지붕에 걸터앉으니 남북 방향으로 줄지어 있는 수많은 반사경이 보였다. 반사경은 아랫부분이 서쪽으로 약간 기울어져 있었고 해바라기처럼 태양을 따라 움직이면서 최대한 많은 빛을 흡수할 수 있도록 설계되어 있었다.

사막의 선인장만이 우리를 지켜보고 있었다. 우리는 마치 어설픈 곡예 단원들 같았다. 엘로디는 블랑딘의 어깨를 밟고 기어올라 한 손으로는 철조망을 잡고 다른 손으로는 사진을 찍었다. 이렇게 해서 우리는 차 안에 앉아 사진에 찍힌 태양열 발전소의 시설을 여유롭게 감상할 수 있었다.

언젠가는 아프리카가 전기를 공급한다?

솔렐 사가 운영하는 태양열 발전소는 오로빌의 공동 부엌과 비슷한 원리로 작동된다. 다른 점이 있다면 이곳에서는 에너지를 취사가 아니라 오로지 전기 생산을 위해 사용한다는 점이다. 먼저 태양광을 모으는 반사경의 초점 축 위에 놓인 가느다란 검은 관이 빛을 흡수한다. 이때 빛의 강도는 경우에 따라 편차가 있다. 그 다음 검은 관 속을 흐르는 기름이 데워져 온도가 400도까지 올라가면 열 변환 장치로 이동해 물을 데우고 이어 증기가 발생하게 된다. 배출된 증기는 교류 발전기를 가동시켜 전기를 생산한다. 현재 계약된 전기 공급량을 달성하기 위해 솔렐은 해가 뜨지 않는 일 년의 4분의 1 정도는 가스를 사용해 발전기를 가동한다.

솔렐의 태양열 발전소에서 생산되는 전기는 값이 비싸서 일반 발전소

Box 4

'태양탑'이라고 하셨나요?

보통 '탑'이라고 불리는 태양열 발전소는 크레이머 분기점의 발전기와는 약간 다른 방식으로 작동된다. '헬리오스타트'라고 불리는 거울이 탑 아래에 여러 개 달려 있어 그 거울들이 움직이면서 태양열을 탑의 끝 부분으로 집중시킨 다. 헬리오스타트가 각도를 조절하면서 태양광을 탑 끝 부분으로 반사하면 흡수기가 태양 에너지를 열로 전환하는 것이다.

방열액은 대개 기름이거나 소금이 녹아 있는 액체인 경우가 많다. 이 방열액 은 전환된 열로 뜨거워지는데 그 온도는 250도에서 최대 2,000도에 달한다. 빛 에너지에서 열에너지로의 전환 효율성은 최대 70퍼센트 정도이다. 방열액 에 포함된 열은 증기로 옮겨지고 증기는 전기를 만들기 위해 엔진을 가동시 킨다.

〈태양열 '탑'의 구조〉

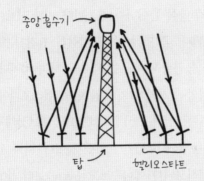

스페인 세비야에서 25킬로미터 떨어진 곳에 있는 PS10은 유럽에서 처음으로 상용화에 성공한 태양열 발전소이다. 2007년 4월에 발전을 시작한 이 발전소 는 면적이 120제곱미터인 거울을 최소 624개 사용해 1년에 23기가와트시의 전기를 생산하고 있다. 태양열 포집에 사용되는 타워의 높이는 115미터이다. 발전소 건설 분야에서는 프랑스가 스페인이나 독일에 뒤처지고 있지만 과거 프랑스는 태양열 탑을 개척한 나라들 가운데 하나였다. 첫 번째 '태양열 화덕' 은 1969년에 오데일로에 세워졌다. 이 화덕에는 각도가 변하는 63개의 헬리 오스타트가 2,000제곱미터에 걸쳐 설치되어 있으며 이 거울들이 빛을 반사 해 직경 40센티미터의 목표물을 뜨겁게 달군다. 이 태양열 화덕에서 생산되 는 전력은 1메가와트이고 온도는 3,200도까지 올라간다. 오데일로의 발전소 가 성공적으로 작동되자 그곳에서 멀리 떨어지지 않은 타르가손에 또 하나의 태양열 발전소 테미스가 세워졌다. 테미스 발전소는 1982~1986년에 걸쳐 시험 가동한 결과 비용이 너무 많이 들어 가동을 중단했다가 2007년에 재가동되기 시작했다.

참고 사항: 명칭은 비슷하지만 '태양열 난로'의 작동 방식은 매우 다르다. 다양한 높이의 난로(수백 미터에서 수 킬로미터까지)가 매우 넓은 온실(몇 헥타르에서 몇 제곱킬로미터까지) 안으로 뜨거운 공기를 배출하고 그 공기가 순환하면서 발전기가 돌아간다. 이것은 이집트에서 내려온 방식으로 현재 실용 가능성을 실험하는 단계이다.

(수력, 원자력, 가스, 화력 등)에서 생산된 전기와 가격 경쟁을 하기에는 무리가 있다. 하지만 전기 수요가 많은 시간대에는 사정이 달라진다. 캘리포니아에서 전기 사용량이 가장 많은 때는 더운 낮 시간이다. 전력 소비가 많은 에어컨 가동량이 늘어나기 때문이다. 이때 크레이머 분기점의 발전기는 완전 가동된다. 즉 크레이머 분기점의 발전기는 전기 수요가 많을 때 부족한 전기 공급량을 메우는 역할을 하는 것이다.

크레이머 분기점의 발전기가 가동된 이후 캘리포니아 주는 비싸면서 깨끗하지도 않은 다른 전력을 사용할 필요가 없어졌다. 다시 말해 캘리포니아 주의 전기 공급의 숨통이 트였던 것이다. 미국 최대의 전력 회사 중 하나인 서던 캘리포니아 에디슨(Southern California Edison)은 솔렐의 태양열 전기를 비싼 가격에 구입하겠다고 제안한 바 있다. 이로 인해 사막의 수많은 반사경들은 계속해서 반짝이게 되었다.

태양광의 강도에 따라 변동이 있긴 하지만 태양열 발전기로 생산한 전기의 가격은 여전히 비싸다.[138] 하지만 열역학 전문가들은 가격을 내리는 일이 가능하다고 주장하고 있다. 경제학자들 역시 반사경의 숫자를 늘리고 시설 규모를 확장한다면 상당한 가격 하락 효과를 낳을 수

---

138 원자력이나 화석 연료로 생산한 전기의 킬로와트당 가격이 3~6센트인데 비해 태양열로 생산한 전기는 10~20센트이다.

있을 것이라고 예상한다. 유럽의 '트랜스 지중해 재생 에너지 협력체(Transmediterranean Renewable Energy Cooperation, TREC)' 프로젝트는 이들의 주장을 근거로 2050년까지 유럽에서 사용되는 전기의 25퍼센트를 거울을 이용하는 방식으로 생산하겠다는 목표를 세웠다. 사하라 사막의 500분의 1에 해당하는 1만 9,000제곱킬로미터 넓이에 반사경을 설치하고 거기에서 생산되는 전기를 유럽으로 송전하겠다는 것이다. 사하라 사막의 평균 태양열 방사량은 유럽의 두 배에 달한다. 하지만 송전 과정에서 에너지 손실(현재 기술[139]로는 10~15퍼센트 정도)이 많을 것으로 예상되는 만큼 아프리카가 미래 유럽의 전기 공급원이 될 수 있을지 여부는 아직 미지수이다.

---

[139] 열 손실은 전도체 교체를 통해 점진적으로 개선할 수 있다.

제14장 태양열 에너지는 너무 비싸다?

─────────────── 세계 일주 프로젝트 No. 17 ───────────────

- 케이프타운의 테네솔(Tenesol) 태양 전지판 연구 단지(남아프리카공화국)
- 교토의 교세라(Kyocera) 태양 전지 생산 공장(일본)
- 프라이부르크 프라운호퍼(Fraunhofer) 태양열 에너지 연구소의 태양열 흡수기와 유기 태양 전지(독일)
- 캘리포니아 UC 버클리 대학의 무기 태양 전지(미국)

──

태양 전지(PV)는 개발된 지 얼마 안 된 기술이다. 광기전력 효과는 19세기에 이미 앙투안 베크렐에 의해 발견된 바 있지만 20세기 후반에 와서야 실용화 단계에 이르렀다. 1960년대에 위성의 전력 공급을 위해 태양광 전지 개발이 시작됐고 이용도가 급속도로 증가하면서 약 10년 뒤에는 전 세계로 보급되었다. 2007년에 설치된 태양 전지판은 2006년에 비해 50퍼센트나 증가했고 전 세계에 설치된 태양 전지판이 생산한 전기는 총 12만 600메가와트에 달했다.

이는 놀랄 만한 양이지만 실은 극히 적은 양이기도 하다. 태양광 발전을 통해 생산되는 전기는 전체 전기의 몇천 분의 일 정도밖에 되지 않기 때문이다. 태양광 발전의 경쟁력을 높이려면 어떻게 해야 할까? 그 답을 찾기 위해 우리는 세계 구석구석을 가 보기로 했다.

풍부한 태양 에너지

태양 전지판이란 무엇일까? 세계 모든 대륙의 수많은 집과 쇼핑센터의 지붕, 또는 도시의 가로등과 현대식 건물로부터 태양열을 모아 집이 거의 없는 산골 마을의 대피 시설이나 도시와 동떨어진 마을에 전력을 공급하는 장치라 할 수 있다. 사실 태양 전지판이 그리 생소한 것은 아니다. 오늘날에는 푸른빛의 광택이 도는 태양 전지판을 어디서든 쉽게 볼 수 있다. 그러나 태양 전지판이 어떻게 작동하는지, 가지고 있는 잠재력은 어디까지인지에 대해서는 알지 못한다. 그래서 우리는 먼저 태양 에너지에 대해 알아보기로 했다.

너무 멀리 있는 태양

지구와 태양은 1억 5,000만 킬로미터 떨어져 있다. 태양의 심장부에서는 융합 작용으로 인해 1초마다 5억 9,600만 톤의 수소가 5억 9,200만 톤의 헬륨으로 변한다. 그렇다면 수소 4백만 톤은 어디로 가는 것일까? 이것이 바로 에너지가 된다.[140] 매초 사라지는 4백만 톤의 수소는 거대한 가스 덩어리인 태양으로부터 발산되는 3.8×10^{17}기가와트의 에너지가 되는 것이다. 하지만 지구에 도달하는 에너지는 전체 에너지의 극히 일부에 불과하다. 한번 굴절되고 다시 대기를 통과하고 나면 태양에서 출발해 지구에 닿는 방사 에너지는 1제곱미터당 240와트밖에 되지 않는다. 이렇듯 많은 양의 에너지가 손실되는데도 지구에 도착하는 에너지의 양은 지구의 모든 에너지원을 더한 전체 에너지 소비량보다 8,000배나 많다. 이는 태양 에너지의 잠재력이 얼마나 큰지를 증명한다. 다만 이 에너지를 어떻게 사용할지를 알아야 한다는 것이 문제다!

---

140 제4장 참고.

너무나 뜨거운 태양

태양으로부터 오는 에너지는 빛의 형대를 띤다. 그린데 이 빛이란 무엇일까? 바로 에너지파이다. 상황에 따라 전자파라고 설명하는 것이 나을 수도 있고 질량이 없는 미립자로서 일정량의 에너지를 가지는 광자의 집합이라고 설명하는 것이 나을 수도 있다.[141] 쉽게 말하자면 낮에는 한 가정의 모범적인 어머니이지만 밤이 되면 록스타로 변신하는 옆집 아줌마와 비슷하다.

태양 중심부의 온도는 섭씨 1,500만 도이고 표면의 온도는 섭씨 5,500도[142]이다. 이렇듯 태양은 뜨거운 물체이다. 그리고 모든 뜨거운 물체는 빛을 방출한다. 온도가 높을수록 방출되는 에너지는 많아진다. 예를 들어 평균 체온이 섭씨 37도인 우리 인간 역시 적외선을 방출한다. 잘 보이지도 않고 가지고 있는 에너지도 미미한 이 빛은 일종의 '열선'을 만드는데 어두운 곳에서 적외선 안경을 사용하는 것은 바로 이 열선 때문이다.

섭씨 5,500도에서 태양은 육안으로 볼 수 있는 가시광선뿐만 아니라 매우 많은 에너지를 가진 자외선부터 에너지 양이 상대적으로 적은 근적외선까지 다양한 종류의 에너지파를 방출한다. 이 에너지파는 같은 양으로 방출되지도 않고 대기 중의 분자들에 의해 같은 양으로 흡수되지도 않는다(오존은 우리를 보호해 주는 자외선을 매우 좋아한다. 산소는 근적외선을 좋아하고 물과 이산화탄소는 적외선을 좋아한다). 결과적으로 지구 표면에 도달하는 에너지파의 대부분은 가시광선이다. 식물은 가시광선을 흡수하는 법을 알게 되었고[143] 태양 전지를 만드는 사람들은 식물로부터 가

---

141 '파동-입자'의 등가에 관한 이야기. 광자의 에너지는 그 진동의 파장에 반비례한다는 사실로 설명할 수 있다.

142 태양은 일종의 흑체(黑體)로 절대온도 5,800켈빈에서 복사한다.

143 식물의 태양 복사 에너지 이용을 알아보려면 231쪽, 제11장 박스 1 참고.

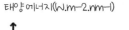

〈대기권을 통과한 태양 광선의 흡수 양상〉

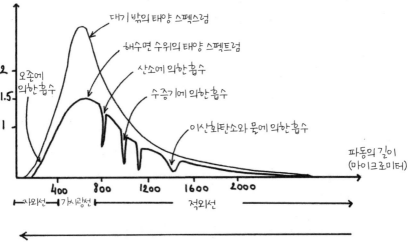

태양에너지((W.m-2.nm-1))

대기 밖의 태양 스펙트럼

해수면 수위의 태양 스펙트럼

산소에 의한흡수

수증기에 의한흡수

오존에 의한흡수

이산화탄소와 물에 의한흡수

파동의 길이 (마이크로미터)

400   800   1200   1600   2000

자외선 가시광선   적외선

출처 : http://pst.chez-alice.fr/svtiufm/images/spectsol.gif

시광선을 포획하는 방법을 배웠다.

태양 전지의 작동 원리

광기전력 효과

태양은 지구에게 많은 것을 준다. 지구를 데우는 것도, 바람을 일으키는 것도[144], 물의 순환을 유지하는 것도, 식물이 자랄 수 있는 에너지를 주는 것도 태양이다. 그러므로 풍력, 조력[145], 수력, 나아가서는 바이오매스 등의 에너지의 원천도 태양이다. 이 에너지 각각은 태양 에너지가 다

---

144 바람은 두 공기층의 온도 차이로 인한 순환이다.
145 제6장 박스 6(159쪽), 7(161쪽) 참고.

른 형태의 에너지, 예를 들어 역학 에너지나 화학 에너지로 전환되는 과정에서 얻어진다. 전환 과정에서 에너지가 손실되는 것은 피할 수 없다. 손실을 피하고 싶다면 에너지원과 보다 가까운 형태의 에너지를 사용하는 편이 유리하지 않을까?

이것이 바로 태양 전지를 통해 얻고자 하는 바이다. 태양 전지는 광기전력 효과를 이용해 태양 에너지를 곧바로 전류로 전환한다. 광기전력 효과는 빛과 물체 사이에 존재하는 상호 작용의 여러 현상들 중 하나인데, 이 현상이 일어나는 동안 광자의 에너지는 원자의 전자들로 이동한다. 이것은 끝이 연결된 두 개의 반전도 물질 사이에 존재하는 전위차(장력)에 의해 나타난다. 그렇다면 이 전위차는 과연 무엇인지 알아보도록 하자.

전류가 흐르기 위해서는 전위차가 존재해야 한다

전위차란 무엇인가? 전하 창고(전하량)의 차이라고 할 수 있다. 전위차는 양쪽에 존재하는 전자의 양이 서로 다를 때 발생한다. 자연은 이런 차이를 좋아하지 않기 때문에 양쪽의 불균형을 없애려고 갖은 노력을 하게 된다.[146] 그래서 자연 상태에서는 전기가 통하는 전깃줄 같은 것이 이 두 '창고'를 연결하여 남는 전하는 전깃줄을 타고 전하가 없는 창고로 이동한다. 이런 이동이 곧 전류인 것이다.[147]

이처럼 전기를 생산하기 위해서는 태양 전지 안에 전자를 보관할 장소를 만들어야 한다. 그리고 다음과 같은 일련의 절차가 필요하다. 우선 음전하와 양전하를 만든 다음 각각의 전하를 보관할 수 있는 장소를 만든다. 태양 전지의 양 끝에 위치하게 될 이 전하 창고들은 전류가 흐를

---

146 제7장의 '차이'를 이용한 에너지 참고.
147 더 자세히 설명하자면, 전위차는 특정 전하에 민감한 전자기장을 만들고 전하는 그들을 이동시킨 전기력을 받아들인다. 시간에 따른 양전하의 이런 유량을 전류라고 부른다.

장소를 만들게 된다. 이제 전자들을 모아 전기 회로에서 흐르도록 하는 일만 남았다.

전자를 만들기에는 반도체가 가장 적합하다. 빛이 지닌 에너지로 인해 전자는 날개를 가지게 되고 원자를 떠날 수 있게 된다. 원자핵의 구속에서 풀려난[148] 전자들은 말 그대로 자유로워져서 마음대로 움직일 수 있게 된다.

음전자가 전하 창고까지 이동하기 위해서, 그리고 이 음전자가 이동 중에 다시 원자와 만나 결합하는 것을 피하기 위해서, 태양 전지는 '활성화(반도체에 불순물을 첨가하는 과정)'라는 과정을 통해 각각의 전기적 속성이 바뀐 2개의 반도체로 만들어진다. 공여체('불순물 N'), 즉 제공자 격인 한쪽은 충분한 양의 전자를 갖게 되고 반대로 수용체('불순물 P'), 즉 제공받는 쪽은 적은 양의 전자를 갖게 된다. 이미 많은 자유 전자를 가지고 있는 공여체는 새로운 전자가 유입되는 것을 반길 리 없다. 반면에 수용체는 자유 전자의 유입을 기꺼이 반긴다. 공여체와 수용체를 연결하면 'P-N 접합'이 된다.

'P-N 접합'은 전하 축적을 가능하게 한다

공여체에 들어 있던 자유 전자는 N형 반도체(공여체)와 P형 반도체(수용체)의 접합면 주변에서 수용체 쪽으로 이동한다. 수용체는 자유 전자들을 반갑게 맞이하고 자유 전자들이 이동하면서 생긴 공간에는 새로운 전자가 들어온다.

전자의 이동이 계속해서 반복되는 것은 아니다. P형 반도체는 유입되

---

148 반도체나 부도체에서 전자는 전도띠(전자가 자유롭게 움직일 수 있는 에너지 범위)에 들어가기 위해서 원자가띠(절대 0도에서 존재할 수 있는 가장 높은 에너지 범위)를 벗어나야 한다. 전자가 음전하를 갖고 있다는 것을 잊지 말자.

는 전자의 수를 점점 줄여 나간다.[149] 역으로 N형 반도체는 전자가 빠져 나가 생긴 구멍인 정공(正孔)을 줄이려고 한다. 그러다 어느 순간 자유 전자가 N과 P의 접합면에서 왔다 갔다 하기를 멈추면 N극과 P극은 평형을 이룬다. N과 P 모두 중성 전하였던 '접합 전'과 비교했을 때, P에서는 음전하의 초과를, N에서는 양전하의 초과를 발견할 수 있다. 전하량의 차이를 뭐라고 하더라? 바로 전위차라고 한다!

전위차는 전기장을 형성한다. 전하 사이에 발생한 척력은 N과 P 사이의 접합면과 그 주위에서 발생하는 전자의 이동(또는 P에서 N으로의 정공의 이동)을 방해한다. 전기장은 이와는 정반대의 움직임을 유발한다. 즉 P에서 남는 음전하를 N으로 이동시키고 N의 양전하를 P로 이동시킨다.

이제 전지를 태양 아래 내놓을 시간이다. 햇빛은 전자의 운동을 유발하기에 충분한 에너지를 가지고 있어 이 에너지로 인해 전자가 움직일 수 있다. 이 과정이 P형 반도체에서 일어난다고 가정해 보자. P-N 접합으로 생성된 전기장은 전자를 강한 힘으로 끌어당겨 특정 방향으로 움직이도록 유도한다. 결국 전자는 접합을 통과해 공여체(N)로 돌아오게 된다. N극으로 돌아온 전자는 수많은 양공들이 전자와 재결합되기만을 기다리고 있는 P극으로 돌아가려고 발버둥친다. 전기장은 흥분한 전자들을 막아 접합에서 가장 멀리, 공여체의 끝으로 밀어낸다.

전자는 원자에서 벗어나면서 이 원자에 부분적으로 빈 공간을 만드는데 이것이 '정공'이다. 전기장은 전자를 N극 쪽으로 밀어내고 정공을 그 반대쪽으로 밀어낸다. 따라서 정공은 한 원자에서 다른 원자로[150], 접

---

149 같은 성질의 두 전하는 서로 밀어낸다. 반면에 양전하와 음전하는 서로 끌어당긴다.
150 정공은 전자의 결손 부분이다. 원자 2의 전자가 원자 1의 정공을 채우러 왔다면 정공은 원자 1에서 원자 2로 이동한다. 정공도 전자와 같이 유동성이 있는 것이다. 다시 말해 정공은 서로 다른 방향으로 이동한다.

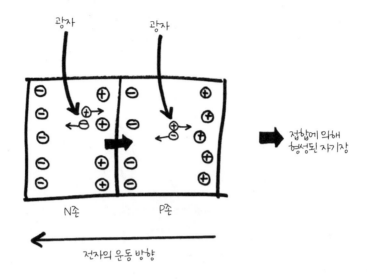

〈P-N 집합에서 전자의 운동〉

광자　　광자

N쪽　　P쪽

전자의 운동 방향

접합에 의해
형성된 자기장

합의 가장 극단에 있는 P극의 끝으로 이동한다.

　이렇듯 전기장은 전하 창고를 형성하는 데에 결정적인 역할을 한다. 전기장은 전자와 정공을 분리하고 동시에 각각의 방향을 정해 순환을 돕는 역할을 한다.

　N극의 전자 축적과 P극의 정공 생성이 짝을 이루는 것과 마찬가지로 N극 안에서도 '자유 전자-정공'이 짝을 이루며 생성된다. 광자가 많을수록 '전자-정공'을 이루는 짝도 많아진다. 전자와 정공의 창고에 공급할 전하가 많을수록 창고는 팽창하고 얻을 수 있는 전류도 많아진다. 간단히 말해 빛이 많을수록 더 많은 전류를 얻게 되는 것이다. 바라던 그대로이다!

　이제 원리를 이해했으니 태양 전지의 가격을 낮추려면 어떤 개선 방안이 필요한지 생각해 보자. 3월에 방문했던 남아프리카공화국 케이프타운의 테네솔 태양 전지판 생산 연구소의 자크 라포스 원장은 전지판

Box 1

태양 전지는 어떻게 생겼을까?

공여체와 수용체의 개념, P-N 접합의 개념, 그리고 광기전력 효과의 개념은 모든 태양 전지에 적용될 수 있다. 아래는 반전도 물질인 규소의 단면이다.

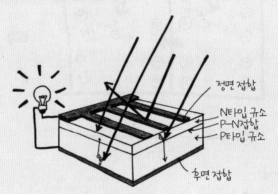

〈규소 전지의 단면도〉

출처: http://www3.cnrs.fr

구성 요소는 다음과 같다(위에서 아래로).
1. 반도체 제어 격자: 모아진 전자의 유동성을 증폭시키는 얇은 금속 창살(줄무늬로 보이는 부분).
2. 받아들이는 복사량을 최대한으로 높이기 위한 반사 방지 외장.
3. 불순물 N이 첨가된 부분으로 전자가 배출된다(예: 인을 첨가한 규소).
4. 불순물 P가 첨가된 부분으로 전자를 포획한다(예: 붕소를 첨가한 규소).
5. 전자들의 집합으로 이루어진 금속 표면.

이 설치비의 가장 큰 부분을 차지한다고 말했다.

1와트피크(Wp: 순간 최대 발전 용량)[151]를 올리는 데에는 3달러가 넘게 든다고 하니 꽤 비싼 편이다. 반전도 물체 안에서 발생하는 전하 이동을

---

151 와트피크는 태양 전지판의 전력에 따른 단위를 측정한 것이고 이 전력은 기준 조건에 따라서 측정된 것이다

Box 2

태양 전지판 생산 방법

사실 전지 하나만 놓고 보면 별거 없다. 두께가 얇고 튼튼하지도 못하다. P-N 접합으로 결정되는 전압 역시 낮다. 전지가 생산하는 전력의 강도는 면적에 비례한다고 하지만 전지의 면적 역시 직경 15~20센티미터로 제한되어 있다.

규격화된(12, 24, 48볼트 등) 전력을 얻으려면 전지를 직렬로(전압을 높이기 위해) 연결하고 그다음 병렬로(전류량을 늘리기 위해) 연결한다.

이렇게 연결된 전지는 기계적인 저항이나 외부의 영향을 줄이기 위한 공정을 거치게 된다. 이런 과정을 거쳐 완성된 장방형의 판이 바로 현재의 태양 전지판이다.

최적화하는 방법 이외에도 전지판 가격을 낮추기 위해 두 가지 방향으로 연구가 진행되었다. 최대한 많은 양의 태양 스펙트럼을 확보하는 방향이 그 하나이고 생산비를 낮추는 방향이 다른 하나이다.

태양 에너지 손실을 막는다

2월 4일 프라이부르크의 프라운호퍼 태양 에너지 연구소(ISE)에서 안드레아 곰베르를 만났다. 곰베르 박사는 태양 전지 개선을 위한 연구에 관해 이야기하기에 앞서 "만일 빛 에너지 모두를 전자 운동으로 변환할 수 있다면 태양 전지는 매우 효율적일 겁니다."라고 말했다. 하지만 불행하게도 이는 현실적으로 불가능하다.

특정한 광자(光子) 에너지만이 주어진 반도체 안의 전자를 움직이게 할 수 있다. 즉 태양 스펙트럼의 극히 일부분만이 전기로 변환될 수 있는 것이다. 어떻게 하면 이런 한계에서 벗어날 수 있을까? 다양한 광자 에너지의 전자에 민감하게 반응하는 반도체가 그 해결책이 될 수 있다. 그래서 많은 양의 에너지파에 노출될 수 있도록 반도체를 여러 겹 겹쳐 전지를 가공하는 방법이 고안되었다. 이때 전지가 너무 두꺼워서 빛이 통과하지 못할 정도가 되어서는 안 된다!

이렇게 만들어진 전지는 값이 더 비싸다는 단점이 있다. "그럼에도 불구하고 좀 더 효율적으로 고안된 이 태양 전지로 이익을 창출하려는 기업들도 있어요." 곰베르 박사는 두 겹으로 된 장치를 보여 주었는데 그것은 튀어나온 안구 모양을 한 돋보기였다! 곰베르 박사는 프레넬 렌즈(집광 렌즈의 일종—옮긴이)와 같은 저렴한 돋보기를 이용하면 전지 표면의 일부분만으로도 많은 양의 태양 복사 에너지를 모을 수 있다고 설명했다. 간편하고 수익성이 있어 렌즈 교체로 발생하는 비용을 충분히 회수할 수 있다고도 했다.

원리는 간단하지만 여기엔 몇 가지 보충해야 할 부분이 있다. 방사선 흡수량이 많아지다 보니 전지의 온도는 급격히 상승하게 된다. 따라서 이에 대비하기 위해 태양 전지 재질을 단열재로 교체하거나 전지 내부에 냉각 시스템을 설치해야 한다. 또한 태양을 따라 움직이고 좁은 면적 안으로 빛을 모으기 위해 유도 장치가 필요하다. 하지만 이 시스템으로도 간접적인 빛(다른 빛들에 의해 혹은 건물에 반사되어 흩어지는 빛)을 이용하는 것은 불가능하다고 곰베르 박사는 덧붙였다. 그래도 새롭게 고안된 태양 전지는 충분히 고무적인 것으로 보였다!

2006년 스펙트로랩(Spectrolab)이라는 회사가 태양 에너지의 40.7퍼센트를 전기로 변환할 수 있는 태양 전지를 생산하는 데 성공했다.[152] 이 태양 전지로 생산된 전기는 값이 비싸지만 가시광선의 강도를 500배 정

---

152 이런 성과는 기존 태양 전지판의 효율 12~20퍼센트, 그리고 단층 규소 전지의 이론적 한계인 29퍼센트의 효율과 비교된다. 델라웨어 대학은 2007년 8월 42.8퍼센트의 효율이라는 논란의 여지가 있는 결과를 발표했다. 이 효율은 빛을 3단계(높음, 중간, 낮음)의 에너지로 나누고 각각의 에너지를 가진 복사 광선을 따로 흡수함으로써 얻어진 것이다(출처: www.news. fr, 2007년 8월 3일).

Box 3

단결정과 복합 결정의 차이

단결정과 복합 결정 규소 모두 견고한 전지를 만들기에 적합하여 제작 방식에 따라 최소 25년 이상 사용할 수 있다. 이 두 종류의 전지는 현재 세계 태양 전지 시장의 90퍼센트를 차지하고 있다.

단결정 규소를 기반으로 한 전지는 2005년 세계 태양 전지 시장의 29퍼센트를 점유했다. 훌륭한 생산력을 지닌 안정적인 단결정 규소 전지는 마이크로 전자 기술 공업에서 주로 사용되는 '웨이퍼(둥글고 납작한 순도 높은 규소)'로 생산된다. 웨이퍼에서 추출된 규소는 가격이 저렴하고 전자 기술 공업으로 얻어지는 순도가 높아 단결정 규소를 매우 가치 있는 물질로 만들어 준다. 단결정 규소의 대체 물질이 바로 복합 결정 규소이다. 마이크로 전자 기술 공업 과정에서 망가진 규소를 재주조(단결정 규소를 늘리는 것보다 저렴한 과정)해 만드는 복합 결정 규소는 단결정 규소에 비해 높은 수준의 복합률을 가진다. 복합 결정을 이용한 태양 전지는 전체 시장의 62퍼센트를 점유하고 있다.

* 이 장 끝부분의 결과 비교표 참고.

도 증가시키는 흡수 시스템을 설치하면 가격을 낮출 수 있을 것이다. 최소한의 전지로 최대의 수익을 내겠다는 이 기업은 전기 가격을 낮추는데 총력을 기울이고 있다.

원료비의 인하

태양 전지 가격을 낮추는 또 다른 방법은 원료와 제작비의 절감이다. 규소에서 플라스틱까지, 어떤 원료를 쓰더라도 상관없다!

규소를 적게 쓰면 원료비도 낮아질 것이다

효율성은 높지만 표면적은 좁은 것? 효율성은 낮아도 표면적은 넓은 것? 7월 6일에 만난 교세라의 다케다 시게키 박사는 "선택은 1와트피크 당 가격에 달렸습니다."라고 설명했다. 1959년에 건립된 교토 세라믹 공장은 1975년부터 광전지에 관심을 가지기 시작했고 30년이 지난 지금은 이 분야에서 한몫을 하고 있다. 시게키 박사는 단층 규소 기술에 가장 적합한 재료는 결정 규소이며 이 물질은 비싸기는 하지만 최고의 수익성을 보장한다고 설명했다.[153]

교세라는 생산 단가를 낮추기 위해 1982년부터 저렴한 복합 결정 규소를 사용한 전지를 대량 생산하기 시작했다.

전지를 정련하는 방법도 가능하다. 머리카락 정도의 두께밖에 되지 않는 얇은 '웨이퍼 절단기'를 이용하면 규소를 50마이크로미터 크기로 자를 수 있다. 문제는 아무리 얇은 규소도 두께가 50마이크로미터는 넘기 때문에 많은 양의 규소가 절단 과정에서 떨어져 나간다는 점이다. 하지만 이는 절대적으로는 적은 양이고 현재로서는 이보다 나은 방법을 찾는 것도 불가능하다. 어쩌면 규소를 기화시키는 방법이 단면으로 자르는 방법보다 낫지 않을까?

박막(薄膜) 태양 전지판

많은 산업체, 기업, 그리고 연구자들이 바로 이 점에 관심을 가지고 연구를 하고 있다. 감광성 물질로 매우 얇은 층을 만들 수 있다면 원가 절감이 가능할 뿐만 아니라 휘어지는 신소재로 만든 태양 전지판을 기대해 볼 수도 있다.

규소 웨이퍼로 만들어진 1세대 태양 전지가 생산될 무렵에는 무정형 실리콘을 기반으로 하는 방식이 사용되었다. 그러나 오늘날에는 3세대 태양 전지가 그 자리를 대신하고 있다. 3세대 태양 전지는 아주 저렴하면서도 단순한 기술을 이용한 염료 감응형 태양 전지이다.

---

153 태양 전지의 효율은 받아들인 태양 에너지와 생산된 전기 에너지의 비율로 정의된다.

스탠퍼드 대학 졸업생들이 스탠퍼드에서 멀리 떨어지지 않은 곳에 위치한 나노솔라(Nanosolar)를 설립한 것은 2002년의 일이었다. 나노솔라는 매년 2억 개의 태양 전지 생산을 목표로 하고 있다(태양 전지 2억 개가 생산할 수 있는 전기량은 430메가와트로 미국인 30만 명이 사용할 수 있는 양이다). 나노솔라는 반도체 물질로서 규소보다 저렴한 CIS[154]를 사용한다. 이들은 생산 공정을 발전시켜 전기 1와트피크의 가격을 기존의 3분의 1인 1달러 미만으로 만들었다. 잘 휘어지는 금속 띠 위에 4개의 고효율 '염료'를 연속적으로 배치했기 때문에 가능한 일이었다.

태양 에너지 기술에 대한 논문을 쓰기 위해 대학으로 돌아가는 전문 경영인들을 본 적이 있는가? 7월 26일에 방문한 캘리포니아 대학교의 '적합한 재생 에너지 연구소(RAEL)'에서 사이러스 와디아는 폴 알리비사토스 교수와 대니얼 카멘 교수와 함께 친환경 태양 전지를 연구하고 있었다. 친환경 태양 전지는 햇빛에 저항하는 무기물로 만들어질 계획이며 아시아 시장에 침투하기 위해 저렴한 가격으로 보급될 예정이다. 사이러스는 「뉴욕 타임스」 시평 담당자인 톰 프리드먼의 말을 인용했다. "중국인들이 살 수 있는 태양 전지를 만들지 않는다면 그 연구는 시간 낭비에 불과하다." 더군다나 이들이 개발 중인 태양 전지는 독성이 없다.[155]

사이러스의 연구가 실현되기 위해서 무엇이 필요할까? 첫 번째로 높은 순도를 유지할 수 있어야 하고, 두 번째로는 구리, 철, 유황과 같은 흔하면서도 독성이 없는 물질의 나노 입자를 쉽게 사용할 수 있어야 한다. 1980년대에 이미 많은 연구자들이 이런 태양 전지의 개발을 시도했지만 실패했다. 하지만 사이러스와 동료들은 좌절하지 않았다. "그 당시 연

---

154 셀레늄-구리-인듐/황화 카드뮴의 이질 접합.
155 바로 이것이 앞 세대의 태양 전지에서 사용되던 카드뮴과 다른 점이다.

태양 전지판 대차 대조표

규소 결정을 이용한 태양 전지 시스템을 1.5~2년(동유럽)이나 2.7~3.5년(중부 유럽) 정도 햇빛에 노출시키면 이 태양 전지를 만드는 데 소요된 에너지와 같은 양의 전기를 생산하게 된다.

한번 제작된 전지판이 수명을 다할 때까지 배출하는 이산화탄소 방출량은 1킬로와트시당 25~32그램이다. 복합 순환 시스템으로 가동되는 발전소는 1킬로와트시당 이산화탄소를 400그램이나 방출한다. 풍력 발전소는 이산화탄소 배출량이 1킬로와트시당 11그램으로 환경 오염도가 낮다.

출처: 브로크하벤 국립 연구소, 위트레흐트 대학교, 「네덜란드 에너지 연구 센터 합동 연구」(2006), 『UN 서평』에서 인용
http://www.un.org/french/pubs/chronique/2007/numero2/0207p63.html

구자들은 죽을힘을 다하지 않았고 오늘날 우리가 가진 나노 기술도 알지 못했지요." 사이러스가 맞기를 바랄 수밖에 없다!

유기 태양 전지

태양 전지를 제작하면서 가격이 저렴한 받침대에 비싸지 않은 염료, 하물며 플라스틱을 사용해서 안 될 이유가 있을까? 프라이부르크에서 다시 만난 곰베르 박사는 새로운 태양 전지 기술 덕분에 펼쳐질 새로운 미래를 그려 보이면서 자신이 상업화하고자 하는 제품들이 빛을 보려면 얼마나 더 오래 연구를 해야 하는지 진지하게 설명해 주었다.

곰베르 박사의 반도체 물질은 탄소 분자 불순물을 첨가한 유기 중합체로 이루어져 있다. 독성이 없고 원자재도 저렴하다고 했다. 게다가 휘어지는 제품에도 사용할 수 있다고 하니 상용화될 일만 남았다는 것이다!

곰베르 박사가 고안한 반도체의 원리는 규소로 만들어진 기존의 것들과는 좀 다르다. 반도체 내 유기 분자는 태양 에너지를 받으면 흥분 상태가 된다. 흥분 상태의 유기 분자를 '엑시톤'이라 부르는데, 이 엑시톤은

무기 반도체(규소로 만들어진 기존의 반도체. 자세한 사항은 이 장의 앞부분을 참고) 안의 '전자-정공'과 비슷하다고 할 수 있다. 매우 불안정한 엑시톤은 한 분자에서 다른 분자로 이동하는 것이 가능하다. 이 같은 이동은 균형을 회복하여 안정을 찾기 위한 엑시톤의 몸부림이라 할 수 있다. 엑시톤은 남는 전자 하나를 수용체로 전달하거나 정공을 메워 균형을 찾지만 만약 그러지 못한다면 엑시톤의 남아도는 에너지는 복사 에너지가 된다. 이렇게 되면 태양 전지가 사용해야 할 에너지가 사라지게 되는 것이다.

엑시톤은 최초 상태인 복사 에너지로 방출되기 전에 모든 전자를 내보내야 한다. 이때 수용체는 엑시톤에서 멀리 떨어져 있으면 안 된다. 자유롭게 움직일 수 있게 된 전자가 무사히 수용체에 도달하도록 방향을 잡아 주는 P-N 접합은 존재하지 않으므로 수용체는 전자가 배출되는 장소 가까이에서 기다리고 있어야 하는 것이다.

엑시톤과 엑시톤에 의해 만들어지는 전자가 이런 과정을 밟아 가는 것은 결코 쉬운 일이 아니다. 현재 유기 태양 전지의 생산성은 5퍼센트도 되지 않는다. 유기 태양 전지가 전리 방사 상태에서와 마찬가지의 상태를 유지할 수 있도록 개선되어야 상용화가 가능할 것이다.[156] 유기 태양 전지는 화학 결합과 전지층의 구조를 다양하게 선택할 수 있다는 장점을 지니고 있다. 계속되는 기술 발전과 고갈되지 않는 연구자들의 상상력 덕분에[157] 조만간 전기 1와트피크의 가격이 50센트밖에 되지 않는 꿈의 태양 전지가 완성될 수 있을 것이다.

우리는 전기 발생 중합체가 인쇄되어 있어 여행 중에 편리하게 휴대

---

156 프라운호퍼 연구소는 태양 전지를 인위적으로 4년 정도 사용한 상태로 만들었더니 자외선에 노출되지 않았는데도 효율성이 20퍼센트 떨어졌다는 연구 결과를 발표했다.
157 스위스 로잔 대학의 그레첼 교수 팀 역시 광합성 작용에서 영감을 받아 빛을 흡수하는 염료로 덮인 티탄 산화물 나노 결정으로 구성된 태양 전지를 고안하는 데 성공했다.

Box 5

다양한 태양 전지 기술에 따른 결과 비교표

전지 유형	유통되고 있는 전지판의 산출량	전지판 원형의 최대 산출량	실험실 내에서의 산출량
유기 전지	–	–	5퍼센트
결정 규소 (얇은 층)	7퍼센트	9.4퍼센트	–
무정형 규소	5~9퍼센트	10.4퍼센트	13.4퍼센트
CdTe(텔루르 화물카드뮴)	6~9퍼센트	–	16.7퍼센트
CIS(구리-인듐-셀레늄)	9~11퍼센트	13.5퍼센트	19.3퍼센트
복합 결정 규소	11~15퍼센트	16.2퍼센트	20.3퍼센트
단결정 규소	12~20퍼센트	22.7퍼센트	24.7퍼센트
다접합 전지 (우주 기술)	–	25~30퍼센트	39퍼센트

출처: www.planete-energies.com

전화 충전기로 쓸 수 있는 티셔츠를 입고 프라운호퍼 태양 에너지 연구소를 나오게 되리라 기대했다. 하지만 아쉽게도 그런 일은 15년 후에나 가능할 거라고 했다.

제 2 부

효율적인
에너지 소비 기술을 찾아서

에너지 여행의 전반부에서 우리는 에너지 생산의 문제를 다루었다. 이제는 에너지 소비의 문제를 생각하면서 균형을 맞출 때이다.

에너지 소비에서 문제가 되는 것은 무엇일까? 먼저 우리 삶에 무엇이 필요한지 생각해 보는 것이 중요하다. 우리에게 필요한 것은 난방, 교통, 온수, 통신 등이지 중유, 기름, 가스, 전기 자체가 아니다. 이유는 단순하다. '수단'보다는 '목적'을 염두에 두어야 하기 때문이다. 그러니까 지금부터 여러 가지 에너지원보다는 에너지의 사용 그 자체에 대해 생각해 보도록 하자.

먼저 안락한 온도에 관해 생각해 보자. 이는 우리의 에너지 장부와 일치하지는 않는다. 냉난방 시설에 어느 정도의 에너지가 필요한지보다 중요한 것은 냉난방 시설이 가동되고 있는 공간의 온도이기 때문이다. 인간은 여러 가지 방법으로 안락한 생활을 영위할 수 있다. 검소한 사람들은 에너지 소비를 줄이려 노력하며 그 과정에서 뜻하지 않게 환경 오염을 줄이는 데도 한몫을 하게 된다. 오래된 난방 기구를 교체하거나 단열이 잘 되도록 이중창을 설치하거나 온도 조절 장치를 달면 에너지 소비를 줄일 수 있다. 이런 기술적인 노력에 더해 생활 습관까지 바꾼다면 더 많은 에너지를 절약할 수 있다.

위의 예는 에너지 소비를 줄일 수 있는 몇 가지 방안을 보여 준다. 에너지 효율성 개선(효율성이 좋은 냉난방 기구 선택), 에너지 교육(빈방은 난방을 끄고 내의를 입는다), 생산 방식의 근본적인 개선(건축 구조) 등이 그것이다.

소 한 마리를 새로 사는 것보다는 지금 가지고 있는 소를 적극 활용하는 편이 낫다. 마찬가지로 에너지를 절약하기 위해서는 우선 다음 두 가지 사항을 지켜야 한다. 첫 번째는 기술적인 차원의 문제로 에너지 시

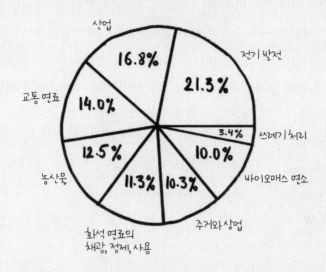

〈분야별 온실 가스 배출 분포(2000년)〉

산업 16.8%
전기 발전 21.3%
교통 연료 14.0%
쓰레기 처리 3.4%
12.5% 10.0%
농산물
11.3% 10.3%
바이오매스 연소
화석 연료의
채광, 정제, 사용
주거와 상업

설에 돈이 많이 든다면 효율성을 높이는 것이 중요하다. 두 번째는 선택, 구입, 그리고 생활 방식에 대해 깊이 생각해 보는 것이다.

현재 모든 주거 공간과 직장에서 에너지가 어떻게 사용되고 있는지 생각해 보자. 에너지 절약을 위해 각 가정이 해야 하는 역할은 무엇이며 이상적인 교통수단은 무엇일까? 전구나 조명은 꼭 필요한 걸까? 난방기는 또 어떨까? 이런 질문은 일상생활에서 필요한 것이 무엇인지를 확실하게 해 줄 뿐 아니라 다가올 미래를 위해 최선의 선택을 할 수 있도록 도울 수도 있을 것이다.

새로운 해결책이 우리의 생활 방식을, 그것도 사회에서 살아가는 방식을 개선해 줄 것이다. 각각의 가정뿐만 아니라 도시의 시스템 자체가 변화할 것이며 이동에 대한 해석도 바뀔 것이다. 다시 말해 필요를 충족하면서도 환경을 생각하는 합리적인 21세기형 에너지 소비가 필요한 때이다.

　미래는 그리 멀리 있지 않다. 오늘의 경험이 바탕이 될 때 유토피아 건설도 가능한 것이다. '네가와트(negawatts: 지금까지 주요 에너지원이었던 석탄과 석유, 천연가스, 우라늄 다음으로 찾은 '다섯 번째 연료'라는 의미로, 에너지의 효율적 사용과 절약으로 생기는 잉여 에너지가 곧 새로운 에너지원이라는 개념—옮긴이)'의 세계에 온 걸 환영한다!

에너지를 경제적으로
소비하는 아이디어들

제15장 숲을 지켜 주는 모로코의 목욕탕

———————— 세계 일주 프로젝트 No. 18 ————————

• 모로코 목욕탕에 가장 적합한 보일러, 마라케시(모로코)

소비를 최소화하면서 같은 결과를 얻을 수 있다면 과소비를 할 필요가 없지 않을까? 바로 여기에 대안이 있다. 에너지 소비가 많은 물건을 줄이는 것이다. 그편이 경제적이고 편리하기도 하다. 에너지 효율성이란 일정한 에너지로 가능한 최고의 효과를 얻는 것을 말한다.

검소하지 못한 습관에서 벗어나는 데는 오랜 시간이 걸린다. 그리고 정부, 생산자, 소비자 모두가 협력해야만 한다. 그래서 에너지 절약 전문 기업, 줄여서 '에스코(ESCO)'라고 불리는 회사들이 활동하는 새로운 시장까지 등장했으며 에너지 절약을 연구하는 전문가도 많다. 그렇다면 에너지 효율성으로 수익을 얻는 것이 가능하다는 의미일까? 그렇다. 실제로 그런 일이 일어나고 있다!

목욕탕을 방문하다

우리는 테투안과 라바트의 성벽을 지나 마라케시에 도착했다. 마라케시는 오묘한 황토색을 띠고 있지도 않았고 동서양이 혼재되어 있지도 않았다. 우리에게 마라케시의 첫인상은 그랑제콜 입학시험을 함께 준비했던 카림의 친척들이 반갑게 맞이해 준 따뜻한 도시였다. 카림의 부모님은 많은 경험을 가진 사업가로 다양한 사업을 하고 있었다. 그들은 성공적인 사업을 위한 다양한 계획을 가지고 있었으며 위험을 무릅쓰고 제약, 섬유 산업, 부동산, 인테리어에 이르기까지 열정적으로 사업을 확장했다. 그들의 활력은 우리를 설레게 했고 그들의 단순함은 우리를 매혹했다. 카림의 부모님처럼만 한다면 우리도 언젠가는 사업가가 될 수 있을 것 같았다.

2월 23일. 모로코 재생 에너지 개발 센터(CDER)와 목욕탕을 연결하는 도로를 따라 창고와 넓은 벌판이 이어져 있었다. 그다지 특이한 풍경은 아니었다. 2월의 햇살도 비추지 않았고 자갈투성이의 땅에서는 먼지가 일었다. 유럽의 산업 지대에 와 있다고 착각할 수도 있을 정도였다. 그런데 나무로 둘러싸인 땅에서 갑자기 평범한 건물 하나가 나타났다. 길이가 수백 미터에 달하는 넓은 땅이었지만 보이는 것은 나무뿐이었다. 장작이나 잔가지들이 쌓여 있었는데 그 높이가 2미터는 되어 보였다.

우리는 시골에서 난방이나 취사를 하면서 사용하는 땔감이겠거니 짐작했다. 땔감이 도시에서도 매우 유용하게 사용될 수 있다는 사실을 미처 알지 못했던 것이다. 이번 우리의 방문을 기획해 준 CDER 소속 기술자 엘 아타리 씨는 전통적인 방식을 고수하는 공중목욕탕이나 빵집 등은 도시에서도 여전히 나무를 주요 에너지원으로 사용하고 있다고 설명했다. 연간 6백만 톤의 나무가 에너지원으로 사용되고 있는데, 이는 모로코 인이 사용하는 전체 에너지 수요의 30퍼센트에 달한다고 했다. 그 가운데 100만 톤이 5,000개에 달하는 모로코의 목욕탕에서 사용된다. 하지만 모로코에는 나무가 그리 많은 편이 아니어서 목욕탕들이 운영을 계속할 수 있을지가 문제였다. 게다가 계속되는 채벌은 산림을 파괴[158]하고 침식과 사막화를 초래하고 있었다.

이 같은 과도한 채벌을 막으려면 나무 소비를 줄이고 지속적으로 사용 가능한 에너지를 개발하는 수밖에 없다. CDER이 추진하는 프로그램은 소비자들에게 열기구 자체의 현대화를 촉구하고 있었다. 시골 목욕탕에는 신형 보일러를, 빵집에는 훨씬 효율적인 화덕을 설치하게 했다. 이렇게 바뀐 것이 오늘날 모로코 목욕탕의 모습이다.

나무를 절약하는 목욕탕

우리는 교외의 한 목욕탕에 도착했다. 우리는 연기가 나고 치료 효과가 있는 증기탕을 기대했었다. 증기에 대한 이야기는 다음에 하더라도 일단 목욕탕 주변까지 뜨겁게 하는 거대한 보일러에 실망할 수밖에 없었다.

보일러의 제작과 유지를 책임지는 목욕탕 관리인이 우리를 기다리고 있었다. 게다가 이번 프로젝트에 공헌한 많은 사람들이 모두 한자리에 모여 질문을 받으려는 듯한 자세로 기다리고 있었다! 이번 방문은 매우 교육적이었다. 목욕탕 관리인은 건물 뒤쪽의 올리브 나무 정원과 건물 뒤편에 위풍당당하게 자리 잡은 신형 보일러를 보여 주었다.

1996~1998년에 CDER은 다른 기술 협력 업체와 함께 4개의 보일러 시제품을 개발했다. 목욕탕 주인은 현재 이곳에 설치되어 있는 보일러가

---

158 과도한 개발로 인해 모로코에서는 연간 3,000헥타르의 산림이 파괴되고 있다.

그 가운데 가장 우수한 모델이라고 매우 자랑스러운 듯이 말했다. 양철로 만든 보일러는 부식을 방지하기 위한 외장재로 둘러싸여 있었고 두께 10센티미터의 석면으로 이중 보호를 받고 있었다. 예전 보일러는 용량이 5세제곱미터였지만 새로 설치한 보일러의 용량은 그 2.5배인 12세제곱미터였다. 그에 따라 효율[159]도 2~3배 가량 좋아져 구형 보일러의 효율이 25~40퍼센트에 그치는 반면 신형 보일러의 효율은 70~80퍼센트에 달했다. 결국 새로운 시스템 덕분에 예전보다 나무를 두 배 가까이 절약할 수 있게 된 것이다.

엘 아타리 씨는 이런 결과를 얻기까지 필요했던 여러 가지 기술을 아주 사소한 기술 하나까지 빠뜨리지 않고 자세히 설명해 주었다. 그의 설명 덕분에 우리의 과학 탐사는 더욱 즐거워졌다. 보일러에는 드나들 수 있는 문이 설치되어 있어 조작하기가 쉬웠다. 엘 아타리 씨는 문을 열어 보일러를 어떻게 조작하는지 보여 주었다. 공기의 양을 조절할 수 있는 개폐문을 열자 활활 타오르는 불꽃이 보였다. 그는 계속해서 조작 과정을 하나하나 보여 주며 자세한 설명을 덧붙였다.

목욕탕 안에 있는 찜질방은 기술적 시스템을 이용해 데워진다. 찜질방 바닥 밑에는 20톤에 해당하는 블록 형태의 소금이 미로처럼 복잡한 길을 형성하고 있으며 보일러에서 나온 뜨거운 가스는 열 저장소 역할을 하는 이 소금 미로를 통과한다. 그리고 열은 점진적으로 찜질방 바닥의 타일까지 전달된다. 이 시스템으로 찜질방 바닥의 온도는 최하 40도를 유지할 수 있다.

엘 아타리 씨는 보일러를 바꾼 이후 나무 소비량이 절반으로 줄었다고 했다. 전에는 1년에 250~300톤 정도의 나무를 소비했지만 지금은

---

159 퍼센트로 표시된 효율은 연료를 태워 발생한 전체 열을 기준으로 목욕탕의 물을 데우기 위해 평균적으로 사용되는 열을 나타낸 것이다.

Box 1

효율적인 보일러를 만드는 방법

- 연소가 잘 되게 한다.
- 연소 창을 설치해 공기가 잘 드나들 수 있게 한다.
- 연소 공간을 설치해 열 손실을 막는다.
- 밸브 시스템으로 공기 유입을 조절할 수 있게 한다.

- 조사
- 보일러에 온도계를 설치해 공기가 들어올 때와 나갈 때의 온도를 측정한다.

- 필요한 열을 최소한으로 줄인다
- 최고 온도가 50도를 넘을 필요는 없으므로 지나치게 뜨거운 물을 저장했다가 찬물과 섞어 쓸 수 있는 시설을 만든다.

- 편리한 유지 및 보수
- 보일러를 두 개 부분으로 나누어 보일러 수리 중에도 목욕탕을 계속 사용할 수 있게 한다.
- 조작하기 쉽게 문을 설치한다(특히 석회질 저장고로 들어갈 수 있어야 한다).

150톤 정도로도 충분하다는 것이었다. 나무 가격이 계속 올라가는 추세이기 때문에 그는 자신의 결정이 틀리지 않았다고 기뻐했다. 새롭게 고안된 보일러는 10만 디람[160]으로 비싼 편이지만 수치상으로는 최소 1년 내에 투자금을 환수할 수 있다. 게다가 CDER은 사후 관리도 보장하고 있어 이 목욕탕은 보일러를 바꾼 이후 사정이 훨씬 나아졌다고 한다. 이제는 새벽 5시부터 저녁 11시 30분까지 영업하는 동안 세 번이나 250킬로그램의 나무를 땔 필요가 없어졌다는 것이다!

손쉬운 교체, 상당한 양의 나무 절약, 편리한 유지, 이 세 가지 이점이 새로운 시스템의 성공 요인이다. 땔감으로 사용되는 나무의 양을 줄일

---

160 CDER은 초기 투자 비용의 18.5퍼센트를 지원하며 지원 가능한 최대 금액은 2만 6천 디람이다.

수 있는 이 시스템은 당연히 목욕탕 소유주들의 관심을 끌 만했다. 게다가 보조금도 지원되고 보일러 제작자도 양성하고 있으니 이 계획이 널리 퍼지는 데에는 큰 문제가 없을 것으로 보였다. 하지만 1998년부터 2007년까지 약 10년 동안 5,000여 개의 목욕탕 가운데 283개만이 보일러를 교체했다. 어째서 효율이 좋은 신형 보일러를 설치하는 사업자가 늘어나지 않는 것일까?

효율적인 보일러 보급의 장애물

엘 아타리 씨가 이 의문을 해결해 주었다. 새로운 보일러 시장이 상당히 활기를 띨 것이라는 기대와는 달리 보일러 제작자들은 이전에 비해 별다른 이윤을 얻지 못하고 있다고 했다. 우리는 신형 보일러가 5만 디램이었던 구형 보일러보다 5만 디램이나 비싸기 때문에 가격 면에서 제작자들에게 더 이익이 될 거라고 계산했지만 그것은 너무 단순한 생각이었다. 구형 보일러는 3년에 한 번씩 교체해야 하기 때문에 상인들은 10년에 세 번 보일러를 팔 수 있다. 따라서 상인들이 구형 보일러 판매를 유도하고 있다는 것이다.

엘로디가 물었다. "그렇다면 수익성도 거의 없는 모험을 시작하신 거네요?" 엘 아타리 씨는 웃으면서 CDER의 프로그램에 참여하는 것은 새로운 도전을 두려워하는 경쟁자들을 발판 삼아 시장에서 영역을 확장할 수 있는 방법이라 판단했다고 대답했다. 엘 아타리 씨는 프로젝트의 첫 번째 시제품 출시에 가장 먼저 참여했고 지금은 이 지역에서 가장 훌륭한 보일러 제작자라고 정평이 나 있다. 그는 선견지명을 지닌 사람이었던 것이다.

잠시 망설인 뒤 엘 아타리 씨는 두 번째 문제점에 대해 설명했다. 목욕탕 소유주가 보일러 교체를 희망하면 CDER이 재정 지원을 하는데, 이에 앞서 에너지 감사가 행해진다. 에너지 감사는 각각의 목욕업체에 어느 정도의 에너지가 필요한지 측정해 적당한 크기의 보일러를 시공하기 위한 조치이다. 구비해야 할 서류 중에는 정확한 고객 수를 기입해야 하는 것도 있다. 하지만 지금까지 대부분의 목욕탕 소유주들은 회계 감사 때 수입을 실제보다 적게 신고해 왔기 때문에 정확한 고객 수가 알려지는 것을 원치 않는다. 이런 이유로 많은 업주들이 에너지 감사를 꺼리고 있으며 그 결과 이 프로그램에도 참여하지 않는다는 것이다.

이런 문제점에 봉착한 CDER은 지역별로 프로그램을 재편성하고 카사블랑카에 있는 1,000개 가량의 목욕탕을 대상으로 신형 보일러 시스템을 도입하기로 했다. 많은 장애물이 있기는 하지만 CDER은 포기하지 않고 신형 보일러 시스템 도입에 전력을 다하고 있었다.

에너지 효율과 관련된 문제

에너지의 효율을 결정하는 것은 성능이다. 그리고 성능을 개선하기 위한 해결책은 다양하다. 고장 난 부분을 수리하고 열 손실을 줄이고 에너지가 새는 곳을 막고 조절용 밸브를 고안하고 구식이 된 기계를 바꾸는 방법 등이 있다.

시대에 뒤처진 기계를 현대식으로 바꾸는 것은 에너지 효율을 높이기 위한 근본적인 해결책이라 할 수 있다. 구매 단가가 더 비싸기는 하지만 수명이 더 길기 때문에 경제적인 이득도 확실하다. 가장 전형적인 예로는 에너지 손실이 적은 전구가 백열 전구를 대체하고 있는 현상을 들 수 있다.[161]

낭비하는 것과 성능이 떨어진 기계를 폐기하는 것, 이 둘 사이에는 언

---

161 구형 전구는 데워지는 데 걸리는 시간이 있어 조명을 잠깐만 사용하고 꺼야 하는 경우에는 적합하지 않았다.

에너지 절약에는 관리가 필요하다

파키스탄의 에너지 자원 관리 공단은 국민들에게 운전하면서 소비하는 에너지를 줄이라고 권고하고 있다. 파키스탄은 1990년대에 이미 컴퓨터로 작동되는 약 50개의 제어 센터를 설립해 운전자의 규정 속도 위반 여부를 측정하기 시작했다. 사실 적절한 속도를 유지하면 이전에 사용하던 연료의 10퍼센트 정도를 절약할 수 있고 오염 물질 배출도 약 60퍼센트까지 줄일 수 있다. 또한 192개의 소각기와 보일러 역시 제어 대상이다. 그 결과 연간 약 1억 루피 (250만 유로)에 달하는 에너지를 절약할 수 있게 되었다.

출처: ENERCON 소장 타이르 박사의 소개, 2006년 12월 15일

제나 에너지의 최적화를 위한 타협점이 존재한다. 실생활에서 사용되는 에너지를 진단하는 것은 가장 적절한 방법으로 에너지 낭비를 막기 위해 반드시 필요한 일이다.

첫 번째 개선 방법은 '유지'이다. 생산자만큼이나 사용자도 기계를 정기적으로 관리해야 한다. 기계를 최대한 효율적으로 사용하려면 정기적인 관리가 가장 좋은 방법이기 때문이다. 잘 관리된 보일러일수록 열 효율성이 높다. 기압이 알맞게 유지된 타이어를 장착한 자동차가 기름을 덜 소비하는 것처럼, 순환 배출이 잘 되는 난방 기구는 열효율이 올라간다. 이것은 시간이 지나면 음이 맞지 않기 때문에 피아노를 정기적으로 조율해야 하는 것과 같은 이치이다. 이처럼 모든 기계에는 규칙적인 관리가 필요하다.

두 번째 개선 방안은 기계 기능 자체를 변경해 수익을 늘리는 것이다. 예를 들어 난방기 뒤에 설치된 방사판은 불필요하게 벽으로 전달되던 열을 반사하여 실내로 전달해 효율을 높인다. 이런 시설을 설치하는 목적은 최소한의 에너지로 실내 온도를 희망 온도까지 빠르게 끌어올리는 데 있다. 그리고 필요에 따라 기계를 조정할 수도 있다. 밸브를 사용하면 원

Box 3

기적의 차단기!

인도 마하라슈트라 주는 직물 공업이 매우 발달한 곳이다. '봄베이 직물 공업 위원회(Bombay Textile Research Association, BTRA)'는 '석유 보존 연구 협회(Petroleum Conservation Research Asociation, PCRA)'와 더불어 마하라슈트라의 숄라푸르 지방에서 두 가지 프로젝트를 시작했다. 현재 숄라푸르 지방에는 많은 공장이 들어서 있다. 이 공장들은 1981~1982년에 있었던 심각한 파업과 토지세 부담의 증가를 피해 뭄바이에서 옮겨 왔다.

2004년에 시행된 첫 번째 프로젝트는 직조기에 윤활유 공급 장치를 설치하는 것이었다. 이 장치는 레버를 작동시켜 잘 돌아가지 않는 톱니바퀴에 정확하게 윤활유를 공급하는 역할을 한다. 손으로 기름을 칠하던 과거의 방식과 비교해 이 장치를 사용한 이후 기름 사용량은 3분의 2로 줄었고 직조물에 기름이 묻는 것을 막을 수 있게 되었다.

두 번째 프로젝트는 오래된 구식 직조기에 차단기를 설치하는 것이었다. 리옹의 직공들[162]은 사용하지 않았을 법한 구식 직조기는 영국, 프랑스, 이탈리아, 그리스, 터키를 전전하다 인도로 들어오게 되었다. 하지만 작동할 필요가 없을 때, 즉 실이 떨어졌을 때라든지 직공들의 점심시간 동안에도 돌아가는 모터를 멈출 방법이 없었다. 그래서 총 가동 시간의 30퍼센트는 소용없이 돌아가는 시간이었다. 그래서 BTRA는 획기적인 시스템을 개발해 직조기를 작동시킬 필요가 없을 때는 모터를 끌 수 있게 했다.

하지만 이 두 가지 방안은 비용이 얼마 들지 않는데도 불구하고 보급 과정에서 커다란 장애물과 맞닥뜨렸다. 1980년대에 있었던 파업은 섬유업계 전체를 혼란에 빠뜨렸고 대규모 섬유 공장들은 직조기를 소규모 공장에 팔아 넘겨야 할 형편이 되었다. 하지만 직물 공업 위원회는 소규모 공장을 관리 감독하기가 어려운 상황이었다. 게다가 마하라슈트라 주는 경쟁 구도에 있는 기업을 돕겠다는 명목으로 기업이 사용하는 에너지 사용에 보조금을 지원하고 있었는데, 이는 오히려 기업들이 에너지 절약을 등한시하는 결과를 초래하게 되었다. 당시 인도는 전력 부족으로 시달리고 있었는데도 말이다!

우리가 만난 공장 소유주들은 이런 상황에서도 에너지 자원의 효율적인 관리를 위한 국가의 노력에 적극 참여하고 있었고 이는 자신들의 굳은 의지에 의한 결정이라고 말했다.

하는 실내 온도에 따라 난방기를 조절할 수 있고 타이머로 실내 조명이

---

162 19세기에 리옹의 공장에서 비단을 다루던 직공들.

작동되는 시간을 조절할 수도 있다.

　그렇다고 모든 사람들이 효율적인 에너지 사용을 위해 자신의 집, 승용차, 사무실, 기계 등을 수리할 수 있는 것은 아니다. 아무래도 전문가에게 도움을 요청하는 편이 바람직하다. 전문가들은 기술과 경제와 동시에 관련이 있는 이익을 최대화하기 위한 방법을 고안할 수 있을 것이기 때문이다.

사기업과 공기업의 협력

　1990~2006년 사이 전 세계적으로 1차 전력 집중도[163]는 1년에 1.6퍼센트씩 증가했다. 17년 동안 30퍼센트에 가까운 증가 폭을 보인 셈이다. 에너지 소비 측면에서 많은 발전이 있었기에 가능한 일이었다. 에너지 효율성이 증가하면 많은 양의 에너지를 사용하는 기업은 원가를 절감할 수 있다. 세계화 덕분에 훌륭한 경영 방식은 전 세계로 빠르게 전파되었고 이에 따라 철강 공업, 시멘트, 제지 공업, 정제업 등 다양한 분야에서 에너지 소비를 줄이려는 노력이 경쟁적으로 행해지고 있다. 하지만 에너지 최적화가 생존 전략이 될 수는 없다. 기업의 정보와 전문성이 부족하면 에너지 절약으로 얻는 경제적인 이득이 투자 비용보다 적을 수도 있다.

　따라서 에너지 차원에서 성과를 거두는 데는 정부의 역할이 아주 중요하다. 산업국 사이에서 체결된 교토 의정서는 탄화수소가 들어 있는 저장물을 규제하겠다는 내용을 포함하고 있어 에너지 효율성과 관련된 국가 정책을 지지한다. 시장 매개물(자유 계약, 라벨, 정보 확산)과 규제(건

---

163 국내 총생산에 대비한 에너지 소비량을 에너지 집중도라고 한다. 에너지 집중도가 낮다는 것은 에너지 효율성이 높다는 것을 의미한다. 에너지 효율성이 증가하면 에너지 소비량은 감소한다.

축 분야와 전기 제품에 관한 최소한의 규정)는 정부를 움직일 수 있는 두 가지 방법이다. 규제 정도는 각 지역의 문화적인 차이에 따라 달라진다. 비교적 자유로운 문화를 지닌 인도는 규제를 최소화하고 시장을 촉진하는 방향으로 나아가고 있다. 반면에 중앙 집권적인 중국 정부는 지방 자치 단체의 조례에도 에너지 사용 감소에 관한 사항을 포함시키고 있다.

공공 예산에 한계가 있는 국가에서 서로 협력하여 에너지 효율성 증진에 투자하려는 기업들이 유연한 재정을 확보하려면 공공 단체와 개인 투자자들 사이의 협력이 반드시 필요할 것이다. 에너지 효율성을 높여야 한다는 데에 공감하는 은행의 지원, 그리고 공공 단체와 개인 투자자들 사이의 협력으로 에너지 혁신에 필요한 자본금을 형성하면 그 자본금은 전통적인 금융 제도(융자, 지주제, 위험 자산)의 형태로 기업이 공공의 야심을 실현할 수 있도록 할 것이다.

마지막으로 에너지 절약 전문 기업을 일컫는 에스코는 전문가에게 기술과 재정 분야의 협력을 맡긴다. 하지만 에스코는 산업 프로젝트에 의해 계획된 기업과는 달리 자금 운용 조절과 시설 유지와 관련된 일체를 담당한다. 에스코 가운데 몇몇 기업은 성과제[164]를 도입해 에너지 절약을 의뢰한 기업이 최대한의 효과를 낼 수 있도록 보장하기도 한다. 이 성과제는 에너지 효율성을 자본화할 수 있는 매우 매력적인 방안으로 보이며 특히 개발 도상국 기업들에게 더욱 매력적일 수 있다.

얼마 전만 하더라도 에스코의 발전에는 많은 장애물이 있었다. 그중 가장 치명적인 장애물은 사회적인 이유로 터무니없이 낮게 평가된 에너지의 가치였다. 에스코는 저렴한 이자로 대출받기가 어려웠고 지속적인 규제도 부족했다. 특정한 필요에 따른 적절한 공급도 이루어지지 않아

---

164 에너지 절약 전문 기업은 일정 수준의 에너지 절약을 실천하지 못하면 불이익을 받는다.

Box 4

'에스코'란?

• 에너지 기기(난방 기구, 냉방 기구, 에어컨 등)를 거래하는 기업. 숙련된 기술을 보유하고 재정 상태가 좋은 기업들이다. 일반적으로 대형 프로젝트에 관심을 가지고 에너지 감시부터 장치 유지와 조사까지 전반적인 사항을 관리한다. 또 몇몇 기업은 새로 출시된 기기 사용법의 교육을 담당하기도 한다.

• 에너지 기기 분야의 서비스 기업. 에너지 기기의 설치와 유지를 직접 담당하는 기업으로 대부분 조명이나 에어컨 전문이다. 이 기업들은 다양한 규모의 프로젝트에 참여하고 있다.

• 에너지 관련 상담 기업. 이들은 다양한 분야(조명, 난방, 냉방, 산업 시설 등)에 대한 지식을 가지고 있다. 어떤 기업은 기술 전문가를 채용하기도 하고 어떤 기업은 다른 기업과 협력 관계를 맺기도 한다.

• 전기 혹은 가스 관련 기업의 자회사. 규제가 완화되면서 전기나 가스를 다루는 기업은 에너지 사용 분야에서 기술을 발전시킬 수 있었다. 2006년 프랑스의 에너지 공급 기업들은 의무적으로 고객에게 에너지 절약을 권장해야 했다. 당시 목표는 2009년까지 54테라와트를 절약하는 것이었다. 목표량을 달성하기 위해 그들은 상담 센터를 신설하기도 했다

• 기술의 생산과 판매 관련 기업. 기술 분석, 기기 선택, 프로젝트 진행과 관련한 서비스를 제공한다.

에스코는 힘든 상황에 처할 수밖에 없었다. 하지만 지금 에스코의 미래는 아주 밝을 것으로 예상된다.

제16장 최소 에너지로 최대 효과를

———————— 세계 일주 프로젝트 No. 19 ————————

• 찌꺼기를 이용한 전기 생산, 피라시카바(브라질)
• 마자쿠바 설탕 공장의 사탕수수 재활용(잠비아)
• 석탄과 찌꺼기 모두를 이용하는 레위니옹 섬 설탕 공장의 발전소(프랑스)
• 치코에 있는 시에라 네바다 맥주 공장의 지속 가능한 최적화, 캘리포니아(미국)

경쟁 사회에서 가격 절감은 결코 피해갈 수 없는 문제이다. 하지만 이 것은 간단한 일이 아니다. 게다가 친환경적이어야 한다는 기준은 상황을 더 어렵게 만든다. 이런 상황에서 생산자는 생산 과정을 최적화하기 위 해 노력하게 된다. 생산 요소를 절감하고 부산물을 재사용하는 등 원가 를 절약하고 수익은 늘리면서 동시에 친환경적인 방법을 찾고자 하는 것 이다. 열대 지방의 설탕 공장이 그 예이다. 설탕 공장에서는 사용하고 찌 꺼기로 남은 사탕수수의 질긴 부분을 연료로 쓴다. 현재는 그 찌꺼기로 더 많은 수익을 가져다주기도 하는 '녹색' 전기를 생산한다.

이 같은 경제 계획 덕에 천연자원을 효율적으로 사용할 수 있게 되기 는 했다. 하지만 생산 계획을 세우는 과정에서 환경을 최우선으로 생각 하는 기업은 그리 많지 않다. 우리는 이런 열악한 상황 속에서 친환경을 실천하는 기업을 찾아냈다. 혁신적인 기술로 선구적인 맥주를 주조하면서 지속 가능한 개발을 실천하고 있는 양심적인 맥주 공장을 둘러보도록 하자.

피라시카바의 상파울루 대학 캠퍼스

8월 22일에 상파울루 대학(USP)을 찾아갔다. 7개 도시에 11개의 캠퍼스를 가지고 있는 상파울루 대학은 브라질에서 가장 큰 대학이자 남미에서는 세 번째로 큰 대학이라는 명성을 지니고 있다. 리카르도 시로타 박사는 피라시카바에서 우리를 기다리고 있었다. USP의 전통적인 캠퍼스에서 160킬로미터 떨어진 피라시카바는 사탕수수 재배 지역으로 이곳 캠퍼스는 농학와 생물학이 특성화되어 있다.

리카르도 시로타 박사의 성 '시로타'는 일본어로 '하얀 들판'을 뜻한다. 브라질에서 일본인 이민자 사회가 차지하는 비중은 상당하다. 오늘날 브라질에 정착한 일본인 이민자의 수는 130만 명에서 150만 명에 달한다. 이는 미국에 거주하는 일본인의 거의 두 배에 달하는 수이다. 북아메리카 대륙과 마찬가지로 남아메리카 대륙 역시 '이민자의 땅'이라는 것에는 의심의 여지가 없다.

시로타 박사는 자신이 일본계라는 사실을 숨기지 않았다. 시로타 박사의 정중한 태도는 일본 본토에서와 마찬가지로 거대한 브라질 땅에서도 빛을 잃지 않았다. 신세를 지는 당사자는 우리인데도 시로타 박사는 우리의 방문에 대해 감사 인사를 하면서 대학 이름이 찍힌 편지지에 정중한 초청 편지를 써 주었다!

브라질은 식물성 대체 연료 개발을 대규모로 진행하고 있다. 그래서 우리는 에탄올 공장을 방문하고 싶어 했다. 시로타 박사는 그날 마침 현장 학습을 나온 학생들이 타고 있던 버스에 우리의 자리를 마련해 주었다. 버스에는 상파울루 대학에 다니는 프랑스 학생 한 명이 있었다. 친절하게도 그는 통역과 안내를 맡아 주었다. 프랑스와 스페인의 피가 섞인 라틴계 학생은 시로타 박사의 설명을 통역하기에 역부족이었지만 어쨌든 무진장 애쓴 장 샤를이 아주 고마웠다!

버릴 것 하나 없는 사탕수수!

4월 13일이다. 우리는 잠비아에서 일로보(Illovo)의 자회사이자 세계 최대 규모의 설탕 공장인 '잠비아 설탕'을 방문했기 때문에 제당업에 관해서는 이미 어느 정도 알고 있었다. 마자부카 지역의 4월은 사탕수수가 막 자라기 시작하는 때이다. 그래서 이곳 설탕 공장들의 문은 닫혀 있었다. 그럼에도 불구하고 공장주인 로비야드 씨는 공장을 견학시켜 주면서 어떻게 사탕수수에서 형형색색의 다양한 설탕이 만들어지는지 설명해 주었다.

사탕수수는 당분이 있는 액체가 가득 들어 있는 식물로 에너지 활용도가 아주 높다. 로비야드 씨는 "돼지는 버릴 것이 하나도 없다고 말하는 것처럼 사탕수수도 비슷합니다. 버릴 것이 하나도 없어요."라고 말했다. 설탕, 섬유질, 수분[165] 모두 쓰이는 곳이 따로 있다. 먼저 줄기는 갈아 즙을 짜낸 다음 증발 과정을 거치면 결정이 형성된다. 남은 당밀에는 수크로스(이당류의 일종—옮긴이)가 들어 있다. 당밀은 럼, 알코올, 식초, 향수를 만드는 데도 사용된다. 그리고 남은 찌꺼기는 연료로 사용되는데, 설탕이나 당밀을 제조할 때 쓰이기도 하고 찌꺼기를 태운 열을 전기로 전환하기도 한다. 마지막으로 거품[166]은 천연 비료로 사용된다. 이처럼 사탕수수는 어느 하나 버리는 것이 없을 뿐 아니라 공정 과정에도 트랙터나

---

[165] 사탕수수는 익은 정도에 따라 수크로스 12~16퍼센트, 섬유질 10~18퍼센트, 수분 72~77 퍼센트를 포함한다.
[166] 거품은 사탕수수 즙을 가열하는 과정에서 생성된다.

사탕수수로 만들어지는 부산물의 가치

사탕수수에서 설탕 결정을 만들고 남은 찌꺼기는 전체의 30퍼센트 정도이다. 이 찌꺼기의 48퍼센트는 수분, 50퍼센트는 섬유질, 그리고 나머지 2퍼센트는 당분이다. 전통적으로 찌꺼기는 제당 공장의 연료나 동물의 사료로 쓰였고 농토의 결빙을 막는 데도 사용되어 왔다. 오늘날 그 쓰임새는 더욱 다양해졌다. 예를 들면 종이, 상자, 압착판 제작에 쓰이고 석유 화학에서는 용매로 사용되며 전기 생산을 위한 연료의 역할도 하고 있다.

사탕수수 1톤으로는 당밀 30킬로그램을 만들 수 있는데 그 당밀의 35퍼센트는 수크로스이다. 당밀에서도 질이 좋은 부분은 산업용 럼 제조에 필요한 설탕을 만드는 데 사용되고 나머지는 동물의 사료나 농산물 가공 식품에 사용된다. 또한 효모 생식이나 초산(식초), 구연산, 글리세롤, 글루타민산염(아시아 음식에 많이 쓰인다), 에탄올 등 다양한 화학 물질 제조에도 사용된다.

정화를 거치고 남은 찌꺼기는 다량의 유기물을 포함하고 있어 비료로 사용하는 나라도 있다.

트럭에 쓰이는 기름을 제외한 다른 에너지는 전혀 필요하지 않다.

설탕에서 에탄올로, 찌꺼기에서 전기로

코사 핀토의 제당 공장을 견학하면서 우리는 로비야드 씨의 설명을 떠올렸다. 코사 핀토 공장은 브라질 대기업 코산(Cosan)이 소유한 17개 공장 가운데 하나이다. 코산은 코사 핀토 공장 외에도 정제소 2개와 사탕수수 저장소 2개를 가지고 있으며 235만 톤에 달하는 설탕을 전 세계에 공급한다. 우리가 방문한 코사 핀토 공장은 하루에 설탕 2만 4천 톤을 생산하는데 이는 브라질에서 가장 큰 규모라고 한다.

시장의 흐름에 따라 설탕 생산량을 조절할 수 있게 해 주는 수단은 에탄올 생산이다. 즉 설탕 가격이 내려가면 설탕 정제에 사용되던 당분이 많은 당밀을 에탄올 제조에 투입해 에탄올 생산량을 늘리면 되는 것이다.

코사 핀토에서 추출되는 사탕수수의 부산물 중에서 가장 중요한 두 가지는 에탄올 제조에 쓰이는 당밀, 그리고 전기와 열에너지로 전환할 수 있는 사탕수수 찌꺼기이다. 1970년대에는 전기가 비싸고 전력이 낮았기 때문에 많은 제당 공장들이 사탕수수를 이용한 발전기에 투자를 아끼지 않았다. 대체 에너지 개발에서 모범을 보여 주고 싶었던 정부는 바이오매스에 상당한 관심을 보였다. 따라서 전기와 열 병합 발전의 전형적인 예라고 할 수 있는 사탕수수를 이용한 전기 생산이 빠르게 발전할 수 있었다.

코사 핀토 공장은 이미 연간 9.4메가와트의 전기를 생산할 수 있는 발전소를 갖추고 있지만 그 다섯 배에 달하는 전기를 생산할 수 있는 또 다른 발전소를 건설할 예정이다. 공장 가동에 필요한 전기 15메가와트만을 생산하는 것이 아니라 쓰고 남는 전기 30메가와트를 국가에 판매하겠다는 것이다. 이처럼 에너지 분야의 민영화와 규제 완화는 독립 에너지 생산과 대체 에너지 개발에 도움을 줄 수 있다. 제당업자들이 가장 큰 수혜자가 된 것이다!

하지만 이런 거래가 1년 내내 이루어지는 것은 아니다. 브라질에서 제

Box 2

전기와 열 병합 발전의 원리

발전소의 주요 생산물은 열이다. 연료의 3분의 1은 전기 에너지로 변환되고 나머지 3분의 2는 열에너지로 변환된다.
이전에는 열에너지가 사라지도록 방치하는 수밖에 없었다. 하지만 산업 기술이 발전함에 따라 이런 부산물을 유용하게 사용할 수 있는 시스템이 고안되었고 이에 따라 남은 열은 공업이나 도시의 난방에 쓰일 수 있게 되었다(설탕 공장에서는 이와는 반대로 열을 만들고 남은 에너지로 전기를 만든다).
이런 시스템을 갖춘 발전소는 전기와 열 두 가지를 동시에 만들 수 있기 때문에 '전기와 열 병합 발전'이라 불리게 되었다. 이에 따른 생산성은 약 80퍼센트로 이전의 생산성 35퍼센트보다 훨씬 높다.

당 공장이 가동될 수 있는 기간은 5월부터 11월까지이다. 11월부터 4월까지인 여름에는 사탕수수 공급이 원활하지 못하기 때문에 전기 생산이 불가능하다. 설탕을 정제하지 못하는 것은 그리 큰일이 아닐지 모르지만 발전소에서 전기를 생산하지 못하는 것은 공장주 입장에서는 큰 손해가 아닐 수 없다.

석탄과 찌꺼기를 이용하는 발전소

레위니옹 섬에서 프랑스 전력 공사(EDF)는 지역 제당 공장과 협력 관계를 맺고 규제에서 벗어날 수 있었다.

지금까지 EDF는 '요금 균등법'[167]에 따라 프랑스령 해외 식민지와 본국의 요금을 다르게 매길 수 없었다. 하지만 이 요금 균등법은 현실 경제 체계에 맞지 않았다. 레위니옹 섬에는 원자력 발전소도 없고 개발된 자원도 없다. 발전소 대부분은 화력 발전소인데 여기에 사용되는 연료조차 수입하고 있는 실정이다. 따라서 전기 생산에 드는 비용이 프랑스 본토와는 큰 차이가 있다. 현실에 맞지 않는 전기 요금으로 인해 EDF의 적자는 커졌고 많은 연구가들이 적자를 줄이는 방법을 찾고자 고민해 왔다.

연구자들은 쌓여 있는 사탕수수 찌꺼기에 발을 묻은 채 어떻게 하면 1년 내내 전기를 생산할 수 있을지 생각했다. 그리고 마침내 해결책을 찾아냈다. 사탕수수 찌꺼기와 석탄, 이 두 가지를 모두 사용하는 보일러를 개발하는 것이었다.

---

167 '요금 균등법'은 프랑스의 공공 서비스를 지탱하는 주요 정책 가운데 하나이다. 분배 정책의 일환인 요금 균등법은 공공 서비스 비용이 지역마다 다른데도 모든 시민이 같은 가격으로 서비스를 이용해야 한다는 원칙을 내세운다.

레위니옹 섬의 발전소

1992년에 프랑스 기업들은 사탕수수의 약점을 보완하고 사탕수수에서 발생하는 경제 가치를 유지하는 방법을 고안해 냈다. 프랑스 석탄 공사와 EDF의 협력으로 프랑스 해외 영토의 정제 공장 두 곳은 석탄과 사탕수수를 각각 70퍼센트와 30퍼센트 비율로 사용하는 화력 발전소를 세울 수 있었다. 이곳에서 생산되는 전기는 레위니옹 섬에서 사용되는 전체 전기의 45퍼센트를 공급하고 있다.

부와루즈 발전소와 골 발전소에서는 설탕을 정제하면서 발생한 찌꺼기를 모두 태운다. 이 두 발전소는 석탄을 쓰는 화력 발전소에 비해 친환경적이라는 평가를 받았다. 사탕수수 찌꺼기는 재나 황을 유발하는 물질을 거의 포함하지 않는다. 1997년에 환경부는 경제적인 청정 기술을 개발한 골 발전소와 이곳 책임자에게 장관상을 수여했다.

새로운 보일러를 개발하는 과정을 보면 기존의 생산 기기를 개선하고 부산물에 보다 높은 가치를 부여함으로써 산업적인 이익을 늘릴 수도 있다는 사실을 알 수 있다. 다양한 산업 활동이 공존하는 이 분야에서 별다른 가치가 없던 것에 가치를 부여하는 일은 그리 어렵지 않은 것으로 판명되었다. 운송비 절감, 해당 업체들 사이의 교류 증가, 업종의 다변화를 통한 가치 부여 등이 그 주요 수단이었다.

덴마크의 칼룬보르에는 상상이 현실이 될 수 있다는 것을 보여 준 세계 최대의 '생태 산업 단지'가 있다. 산업체에서는 남는 열을 가져가 연료로 사용하고 쓰레기는 원자재로 활용하기도 한다. 그러니까 규모의 경제[168]를 실현하여 에너지를 재활용하는 것이다. 다시 말해 산업체의 다양한 내부 고리들이 천연자원과 에너지의 손실을 줄여 준다. 칼룬보르를 모방하는 곳이 점점 늘어나고 있다!

---

168 '규모의 경제'란 투입 규모가 커질수록 장기적인 평균 비용이 줄어드는 현상을 말한다.

맥주 양조업의 부활

친환경적인 방법으로 산업 과정을 최적화하고자 하는 기업의 수가 늘어나고 있다고 한다. 더 나아가 환경에 미치는 영향에 따라 사업을 선택하는 경우도 있다고 한다. 우리는 7월 23일 그 대표적인 예인 시에라 네바다(Sierra Nevada)를 찾아갔다. 시에라 네바다는 1979년 미국의 치코라는 작은 마을에서 시작된 맥주 회사이다. 캘리포니아의 7월 햇볕이 내리쬐는 날, 우리는 이 회사를 견학하면서 맥주 제조 과정의 비밀을 알게 되었다. 시에라 네바다의 성공의 비밀은 공정을 지속적으로 최적화하는 것이라고 했다. 과연 이것이 가능한 일일까?

우리는 맥주 공장을 둘러보기 전에 먼저 체리 체스테인 씨와 이야기를 나누었다. 체스테인 씨는 시에라 네바다가 추진하고 있는 지속 가능한 개발의 책임자로 1년째 일하고 있다고 했다. 그녀의 이야기 가운데 몇 가지가 관심을 끌었다. 시에라 네바다는 단지 새로운 직책만 하나 만들어 친환경적인 이미지를 쌓으려고 했던 것은 아닐까? 하지만 일단 편견은 가지지 말자. 곧 알게 될 테니 말이다. 우리의 비관적인 태도는 금세 사라졌다. 새로운 직책은 시에라 네바다의 전체 업무가 지나치게 늘어나면서 생긴 자리였으며 회사 전체가 안정적인 경영을 유지하는 데 도움을 주었다고 한다.

그 유명한 맥주 시에라 네바다 페일 에일은 아주 고전적인 발효 방식으로 생산된다. 시에라 네바다는 환경에 미치는 영향을 최소화하기 위해 다른 맥주 공장에서는 반드시 거치게 되어 있는 수많은 과정 중 상당수를 생략하고 필요하다면 다른 과정을 보충하기도 한다.

첫 번째 카테고리는 생산 절차를 개선할 목적으로 맥주 양조장에 응축기를 설치하고 맥주의 적정 온도를 유지하는 데 사용된 증기열을 모으는 일련의 과정이다. 이렇게 모아진 열로 공장에서 사용하는 물을 미리 데우면 에너지 절감 효과를 낳는다.

두 번째 카테고리는 경제적인 이익보다는 환경적인 이익을 극대화하기 위해 몇 가지 조치를 취하는 과정이다. 이 조치들은 경제적인 최적화에도 상당 부분 기여하기는 하지만 그 기여는 매우 제한적이다. 환경에 관심이 많은 기업들은 심지어 경제적 수익성이 낮은 방법을 사용하기도 한다. 발효 가스(주로 CO_2)를 모아 병에 음료 등을 넣을 때 사용한다거나 태양 전지판을 설치하는 것 등이 그런 방법이다. 기존의 기술에 비해 이런 기술을 상용화하는 데에는 상대적으로 장기적인 투자가 필요하다.

이처럼 맥주 생산 과정을 두 가지 카테고리로 나누어 적절한 조치를 취하는 것만으로도 충분해 보인다. 하지만 시에라 네바다는 여기에 두 가지 카테고리를 추가할 것이라고 했다.

우선 전위적이고 위험 부담이 큰 프로젝트를 실행하는 선구자 격인 기업이 있다. 이런 기업은 단기 수익을 기대하지 않고 장기 수익을 내다본다. 시에라 네바다 맥주 회사는 이 카테고리에 연료 전지를 포함시키고 싶어 했다. 아직 많이 알려지지 않은 연료 전지는 산업에서 발생하는 에너지를 이용해 생산된다(시에라 네바다에서는 맥주를 정화한 하수를 처리하면서 발생하는 바이오가스에 포함된 천연가스를 사용한다).

그 다음으로 시에라 네바다는 엄밀한 의미에서 산업 활동이라 할 수 없는 모든 활동을 하나의 경제적 카테고리로 분류했다. 친환경적이지만 경제적인 생산성은 측정하기 힘든 기업 활동이 많아지고 있다는 사실을 고려한 결과이다. 시에라 네바다가 실천하고 있는 쓰레기 재활용, 발효 과정을 거치고 남은 찌꺼기를 이용한 목축, 홉의 무공해 재배 등은 기업의 환경 보호 의지를 북돋고 기업이 지속 가능한 개발을 계속하도록 돕겠다는 확고한 신념의 결과인 것이다.

물론 이런 조치는 다른 기업으로까지 확대 적용될 수도 있다. 시에라 네바다 맥주 회사처럼 장기적인 전망을 가지고 지속 가능한 개발의 방법을 다시 생각하는 것은 언제나 가능한 일이다. 우리는 미국의 제지 회사 스테이플스(Staples)와 일본의 자동차 회사 혼다에서 이런 예를 찾아볼 수 있다. 스테이플스는 좀 더 지속 가능한 개발을 위해 제지 공장의 생산 시스템에 변화를 준 좋은 예이다. 그리고 혼다는 자동차를 판매하는 대신 임대를 하여 자동차를 재활용할 수 있는 가능성을 넓혔다.

체스테인 씨의 설명은 계속되었다. 시에라 네바다의 이 모든 활동은 이 회사의 설립자이자 현재는 대주주인 켄 그로스먼의 주도로 시작되었다. 그로스먼은 시에라 네바다를 해마다 70만 배럴의 맥주를 생산하는 미국에서 일곱 번째로 큰 맥주 공장으로 만들었다. 하지만 지속적인 발전을 위해서는 기업 강령에서 많은 변화를 시도할 수밖에 없었고 이런 변화의 결과로 사원들은 공동체 의식과 창의력을 키울 수 있었다. "한마디로 운이 좋았던 거지요." 체스테인 씨의 결론이었다. 우리는 그로스먼이 자신의 경영 방식은 지속적인 발전을 위한 하나의 원동력이라는 사실을 다른 이들에게 인식시키는 데 그토록 오랜 시간이 필요했던 이유를 이해할 수 있을 것 같았다.

더욱 놀라운 사실은 기업의 프로젝트가 외부에는 전혀 알려지지 않았다는 점이었다. "그 점에 대해서는 우리도 고민을 했습니다. 하지만 소비자 입장에서 생각해 보니 그런 프로젝트를 실행하고 있다는 사실이 판매에 도움에 될 것 같지는 않았어요. 고객이 우리 회사의 맥주를 구입하는 이유는 다름 아니라 우리 맥주가 맛있기 때문이었으면 합니다." 그러니까 시에라 네바다 사원들은 맥주를 좋아하는 사람들이 환경 보호에 그리 관심 있는 사람들은 아닐 거라고 판단했던 것이다. 하지만 이런 생각이 옳은 것이었을까?

이 분야의 선구자들의 발자취를 따라가 보자. 미국인 건축가 윌리엄 맥도너와 독일인 화학자 미카엘 브라운가르트가 지적했듯이 오늘날 대부분의 물건은 소비를 위한 것이다. 어느 누구도 이 물건의 마지막에 대해서는 관심을 가지지 않는다. 즉 제품의 수명은 '요람에서 무덤까지'라는 속담처럼 한 방향으로만 나아가는 직선이라고 할 수 있다.

하지만 나무는 동물에게 거처와 음식을 준다. 나뭇잎은 땅을 비옥하게 하고 뿌리가 숨을 쉴 수 있게 하며 최종적으로 부식토의 일부가 된다. '부식토-나무-부식토'의 변화에서 볼 수 있는 자연의 순환은 '요람에서 요람까지', 즉 '윤회'라는 동양 사상으로 바라볼 필요가 있다.

이런 방식으로 사고하기 위해서는 지금까지의 습관을 버리고 변화된 새로운 생산 방식을 이해해야 한다. 또한 생산의 첫 번째 구성 단계에서부터 만들어진 물건이 제 역할을 다한 후 최종적으로 어떻게 되는지까지도 생각해야만 한다. 우리가 사용하는 물건은 다양한 요소로 구성되며 그 대부분은 재활용할 수 있다. 따라서 사용한 물건을 버릴 때에는 한 번에 버리지 않고 일일이 분리해서 따로따로 재활용할 수 있도록 해야 한다.

모든 물건은 조립되어 있다는 사실을 배우도록 하자. 그리고 생산자는 되도록 재활용이 가능한 소재를 사용하도록 하자. 이처럼 환경을 생각하는 단순한 교훈들이 결국 소비 사회에 혁명을 가져오는 것이다.

제17장 다 같이 불을 끕시다!

세계 일주 프로젝트 No. 20

• 보량국요련생(保良局姚連生) 중학교의 에너지 절약 사례(홍콩)

사람이 없는 빈방의 조명을 끄는 것, 물을 끓이면서 냄비 뚜껑을 닫는 것, 지하 저장고와 부엌, 그리고 난방을 하지 않아 비교적 차가운 기운이 있는 모든 방의 문을 닫는 것. "6,000만 명이 실천한다면 결코 사소한 일이 아닐 것이다!"[169] 우리는 일상생활에서 행하는 활동들로 인해 환경에 끼치는 부정적인 결과를 줄이는 방향으로 선택을 할 수 있다. 그리고 이러한 선택은 종종 개선된 삶의 질로 이어져 훨씬 큰 만족감을 주는 선택이 될 수도 있다!

자신이 소비하는 전기에 관심을 갖는 것? 자신의 행동이 환경에 끼치는 흔적('환경 지문'이라고도 한다)에 대해 생각해 보는 것? 한 번도 이렇게 해 보지 않았다면 어려워 보일 수도 있을 것이다. 행동에 변화를 주고 새

---

169 프랑스 환경 및 지속 가능한 개발부가 2006년 10월에 벌인 캠페인.

로운 기준을 정하고 안락함에 길들여진 오랜 습관을 뿌리치는 것 등은 아직 확실하게 자리를 잡지 못했다. 하지만 불가능한 일도 아니다. 많은 일들이 그렇듯 일단 직접 해 보는 것만으로 충분하다. 이제 소꿉장난을 하듯이 놀이를 통해 에너지를 절약하는 방법에 대해서 알아보도록 하자.

놀이를 통해 에너지 절약을 배우는 홍콩의 청소년들

5월 22일 홍콩의 대기는 무겁고 수증기로 가득했다. 공기가 건조하고 그늘에서도 기온이 섭씨 40도에 달하는 인도에서 잠시 머물렀던 우리에게는 건조함이라고는 없는 열기 가득한 날씨를 견디는 것이 쉽지 않았다! 세바스티엥과 페른은 주룽(홍콩 상공업의 중심 지구―옮긴이)의 수많은 고층 건물 가운데 한 건물의 26층에 우리의 숙소를 마련해 주었다. 이 구역은 예전에 영국의 자치령이었던 주룽 반도를 향해 있는 주거 지역이다. 그들의 설명에 따르면 아열대성 기후의 축축한 여름이 이미 코앞에 와 있었다. 하지만 상관없다! 이 정도의 때 이른 열대 계절풍이 아시아의 뉴욕이라고 할 수 있는 '향기로운 항구(香港, 홍콩)'의 가파른 언덕 지대를 돌아보는 일정을 방해하지는 않을 테니까 말이다.

중국에서는 크리스토프가 리아즈의 뒤를 이어 우리와 동행하게 되었다. 우리의 극동 지역 체류를 책임지는 정력적인 기호 논리학자이자 프로메테우스의 공동 창시자인 크리스토프는 문득 중국어를 배우겠다고 결심했고 그래서 우리의 중국 체류에 없어서는 안 될 사람이 되었다! 블랑딘은 공기의 질을 개선하기 위한 중국 지방 도시 당국의 계획이 무엇인지 알아보고자 했다. 그동안 엘로디와 크리스토프는 보량국요련생 중학교를 방문했다. 그들은 이 중학교의 이름을 햇빛 찬란한 '태양 중학교 (Sun College: 이 중학교 이름의 마지막 글자인 生의 광둥 어 발음이 'sun'이기 때문이다—옮긴이)'로 줄여서 읽곤 했다.

학교는 마침 레크리에이션 시간이었다. 초청자를 기다리는 동안 우리는 운동장에 나와 있는 중학생들이 학교 건물에 표시된 복장과 관련된 지시 사항들에 창의적인 설명을 덧붙여 해설하는 것을 재미있게 듣고 있었다. 영국 식민지 시절부터 내려온 감색과 하얀색 교복의 길이는 학생들의 취향에 따라 놀랍게 달라졌다고 한다. 치마는 짧아졌고 스웨터는 너무 헐렁해졌다. 그 이유를 알아보자!

교장 선생님이 도착했기 때문에 우리는 관찰을 그만두었다. 교장인 아이작 셰 박사는 단번에 우리의 마음을 사로잡았다. 단호한 걸음걸이, 넘치는 손아귀 힘, 솔직한 시선, 이 모든 것들은 셰 박사의 강인한 의지가 담긴 정신을 보여 주었다. 셰 박사는 관례적인 인사를 건네고는 우리를 사무실로 안내하여 홍콩 당국의 '기계 설비 및 전기 서비스 부처의 에너지 효율성국(EMSD/EEO)'이 추진하고 있는 학습 프로젝트를 소개했다. "2년 전에 학교가 지불해야 할 전기 요금이 비정상적으로 많이 나왔다는 사실을 알게 되었어요. 그때부터 이 모든 것이 시작된 겁니다."

어떻게 하면 전기를 절약할 수 있을까? 셰 박사는 학교의 전기 요금 청구서를 분석하면서 전기 소비가 늘어난 이유가 주로 에어컨 때문이라는 사실을 깨달았다. 홍콩에서 단 며칠만이라도 여름을 나 본 사람이라면 그런 사실에 전혀 놀라지 않을 것이다! 홍콩은 습도가 지독하게 높아 외부 온도와 상관없이 온도와 습도 조절 장치가 밤낮으로 가동된다. 기온이 쾌적한 상태인데도 단지 습기를 제거할 목적만으로 에어컨을 켜는 경우도 빈번하다. 이런 낭비에 대한 유일한 처방은 다름 아닌 교육뿐이다!

셰 박사는 뛰어난 교육적 직관을 발휘했다. 그는 학생들이 의무적으로 조명을 끄게 한다든지 과도한 에어컨 사용을 금지하는 규칙을 귀가 따갑도록 들먹이는 것을 철저히 자제했다. 셰 박사는 강압적인 방식을 피했고 좋은 방법이기는 하지만 돌아서면 금방 잊어버리는 해결책에 의존하려 하지 않았다. 그보다는 매우 실용적인 교육 경험과 창의성에 바탕을 둔 일종의 놀이에서 해답을 찾으려고 노력했다.

"모든 것이 교육과 학습의 재료입니다." 셰 박사가 설명했다. 그렇다면 어떻게 이런 신념을 현실로 만들 수 있었을까? 그 첫 번째 단계는 모든 교실에 신호기 2개를 운동장 방향으로 설치해 학생들이 에어컨의 작동 상태를 눈으로 직접 보도록 하는 것이었다. 두 번째 단계는 교무실에 학교 건물 전체의 에어컨을 켜고 끌 수 있는 제어 장치를 설치하는 것이었다. 이제 청사진이 그려졌으니 그대로 실행만 하면 되었다!

학생들은 멋지게 보일 수만 있다면 더위 따위는 아무래도 좋다는 듯한 태도였다. 외모에 엄청나게 신경을 쓰는 학생들은 사계절 내내 교복 스웨터를 걸치고 다녔다. 셰 박사는 한 교실에서 3분의 1 이상의 학생이 스웨터를 걸치고 있으면 에어컨을 꺼 버리겠다고 으름장을 놓았다. 그리고 자신이 직접 교실에 설치된 신호기의 불빛이 어떤 색인지 확인하는 역할을 맡았다. 이렇게 해서 불과 몇 달 만에 학생들의 습관을 완전히 바꾸는 데 성공했다!

게다가 교무실에 설치된 제어 장치를 통해 학생들은 보다 쉽게 바람직한 습관을 익힐 수 있었다. 교실에 설치된 에어컨의 전원을 깜빡 잊고 내리지 않았을 경우를 생각해 보자. 제어 장치가 있으면 교사들은 교무실에서 에어컨의 전원을 차단할 수 있다. 방학이 시작되기 전날이라 해도 교실에 설치된 에어컨의 전원을 모두 내리기 위해 복도를 이리저리 뛰어다닐 필요가 없어진 것이다. 아주 잠깐 동안 간단한 동작 두세 번만 하면 모든 에어컨의 전원을 차단할 수 있으니 말이다.

그 결과는 놀라웠다. 이 두 가지 장치를 설치한 이후 에어컨 사용 비용은 이전의 9분의 1에 불과했다! 셰 박사는 특히 다음과 같은 점을 자랑스럽게 생각한다고 했다. 학생들이 아주 어렵고 지겨운 것으로 생각하던 문제를 놀이를 통해 효과적으로 해결할 수 있다는 교육적인 메시지를 전달했다는 점이었다.

물론 학생들이 에너지에 관심을 갖도록 실행한 모든 방법이 학교의 명성을 높이는 데 비슷한 정도로 기여하지는 않았다. 하지만 그 방법들은 모두 교육적인 목표에 의해 정당성을 확보할 수 있었다. 어쨌든 이렇게 해서 문제의 중학교는 태양 전지판 몇 개를 구비하게 되었다. 이 태양 전지판은 전력 공급을 위해서가 아니라 복도의 전구를 밝히는 데 사용되었다. 학생들은 태양 전지판으로 생산된 소량의 전기를 적절하게 관리하는 법을 배웠다. 수업 시간 내내 태양 전지판이 작동하면 오후 수업이 끝날 즈음 그 작은 불빛이 상당히 밝아진다는 것을 깨달았던 것이다. 물론 태양 전지판을 설치하는 데는 비용이 든다. 하지만 이런 장치를 통해 학생들은 태양 에너지에 구체적인 관심을 갖게 되고 동시에 불편한 점도 배울 수 있다.

셰 박사의 이야기에는 교육적인 혁신이 많이 들어 있었다. 또한 그의 열정적인 창의성은 학생들에게 많은 영향을 주어 얼마 전에 열린 교내 풍력 발전기 대회에서도 그 결과를 확인할 수 있었다고 했다.

모든 이야기는 늘 사람들과 관계가 있는 법이다. 여기에 소개한 이야기 역시 마찬가지이다. 이것은 교육적인 프로그램에 믿기 어려울 정도로 헌신하면서 자신이 근무하는 학교의 모든 에너지를 그 프로그램과 연결한 열정적인 교장 선생님에 관한 이야기이다. '태양 중학교'는 EMSD/EEO가 에너지 절약을 주제로 개최한 대회에서 처음 세 번의 상을 받았다. 당연한 결과이다!

일상적인 에너지 절약

인간은 날마다 에너지를 소비한다. 운송, 조명, 난방 및 소비재 생산이 인간의 일상을 이루고 있다. 그런데 인간은 에너지를 이용하는 방식에 대해서는 어느 정도나 성찰할까? 종종 '환경을 위해서 무언가 하는 것'이 바람직하다는 데에는 모두가 예외 없이 동의한다. 하지만 '이런 일은 어쨌든 복잡한 일'이라고 생각하거나 편안함을 포기해야 하는 일이라고 생각하기 쉽다.

카풀을 못 하는 이유가 있을까? 출퇴근 시간을 맞추기가 어려울 수도 있다. 그렇다면 비행기보다 매력적인 기차는? 비행기보다 낫기는 하다. 비행기를 한 시간 타는 것이 기차를 다섯 시간 타는 것보다는 편한 것이 사실이다. 쓰레기 분리 수거는? 아니라고 말하지는 않겠다. 하지만 재활용 쓰레기 수거지가 집에서 3킬로미터 떨어져 있고 집 근처에 분리 수거함도 없다면? 상황이 이러하면 참 딱한 경우에 처하게 될 것이다. 그렇다면 다른 방법을 찾을 수밖에!

인간이 사회적·경제적 환경 속에서 생활한다는 사실은 인간이 내리는 여러 결정의 주요 요소이면서 동시에 그 제약 조건이기도 하다. 그렇다고 해도 셰 박사의 경우처럼 사소한 행동만으로 흡족한 결과를 내는 경우도 종종 있기 마련이다. 경제적 판단을 해야 하는 상황에서도 이미 행해진 선택의 여러 기준(가격, 색채, 취향, 내구성, 구성 성분, 인체 공학 등)에 새로운 기준(원재료의 기능, 오염 발생, 온실 가스의 방출 등)을 추가하는 것만으로 충분하다.

사실 지속 가능한 개발이 경기 침체와 동의어는 아니다. 소비 양식의 간소화로 얻을 수 있는 효용성을 강조한다면 우리의 생산 및 소비 체계가 좀 더 조화로운 체계로, 나아가 인간과 자연을 보다 존중하는 체계로 바뀔 수도 있다. 그렇다면 어디에서 시작하면 될까? 장기적으로 볼 때 에너지에 대한 정보가 최대한 널리 확산되는 사회만이 최적의 선택을 할 수 있을 것이다. 결국 그 첫걸음은 인간의 모든 행동에 에너지 절약이 필요하다는 데에 의견의 일치를 보는 것이다.

에너지 절약이란 값비싼 자원의 낭비를 줄이는 것으로 이해할 수 있다. 여행을 떠나면서 차에 넣는 휘발유나 난방에 쓰이는 중유를 생각해 보자. 같은 양의 휘발유로 더 먼 거리를 달릴 수 있고 같은 양의 중유로 더 안락해질 수 있다면 무엇 때문에 낭비하는 습관을 고집하겠는가?

에너지 절약은 또한 한정된 천연자원에 가하는 부담을 줄이는 것이기도 하다. 예를 하나 들어 보자. 전 세계에서 사용되는 1차 에너지의 80퍼센트를 공급하는 탄화수소는 그 소비량이 끝없이 증가하고 있다. 따라서 수십 년이 지나면 탄화수소는 아주 귀해질 것이다. 언젠가 우리는 아무런 의식 없이 탄화수소를 낭비해 버렸다는 후손들의 비난을 면치 못할 것이다.

에너지를 절약하면 커다란 환경적인 혜택도 얻을 수 있다. 에너지 절약은 도시의 오염을 줄인다. 또한 에너지 절약은 온실 효과를 야기하는 가스 방출을 줄이기 때문에 기후 온난화를 막고 각종 재해(저기압성 폭풍우, 해수면 상승, 재앙과도 같은 기상 이변 발생 가능성의 증가 등)의 규모를 크게 줄일 수 있을 것이다.[170]

에너지에 대한 정보를 골고루 보급하면 에너지 절약을 위한 결정을 내

---

170 적조가 발생할 위험이 줄어드는 것은 물론이고 화석 에너지 의존도가 낮아지면 에너지 안보가 강화될 수 있다. 전력 소비가 정점에 달하면 환경을 더욱 오염시키는데 이 문제 또한 해소할 수 있다.

리는 데 유익한 도움을 줄 수 있을 것이다. 그런데 어떻게 하면 이토록 매력적인 에너지 절약을 실천할 수 있을까? 이런 질문을 던지는 것이 홍콩의 태양 중학교가 채택한 에너지 절약 방법의 첫 번째 단계이다. 다시 말해 현재 상황에 대한 진단을 내리는 것이다. 종종 약간의 상식만 있어도 현재 상황을 올바르게 진단할 수 있다. 그리고 정보를 얻으려고 노력하는 과정에서 에너지 절약에 도움이 될 수 있는 아이디어들을, 혁신적이지만 가끔은 그 결과가 분명하지 않은 아이디어들을 모을 수도 있다. 예를 들어 인터넷 사이트, 짤막한 상업 광고, 프랑스 환경·에너지 관리 에이전시(ADEME)의 안내서와 유익한 조언, 전기 제품을 살 때 지침이 되는 인증표 등에서 아이디어를 얻을 수 있는 것이다.

우리는 에너지 세계 일주를 하는 동안 이런 자료들을 애용하는 많은 사람들과 의견을 나눌 수 있었다. 거기엔 상하이의 에너지 절약 대중 홍보 센터의 활동가들도 포함되어 있다. 에너지 절약의 홍보를 담당하는 이 센터는 모델 하우스를 갖추고 에너지와 물을 절약하는 가정용 제품들에 대한 교육을 효율적으로 실시하고 있었다.

이처럼 다양한 정보를 통해서 에너지 절약과 관련된 결정의 내용과 비용뿐만 아니라 그로부터 파급되는 효과까지도 분명하게 알 수 있다. 게다가 평가 기준이 정해지면 에너지 절약에 대한 판단은 더욱더 분명해진다. 이런 방법으로 더 저렴하고 실용적이며 오염이 적은 에너지를 선택한다면 결코 후회하지 않을 것이다. 그 이후에는 약간의 여론만 조성해도 에너지 절약에 도움이 되는 선택을 도울 수 있을 것이다. 즉 같은 비용으로 같은 서비스를 창출하는 두 개의 상품이나 행동이 있을 경우 하나가 다른 하나보다 더 많은 에너지를 소비한다면 둘 중 무엇을 선택해야 하는지 쉽게 판단할 수 있게 된다.

사소하지만 효과적인 수많은 행동이 에너지 절약을 위한 판단의 범주에 속한다. 방에서 나오면서 불을 끄는 것, 겨울에는 온도 조절기의 설정 온도를 낮추고 여름에는 높이는 것, 자기 전에 전자 제품의 플러그를 뽑아 놓는 것 등이 그 좋은 예이다. 일상생활에서 손쉽게 실천할 수 있는 새로운 습관은 얼마든지 있다.

새로운 기준(환경 비용)이 전통적인 기준(직접적인 재정 비용)과 갈등을 일으키는 경우에는 아주 복잡한 일들이 발생하기도 한다. 예를 들어 절연 재료로 주택을 지으면 난방비를 지속적으로 절약할 수 있지만 그 대신 초기 투자 비용은 은행 잔고를 넘어설 수도 있는 것이다. 그렇다면 어떻게 해야 할까? 당장 지출해야 하는 다른 비용을 위해 이 돈을 간직해야 할까?

우리는 교육과 다양한 여론을 통해, 그리고 다양한 경로로 정보를 접하면서, 개인의 활동에서 파생되는 환경 분담 비용이 점차 늘어간다는 사실을 알게 될 것이다. 환경 오염과 온실 가스 배출은 경제학 용어로는 '외부성(어떤 행위가 시장을 매개로 하지 않고 타인에게 이익을 주거나 손해를 끼치는 경우에 그 행위는 외부성을 갖는다고 한다—옮긴이)'에 속하는 것들이다. 외부성이란 재화와 노동의 가격 및 그 교환에서 드러나지 않는, 소비자 및 생산자의 행위에 의해 파생되는 결과를 말한다. 시장은 외부성을 반영하지 않기 때문에 그 비용 또한 드러나지 않는다. 따라서 사람들은 모두 외부성이 존재하지 않는 것처럼 행동하게 된다! 하지만 에너지 절약을 위해서는 이런 외부성을 내면화하는 법, 즉 그것을 경제적 비용으로 고려하는 방법을 배워야 할 것이다.

내면화를 배울 수 있는 방법은 외부성을 갖는 행위의 결과를 양으로 나타내는 방법뿐인 것 같다. 어떤 기업들은 자사 제품이 얼마나 지구의 기후에 보탬이 되는지를 타사 제품과 비교할 수 있는 방법을 제공함으로

Box 1

에너지 라벨

유럽 연합 집행 위원회의 주도로 1994년에 시작된 '에너지 라벨'은 다양한 가전제품의 에너지 소비에 관한 정보를 제공한다. 에너지 라벨은 냉장고, 냉동고, 세탁기, 건조기, 건조기가 달린 세탁기, 식기 세척기, 램프, 전기 오븐, 에어컨 등에 의무적으로 붙여야 한다. 이제 에너지 라벨은 가전제품을 제대로 선택하는 데 필수적인 도구가 되었다.

가전제품의 에너지 효율성은 A++에서 G에 이르는 에너지 효율성 등급으로 평가된다. A++ 등급은 효율이 가장 높고 G 등급으로 갈수록 효율이 떨어진다. 에너지 라벨은 에너지 효율성 외에도 에너지 소비 총량과 소음 수준 같은 다른 유용한 정보를 함께 제공하기도 한다.

〈세탁기의 예〉

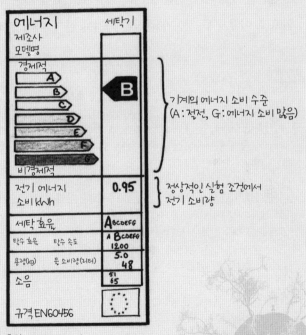

출처: www.ademe.fr

자동차의 에너지 라벨은 주행 거리 1킬로미터마다 방출되는 이산화탄소를 그램으로 표시한다. 이 에너지 라벨은 소비자가 오염 물질을 적게 배출하는 자동차를 선택하는 데 도움을 주며 덕분에 오염 물질 배출량이 많은 자동차는 시장에서 점차 사라지고 있다.

써 기후에 책임을 지는 구매를 돕는다. 영국계 유통 그룹 테스코(Tesco)가 그 예다. 테스코는 자사가 생산하는 7만여 종류의 식품이 기후에 미치는 영향을 보여 주기 위해 시험 삼아 'CO_2 라벨'을 부착하는 데 동의한 첫 번째 기업이다.

기후를 고려한 선택의 기준은 '환경에 좋은' 선택을 했다는 식의 '훈장'을 수여하는 데에 그치지 않고 수치화된 진정한 척도를 제시하려는 것일지도 모른다. 이런 생각은 매력적인 면이 있다. 예를 들어 어떤 식품 1킬로그램이나 접착제 튜브 한 개가 이산화탄소 몇 톤에 해당하는지 측정하려면 다양한 조사가 필요하다. 먼저 생산 라인으로 거슬러 올라가야 하고 생산품 운송과 관련된 모든 분야를 확인해야 하며 일단 팔린 상품이 앞으로 어떻게 될 것인지 관심을 가져야 한다. 다시 말해 생산품의 순

Box 2

온실 가스의 양은 어떻게 측정할까?

이산화탄소(탄소이산화물 혹은 CO_2라고도 한다)는 온실 가스의 기준이 된다. 이 가스의 측정에 사용되는 단위는 '톤으로 환산한 탄소' 혹은 '톤으로 환산한 CO_2'이다.

CO_2는 산소(O) 분자 2개와 탄소(C) 분자 1개로 이루어져 있다. 1개의 산소 원자는 1개의 탄소 원자보다 3분의 4배 무겁다. 따라서 CO_2 분자의 질량은 탄소 원자 1개의 질량의 3분의 $11(\frac{4}{3} + \frac{4}{3} + 1 = \frac{11}{3}$)이다. 따라서 CO_2 11톤은 탄소 3톤을 포함하고 있다. 헷갈릴 이유가 하나도 없는 명확한 계산 결과이다!

모든 온실 가스는 'CO_2에 해당하는 톤'으로 측정된다. X라는 가스의 톤을 CO_2의 톤으로 변환하는 기준은 가스 X를 100년 동안 가열할 수 있는 힘이다.[7] 이런 방법을 사용하면 메탄 1톤은 CO_2 23톤이라고 할 수 있다. 이 양을 모두 더하면 매년 몇 톤의 CO_2(혹은 C)가 공기 중으로 배출되는지 알 수 있는 단일한 지표가 나온다.

일반적으로 대기 중의 온실 가스 농도를 측정하는 단위는 피피엠(ppm)이다. 피피엠은 가스의 농도를 100만 분의 1로 측정한 단위이다. 1피피엠은 분자 100만 개 중 1개를 의미하며 가스가 대기 중에 얼마나 저장되었는지의 기준이 된다.

환 주기를 분석하는 절차가 필요한 것이다.[172] 하지만 이 모든 과정을 엄격하게 점검하기란 쉽지 않은 일이다. 이 모든 과정은 경제를 현대화하는 무수한 흐름과 연관되어 있기 때문이다.

그렇다면 분석된 경제 시스템 사이의 경계선은 어떻게 그을 수 있을까? 트랙터 한 대를 놓고 생각해 보자. 이 트랙터의 도면을 그린 엔지니어가 사무실에 불을 밝히기 위해 소비한 에너지도 고려해야 할까? 아니면 우리가 낙원 같은 휴양지에서 휴가를 보내는 동안 세척되고 절단되어 상자에 포장된 다음 식탁에 오르는 포테이토칩, 그 포테이토칩을 만드는 감자밭을 그 트랙터로 개간했다는 점도 고려해야 할까? 그것도 아니면 트랙터 모터의 부품을 구매한 인도의 도매상을 위해 일하는 대만 하청업자의 에너지 소비를 조사해야 할까? 만약 그렇다면 어떻게 정확한 데이터를 얻을 수 있을까? 아마도 운송에 이용된 모든 자동차의 제작 연도와 생산 공장의 건설 연도, 원자재의 원산지와 같은 정보들을, 그리고 너무나 다양해서 도저히 파악할 수 없을 것 같은 필수불가결한 또 다른 정보들을 모두 알아야만 할 것이다.

생산 관련 분야에 대한 지식과 보증은 극도로 다양화된 세계 시장이 야기한 골칫거리를 해결하는 데 보탬이 될 수도 있다. '온실 가스 라벨(GEStiquette)'이라는 재미있는 합성어로 정의되는 매력적인 개념이 그 좋은 예다. 이 용어는 '라벨(Etiquette)'과 '온실 가스(Gaz à Effet de Serre, GES)'를 줄여서 하나로 만든 합성어이다! 공감 가는 명칭이 아닌가?

그리 멀지 않은 미래를 내다보자. 엄격하고 중립적인 방법론의 결과인 온실 가스 라벨과 그 사촌뻘인 환경 라벨은 다양한 제품의 환경 지문을 수치

---

171 220쪽 제10장 박스 2 참고.
172 341쪽 제18장 박스 1 참고.

Box 3

여러 가지 환경 인증 라벨

환경 인증 라벨이 부착된 상품이 증가할지 여부는 소비자에게 달려 있다. 소비자가 요구하면 생산자는 요구 사항이 많아진 고객에게 보다 나은 서비스를 제공하기 위해 공급을 맞출 것이다.

프랑스의 공식 라벨

프랑스 공업 표준화 협회가 보유 관리하고 있는 'NF 환경' 라벨은 두 가지를 보증한다. '사용 품질'과 '환경 품질' 보증이 그것이다. NF 환경 라벨은 특히 생산품의 순환 주기가 환경에 미치는 영향을 고려하는데, 생산품은 친환경적인 측면에서 서류에 명시된 모든 항목에 부합해야 한다. NF 환경 라벨은 의약품, 농산물 가공품, 서비스 분야와 자동차 분야를 제외한 모든 종류의 생산품에 적용된다. 라벨의 승인 기준은 여러 산업 분야와 협회, 공공 기관의 교섭에 의해 만들어졌으며 제3의 독립 기관이 생산품을 승인하고 라벨을 부여한다.

유럽 환경 라벨

생산품의 '사용 품질'과 '환경적인 특징'을 동시에 보증하는 유럽 환경 라벨은 산업체의 요구에 의해 발급되며 독립적인 관리 기관에 의해 승인된다.

소비자는 환경 라벨을 보고 품질 인증을 받은 카테고리에서 가장 친환경적인 상품이 무엇인지 구분할 수 있다. 온실 가스 라벨과는 달리 환경 라벨의 비교 접근법은 환경 지문의 절대 기준을 제공하지는 않는다. 따라서 다른 유형의 생산품과는 비교할 수 없는 것이다. 하지만 유형이 다르다고 해도 관습적으로 비교할 수 있는 생산품도 있다. 예를 들어 아이스크림과 요구르트는 모두 디저트이기 때문에 환경 라벨을 비교하여 선택할 수 있다.

수치로 보는 포장 용품 소비

프랑스에서는 날마다 1인당 평균 1킬로그램의 가정 쓰레기가 나온다. 이 수치는 40년 전보다 두 배 증가한 것이다. 가정에서 발생하는 쓰레기의 무게는 연평균 1~2퍼센트 증가하는 추세다. 연간 450만 톤이 버려지는 포장 용품은 가정 쓰레기의 25퍼센트를 차지하고 있으며 전체 쓰레기의 무게에서는 35퍼센트를 차지하고 있다.

지난 몇 년간 확인된 상황은 긍정적이라고 할 수 있다. 가정에서 발생하는 쓰레기의 양은 소비 증가에도 불구하고 1997년 이후 10퍼센트 감소했다. 의식 수준도 변화하고 있다. 2007년 9월에 조사된 한 보고서에 따르면 전체 응답자 가운데 46퍼센트가 포장이 거의 무분별하게 이루어지는 것으로 인식하고 있다. 7년 전만 하더라도 이런 인식은 현재의 절반에도 미치지 못하는 23퍼센트였다.

화하여 계산할 수 있게 할 것이다. 그렇게 되면 이 두 가지 라벨은 공적·사적 경쟁 입찰의 기준에 포함될 수 있을 것이며 세계 경제가 좀 더 지속 가능한 생산 방식으로 선회하는 데 적지 않은 도움을 줄 것이다.

하지만 지금 당장이라도 에너지 절약을 향한 여러 방향으로 나아갈 수 있다. 이런 방향들은 식료품을 선택할 때도 훌륭한 안내자가 되어 줄 것이다. 생산, 운송, 포장으로 이어지는 식품의 에너지 연쇄를 보여 주는 것만으로도 충분하다. 식품 생산과 관련된 방향에서는 환경을 심하게 오염시키고 에너지 생산 비용도 높은 비료에 관해 생각해 볼 수 있다. 에너지를 절약하려면 이런 비료를 쓰지 않고 재배한 '바이오 식품'[173]을 선택

---

173 '바이오'에 관해서는 아직도 논쟁이 진행 중이다. 이런 재배 방식은 수익의 측면에서 전통적인 농업보다 효율성이 떨어진다. 바이오 농법이 지구를 먹여 살릴 수 있을까? 유엔의 국제 식량 농업 기구(FAO)는 그렇다고 답한다. 어쨌든 농업 생산자의 사기는 우리 소비자들의 행동에 달려 있다. 우리는 다른 농업 생산자들에게도 소비자가 환경을 존중하는 행동에, 따라서 합리적인 농업의 출현에 얼마나 많은 중요성을 부여하는지 알려야 한다. 결국 잊지 말아야 할 것은 취향, 다시 말해 건강을 기준으로 삼는다 하더라도 '바이오'가 농산물의 유일한 환경적 기준이 되기에는 아직 갈 길이 많이 남아 있다는 점이다! 지역에서 생산되어 단순하게 포장되는 제철 식품이 몇몇 바이오 식품보다 친환경적일 수도 있는 법이다!

하면 된다. 소고기 대신 가금류를 선택하면 메탄 방출을 줄이는 데 도움이 된다.

운송에서는 어떤 선택이 가능할까? 수입되거나 온실에서 재배된 식품보다는 자기 지역에서 나는 제철 식품을 선택하면 된다.[174] 운송 거리가 같다면 선박 운송이 도로나 비행기를 이용한 운송보다 에너지를 적게 소비한다. 해 볼 만하지 않은가! 포장과 관련된 선택에는 무엇이 있을까? 급속 냉동된 식품보다는 신선한 식품을, 1인용으로 포장된 식품보다는 집에서 직접 만든 디저트를 택할 수 있다.

과연 우리는 소비 주체로서의 책임을 심각하게 받아들이고 있는가?

---

174 12월에는 딸기, 토마토, 체리 같은 것들이 없어도 잘 지낼 수 있다.

주거의 대안과
지속 가능한 운송 기술

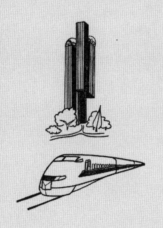

제18장 생태적 주거

―――――――――――― 세계 일주 프로젝트 No. 21 ――――――――――――

• 물과 에너지를 자급자족하는 주거지, 인도 생물 다양성 보존 회사(Biodiversity Conservation India Limited, BCIL) 사무실, 벵갈루루(인도)
• 프라이부르크 보방 구역의 에너지 절약 주택과 수동적인 주택(독일)
• 오스트필데른의 어느 주거 지역 전체 차원에서 진행되는 야심 찬 에너지 규범(독일)
• 3차 산업에서의 생태 건축과 정비, 콜로라도 골든의 국립 재생 에너지 연구소(NREL)와 록키 산맥 연구소(RMI)(미국)
• 건물 정비 비용을 충당하기 위한 묘책, 하얼빈(중국)

1차 에너지 소비의 46퍼센트, 온실 가스 발생의 25퍼센트. 이 수치를 보면 프랑스의 에너지 소비에서 주거와 3차 산업 부문이 차지하는 비중이 얼마나 큰지 알 수 있다. 온실 가스 방출을 4분의 1로 줄이기 위한 다이어트가 절대적으로 필요하다! 건축가와 도시 설계자들은 주변 환경과 조화를 이루고 거주자들에게 미치는 환경의 영향을 최소화하는 미래의 주거 구역을 구상하면서 기발한 아이디어를 동원해 치열한 경쟁을 벌이고 있다. 물론 바람직한 현상이다. 하지만 이것만으로는 충분하지 않다. 프랑스 주거 지역의 정원은 매우 느리게 증가하고 있기 때문이다![175] 정원의 수를 늘리려면 기존 정원의 문제점을 해결하려는 노력이 필요할 것이다. 쉽지는 않겠지만, 불가능한 일은 아니다!

---

[175] 프랑스의 경우 연간 약 1%의 비율로 개선되고 있다.

환경을 생각하는 건축

벵갈루루는 '삶은 강낭콩의 도시'라는 뜻이다.[176] 엘로디와 리아즈를 퐁디셰리에 남겨 둔 블랑딘은 이 도시에서 유리와 철로 된 마천루로 둘러싸인 넓은 도로를 만나게 되리라 예상했었다. 벵갈루루는 인도 기술력 도약의 요람이 아니던가? 이 도시는 투자자들과 숙련된 노동자들로 넘쳐 나지 않는가? 그리고 프랑스보다 6배나 크고 인구는 20배나 많은 거대한 나라의 현대화를 상징하는 심장이 아닌가?

블랑딘이 인도판 '실리콘 밸리'라는 메갈로폴리스(인구 650만 명)의 특징을 사흘 만에 간파하기는 어려울 것이다. 물론 블랑딘은 뭄바이나 델리보다도 많은 인구에 놀랐다. 인도는 사람이 넘쳐 났고 도로는 폭음을 내는 오토바이들로 빈틈이 없었다. 블랑딘은 '정원의 도시'라고 할 수 있는 벵갈루루에서 목격한 병목 현상과 대기 오염에 대해 불평했을 것이다. 또한 벵갈루루의 영향권이 멀리까지 확대된 결과 주변 도시에서까지 그 현장이 보인다는 엄청난 개발 공사에 경탄했을 것이다. 이곳저곳의 건설 현장에서 세워지는 야심 찬 에너지 관련 계획들은 유럽의 건설 현장에서 볼 수 있는 계획들과 비교해 전혀 손색이 없었다. 방갈로르를 방문한 블랑딘은 이런 사실을 눈으로 직접 확인할 수 있었다.

5월 16일에는 BCIL을 방문했다. BCIL은 독창적인 아이디어가 넘치는 기업이다. 건축국과 산업 프로젝트 종합 연구 부서 및 부동산 진흥국을 겸하고 있는 이 청정 기술 기업[177]은 '건설의 미래'로 소개되고 있다. 이 회사의 창립자인 찬드라세카르 하리하란 씨는 "바꿔야 한

---

176 카르나타카 주에서(벵갈루루가 이 주의 주도이다) 사용되는 카나라 어를 문자 그대로 해석하면 그렇다.
177 청정 기술에 대해서는 제11장을 참고.

다."[178]라는 신조에 자신의 모든 에너지와 열정을 쏟은 사람이다. 그의 주요 활동 분야는 부동산이었고 무대는 카르나타카 주였다. 그가 거둔 성공의 결실이 BCIL이다. 1995년에 설립된 이후 이 선구적인 기업이 녹지 분양에서 거둔 총 매상은 지금까지 50배 가까이 증가해 왔다. 2,000만 루피에서 시작된 매상액이 지금은 10억 루피(1,700만 유로)에 달하는 것이다.

하리하란 씨는 콧수염을 기르고 둥근 안경을 쓴 덕분에 마르고 신경질적인 인상이 누그러져 보이는 사람이다. 그는 정열적인 환경주의자이고 신념에 찬 투사이며 기지가 번득이는 사람이자 대담한 사업가이다. 하리하란 씨는 시장과 관계를 맺어야만 자신의 신념이 유익해질 수 있다는 사실을 너무나도 잘 알고 있었다. "환경을 보호하기 위해 인생이라는 기차의 속도를 줄이려고 하는 사람은 드물지요. 어쨌거나 이런 생각을 품는 사람들이 있기는 합니다만, 그들의 금욕만으로는 충분하지 않습니다. 이런 생각을 품는 사람들이 늘어나야 합니다. 해결책이요? 안락함을 해치지 않으면서도 소비를 줄일 수 있는, 접근 가능한 기술을 찾아내는 것이지요." 하나의 프로그램으로 이 모두를 해내겠다는 것이었다!

하리하란 씨는 계속해서 자신을 실천으로 이끈 확신에 관해 들려주었다. "대규모 부동산 기업들은 환경-건축을 장려하기 위한 그 어떤 노력도 하지 않습니다. 사람들은 스스로 환경에 관심이 많다고 느끼지만 실제로 집을 살 때 '환경' 기준을 고려하는 사람은 거의 없지요." 가파른 경제 성장으로 인해 도시가 확대 성장하고 있는 벵갈루루에서 BCIL은 아주 쉽게 주요 전략을 구상할 수 있었다. 안락하고 접근 가능하며 환경적으로 지속 가능한 주택을 건설해서 판매하는 전략이 그것이었다.

---

178 이 말은 간디의 글 "세상이 바뀌길 원한다면 너 자신을 먼저 바꾸어라."에서 인용한 것이다. BC(IL)는 다시 말하면 "Be the Change."를 뜻한다.

유머 감각이 뛰어난 30대의 인도인 하샤 스리드하르 씨는 자신이 이 끄는 '디자인과 건축' 모임에 속한 건축가들의 습작 노트 여러 권을 신이 나서 보여 주었다. 그는 이 건축가들의 숙제는 주거지로 분양받은 토지에 남는 환경 지문을 줄이는 것이라고 설명했다. 즉 건물의 에너지 소비를 최소화하는 동시에 전력과 물 공급 및 쓰레기 수집과 처리에 있어 도시 서비스 의존률을 줄이는 것이었다. 그렇다면 이 숙제는 어떤 점에서 혁신 적이라고 할 수 있을까? 현재 건물의 점유와 관련된 에너지 소비를 줄이 기 위해 여러 건축 현장에서 수많은 노력이 경주되고 있는 것은 부인할 수 없는 사실이다.

하지만 BCIL에서는 그보다 더 선구적인 노력을 확인할 수 있었다. BCIL은 건축과 간접적으로 관련된 에너지 및 사회, 환경 비용에도 관심 을 기울이고 있으며(자재의 선택과 순환, 노동력의 선별 등) 물의 관리(펌프 를 이용하여 물을 정제하고 분배하고 세척하는 등)와 쓰레기 관리(쓰레기의 수집과 운송과 처리)에도 관심을 가지고 있었다.

우리는 '이론에서 실천으로'라는 방향을 따라 5월 17일 '티제드 (T-ZED)'로 향했다. 티제드는 '베드제드(BedZED)'[179]라는 영국의 선구적 인 개발 프로젝트를 계승했으며 지금은 완성 단계에 있는 '토지 분양' 구 역으로, 탄소 중립에 내기를 걸고 있다['T-ZED'는 '탄소 발생 없는 개발을 생각하기(Think - Zero Emission Development)'의 약자이다].

누가 티제드에 거주하게 될까? 뱅갈루르의 경제적 역동성에 기여하 고자 이곳으로 이사 온 수많은 중산층 가정 중의 하나이거나 환경 쟁 점에 민감한 가정일 것이다. '탄소 발생 없는 개발을 생각하기'라는 내

---

179 '베드제드[베딩턴 제로 에너지 개발(Beddington Zero (Fossil) Energy Development)]'는 2002년에 만들어졌다. 피바디 재단의 재정 지원을 받아 런던 남부 지역에 건설된 베드제드는 주거 지역 전체 차원에서 환경 개념의 실현 가능성을 증명했다. 녹지, 상가, 사무실, 주민 100여 가구가 삶의 질을 높이기 위해 면적 2헥타르의 베드제드에 공존하고 있다.

기에 매혹된 사람들 말이다. 베드제드가 에너지와 물과 쓰레기를 효율적으로 관리해야 한다고 제안했던 것처럼 티제드 또한 이런 도시 관련 서비스를 총체적이고 자율적으로 관리하는 방안을 고려하고 있음에 틀림없다.

소비 부문에서의 절약

티제드 지역은 빗물을 철저하게 재활용하고 있다. 이 지역에서 빗물은 정원수로도 사용되지만 놀랍게도 샤워할 때도 쓰이며 변기와 부엌의 개수대에서도 사용된다. 또한 빗물은 각 가정의 유일한 음료수인 수돗물로 쓰기 위해 정제되기도 한다.[180] 블랑딘은 이런 사실에 깜짝 놀랐다. 빗물만으로도 물을 충분히 공급할 수 있다는 건가? 블랑딘과 함께 티제드에 갔던 부동산 중개인은 다음과 같은 사실을 알려 주었다. BCIL의 기술자들은 도시 건설을 구상하기에 앞서 항상 토지 분양으로 건설될 단지의 규모에 적합한 인구 밀도를 평가한다고 한다. 그렇기 때문에 거주자의 수는 천연자원(물, 에너지)의 가용성과 쓰레기(폐수와 생활 쓰레기 모두) 처리 능력 등에 따라 확정된다. 물론 인구가 도시의 자율성을 유지할 정도는 되어야 한다는 점은 당연하다.

BCIL은 티제드에 해당되는 넓이 2헥타르의 길고 협소한 직사각형 모양 지역에 95개의 주거지(아파트 8채와 개인 주택 15채)와 주차장, 스포츠 센터, 수영장 및 작은 레스토랑이 들어갈 수 있다고 예상했다. 그리고 불규칙적인 강우량에 대처하기 위해 기발한 시스템을 도입했다. 지붕과 정원에서 모아진 빗물은 땅속으로 흡수되어 44개의 빗물 저장고에 저장되

---

180 물을 퍼 올리고 처리하고 정화하는 활동은 에너지 소비가 많은 편이다. 마시기엔 적합하지 않지만 깨끗한 물로 빨래하고 정원의 물을 주고 목욕을 하면 에너지 비용을 줄일 수 있다. 물을 적게 쓰는 경제적인 화장실을 만들거나 샤워기와 개수대에 절수기를 달아도 에너지 비용을 줄일 수 있다!

고 그곳에서 깨끗한 물로 정제된다. 거대한 물탱크에 들어 있는 물은 태양 전지판을 이용해 온수로 변환되어 언제라도 8채의 아파트에 공급된다(그것도 무료로!).

자원의 분배는 자원 사용을 최적화하는 데 성공했다. 아파트에는 공기 조절 및 냉방의 '중앙 통제 시스템'을 통해 불화탄화수소(CFC, 프레온)가 없는 깨끗한 공기가 제공되고 유량 조절 시스템을 통한 개별적인 조절까지 가능하다. 이런 방식으로 쾌적한 환경을 제공하는 '지역 냉방 시설'은 전통적인 개별 시스템에 비해 에너지 소비량을 40퍼센트까지 줄일 수 있을 것으로 예상된다. 결국 거주자들은 보급이 약속되었던 가스를 이용한 발전 설비에 등을 돌렸고 에너지 절약에 적합한 디젤로 작동되는 바이오디젤 발전기를 쓰기로 결정했다!

건축에서의 절약

창립 이후 BCIL은 각 가정에서의 에너지 소비 감소뿐만 아니라 주택 건축이 환경에 미치는 영향의 감소 역시 고려했다. 이렇게 해서 BCIL은 환경 및 사회적 기준을 포괄하는 순환 주기 분석에 바탕을 두고 지속 가능한 자재들의 데이터베이스를 구축했다.

이런 과정을 거쳐 수많은 선택이 행해졌다. 예를 들면 벽돌 중에서도 압축된 흙으로 만든 벽돌, 아도브 벽돌(햇볕에 말린 흙과 짚으로 만든 벽돌) 또는 열대 지방의 붉은 흙으로 만든 벽돌이 선호되었다. 전통적인 방식으로 제작되는 벽돌은 에너지 소비량이 훨씬 많았기 때문이다. 그리고 합성 자재보다 목재나 석재 같은 천연 자재를 더 많이 사용하게 되었다. 또한 운송 과정이 환경에 주는 영향을 줄이기 위해 해당 지역에서 생산되는 자재를 선호하게 되었다. 독성이 있는 자재는 당연히 금지되었는데 특히 휘발성 복합물의 비율이 높은 페인트의 경우가 그러했다.

Box 1

환경 종합 평가

환경 종합 평가라고도 불리는 순환 주기 분석은 생산품별, 서비스별 또는 단계별 환경에 대한 영향을 체계적으로 평가하는 것이다. 이 분석을 통해 생산품의 순환 주기 전체에 걸쳐 환경에 미치는 영향을 줄이는 방법을 확인할 수 있다.

환경에 미치는 영향은 원자재의 추출에서 생산품으로서의 수명이 종결(쓰레기장 폐기, 소각, 재활용 등)되는 순간까지 예외 없이 수량화된다. 간단히 말해서 요람에서 무덤까지 모든 것이 포함된다.

〈생산품의 순환 주기〉

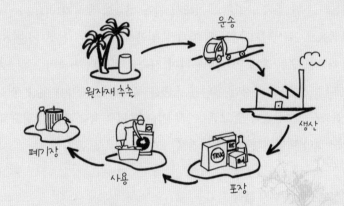

환경 종합 평가의 결과는 종종 기존 관념에 배치되기도 한다. 빨리 폐기될수록 가시적인 오염 물질은 적어진다는 것, 종이 봉지가 플라스틱 봉지보다 세 배나 많은 물을 소비하며 온실 가스 배출량도 더 많다는 것, 생물학적으로 분해되는 봉지가 온실 가스와 대기 산화라는 문제에 있어서는 더 많은 오염 물질을 배출한다는 것 등이 그 예이다.

결론: 장을 볼 때는 할머니들이 쓰던 장바구니를 가져가자!

결국 BCIL은 지속 가능한 사회적 실천을 독려하기 위해 작업장과 하청 공장의 작업 조건에 아주 엄격한 기준을 적용하고 있다. 또한 경우에 따라서는 전통적인 건축 기술(석재의 절단, 몇몇 방수재의 시공 등)의 보존 역시 장려한다.

하나의 생산품에 대한 환경 종합 평가에 원자재의 '순환 주기' 분석을 포함시키는 것은 아주 적절한 조치이다. 이런 각도로 식료품과 대량 소비품을 체계적으로 평가한다면 환경에 미치는 영향 정도를 더욱 분명하게 알 수 있을 것이다. 물론 순환 주기 분석을 포함한 평가는 건물처럼 오래 지속되는 생산품에 더 적합하기는 하다. 하지만 그런 생산품만이 우선적인 평가의 대상이 되는 것은 아니다.

미국 신재생 에너지 연구소(NREL)도 같은 견해를 밝힌 적이 있다. NREL은 순환 주기의 전체 과정에서 건축 자재의 에너지 비용은 전체의 10퍼센트로 추산되기 때문에 자재를 절약하기보다는 건축 기술(건물의 방향, 자연광 활용, 절연 등)을 이용하여 건축물의 에너지 소비를 최소화하려 한다고 밝혔다. 하지만 에너지 소비를 줄이려는 노력이 이런 두 가지 기준을 모두 포함한다면 그 두 가지 기준을 모두 충족하는 방향으로 나아가는 것이 바람직하지 않겠는가?[181]

가정에서의 에너지 절약

2월 9일. 상황이 달라지면 에너지 철학도 달라져야 한다. 프라이부르크 임브라이스가우(프라이부르크의 정식 명칭—옮긴이) 시(市) 당국은 1994년 프랑스 군대로부터 구입한 토지에 친환경 구역인 보봉을 건설했다. 군대가 주둔했던 흔적이라고는 원수(元帥)이자 건설자의 이름인 보봉, 학생 기숙사와 사회 시설로 변신한 병영 몇 개뿐이다.

---

181 한 가정 혹은 한 구역 차원에서의 친환경적인 건축에 대해서는 수많은 연구가 이루어졌다. 널리 알려진 것처럼 친환경 건축에는 전체 투자 비용의 10~15퍼센트에 달하는 초기 비용이 들어간다. 하지만 이 초기 비용은 조명, 난방, 환기 등의 에너지 비용 절약으로 상쇄된다. 제3의 건물을 지을 경우 초기 비용은 그 건설 현장에서 일하는 피고용자들의 생산성 증가로 상쇄되며 이때는 임금이 1제곱미터당 기업 지출 비용의 가장 큰 부분을 차지한다!

우리를 안내한 사람은 프라이부르크의 젊은 환경 운동가인 마르틴 크란츠였다. 그를 따라 출발해 보자! 트램 선로를 따라 내려가면서 우리는 주변의 다채로운 원색에 마음이 끌렸다. 노란색, 파란색, 붉은색 등이 이 구역에 색채를 더했다. 지붕에 태양 전지판들이 설치된 쇼핑센터 건물 하나가 '태양광 주차장'을 마주 보고 서 있었다. 주민 5,000명을 수용하도록 계획된 보봉에서는 자전거, 트램 그리고 보행자들이 왕이나 마찬가지였다.

보봉의 다양한 건축물들은 이 구역을 구상하면서 무엇을 가장 먼저 고려했는지 한눈에 보여 준다. 창조성, 협의, 적극적 관리 등이 보봉 건설 계획의 키워드였다. BCIL이 전문 기술자들에 의해 최적화된 주택을 판매하는 데 반해 보봉에서는 주민 각자가 꿈꾸는 대로 주택을 디자인할 수 있었다. 유일한 제약은 야심 찬(특히 에너지의 관점에서 야심 찬) 입찰 규정서에 맞도록 시 당국이 공개 입찰로 선정한 건축가 가운데 한 명을 선택해야 한다는 것뿐이었다.

마르틴은 보봉 구역의 모든 건물들이 '낮은 에너지 소비 주택(난방으로 1제곱미터당 연간 65킬로와트시 이하를 소비하는)' 라벨의 요구 사항을 충족하고 있으며 어떤 건물들은 '패시브하우스(PassivHaus)' 라벨의 요구 사항까지도 충족한다고 강조했다('패시브하우스'는 난방으로 1제곱미터당 연간 15킬로와트시 이하를 소비하는 건물이다). 건물들은 태양 에너지 이용을 최적화하기 위해 남북의 축을 따라 건설되었다. 태양 전지판과 바이오매스 공동 발전소 덕분에 보봉은 에너지의 65퍼센트 이상을 재생 에너지원에서 얻고 있다.

마르틴의 고등학교 시절 여자 친구인 노라 호프슈테터가 우리를 자기 부모님 집으로 초대했다. 주거 지역에 있는 그 집은 이웃집들과는 전혀 닮지 않은 모습이었다. 이 마을은 노란색과 붉은색이 자연스럽게 드러난

Box 2

열과 관련된 법규 및 인증서

한 건물의 에너지 소비를 나타내는 단위는 '연간 1제곱미터당 킬로와트시'이다. 예를 들어 면적이 100제곱미터인 건물의 총 에너지 소비량이 연간 1만 2,000킬로와트시라면 이 건물의 에너지 효율성은 12,000÷100=120kWh/m²(연간)가 된다. 주의할 점은 이렇게 수치화된 효율성을 비교하려면 일차 에너지 소비(자원의 소비)와 최종 에너지 소비(조명을 포함할 것인가의 문제가 있다) 그리고 개별적인 사용(대부분 난방을 의미한다)을 구분해야 한다는 점이다.

법적인 사항: 1970년대 오일 쇼크에 뒤이어 여러 나라가 에너지 소비와 관련된 건축의 기술적 규범을 공포했다. 점진적으로 실행된 이 규정들은 신축 건물의 에너지 소비를 줄이는 것이 목적이었다. 독일의 EnEV 법안과 프랑스의 열 관련 법규가 그 예이다. 프랑스의 열 관련 법규 중 가장 최근의 것은 RT2005 법이다.

인증서: 친환경 건축물이라는 사실을 가시적으로 보여 주고 이와 관련된 개념들을 확산시키기 위해 몇 가지 라벨과 인증 방법이 실행되었다. 이는 좋은 이미지를 얻는 것으로도 친환경 건축의 초과 비용을 상쇄할 수 있다는 논리를 정당화하기 위한 것이기도 했다. 각각의 라벨은 친환경 건축물들의 지속 가능한 개발의 수준을 계량화한다.

다음은 라벨과 인증 방법의 몇 가지 예이다.
• 미국의 LEED[에너지 및 환경 디자인 리더십(Leadership in Energy and Environmental Design)]
미국 친환경 건물 협회(US Green Building Council)가 개발한 몇 가지 사항을 포함하는 간단한 시스템이다. LEED는 물과 에너지 사용의 효율성이 포함된 여섯 가지 차원으로 건물의 성능을 규정할 수 있어 전 세계적으로 점점 더 많이 이용되고 있다.
• 독일의 '낮은 에너지 소비 주택'과 '패시브하우스'
패시브하우스는 다름슈타트에 위치한 연구소 패시브하우스에서 고안된 개념으로 에너지와 관련된 네 가지 기준을 따른다. 패시브하우스로 인정받으려면 1제곱미터당 연간 120킬로와트시 이하의 에너지를 소비해야 하고 그중 난방에 드는 에너지는 15킬로와트시를 넘을 수 없다.
• 스위스의 미네네르기(Minenergie)
에너지 소비에 가중치가 적용된 지수.
• 프랑스의 '환경 고품질(HQE: 에너지 성능과 관련된 14개 목적을 포함)'과 2007년 이후 생긴 '에피네르지(Effinergie: 1제곱미터당 연간 50킬로와트시 이하를 소비하는 신축 건물)'
• 인도의 테리그리가(TERI-Griga)

집들이 대부분이었지만 노라네 식구들은 집의 앞면을 나무로 꾸며 놓았다. 이웃집과 '담장'을 사이에 둔 정원 쪽으로 향한 거실에는 커다란 유리 창들이 있어 햇빛이 잘 들어왔다. 밝은 채광, 삼중 덧문, 그리고 절연 처리된 벽이 있는 그 집은 에너지 소비를 줄이기 위해 그다지 큰 노력을 들이지 않았으며 실내는 아주 안락했다!

노라는 우리가 놀라는 모습에 즐거워했다. 장래에 전문의가 되고 싶어 하는 노라는 이렇게 말했다. "가정에서 무엇이 필요한지 조금만 생각해 보면 돼요. 특히 어떻게 하면 필요를 줄일 수 있는지만 알아도 충분해요." 그녀의 제안을 실천해야 한다는 데에 동의하면서 우리는 네 가지 요소가 에너지 소비와 관련되어 있다는 사실을 확인할 수 있었다. 안락함을 느끼는 온도(난방 혹은 기후에 따른 공기 조절, 위생적인 온수), 취사, 조명, 가전제품이 그것이다.

이 짧은 목록의 마지막에 해당하는 두 가지 항목은 현재 급격한 변화를 겪고 있다고 한다. 에어컨 사용(지중해와 남프랑스 해안처럼 굳이 에어컨을 쓸 필요가 없는 지역에서까지)이 늘고 안락함이나 여가를 위한 가전제품이 쏟아져 나오면서 주택의 에너지 수요는 급격하게 상승하고 있다.

"이런 점들을 확인하면 저절로 에너지 소비를 줄이게 돼요." 노라의 설명이었다. 그녀는 자기 집을 매우 안락하게 만드는 몇 가지 기발한 장치를 보여 주었다. 그중에는 층마다 벽에 부착된 밸브의 끝 부분이 연결되어 있는 '중앙 환기 장치'가 있었다. 이 장치를 통해 집안의 먼지가 직접 쓰레기통으로 빨려 들어간다는 것이다!

마르틴과 노라는 보봉을 모범적인 건축 규범을 보여 주는 지역 이상으로 여기고 있었다. 그들에게 보봉은 관심사를 공유하는 사람들의 공동체가 채택한 생활 방식의 화신과도 같은 것이었다(보봉에서 녹색당의 득표

Box 3

에너지 소비를 줄이는 몇 가지 방법

에너지원에 적응한다	– 태양이나 지열과 같은 천연자원을 이용한다. 예를 들어 자연광을 조명 으로 이용한다. – '지나친 에너지 과오'를 피한다. 예를 들어 가정에서 난방을 할 때는 전열기는 쓰지 않는 편이 낫다.[182]
수요를 최소화한다	– 절연을 강화한다. 건축 자재와 창문을 선택하면서 열전도율이 높은 물질을 피하면 도움이 된다. – 에너지 소비가 낮은 제품을 사용한다. – 에너지 절약을 습관으로 만든다(조명을 끄고 전열기의 코드를 뽑기, 온수 기와 라디에이터와 냉장고의 온도 조절 장치를 조절하기 등).
녹색 에너지를 생산한다	– 에너지는 열로 변환(특히 태양열은 위생적인 온수와 열 펌프에 이용된다) 되고 역학적으로 변환(예를 들어 풍력 에너지는 물을 끌어올리는 것과 연동 된다)되며 전기로 변환(태양 전지판, 소형 수력 발전기, 바이오디젤 발전기[183] 등)된다.

율이 월등하게 높다는 점이 그 증거이다). 그렇다면 보봉에는 어떤 사람들이 살고 있을까? 노라의 설명에 따르면 보봉이 내세운 목표 가운데 하나는 사회적인 혼합이었다고 한다. 하지만 실제로는 보봉 주민의 75퍼센트가 상류층이거나 자유 업종에 종사한다고 한다.

보봉은 쾌적한 작은 둥지와도 같았지만 누구나 쉽게 접근할 수 있는 곳은 아니었다. 이는 이 지역이 애초에 어떤 성격의 계획을 가지고 있었는지 단적으로 보여 준다. 현재 그 계획을 계승한 많은 사람들이 '친환경

---

182 열·전력 발전소의 주요 생산품은 열이다. 전기 생산의 효율은 30~50퍼센트 사이로 가변적이다. 하지만 전력을 가정에서 사용되는 열로 변환하는 두 번째 단계에서는 효율이 80퍼센트에 달한다. 그럼에도 전체 효율성은 최적은 아니다. 최초의 열을 직접 난방에 쓸 수 있기 때문이다.

183 오염과 제약(원자재 공급의 어려움)에도 불구하고 고립된 지역에서 현재 통용되는 유일한 해결책은 디젤 발전기이다. 상파울루 대학의 CENBIO는 아마존의 몇몇 낙후된 지역에 전력을 좀 더 쉽게 공급하기 위해 개선된 발전기의 연료인 바이오디젤을 국지적으로 생산하는 방법을 연구하고 있다.

구역'의 민주화를 위해 일하고 있다. 그리고 폴리시티(Polycity)[184] 건설과 같은 전 유럽 차원의 계획을 통해 에너지 관련 요구 사항이 그들의 주된 관심사의 중심에 놓이게 되었다.

아부다비 당국자들은 세계 자연 보호 기금(WWF) 대회와 더불어 마스다르(Masdar: 아랍 어로 '샘'을 뜻한다)라는 놀라운 계획을 출범시켰다. 이 계획에는 거주자 5만 명과 기업 1,500개만이 입주할 수 있는 도시 건설이 포함되어 있다. 특히 이 도시는 탄소 방출이 제로 상태가 되도록 설계되었다. 프랑스의 성장 자유화를 위한 위원회[소위 아탈리(Attali) 위원회]는 2012년 이전에 적어도 5만 명이 거주하는 10개의 '에코폴리스' 건설을 제안했다. 이 계획에는 '새로운 통신 기술 및 사회적 혼합을 목적'으로 하는 HQE 규범들이 포함될 것이다.

새로운 세대를 위해 미래의 주택, 경제 구역, 미래의 도시 등과 같은 야심 찬 계획들이 구상되고 있다. 그렇다면 기존의 공원들은 어떻게 할 것인가?

효율적인 건설보다 좋은 것은 혁신적인 건설

6월 13일. 우리는 지금 '동양의 모스크바'라고 불리며 헤이룽장 성(黑龍江省) 북쪽의 중국을 대표하는 하얼빈에 있다.

이곳의 겨울은 춥고 길기로 유명하다. 겨울에는 기온이 영하 20도, 가끔은 영하 30도까지 떨어지는 날이 드물지 않다. 하얼빈은 대륙성 기후에 속하면서 계절 사이의 온도 차가 무척 크다. 겨울이 춥다, 여름이 덥다고 말하는 사람이 있다면? 그 사람에겐 단열이 필요하다!

당연한 말이다. 그러나 이곳은 중국이다. 유럽에서 집을 짓는 사람들

---

184 제9장의 198쪽 참고.

은 건물의 단열을 시공하기 전에 두 번 생각한다. 평균 수입이 유럽보다 네 배에서 다섯 배나 적은 중국 사람들은 집을 지으면서 이제야 겨우 건물의 단열에 대해 생각하기 시작했다. 그다지 놀라운 일은 아니다. 하지만 그만큼 지금까지 중국 주택의 에너지 손실은 엄청났다고 할 수 있다. 또한 그 에너지 손실이 전 세계에 미치는 영향은 중국의 인구만큼이나 엄청나다. 그도 그럴 것이 중국인들이 사용하는 에너지는 주로 탄소 함량이 많은 에너지이기 때문이다.

에너지 효율성의 문제는 중국 건설부가 늘 입에 달고 사는 문제이다. 건설부는 신규 주택에 적용되는 열 관련 법규를 발표했다. 하지만 불행하게도 이 법규의 적용을 통제하는 것은 무척 힘들어 보인다.[185] 이런 현실 때문에 개발 은행이나 기술 협력 기구들 같은 국제기구들이 중국 정부에 원조를 제안하기에 이르렀다. 개발의 문제는 당연히 중국의 소관이다. 하지만 중국의 개발을 더욱 지속적인 개발로 유도하려면 국제 원조만으로는 충분하지 않을 것이다.

중국은 거대하고 매혹적인 나라임에 틀림없다. 하지만 지나치게 중앙 집중화된 나라이기도 하다. 따라서 에너지 문제에 효율적으로 개입하기 위해서는 중국 국가 개발 개혁 위원회(NDRC)를 통해야만 한다. 이 위원회는 중국의 경제 계획을 수립하는 전권을 가지고 있다. 그렇기 때문에 성공적인 결과를 거둔 계획만이 다른 도시와 지역으로 확대될 수 있으며 그럴 경우 영향력은 유럽적인 기준을 넘어 종종 10배, 100배, 1,000배, 10,000배로, 즉 기하급수적으로 커지게 된다. 중국의 개발 속도는 무척 빠르다. 중국에서 지내다 보면 이처럼 '영(0)'이 많이 붙은 수의 의미를 잘 이해할 수 있게 된다.

---

185 이와 비슷한 어떤 법규는 적용 비율이 약 1퍼센트에 불과했다.

수치로 본 중국의 주거 형태

20년 동안 중국의 도시 인구는 두 배로 늘어났다. 연간 1,500만에서 2,000만의 인구가 도시로 유입되고 있고 20억 제곱미터의 주거지가 확충되고 있다. 이 수치는 전 세계 건설의 절반에 해당하는 수치이다.
유럽 연합 전체의 부동산에 해당되는 수의 건물이 지난 15년 동안 중국에서 건설되었다.

하지만 중앙 정부가 동의하고 지방 정부가 관심을 가지고 지역 당사자들이 구태를 벗으면 에너지 절약을 위한 새로운 경험이 시작될 수 있다! 이렇게 해서 프랑스 개발국(AFD), 프랑스 에너지·환경 관리 에이전시(ADEME), 프랑스 세계 환경 재단(FFEM)을 중심으로 컨소시엄이 결성되었다. 우리는 하얼빈에서 이 컨소시엄이 주도한 여러 계획 가운데 하나를 접할 수 있었다. 에너지 절약을 실천에 옮길 수 있는 수백만 제곱미터 규모의 건설 사업, 공공 시설과 농촌 주택 정비를 위한 혁신적인 에너지 모델의 실험 등이 그 내용에 포함되어 있었다.

지난 몇 달 동안 여행과 공식 임무에서 뜻밖의 우여곡절을 겪기도 했지만 모든 일은 비교적 원만하게 진행되었다. 우리는 수많은 전시회와 회합에 참석했고 여러 지역을 방문했으며 공식 만찬에도 참가했다(이제 프랑스에 있는 중국 식당의 메뉴판을 예전과는 다른 눈으로 보게 될 것이다!). 결국 여러 가지 일을 직접 겪으면서 우리 자신이 변한 것이다!

우리가 살펴볼 수 있었던 프랑스와 중국 사이의 협력 프로젝트 관련 입찰 규정서에 아주 야심 찬 내용이 포함되어 있었다. 수입이 적은 사람들의 주거지를 재개발하고 보조금 지원을 넘어서는 재정 계획을 마련하겠다는 것이었다.

Box 5

재개발, 에너지 효율의 진정한 쟁점

ADEME이 2007년 11월에 발표한 보고서에 따르면 프랑스 가정은 네덜란드 가정보다 주거에 들어가는 에너지를 30퍼센트 이상 많이 소비하고 있다. 난방에 있어서 1제곱미터당 에너지 소비는, 기후 차이를 고려한 수치로 보아도 프랑스가 노르웨이보다 두 배 높은 것으로 나타났다.

전체 주택의 절반을 차지하는, 그리고 전체 주택에서 소비되는 에너지의 약 70퍼센트를 소비하는, 에너지 효율성이 낮은 낡은 주택들만 보면 프랑스의 평균 에너지 소비는 1제곱미터당 연간 240킬로와트시 이상이다. 에너지 소비는 주거의 유형(아파트, 단독 주택, 서민 임대 아파트)과 건축 연도 및 기후에 따라서 상당한 차이를 보인다.

수명을 다한 주거지의 재개발을 기대하는 것만으로는 충분하지 않다. 재개발 비율은 1퍼센트에 불과하며 무엇보다 재개발 사업의 착수에 걸림돌이 되고 있는 문제들을 하루빨리 해결할 필요가 있다.

• 임대 아파트의 문제

에너지 절약으로 얻는 실질적인 혜택은 세입자에게 돌아가지만 재개발 비용을 지불하는 사람은 소유자이다.

• 가장 효과적으로 단열을 할 수 있는 건물 외벽의 문제

오래된 돌로 지어진 멋있는 건물을 보존하고 싶어 하는 사람이 재개발을 생각한다는 것은 쉽지 않다.

• 내부 단열(두께가 15~20센티미터에 달하는 내부 절연)의 문제

비용이 더 들고 건물 내부 공간이 좁아진다(오늘날 내부 공간은 건물의 재산 가치를 결정한다).

첫 번째 목표를 실현하기 위해 재개발 혜택 수혜자에게 비용을 떠넘기지는 않는 것으로 의견이 모아졌다. 그렇게 되자 재개발에 필요한 자금을 다른 데서 찾아야 한다는 숙제가 남았다. 다른 데서? 그렇다. 하지만 어디에서 자금을 마련할 것인가? 이 프로젝트의 묘미는 바로 거기에 있었다. 해결책은 다음과 같았다. 재개발 대상 건물이 6층짜리라면 이 사업을 담당한 건축 회사는 7층짜리 아파트를 지어 분양해서 수익을 냈다. 두 번째 목표인 재정 계획의 마련은 수월했고 특히 확장이 가능한 구조를 가진 건물이라면 모두 자금 순환도 쉽게 이루어졌다. 이렇게 해서

2004년과 2007년 사이에 하얼빈과 헤이허(黑河)에서는 20만 제곱미터에 달하는 아파트와 농촌 주택이 재개발되었다.

프랑스에서는 에너지 효율성 진단(DPF)[186]이라는 새로운 개념이 낡은 건물에 적용되고 있다. 현재 점점 더 많은 기업이 친환경 주택이라는 미개척 분야로 시선을 돌리고 있다. 따라서 기존 건물들의 친환경적 재개발을 용이하게 하는 조치를 당장이라도 적용할 수 있게 해 줄 창의적인 재정 정책들을 속박하지 말아야 할 것이다!

---

186 DPF는 2006년 11월 1일 이후 프랑스 대도시의 건물 매매에 있어서 예외 없는 의무 사항이 되었으며 2007년 7월부터는 건물의 임대에도 의무적으로 적용되고 있다. DPF는 주택의 에너지 소비를 평가하며 온실 가스 방출에 있어서 그 파급 효과도 평가한다.

집중 해부_ 주택의 연료 전지 설치

───── 세계 일주 프로젝트 No. 22 ─────

• 전기와 열을 동시에 생산하기 위해 주택에 설치한 연료 전지, 도쿄의 도쿄 가스 회사(일본)

주택용 연료 전지의 원리

주택 한 채에 연료 전지 1개를 사용하여 전기와 열을 동시에 생산한다. 도쿄 가스 회사가 소개한 전기·열 동시 생산 시스템은 2개의 설비로 구성된다.
* 첫 번째 설비는 천연가스를 이용해 수소[187]를 생산한다. 이것이 증기 개질 설비이다.
* 두 번째 설비는 이렇게 생산된 수소를 분배[188] 방식으로 전기와 열을 생산하는 데 이용한다. 이것이 연료 전지와 관련된 설비이다.

천연가스의 개질
수소를 생산하기 위한 증기 개질 설비는 천연가스(혹은 도시가스)와 응축된 물의 혼합물을 아주 높은 온도로 끌어올린다. 이런 변형의 원리는 잘 알려져 있고 또 대규모로 이용되고 있다. 이를 통해 전 세계에서 생산된 5,000만 톤 이상의 산업용 수소[189]의 절반 정도를 합성할 수 있다.

연료 전지의 기능
수소와 공기(또는 순수한 산소)가 공급되면 연료 전지(PC)는 전기와 열을 생산한다. 이 발전기는 연료 전지의 화학 에너지(순수한 수소)를 전기 에너지로 직접 변환[190]하며 반응물이 중단 없이 공급되기 때문에 건전지와는 달리 지속적으로 기능할 수 있다.

일반 건전지와 마찬가지로 연료 전지에는 하나의 양극과 하나의 음극이 있다. 양극과 음극은 전해질로 나뉘어져 있다. 전해질은 액체나 고체이며 이온은 통과시키지만 전자의 이동은 통제한다.

양극에서는 이중 수소가 다음과 같은 방식으로 산화한다.

$$H_2 \rightarrow 2H^+ + 2e^-$$

이온은(양전하가 충전된 H+) 전해질을 통과하지만 전자는(음전하가 충전된 e-) 전해질을 통과할 수 없고 양극에 축적된다. 이렇게 해서 양극과 음극 사이에 전하의 불균형이 나타난다. 다시 말해 전위차가 나타나는 것이다. 광전지[191] 속에서와 마찬가지로 전하들은 이런 불균형을 없애려고 한다. 즉 전하가 부족한 음극으로 이동하려 한다. 양극을 전선으로 연결하면 전하들에게 통로를 제공할 수 있으며 이런 전하들의 위치 이동 덕분에 전기가 흐를 수 있다.

음극에서는 공기 중의 이중 산소가 다음과 같이 환원된다.

$$O_2 + 2H^+ + 2e^- \rightarrow H_2O + 열$$

따라서 이러한 반응의 총괄적인 과정은 다음과 같다.

$$O_2 + H_2 \rightarrow H_2O + 열$$

이는 물의 전기분해와는 반대되는 역반응과 관련이 있다.

이 반응의 종합적인 결과는 물, 전기, 열의 생산이다. 물은 폐기물을 거의 생산하지 않고 전기와 열은 가정에서 사용할 수 있으며 그 결과 가정에 많은 이득을 가져다줄 수 있다.

---

187 수소는 하나의 원자(H)이지만 일반적으로는 수소 원자 2개(H_2)로 이루어진 분자 형태의 가스를 말한다.

188 한 구역이나 한 주거지 차원에서 다원화된 에너지를 생산하는 것을 '분할된' 에너지 생산이라고 말한다.

189 수소는 화학 및 석유 화학 산업에서 상당한 양이 사용되고 있다. 특히 암모니아와 메탄올을 생산하는 데 사용된다. 또한 수소는 석유의 정제와 제철, 전력, 의약품 및 농식품 분야에서도 사용된다.

190 에너지를 생산하는 전통적인 방식과는 달리 이런 방식의 효율은 열역학(카르노 사이클, 랭킨 사이클 또는 브레이턴 사이클)에 제한받지 않는다.

191 제14장 참고.

이해를 돕는 정보

연료 전지에 대한 설명

• 연료 전지는 보통 탄소로 만들어진 2개의 판으로 구성된다. 내부에는 서로 반응하는 수소와 산소가 지나가는 관들이 있으며 그 결과 생성되는 물을 내보낸다.

• 2개의 판 사이에는 액체나 고체로 된 전해질이 있다.

• 2개의 판과 전해질이 닿는 표면은 매우 얇은 촉매층으로 덮여 있는데 이 촉매층의 원료는 일반적으로 매우 비싼 금속인 백금이다. 현재 사용되는 촉매들은 일산화탄소에 매우 민감하다. 일산화탄소는 옥탄가를 높이는 정유 방법인 개질에 의해 발생하는 수소와 촉매를 오염시킨다. 이런 오염에 대한 촉매의 저항을 높이기 위해 백금 혼합물을 이용하는 방법이 고려되고 있다. 가스 속에 첨가물을 주입하거나 연료 전지가 작동하는 온도를 높이는 방법도 생각해 볼 수 있다.

• 전지의 전극 전압은 약 1볼트이다. 더 높은 전압을 얻으려면 전지

〈연료 전지의 단면도〉

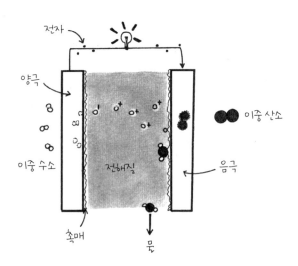

몇 개를 연속적으로 배치해야 한다.

• 연료 전지에서 발생하는 전류는 직류이다. 대부분의 가전제품은 교류를 사용하기 때문에 전지 하부에 전환 장치[192]를 설치해야 한다.

연료 전지와 관련된 다른 기술들

연료 전지	설명
AFC 알카라인 연료 전지 충분히 준비된 기술	연료: 수소 온도: 저온(섭씨 70~100도) 효율: 55~60퍼센트 적용 규모: 1와트~10킬로와트 군사용, 우주용 등
PEMFC 양자 교환막 연료 전지 매우 충분히 준비된 기술	연료: 수소 혹은 메탄올 온도: 저온(섭씨 70~100도) 효율: 32~40퍼센트 적용 규모: 1와트~300킬로와트 자동차, 잠수함, 우주 공간, 정지 발전기, 휴대용 애플리케이션 등
PAFC 인산 연료 전지 성공한 기술	연료: 수소, 메탄올 또는 천연가스 온도: 중온(섭씨 150~210도) 효율: 36~45퍼센트, 병합 발전기에서는 80퍼센트 적용 규모: 1와트~300킬로와트 열과 전력의 병합 발전(10~250킬로와트)
MCFC 액체 탄산 연료 전지 아직까지 충분히 준비되지 않은 기술	연료 : 수소, 메탄올 또는 합성 가스 온도: 고온(섭씨 650~1,000도) 효율: 50~60퍼센트 적용 규모: 10킬로와트~-100메가와트 병합 발전, 고립된 지역에의 공급 등
SOFC 고체 산소 연료 전지 실험 단계의 기술	온도: 고온(섭씨 800~1,000도) 효율: 50~55퍼센트, 혼합 순환의 경우 70퍼센트 적용 규모: 1킬로와트~500메가와트 병합 발전, 주거 지역의 발전 등

출처: 「연료 전지가 제공할 전망에 관한 보고서」, 과학적·기술적 선택에 대한 의회 평가국, 2000~2001년

---

192 직류를 교류로 변환하는 전환 장치는 풍력 발전에도 이용되고 있다.

주택에서 사용되는 연료 전지

주택에서 사용되는 대부분의 연료 전지는 전력이 1~5kWe인 PEMFC나 SOFC이다. 이 연료 전지들은 개별 주택이나 집단 주택에 전력과 난방을 공급하기 위해 고안된 것들로 물을 생성하는 반응에 따른 온도 상승으로 피해를 입을 수 있다. 따라서 이 연료 전지들은 냉각되어야 하며 그 결과 발생한 열은 연료 외부에서 이용될 수 있다. 예를 들어 가정에서 쓰는 온수를 데울 수 있다.

일본 연료 전지의 특징

• 일본은 국토 전역에서 빈번하게 발생하는 강력한 지진 활동 때문에 도시 난방망을 보유할 수 없다. 따라서 발전소에서 발생한 열은 그 발생 장소에서 소멸된다. 중앙 전력 발전소보다는 지역의 연료 전지에 가스를 이용하면 더 많은 열을 얻을 수 있으므로 에너지 연쇄(1차 에너지에서 소위 유용한 에너지에 이르는)의 전체 수익을 늘릴 수 있다.

• 2000년 이후 일본에서는 11개 건설 회사가 제안한 33개의 주택용 연료 전지 모델이 시험을 마쳤다. 이 연료 전지들은 다양한 연료(천연가스, GPL, 나프타, 등유 그리고 수소)로 작동하며 전력 효율은 30~35퍼센트이다.

• 닛폰 오일, 도쿄 가스, 코스모와 같은 에너지 그룹들은 배터리 및 보완 설비 제작사들(산요, 도시바, 마쓰시타, 도요타)과 협력하여 자사 고객들에게 연료 전지 모델을 제안하고 있다. 닛폰 오일과 도쿄 가스는 전지의 연료(도시가스, 천연가스, 등유)를 공급하고 코스모는 전지를 설치한다.

• 2005년 일본의 여러 공공 기관은 '가정에서 사용하는 연료 전지' 실험(원칙적으로 1kWe 용량의 PEMFC 전지와 관련된 실험)에 대규모로 착수했으며 2008년까지 일본에 2,000개의 연료 전지를 설치했다. 일본의

1,300개 가정은 '신에너지 재단(NFE)'의 재정 지원 프로젝트의 일환으로 연료 전지를 설치했다.

• 정부는 주택 병합 시스템으로 인해 2010년 이후에는 매년 55만 개 정도의 연료 전지 설비가 필요할 것으로 예상하고 있다(일본의 4,800만 가구 중에서 2,600만 가구가 단독 주택에 산다).

연료 전지의 장점

• 연료 전지는 물, 전력 그리고 열만을 생산하며 어떤 오염 물질도 발생시키지 않는다.

• 연료 전지를 이용하는 데에는 터빈도 모터도 필요하지 않다. 가스를 충전하기 위해 펌프를 쓰는 것을 제외하면 연료 전지에는 동적인 부분이 전혀 없다. 따라서 연료 전지는 소음이 없고 관리 비용이 싸다.

• 연료 전지의 전력 효율은 30~40퍼센트 정도에 불과하지만 전력과 열을 더한 전체 에너지 효율은 80퍼센트에 가깝다. 게다가 이 효율은 설비의 규모와는 상관없다. 다시 말해 가정과 같은 소규모 소비 단위에 설비를 갖춘다고 해도 에너지 효율이 낮아지지는 않는다.

• 연료 전지의 이용은 유연성이 있다. 다시 말해 낮은 온도에서 작동하는 전지를 거의 즉시 움직이게 할 수도 있고 멈추게 할 수도 있다.

• 에너지 관련 비용이 전반적으로 감소한다. 가스나 등유를 사용하면서 발생한 초과 비용은 연료 전지로 절약한 전력 비용보다 적다.

• 이 시스템을 탈지역화하면 이용자들에게 '지역 공장'이 생산한 엄청난 양의 에너지와 온수에 관한 정보를 제공하는 책임을 부여할 수 있다.

현재 상황의 분석

수소는 단지 에너지의 매개체일 뿐이다. 다시 말해 자연에서 수소는 다른 원자들과 결합된 형태로만 발견된다. 수소는 수많은 복합물(물, 탄화수소, 바이오매스 등) 속에 들어 있지만 복합물에서 수소를 추출하려면 에너지가 소비된다. 다른 말로 하면 이중 수소를 합성해야 한다. 문제는 이런 합성이 '순수한' 과정이 아니기 때문에 연료 전지가 환경에 미치는 영향이 전혀 없지는 않다는 점이다. 그러므로 수소의 합성 과정에서 화석 에너지 소비와 온실 가스 배출을 줄여야만 연료 전지에 '100퍼센트 청정 기술'[193]이라는 명칭을 부여할 수 있을 것이다.

연료 전지는 사용하기 쉽고 소음이 없으며 설비 규모와 관계없이 에너지 효율성이 보장된다. 그 때문에 도시가스 배급망 같은 기존의 분배 인프라에 의존하는 소도시에 적합하다. 다만 값이 비싸기 때문에 주택 분야로 확산되는 데에 어려움을 겪고 있다. 하지만 장기적으로 보면 이런 어려움은 기술 발전으로 해소될 수 있을 것이다. 수소 전지는 다양한 전력과 난방 생산 방법을 도입하는 에너지원의 다원화에 속하기 때문에 21세기의 도시에서 쉽게 자리를 잡을 수 있을 것이다.[194]

연료 전지의 응용

어떤 기업가들은 평균 전력(100킬로와트 이상의 전력)의 병합 발전에서도 연료 전지에 관심을 보이고 있다. 이런 응용 분야에서는 MCFC(섭씨 500~600도)나 고체 산소(섭씨 700~1,000도)가 혼합된 탄산 저지 같은 고온 전지가 사용된다. 다시 말해 이런 응용 분야는 전력 효율이 높아 경제적 가치가 있는 열을 쉽게 생산할 수 있다. 그 때문에 이 시스템

---

193 제11장에서 바이오 수소 태양열 생산을 소개한 부분을 참고.
194 2008년 2월 'EDF 신(新)에너지'의 새로운 자회사 설립이 그 증거이다. 'EDF 산하 신에너지'는 탈중심화된 전력 생산의 포트폴리오를 관리하는 책임을 맡고 있다.

을 소형 가스 터빈과 연동해 전력 효율을 높이려는 수많은 연구가 진행 중이다.

제19장 바이오 연료 혁명

농산물에서 추출된 알코올과 기름은 에너지 밀도가 높은 액체이다. 가솔린과 디젤을 대체할 수 있는 이 알코올과 기름이 바로 농업 연료 또는 바이오 연료이다.

유럽 국가들은 농업 연료 또는 바이오 연료에서 온실 가스 발생과 에너지 의존도를 줄이는 방법을 찾고 있다.[195] 또한 인도와 브라질을 선두로 하는 많은 신흥 국가들은 바이오 연료에서 경제 성장의 동력을 찾고 있다. 몇 년 전에 가변 연료 모터가 출현한 이후 새롭게 활기를 띠게 돼 브라질의 에탄올 분야의 도약은 바이오 연료의 수익성을 잘 보여 준다. 반면에 선진 산업국들에서는 최근의 정책 목표로 정해진 바이오 연료의 대

---

[195] 유럽 강령 2003/30/CE는 세 가지 동기로 농업 연료의 프로모션을 정당화한다. 에너지 의존도의 축소, 온실 가스 배출 감소, 농업에 있어서 새로운 돌파구의 개발이 그 동기이다. 2007년에 유럽 연합 집행 위원회는 2020년까지 유럽 운송 분야의 에너지 혼합률을 최소 10퍼센트로 높이는 것을 목표로 삼고 농업 연료에 대한 관심을 공식적으로 확인했다.

규모 확장으로 인해 바이오 연료가 심각한 논쟁의 대상이 되고 있다. 바이오 연료 생산과 곡물 경작의 경쟁, 바이오 연료에 대한 낮은 환경 평가 및 에너지 평가 결과 등의 문제가 있기 때문이다.

그럼에도 불구하고 바이오 연료가 지속 가능한 에너지 대안이라면? 아마도 바이오디젤이 하나의 모범이 될 수 있을 것이다. 이런 현상이 나타나고 있는 나라가 바로 브라질이다.

브라질은 지금까지 우리 둘이 해 왔던 모험의 핵심이자 모든 여행과 계획의 대미를 장식하는 장소가 될 수 있을 것이다. 긴 여행에 지쳐 사기가 몹시 떨어졌을 때 우리에게 원기를 주었던 브라질. 흡족한 여정의 정점으로서의 브라질. 매혹적이고 쾌활하고 태양이 가득한 브라질. 브라질에서 불과 며칠 동안 머물렀을 뿐이지만 과중한 우리 계획에서 약속의 땅이었던 코파카바나 해변은 그 시간 동안 희망의 게으름으로 가득 찬 낙원이 되어 주었다. 하지만 일정이 촉박하여 그 꿈같은 장소를 즐길 수는 없었다. 우리는 세 시간 뒤면 프랑스로 돌아가야 하는 일정 때문에 안타깝게도 지구에서 가장 아름다운 해변의 방문 계획을 취소하고 말았다. 하지만 그게 대수랴! 코파카바나는 우리에게 에너지 문제 해결의 영감을 주는 장소, 끝까지 나아가고자 하는 의지를 북돋아 주는 장소, 또한 희망의 장소로 영원히 기억될 것이다.

우리는 브라질에 도착한 순간부터 계속해서 그런 생각을 품고 있었다. 하지만 리우와 그 도시의 아름다운 해변을 속속들이 알기 위해서는 먼저 여러 정부 부처들이 있는 브라질리아의 언덕을 올라야 했다. 그러고 나서 브라질의 에너지 정책에 감추어진 몇 가지 비밀을 알아내야 했다.

에탄올의 챔피언 브라질

8월 16일에 우리는 에너지 절약 분야의 전문가인 파울루 레오넬리 씨와 파울루 데 타르소 씨를 만났다. 두 사람은 1970년대 석유 파동 이후에 그 진가를 발휘하고 있는 브라질의 에너지 정책에 관해 자세히 설명해 주었다. 당시 브라질에서 가장 중요한 일은 석유의 수요를 줄이는 것과 석유 독립을 추구하는 것이었다. 따라서 한편으로는 에너지 절약을 위한 자극제를 마련하고 석유 탐사[196]의 강도를 높이면서 다른 한편으로는 야심 찬 프로알코올 계획을 시작했다.

프로알코올 계획에 따라 1975년부터 순수 에탄올로 움직이는 자동차 개발이 시작되었다. 이 계획의 목적 가운데 하나는 새로운 자동차의 판로를 제공함으로써 유난히 낮은 설탕 시세 때문에 어려움을 겪는 '우지네이루'[197]들을 경제적으로 돕는 것이었다. 브라질의 에너지 혼합 공정에서 알코올은 두 가지 유형으로 혼합된다. 첫 번째는 휘발유의 첨가제로서 무수(無水) 알코올이고 두 번째는 알코올을 사용할 수 있는 모터를 위한 순수 발동기용 연료로서 수화(水化) 알코올이다. 일단 판매가 결정되자 이 알코올 모터는 브라질 시장을 급속도로 장악했다. 1980년대 중반부터 신차의 96퍼센트가 순수 에탄올로 운행되었다!

파울루 데 타르소 씨는 출발은 좋았던 이 프로그램이 왜 실패했는지 파악하는 임무를 맡았다. 1980년대 말 유가가 하락하면서 휘발유에 비해 알코올의 경쟁력이 떨어졌고 세계 시장에서 설탕 가격이 상승하

---

196 2006년 이후 브라질은 자국에서 소비되는 만큼의 석유를 생산하게 된다. 1997년까지는 1953년 창설된 준(準)공기업 페트롤레우 브라질레이루 S.A(Petrobras, 페트로브라스)가 브라질 석유 생산을 독점하고 있었다. 페트로브라스는 특히 브라질 석유 생산의 65퍼센트를 차지하는 과나바라 만의 대규모 유정들을 개발했다. 이 유정들은 1974년 리우데자네이루의 난바다에서 발견되었다.
197 브라질의 대규모 제당업자들을 일컫는 명칭.

에탄올의 제조 과정

에탄올은 설탕을 발효시켜 얻는다. 이것은 최대한의 알코올 확보가 목적인 포도주 제조 과정과 마찬가지이다. 소위 '제1차 생성'으로 불리는 에탄올 생산에 필요한 설탕은 곡물과 당분이 포함된 식물에서 추출된다.

식물의 섬유소를 이런 발효의 1차 물질로 이용할 수 있도록 하기 위한 수많은 연구가 진행 중이다. 섬유소는 모든 식물, 특히 열매에서 추출할 수 있으므로 연구가 성공한다면 농지 1헥타르당 효율성을 획기적으로 높일 수 있을 것이다. '제2차 생성'으로 불리는 에탄올은 식물 세포의 저항을 담당하는 목질소를 조각낼 수 있으며 발효에 필요한 섬유소를 가지고 있는 박테리아와 효소와 함께 생성된다.

포플러, 억새, 그리고 성장 속도가 빠른 다른 식물들이 언젠가 에탄올의 1차 물질을 제공할 수 있으려면 식물 섬유소 추출 과정이 최적화되어야 하고 비용도 낮아져야 한다. 이 조건을 만족시키기 위해서는 새로운 난관들(식물 원료의 저장에 따르는 불편함, 경작지에서 공장으로의 수확물 운송, 지속적인 경작 등과 같은)을 극복할 수 있는 생산 과정이 필요하다.

자 우지네이루들은 알코올을 희생양으로 삼아 설탕을 보호했다. 그 결과 1989년에는 주유소에 알코올이 부족해졌고 연료를 구하지 못한 사람들이 강하게 반발하기 시작했다. 그로부터 10년 뒤에 알코올 자동차의 시장 점유율은 1퍼센트 이하로 떨어졌다. 이 같은 판매량의 폭락은 처음에는 성공을 장담했던 알코올 자동차 뒤에 도사린 약점에 관해 많은 것을 가르쳐 주었다. 즉 프로알코올 정책은 하나의 첨가제를 다른 첨가제로 대체하는 것에 만족했기 때문에 곧바로 장애물을 만나게 되었다는 것이다.

최근 1배럴당 석유 가격이 상승하면서 알코올이 다시 무대에 등장했다. 브라질 정부는 석유 저장량을 줄이기 위해 휘발유에 첨가하는 무수 알코올의 비율을 22퍼센트에서 24퍼센트로 늘렸다. 그럼에도 불구하고 또다시 알코올이 부족해질지 모른다는 두려움과 세계 시장에서의 설탕

2007년 브라질의 공업 에탄올

2007년 320개[198] 기업이 3억 8,900만 톤에 달하는 사탕수수로 에탄올을 생산했다. 브라질은 점유율 43퍼센트인 미국을 제치고 세계 에탄올 생산의 절반 이상을 담당하고 있다. 브라질은 한창 확대되고 있는 수출 시장[199]을 겨냥하기 위해 2010년까지 식물성 대체 연료 생산을 55퍼센트 늘리겠다는 목표를 세웠다.

시세 예측 불가능성으로 인해 이 분야의 발전에는 계속 제동이 걸리고 있다. 이런 현상은 새로운 기술이 개발된 2002년까지 계속되었다. 폭스바겐이 최초로 제시한 가변 연료 모터의 개발은 소비자들이 알코올 의존에서 해방될 수 있도록 해 줄 것이다.

브라질 방식의 혁명, 가변 연료 모터

8월 21일 우리는 가변 모터에 대해 알아보고자 자동차 산업 전문가들을 만나려고 노력했다. 카밀라는 옛 스승 가운데 한 명과의 만남을 주선하여 다시 한 번 우리를 도와주었다.[200] 상파울루 대학에 근무하는 루이스 레벤스타흐 씨는 주저 없이 우리를 트리엘리 박사의 집으로 안내해 주었다.

마우리시우 아숨프카우 트리엘리 박사는 실험실의 사무실로 사용하는 창고에서 시간을 보내고 있었다. 그의 열정적인 연구 대상은 모터였다. 그가 중요시하는 것은 실용주의와 단순성이었다. 예상대로 그는 정비

---

198 제당 공장의 상황에 대한 좀 더 자세한 설명은 제16장을 참고.
199 2005년 12월 페트로브라스는 일본에 브라질의 알코올을 수출하기 위한 공동 판로 창설(브라질-일본 에탄올)을 위해 닛폰 알코올 한바이(Nippon Alcohol Hanbai)와의 계약에 서명했다고 밝혔다.
200 우리는 견학을 하는 동안 브라질 사람들을 통해 카밀라를 알게 되었다.

공 복장을 하고서 손수 제작한 모터들을 테스트하고 개선점을 찾는 일에 열중하고 있었다. 트리엘리 박사는 가변 모터를 이해해 보기로 굳게 마음먹었지만 기계에는 문외한인 우리에게 펌프와 인젝터, 점화, 가스 압축 및 매연 처리 등에 감춰진 세세한 내용을 설명하기 위해 상당한 노력을 기울여야 했다.

당연히 가변 모터에 대해 아는 바가 거의 없었기 때문에 우리는 여러 가지 질문을 던졌다. "휘발유 엔진은 순수 에탄올을 연소시킬 수 없다고 들었는데 왜 그렇죠?" 이런 질문은 그를 기쁘게 했다. 트리엘리 박사는 천천히 설명을 시작했다.

"순수 알코올을 가득 채운다고요? 알코올은 물과 접촉하면 산성화되기 때문에 모터 부품에 좋지 않습니다. 그러니까 부품의 원료를 바꿔야 해요.[201] 하지만 그게 전부는 아닙니다. 알코올이 함유된 액체가 일반 엔진에 어느 정도 피해를 주는지 파악하는 데에는 엔진에 주입되는 무알코올 액체들의 속성과 비교하는 방법이 최선일 겁니다. 동일한 저장 용량을 기준으로 보면 에탄올을 가득 채운 엔진은 휘발유를 가득 채운 엔진보다 에너지가 30퍼센트 정도 부족해요. 자동차 바퀴의 회전에는 동일한 에너지가 요구되죠. 에탄올을 자동차 연료로 쓰려면 연료 탱크를 휘발유보다 자주 가득 채워야 합니다. 따라서 주유소에서는 에탄올 가격이 휘발유 가격보다 30퍼센트 낮아야 하고 인젝터가 엔진 실린더로 보내는 연료의 양은 증가해야 할 거예요."

결국 에너지의 밀도 차이를 고려해야 한다는 것이었다. 물론 에너지 밀도가 액체 연료의 유일한 특성은 아니다. "엔진의 노킹 소리가 뭔지는

---

201 예를 들어 연료가 통과하거나 엔진 등을 연결하는 관에 사용되는 고무를 알코올 소비량이 보다 적은 불소 고무로 대체할 수 있다. 불소 고무는 불소를 첨가하여 성능이 강화된 고무이다. 또는 몰리브덴을 촉매로의 로듐으로 교체할 수도 있다.

Box 3

옥탄가란 무엇인가?

자동차 엔진이 덜컹거리는 소리, 즉 노킹으로 휘발유의 저항성을 측정하는 옥탄가는 서로 다른 폭발의 속성을 갖는 2개의 탄화수소와 비교해 규정된다. 이소옥탄은(2-2-4 트리메틸-펜테인, 8개의 탄소가 포화된 사슬 구조) 폭발하지 않는데, 이것을 옥탄가 100으로 정한다. n-헵탄은(7개의 탄소로 분기 없이 연결된 선형 사슬 구조) 폭발성이 강한데, 이것을 옥탄가 0으로 한다. 그 어떤 탄화수소의 혼합물이라도 이처럼 0에서 100에 이르는 단계에 위치시킬 수 있다. 휘발유 95는 옥탄 95퍼센트와 헵탄 5퍼센트의 혼합물로 구성되어 있다. 옥탄가가 낮을수록 혼합물은 더 쉽게 폭발한다.

'(옥탄가를 높이기 위한)유연제 없는 98'이 '유연제 없는 95'보다 더 좋다고 하는 까닭은 무엇일까?

아마도 유연제 없는 98이 더 비싸기 때문일 것이다. 하지만 이는 어리석은 말이다. 실제로 유연제 없는 95(SP95)를 태우기 위해 고안된 엔진에 유연제 없는 98(SP98)을 쓴다고 해도 엔진 성능에는 아무런 변화도 없다. 연료 소비량은 물론이고 엔진 수명에도 영향을 주지 않는다. 다만 엔진 소음에 저항할 여지가 늘어날 뿐인데 이는 보다 안락할 수는 있겠지만 전적으로 무용하다.

연료 시장에 두 종류의 연료가 있다는 것은 어떤 이점이 있는가?

SP98을 사용하는 엔진은 SP95를 사용할 수 없다. 이 엔진은 좀 더 늦게 자동 폭발하는 혼합물을 태우기 위해 고안되었을 것이다. 그렇게 하면 압축에 도움이 되어 좀 더 힘을 얻을 수 있다. 옥탄가가 낮은 연료를 연소하면 실린더에 손상을 줄 가능성이 있는 자동 폭발(엔진의 소음) 현상을 야기할 수 있다.

요약하자면,

SP95를 사용하고 있다면 SP98을 사용하지 마라. 아무런 도움도 되지 못하는 데다가 비용만 높아진다.

SP98을 사용한다면 엔진을 SP95로 가득 채우지 않도록 조심하라!

알고 있지요?" 우리의 침묵이 트리엘리 박사를 어찌나 실망하게 했던지 그는 자동차 과학의 기본 지식을 알려 주기 위해 다시 열심히 설명을 시작했다. 인젝터는 연료와 공기 혼합물을 실린더에 주입하는 장치이다. 공기 혼합물이 실린더 내부에서 피스톤에 의해 압축된 다음 불꽃이 혼합물을 태워 연소 작용이 발생한다. 그 결과 가스가 급속하게 팽창하면서

피스톤을 밀어낸다.[202]

혼합물은 불꽃의 전달에 의해 발화한다. 이렇게 공기와 연료의 혼합물이 점차 연소되면 그 다음에는 점화 플러그에서 불꽃이 발생하여 실린더 내부까지 도달한다. 연소가 진행되면서 불완전 연소된 혼합물의 압력이 증가하는데 그 때문에 자동 발화가 너무 빨리 일어나는 위험이 발생하기도 한다. 이처럼 자동 발화가 너무 빨라지면 실린더 내부에서 연쇄적으로 소규모 폭발이 일어나면서 소리가 진동을 한다. 즉 엔진의 노킹 소리가 발생하는 것이다. 문제는 이런 현상으로 인해 엔진에 상당한 무리가 가해질 수 있다는 것이다.

혼합물이 아무렇게나 폭발하는 상황을 피하려면 혼합물이 강하게 압축되어 스스로 폭발할 만한 단계에 이르기 전에 전기 불꽃으로 연소해야 한다. 그렇다. 열역학은 정확히 그런 발전 단계를 밟게 되는 것이다. 그러니까 초기 혼합물이 압축되면 될수록 엔진의 성능이 좋아지는 것이다. "그렇다고 이것이 엔진 노킹에 좋은 것은 아니죠?" 우리의 의견이었다. 그러자 트리엘리 박사가 답했다. "그렇지요. 이제 이해하셨군요. 그럼 다음 단계로 넘어갑시다." 트리엘리 박사는 다행히도 연료의 품질에는 아직 보완의 여지가 있다고 덧붙였다.

알코올의 옥탄가(~99)[203]는 휘발유의 옥탄가(~88)보다 높다. 그렇기 때문에 휘발유에 약간의 알코올을 첨가하는 것은 동일한 기능을 보충하는 강화 첨가제(납과 MTBE)에 의존하지 않고도 엔진 소음이 발생할 위험을 줄일 수 있는 '보너스'가 된다. 휘발유에 알코올을 첨가할수록 이론상으

---

202 공기와 연료 혼합물의 발화는 아주 짧은 간격으로 매우 강력한 에너지를 분출한다. 이런 폭발 과정 때문에 '폭발에 의한 엔진'이라는 명칭이 붙었다.

203 RON(리서치 옥탄 번호)과 MON(엔진 옥탄 번호) 사이의 평균.

로는 혼합물을 더욱 압축할 수 있다. 게다가 압축하면 할수록 효율은 더 좋아진다.

하지만 일반 엔진의 경우에는 압축 비율이 달라지지 않는다. 즉 점화는 항상 같은 순간에 발생한다. 가변 엔진의 장점은 연료가 폭발하는 속성에 따라 점화 발생 순간을 선택할 수 있다는 것이다. 주어진 옥탄가에 최적화된 압축을 위해 점화 순간이 정해진, 휘발유 또는 순수한 알코올을 사용하는 단순 연료 엔진과 달리 가변 엔진은 어떤 옥탄가도 받아들일 수 있다!

엔진에 대해서는 두 가지 점을 생각해야 한다. 엔진 내부의 문제와 연료 선택에 따라 투입량과 발화 타이밍을 조정할 필요성이 그것이다. 중앙 처리 장치는 최적의 위치에 자리 잡은 센서들이 제공하는 자료를 이용하여[204] 연료의 제어를 조정한다. 예를 들어 연료 중에 알코올이 많으면 연료의 양을 늘려야 한다. 그러면 알코올의 낮은 에너지 밀도를 보상하는 동시에 이상적인 연료와 공기 비율에 접근할 수 있다.

실제로 휘발유 자동차의 엔진을 가변 엔진으로 변환하는 것은 쉽지 않은 일이다. 엔진 부품들을 바꾸고 제어를 자동화하고 장치와 센서를 추가하는 등의 작업이 필요하기 때문이다. 반면 유연한 부속 장치들을 구비한 가변 엔진은 모든 점에서 주유소에 갈 때마다 휘발유 가격과 에탄올 가격 사이에서 결정을 내려야 하는 소비자의 구미를 당길 수 있을 것이다.[205] 브라질 자동차 시장에 최초의 가변 엔진 자동차들이 전시되기

---

[204] 연료의 전기 전도율이나 연료 가스의 산소 농도를 측정하면 저장고 내부에 있는 혼합물의 알코올과 휘발유 비율을 확인할 수 있다. 알코올의 연소를 위해(기화기의 제어가 조절되지 않으면 배기가스 속에 산소가 과도하게 포함된다) 필요한 산소는 휘발유의 경우보다 더 적다. 게다가 알코올과 휘발유의 전기 전도율은 서로 다르다.
[205] 에탄올 1리터당 가격이 휘발유 1리터당 가격보다 30퍼센트 싸면 알코올을 가득 주유하는 것이 더 유리하다.

시작한 2003년 3월 이후 가변 엔진 자동차는 꾸준히 판매가 증가해 자동차 판매량의 85퍼센트를 점유하기에 이르렀고 2007년에는 도로를 주행하는 자동차의 20퍼센트 이상을 차지하게 되었다.

지방 분산적 해결책이 될 수 있는 바이오디젤

석유 생산물과 마찬가지로 농업 연료에도 '휘발유(에탄올)'와 '디젤(바이오디젤과 식물성 기름)' 두 종류가 있다. 에탄올이 브라질 시장에 대규모로 파고든 까닭은 브라질의 전체 자동차 중에서 일반 자동차의 비중이 크지 않다는 점으로(브라질의 현재 인구는 1억 8,000만 명인데 자동차는 2,000만 대에 불과하다) 부분적인 설명이 가능하다. 하지만 유럽은 브라질과 같은 시나리오를 따를 준비가 되어 있지 않다. 그 까닭은 두 가지이다. 먼저 유럽에서는 신형 자동차의 판매 증가로 일반 자동차의 비율이

Box 4

휘발유와 디젤의 차이점

디젤 엔진과 휘발유 엔진
휘발유 엔진은 점화 플러그의 스파크가 발화를 일으킬 정도로 공기와 연료 혼합물을 압축한다. 반면 디젤 엔진은 압축된 공기 속에 순수한 연료를 투입하여 자동 발화를 촉발한다.

휘발유와 디젤의 몇 가지 화학적 특성

	휘발유	디젤
탄화수소 나선의 크기	탄소 4~7개	탄소 12~22개
단위 질량의 밀도	0.75	0.83
열량(MJ/kg)	44	43
자동 발화 온도(℃)	300	250

줄어드는 데 걸리는 시간이 브라질보다 길다. 그리고 유럽인들은 휘발유보다 디젤을 좋아한다.

기름을 담은 씨앗[206]과 식물을 압축해서 얻은 식물성 기름은 디젤 엔진에서 연소될 수 있다. 역사적으로 봤을 때 인류가 최초의 연료로 사용한 것도 이러한 식물성 기름이다. 그런데 불행하게도 식물성 기름은 현대의 엔진 연료로는 적합하지 않다. 엔진의 기능을 떨어뜨릴 수 있기 때문이다. 현대적 디젤 기름은 선형적인 '긴' 분자 구조이지만 식물성 기름은 더 짧고 분화된 '덩어리' 분자들로 구성되어 있어서 자연 발화가 어렵고 또 기온이 낮은 겨울에 중대한 결함이 될 수 있는 점착성을 갖고 있기 때문이다.

이런 문제점을 완화할 목적으로 트리글리세롤의 에스테르로 혼합된 기름 덩어리에 화학 반응을 일으키는 경우도 있다. 그러니까 트랜스에스테르화(化)하여 분기된 정도가 낮은 에스테르를 얻을 수 있다. 이렇게 얻어진 바이오디젤의 연소에 의해 발생하는 에너지는 동일한 용량의 디젤에 의해 발생하는 에너지의 95퍼센트 정도이다.

5월 3일, 우리는 인도에 있다. 혼잡한 시간대의 파리 지하철이 무엇과 비슷한지 아는가? 인도에서 운행되는 기차의 문을 열어 보면 파리 지하철에 대한 이미지는 바뀌게 될 것이다. 인도의 기차에서는 자리 하나에 다섯 명에서 열 명 이상까지도 앉아 있고 심지어 자리를 잡지 못한 승객들은 지붕을 차지하고 있다. 여러분은 뭄바이에서 처음으로 기차를 타려 했던 우리 둘의 모습을 그려 볼 수 있을 것이다! 믿기 어려운 행운 덕분에 우리는 여성 전용 객차에 오를 수 있었다. 여성 전용 객차를 운용

---

206 유럽의 유채, 북미와 남미의 콩, 인도네시아와 말레이시아의 종려나무 등.

식물성 기름과 바이오디젤의 가변적 특징

기름의 성분은 채유 식물이 무엇인지에 따라 다르기 때문에 식물을 짜서 얻은 에스테르 연료의 속성도 채유 식물에 따라 달라진다. 바이오디젤의 강력한 힘도 다양한 원료(채유 식물, 해초[207], 동물성 기름, 더러운 튀김 기름 등)에서 비롯된다. 따라서 바이오디젤이 충분한 기능을 발휘하려면 엄격한 관리를 통한 품질 개선은 필수 조건이다.

한다는 것이 우스꽝스럽다고 생각했지만 이 객차에는 승객이 그렇게 많지 않아 신선한 공기를 조금이라도 더 들이마실 수 있었다. 며칠 뒤에 빅토리아 역에서 출발해서 마하라슈트라 반도의 북쪽 근교까지 갈 일이 있었다. 그때 우리는 뭄바이 인도 공과 대학에 무사히 도착하게 해 준 여성 전용 객차가 재미있는 발상이라는 사실을 깨닫게 되었다.

어쨌든 그렇게 해서 우리는 기계 공학과의 란간 바네르제 교수를 만날 수 있었다. 란간 교수는 학생들 가운데 한 명을 소개해 주었고 우리는 그 학생과 함께 실험실에서 개발된 시제품들을 둘러보는 '호화로운 관람'을 할 수 있었다.

이 시제품들 중에는 지붕에 트랜스에스테르화를 담당하는 작은 부품을 설치한 것이 있었다. 이 부품은 유독 빛나는 색채로 주변의 모든 것들과 대조를 이루었다. 그 시제품에 다가가기 위해서는 녹이 슨 현관을 지나야 했고 조립 중인 잔해들과 폐기된 고철들을 넘어가야 했으며 무서운

---

207 해초는 믿기 어려울 정도로 빨리 자란다. 해초는 에탄올과 바이오디젤로 변환될 수 있는 지질(脂質)과 탄소 고리의 형태로 태양 에너지를 저장한다. 해초가 생산하는 단백질은 에너지 활용의 부산물이기도 한데 브라질에서는 식품으로 이용되기도 한다. 해초에 흥미가 있다면 오로라 바이오퓨얼스(Aurora Biofuels) 같은 곳에서 이루어지는 공정에 관심을 가져 보아도 좋을 것이다. 오로라 바이오퓨얼스는 사막 한복판에서 해초를 재배하고자 하는 캘리포니아의 벤처 기업이다. 혹은 그린퓨얼 사(社)도 괜찮을 것이다(66쪽 '집중 해부_지질학적인 탄소 저장' 참고).

파상풍에 걸리지 않도록 조심해야 했다! 그곳에서는 식물성 기름을 산성이나 염기성 촉매가 포함된 에탄올과 함께 농축해 글리세린과 바이오디젤을 구성하는 새로운 에스테르를 생산하고 있었다.

우리는 모잠비(작은 귤과 왕귤의 인도식 교배 품종) 주스를 앞에 두고 트랜스에스테르화 장치의 흥미로운 점에 관해 이야기했다. 이 장치는 인도의 시골에 보급하기에 적당한 크기이고 손쉽게 이용할 수 있어 농장에 아주 적합하다고 했다. 농촌은 가난하고 트랙터에 사용되는 탄화수소는 무척 비싸기 때문에 트랜스에스테르화 장치는 농촌의 생활 수준 향상에 직접적으로 기여할 수 있으리라고 예상되었다. 이 장치는 농촌에서 나는 수많은 농업 원료를 이용한다. 따라서 전력 공급망으로부터 아주 멀리 떨어져 있는 농촌 마을에서도 소규모 발전기와 자동차에 쓰이는 연료를 생산할 수 있는 것이다.

유럽에서는 에너지 독립성과 기후 보호의 이름으로 바이오디젤을 장려하고 있다. 하지만 사람들과 만나면서 인도와 브라질에서는 바이오디젤 장려 정책이 그로 인해 실현될 수 있는 경제적·사회적 야심에 따라 달라지기도 한다는 점을 확인할 수 있었다.

바이오디젤은 빈곤에 대처하는 방패막이일까?

8월 27일, 브라질, 우리는 카밀라의 주선으로 테크바이오에서 일하는 라파엘라를 만날 수 있었다. 2001년 설립된 이 회사는 '바이오디젤 정제'를 상업화했으며 이것이 브라질 시장에 일대 변화를 가져오기를 희망하고 있다. 라파엘라는 우리를 위해 공청회를 준비해 주었고 덕분에 우리는 테크바이오의 창립자이자 브라질 바이오디젤의 발명가와 함께 리우에서 저녁 식사를 하기도 했다!

브라질을 떠나기 이틀 전까지만 해도 전혀 여유가 없었던 우리는 새로운 모험을 위한 출발 따위는 생각도 하지 못했다. 하지만 우리는 파렌테 박사 형제의 저녁 식사 초대는 승낙했다. 이그나시오와 엑스페디토 파렌테는 마음이 잘 맞는 형제였으며 우리와 프랑스 어로 대화할 수 있어서 무척 기뻐했다. 우리는 브라질의 달콤한 칵테일 카이피리냐를 마시면서 브라질 전통 무용인 포로에 대해 잠시 대화를 나눴다. 그러고 나서 우리는 이 형제에게 '프로메테우스 프로젝트'의 교육용 키트를 브라질 어로 번역해 달라고 부탁했다. 뛰어난 편집자이기도 한 이그나시오는 이 작업에 흥미를 느꼈다. 하지만 그것은 다른 이야기이니 이 정도에서 그치기로 하자. 일단은 엑스페디토 파렌테 박사의 설명을 듣는 것이 좋겠다.

66세인 엑스페디토 박사는 바이오디젤에 대해 그 나이만큼이나 자세하게 알고 있었다. 그에게 바이오디젤은 애지중지하는 아이와도 같았다. 그는 1977년 처음으로 산업 차원의 바이오디젤 생산 특허를 획득해 세계에 바이오디젤의 존재를 알렸다. 그는 바이오디젤의 걸음마를 옆에서 지켜보았고(1980~1984년에 30만 리터의 바이오디젤과 바이오 등유가 다양한 엔진 테스트를 거쳤다. 그중에는 1984년에 캄포스와 브라질리아 사이를 운행한 비행기의 엔진도 있었다) 위기에 처했던 청소년기의 바이오디젤이 고군분투하는 모습 또한 가까이에서 지켜보았다(알코올이 바이오디젤을 눌렀고 정치적·경제적 후원은 모두 에탄올 관련 산업에 집중되었다). 이런 사실로 볼 때 엑스페디토 박사는 의심의 여지 없이 성인이 된 바이오디젤의 개화(즉 상업적인 개발)의 증인이 될 것이다!

엑스페디토 박사가 적절하게 지적하는 것처럼 가변 엔진이 성공했다고는 해도 알코올은 단지 가벼운 자동차에만 적합하다는 사실을 잊어서는 안 될 것이다. 그런데 다른 나라들처럼 브라질 역시 트럭이나 트랙터, 비행기 등에 쓸 수 있는 알코올 연료도 필요하다!

1984년에 실시된 결정적인 항공 실험을 토대로 엑스페디토 박사는 그 분야와 관련된 저서를 수정했다. 또한 이 실험을 통해 그는 20년 전에는 거의 없었던 경제와 정책 면에서의 지지자들을 만날 수 있었다. 마침내 보잉과 미 항공 우주국(NASA)과의 협력이 성사되었고 이 협력은 2007년 1월 두 번째 단계의 테스트까지 지속되었다. 2008년 초에 노선 비행기의 엔진 실험을 성공적으로 통과한 '버진(Virgin)'이라는 바이오 연료를 생산한 테크바이오는 1, 2년 내에 품질 좋은 바이오 등유를 시장에 선보일 수 있기를 희망하고 있다.

엑스페디토 박사는 자신의 성공 이야기만큼이나 인상적이었던 이야기를 하나 들려주었다. 그는 우리가 간직했으면 하는 이야기는 그 자신의 성공 이야기가 아니라고 했다. 물론 그의 가족과 관련된 이야기도 아니었다. 엑스페디토 박사는 아코디언, 트라이앵글, 자붐바[208] 소리가 활기찬 리듬과 조화를 이루는 브라질 노르데스테의 전통 음악 포로를 들으면서 마음의 고향인 포르탈레자를 떠올렸다. 그가 최고의 '공장'을 세운 곳이 바로 그곳 포르탈레자였던 것이다.

엑스페디토 박사는 말했다. "노르데스테는 가난한 곳이에요. 브라질 대통령 룰라를 알지요. 마지막으로 만났을 때 룰라는 말했어요. '바이오디젤은 노르데스테가 가난을 떨쳐 버리는 데 도움을 줄 수 있어요. 절대적으로 확신합니다.'라고 말이에요." 세상일이란 참 알 수 없다! 우리가 브라질에서 '바이오디젤 생산 및 사용을 위한 국가 신생 프로그램(2004년에

---

208 편편하고 두꺼운 북.

출범한 PNPB)'이 태어날 조짐이 있다는 것을 안 지 일주일도 되지 않았다! 그렇다면 엑스페디토 박사는 바이오디젤의 장래를 내다본 시인이란 말인가?

얼핏 보면 PNPB는 다른 프로그램들과 별반 다르지 않다. PNPB는 2008년에는 바이오디젤을 2퍼센트 혼합하고(바이오디젤 8억 4천만 리터) 2013년에는 5퍼센트를 혼합(바이오디젤 24억 리터)한다는 목표에 초점을 맞추었다. 이 프로그램은 이미 성공을 거두었다. 2008년의 목표는 이미 초과 달성되었다(2007년 말에 16억 리터의 바이오디젤 생산이 승인되었다). 브라질 정부는 2010년에는 바이오디젤 33억 리터를 생산할 수 있을 거라 예상하고 있으며 2013년의 목표치를 2010년의 생산 예상분에 맞추어 상향 조정했다.[209]

하지만 이런 수치만으로는 PNPB에 내포된 사회적 야심에 대해 제대로 알 수 없다. 이 프로그램의 결코 사소하지 않은 목표 가운데 하나는 가족 단위의 농업 경작을 지원하는 것이다. 하지만 어떻게? 바이오디젤 생산자가 생산에 필요한 원료의 일부분을 소규모 경작자에게서 구매하면 세금의 일부를 면제해 주는 방법이 있다. 바이오디젤 생산자는 마케팅에서도 이득을 얻을 수 있으므로 에너지 절약 광고 또한 확실한 방법 가운데 하나이다. 에너지 절약 광고는 바이오디젤 생산 활동을 '사회적 연료'라는 공감 가는 명칭으로 소개할 수 있을 것이기 때문이다.

서구 항공기의 연료로 쓰이는 채유 식물이 가득한 브라질의 넓은 땅, 그리고 그 식물들을 바이오 등유로 변환할 준비가 되어 있는 공장들을

---

[209] 바이오디젤의 최대 혼합 비율 표시는 자동차 산업에 의해 부과된 표시와 상응한다. 일반적으로 디젤에 바이오디젤을 20~30퍼센트까지 섞어도 기술적인 문제가 생기지는 않는다고 알려져 있다. 하지만 자동차 산업은 기술적인 연구가 보완되기 전까지 바이오디젤을 5퍼센트 이하로 사용할 것을 지속적으로 추천하고 있다.

빈곤을 줄이기 위한 '사회적 라벨'!

바이오디젤 생산자가 세금 감면의 혜택을 받으려면 농업 개발부(MDA)가 교부하는 '사회적 연료' 인증서가 있어야 한다. 이 인증서 획득에는 몇 가지 조건이 있다.

• 최소 비율의 농업 원자재를 가족 단위 경작자에게서 구매할 것(비율은 지역 따라서 10~50퍼센트로 가변적).
• 농민들에게 기술적인 조력과 직업 교육을 의무적으로 실시할 것.
• 경작자와 가격, 인도, 지불 유예 기간을 자세히 명시한 계약을 체결할 것.
오늘날 생산품의 판매 가격은 페트로브라스에 의한 경쟁 입찰 절차에 의해 보장된다. 이 경쟁 입찰 가운데 다섯 개의 경쟁 입찰이 (2008~2013년에 적용되는 체결된 가격으로) 2005년 말에 이루어졌다. 경쟁 입찰이 좋은 아이디어이기는 하지만 생산자들은 종종 생산품을 소비자에게 직접 판매하는 것이 더 이득이라고 판단한다. (적법한 범위 밖에서 이루어지는) 유사 시장에서의 이와 같은 경매의 의미는 주유소에서 파는 디젤 판매량 수치를 통해 해석될 수 있다. 예를 들면 2006년에는 특정 지역에서 디젤 소비가 20퍼센트 감소했다!

출처: 「BNDES」와의 인터뷰

누비고 다녀야 할까? 우리는 벌써 대규모 산업에 대한 모종의 이미지를 상상하고 있다! 즉 값싼 비숙련 노동력으로부터 이득을 얻는 설탕 산업의 이미지를 말이다! 하지만 노르데스테 지역의 빈민을 착취하는[210] 설탕 산업은 사회적으로 볼 때 올바른 방향을 제시하는 적절한 예가 되지 못할 것이다.

엑스페디토 박사는 이런 문제점을 부인하지는 않았다. "사실입니다. 게다가 용인할 수 없는 일이기도 하지요." 하지만 바이오디젤은 근본적으로 착취와는 다른 방향으로 나아갈 수도 있다. 바로 이런 확고한 신념 때문

---

210 농장주들은 노르데스테의 농부들을 모아 좀 더 남쪽에 위치한 상파울루 주변의 농장들로 데려가기 위해 여러 대의 버스를 빌린다. 물론 이런 이동에 드는 비용은 사탕수수를 따는 사람들의 보잘것없는 임금에서 공제한다.

에 엑스페디토 박사는 정부의 지원을 받아 바이오디젤의 미래를 소규모 농업 생산자들에 의해, 그리고 그들을 위해 관리되는 협력 형식으로 제안하고자 동분서주하고 있는 것이다.

하지만 바이오디젤은 착취라는 사회적인 문제에 더해 환경의 문제도 가지고 있다. 경작지를 늘려야 하기 때문에 환경이 위협받을 수도 있다는 가능성이 그것이다. 사탕수수는 주로 상파울루 주에서 재배되는데 이곳은 아마존과 대서양의 산림에서 멀리 떨어져 있다. 따라서 사탕수수 재배의 비약적인 확대가 생물 다양성 및 탄소 저장 물질을 위협하는 것처럼 보이지는 않는다. 하지만 자세히 보면 사탕수수 재배의 확장으로 인해 목축 활동이 생산성이 낮은 지역으로, 심지어는 처녀림 지역으로 이전되고 있다는 사실을 확인할 수 있다. 그런데 아마존의 산림 파괴는 대부분 목축 활동에 의한 것이었다.

브라질의 집약적인 콩 재배는 농업이 식물 재배지에 미치는 직접적인 영향력을 분명하게 입증한 바 있다. 바이오디젤의 확산 역시 이런 사회적 압박을 확대시킨다는 점을 경계해야 하지 않을까?

엑스페디토 박사는 이 문제를 피할 수 있어야 한다고 믿었다. 그가 염두에 두는 처방의 비밀은 바바쿠 열매에 있었다. 바바쿠 열매가 열리는 종려나무는 브라질의 원시림과는 멀리 떨어진 약 1,800만 헥타르의 넓은 장소에서 야생 상태로 자라고 있다. 1,800만 헥타르나 된다고? 만약 바이오 등유의 20퍼센트를 생산할 수 있는 이 종려나무 숲을 불태우기로 결정한다면 전 세계의 수많은 비행기들은 앞으로 그 무엇으로 연료를 충당할 것인가?

물론 에너지 분야에는 앞으로 해결되어야 할 문제가 너무나 많다. 현재로선 바이오 등유의 가격도 너무 높다. 하지만 엑스페디토 박사는 확신을 가지고 있었다. "그것은 단지 몇 년이 걸릴 것인지의 문제에 불과합니다! 어쩌면 채 2년도 걸리지 않을 거예요!" 특히 환경세가 부과되거나 바이오 등유의 가격이 빠르게 하락한다면 그 기간은 더 단축될 수도 있을 것이다.

식량, 산림 폐허, 농업 오염, 농업 에너지의 환경 평가에 대한 의혹, 대규모 농업 경작자들의 로비 등이 치열하게 다투는 이 시기에, 인도와 브라질에서 확인된 실례를 통해 농업 연료에 새로운 전망을 제시할 수 있을까? 그리고 같은 예들을 통해 독자 여러분이 농업 연료를 바라보는 시각에도 약간의 변화가 일어날 수 있을까?

제20장 미래의 운송 수단

─────────── 세계 일주 프로젝트 No. 23 ───────────

• 바르셀로나에 위치한 론세르(Ronser) 사의 전기 분해 장치(스페인)
• 퐁디셰리의 전기 자동차, 오로빌과 도쿄의 태양열 자동차(인도, 일본)
• MIT 양샤오혼 교수 연구팀이 포르쉐 자동차에 설치한 배터리(미국)

OECD 국가들은 석유의 60퍼센트를 운송 분야에서 소비했다. 그 결과 온실 효과를 야기하는 가스 방출량이 운송 분야에서 가장 많이 증가했다. 예를 들어 프랑스에서 운송 분야의 이산화탄소 방출이 차지하는 몫은 1960년대의 5퍼센트에서 1995년의 20퍼센트로 크게 늘었고 2006년에는 24퍼센트까지 증가했다. 현재 사용되는 휘발유와 디젤보다 실용적인 에너지를 생산하지 못한다면 액체 탄화수소와 관련된 강제 조약이 석유 의존도가 가장 높은 운송 분야에 심각한 문제를 야기하게 될 것이다.

왜 자동차가 문제인가?

"자동차로!" 이 표현은 20세기 초반 이후 인류가 걸어온 길을 보여 준다. 20세기 초에 자동차를 이용하는 것은 일부 상류층만의 특권이었다.

대중은 전화나 가전제품 또는 인터넷처럼 일상생활의 혁명을 가져온 기술의 민주화 덕분에 자동차를 누릴 수 있게 되었던 것이다.

자동차는 자유를 상징한다. 모든 것을 뒤로하고 떠날 수 있는 가능성, 시간의 구애를 받지 않는 여유로움, 마음 내키는 대로 여정을 택할 수 있는 자유를 의미하는 것이다. 물론 자동차를 비난하는 사람들은 이 모든 매력을 도보 여행과 자전거 여행에서도 맛볼 수 있다고 강변한다. 하지만 이런 강변으로도 자동차 여행의 우월성을 묻을 수는 없다. 자동차의 출현 덕분에 도시를 떠나는 주말 여행, 장보기, 가구 구입 등과 같은 수많은 활동이 아주 쉬워지지 않았는가? 자동차는 더 빨리 더 멀리 갈 수 있도록 해 준다.

프랑스 혁명이 발발했던 시대에는 국토 편성의 논리가 지금과는 달랐다. 그때는 도청 소재지에서 가장 멀리 떨어진 마을까지의 거리가 말을 타고 하루 안에 갈 수 있는 거리여야 했다. '말'을 척도로 삼는 시대에서 '자동차'를 척도로 삼는 시대로 이행하면서 행정 지도가 얼마나 달라졌을지 상상해 보라!

또한 자동차는 아주 안락한 운송 수단이다. 페달을 밟는 등의 육체적인 수고와 악천후로 인한 불편함은 이제 끝이다. 푹신한 좌석에 앉아 원하는 속도에 도달하기 위해 가속 페달을 밟는 것만으로 충분하다. 자동차 운전석은 점점 더 개인주의적으로 변하고 있다. 운전석은 자기 집처럼 편안하며, 눈치를 봐야 하는 타인과 소음으로부터 멀찌감치 떨어져 있다. 운전석에서 쾌적한 실내 온도를 정하고 원하는 라디오 방송을 듣고 여행 중에 언제라도 의견을 교환할 수 있는 것이다. 게다가 자동차의 색과 모델로 부분적인 정체성을 드러낼 수도 있으니 멋있는 자동차를 선호하는 애호가들에게는 부인할 수 없는 즐거움이다.

하지만 자동차의 단점 또한 한둘이 아니다. 자동차를 유지하기 위한

가스로 움직이는 델리의 택시

극심한 지역 오염의 빈도와 강도를 낮추기 위해 1998년 인도 최고 법원은 디젤을 사용하는 델리 지역의 모든 자동차가 압축 천연가스를 연료로 사용하도록 하는 법을 제정했다.

그 이점은 무엇일까? 천연가스는 연소하면서 황산화물이나 납, 미세 먼지를 배출하지 않고 질소 산화물도 거의 배출하지 않는다. 천연가스는 모든 종류의 탄화수소 중에서 에너지 단위당 일산화탄소 배출량이 가장 적다. 천연가스는 매연도 없고 냄새도 없다. 택시와 인력거를 비교한 결과 바라던 바를 얻을 수 있었다!

보험료, 수리비, 유지비 및 연료비로 비싼 값을 치러야 한다. 자동차는 탄화수소에 의존하기 때문에 지불해야 하는 사회적 비용도 높다. 탄화수소의 연소는 지역 차원(오존, 니트로 산화물, 일산화탄소, 미세 먼지 등)의 오염만큼이나 전 지구 차원의 온실 가스 오염을 야기한다.

어쨌든 이러저런 기술 혁신으로 자동차 오염을 줄이고 에너지 비용을 절감하는 날이 올 것이다. 하지만 기술 혁신이 자동차 운송에 야기할 수 있는 또 다른 문제들을 해결하려는 노력만으로도 머리가 아플 지경이다. 예를 들어 다양한 종류의 엔진이 탑재된 자동차의 이동량이 급증하면서 운전 솜씨가 좋고 잘 정비를 잘 했다고 하더라도 사고가 늘어나고 있다.[211] 또한 자동차는 소음이 심하고, 도로의 사회 간접 자본은 이따금 사람보다 자동차를 우선하면서 도시 풍경을 삭막하게 만든다. 미국의 어떤 도시에는 인도조차 없을 정도이다.

여기에서는 자동차의 유용성을 문제 삼지 않는 범위에서 환경 및 에

---

211 2007년 프랑스에서는 4,615명이 자동차 사고로 사망했다.

너지와 관련된 개인 승용차의 상황을 개선할 수 있는 세 가지 방식을 차
례로 검토하고자 한다.[212]

교육과 에너지 절약을 통한 상황 개선

첫 번째 방식은 세 가지 전제에서 출발한다. 현재 도로를 달리는 자동
차의 수가 엄청나게 많다는 점, 점진적이기는 해도 그 수가 늘어나고 있
다는 점, 화석 에너지 소비를 줄여야 하는 위기가 존재한다는 점이다. 따
라서 개선된 성능을 갖춘 다수의 신형 자동차들이 현재의 자동차를 대
체하기만 기다리는 것은 지금 상황에선 별 의미가 없다.

이 첫 번째 방식을 지지하는 사람들은 운전자들을 대상으로 하는 교
육, 연료 절약에 대한 경각심 고취, 연료 소비를 줄일 수 있는 내연 기관
의 구비 권유 등과 같은 조치들로 현재의 급박한 문제를 해결하자고 제
안한다.

인도의 석유 절약 연구 협회(PCRA), 파키스탄의 에너지 보존 연구소
(ENERCON), 일본의 에코드라이빙 관리 시스템 프로그램(EPA), 미국의
환경 보호 협회(EPA)는 운송료 및 공공 운송에 관한 캠페인을 벌이며
자동차를 좀 더 잘 관리하도록 하고 있다. 그 밖에 운전자들이 좀 더 경
제적으로 운전하도록 연수 프로그램을 제안하거나 에너지 소비 감소 기
술(최소 마찰 저항으로 움직이는 타이어[213], 좀 더 짧게 이동할 수 있도록 하는
GPS, 자동차가 멈췄을 때 연료 소모를 자동으로 줄이는 장치 등)을 보급하기
도 한다. 또한 이 단체들은 자동차 엔진룸 내부에 측정 및 계측 장비를

---

212 특히 관심의 대상이 되는 것은 자동차이다. 자동차는 가장 보편적으로 사용되는 운송 수단
이기 때문이다. 하지만 철도, 항공 및 해상 운송 역시 이용해야 하는 이점이 있어서 그 이점을
과소평가하는 것은 불합리한 데가 있다.
213 국제 에너지 기구(IEA)에 따르면 자동차 연료의 약 20퍼센트는 타이어가 마찰 저항 계수를
넘어 움직이도록 하는 데에 소모된다.

설치하라고 조언하고 있다. 이런 장치들(연료 소비나 기어 단수를 표시하는 장치, 태키그래피[214] 등)을 통해 운전자들이 운전 습관을 새롭게 인식할 수 있다는 것이다.

운전자들은 개인적으로도 다음과 같은 행동들을 통해 혜택을 받을 수 있다. 부속품, 특히 타이어를 잘 관리하기, 자동차 지붕 위에 짐칸을 달기보다는 트레일러를 이용하기, 부드럽게 운전하며 아울러 애초에 국가적 차원의 에너지 소비를 줄일 목적으로 제정된 제한 속도를 준수하기, 다양한 전기 장치들과 더불어 자동차에서 소비되는 에너지의 약 20퍼센트를 차지하는 실내 공기 조절 장치를 현명하게 이용하기 등은 자동차의 연료 소비를 줄일 수 있는 여러 가지 방법이다. 최적의 자동차 관리 및 운전 습관을 장려하기 위해 여러 가지 테스트와 통제 절차를 강화하는 것도 고려할 수 있을 것이다.

2월 14일, 바르셀로나. 현재 전체 자동차의 에너지 소비를 줄일 수 있을 만한 장비들 가운데 스페인 바르셀로나의 중소기업인 론세르의 '전기 분해 장치'가 있다. 젊은 퇴직자들로 이루어진 론세르의 소규모 팀은 자동차 연료 소비를 8~13퍼센트 정도 줄이는 방안을 제안하고 있다. 연료 가격이 상승하고 있기 때문에 이 제안은 분명 경제적으로는 매력적이다.

그렇다면 전기 분해 장치의 내용은 무엇일까? 전기 분해 장치는 탄화수소 분자들을 전기장 내에서 전기 분해한 다음 산소 분자들과 잘 혼합될 수 있도록 배열한다. 다시 말해 최상의 연소를 가능하게 하고 엔진 실린더 내부의 잔유물과 배기관의 불연소 찌꺼기를 최소화하여 연료 소비를 줄이는 것이다. 엔진의 종류가 무엇이든(휘발유, 디젤, 가벼운 자동차, 트

---

214 자동차의 속도 기록.

력, 버스, 선박 등) 전기 분해 장치의 작은 상자는 모든 엔진 기화기에서 작동된다. 그리고 이 작은 상자는 연소를 용이하게 하기 위해 연료를 제어한다.

이 창의적인 발상의 신비한 측면은 처음에는 많은 사람들의 의구심을 자아냈다. 하지만 발상의 주인공인 론세르는 카탈루냐 자치주로부터 귀족 작위를 수여받았다. 바르셀로나에서 4년 동안 네 대의 시내버스가 이 시스템을 시험했는데 연료 소비가 8퍼센트 이상 감소했다. 이 수치는 바르셀로나 시 당국으로 하여금 모든 시내버스에 이 시스템을 장착하도록 설득하기에 충분할 것이다.

현재 모델의 콘셉트 개선

이 두 번째 방식은 신형 자동차의 효율성을 높이는 것이 목표이다. 내연 기관 엔진의 성능[215]을 개선하고 자동차 무게를 줄이고[216] 타이어의 마찰 저항 계수를 조절[217]하고 공기 저항을 줄이기 위해 보다 공기 역학적으로 디자인하는 것 등이 그 방법이다.

새로운 엔진 개발

이 세 번째 방식은 자동차에 관한 새로운 발상을 가지라고 요구한다. 그러니까 자동차에 사용되는 연료에서 타이어에 이르기까지 역학 에너지 전달의 모든 과정을 혁신하는 것이다. 미래의 자동차들은 좀 더 친환경적이고 정교한 해결책을 제시하고 있다. 물론 접근 가능한 해결책들이

---

215 내연 기관 엔진은 폭발에 의한 내연 엔진(휘발유, 가변 연료)과 디젤 엔진을 모두 포함한다. 자세한 사항은 이 책 제19장 '바이오 연료 혁명'을 참고할 것.
216 자동차 한 대당 연소된 에너지의 95퍼센트는 승객이 아니라 차체와 엔진을 움직이는 데 사용되었다!
217 하지만 도로와의 접지력이라는 면에서는 타협점을 찾는 것이 필요하다.

Box 2

자동차와 에너지 소비

- 에너지 효율을 10퍼센트 개선하는 것은 이산화탄소 배출을 10퍼센트 줄이는 것과 같다.
- 전기를 사용해 기어 변속 장치와 속도 비율 처리를 제어하면 자동차의 에너지 소비와 이산화탄소 배출을 평균 5퍼센트 줄일 수 있다.
- 자동차 중량을 10퍼센트 줄이면 이산화탄소 배출이 3~3.5퍼센트 줄어든다. 1980년대 이후 가벼운 소재의 고안과 이용에서 많은 노력과 발전이 있었지만 자동차의 안락함과 안전성을 개선하려는 시도가 자동차 무게 감소를 방해해 왔다.
- 10퍼센트의 공기 역학적인 개선은 2.5퍼센트의 이산화탄소 배출 감소에 상응한다.
- 실내 공기 조절기를 사용하면 자동차의 에너지 소비가 20퍼센트 늘어난다.

제1차 석유 파동이 시작된 1973년 이후 엔진과 관련된 기술적인 발전으로 자동차의 에너지 소비를 3분의 1까지 줄일 수 있었고 신형 자동차의 경우에는 이산화탄소 배출이 30퍼센트 감소했다. 이러한 여러 가지 노력[218]을 지속적으로 추진한다면 자동차 회사들은 2012년부터 신형 자동차가 1킬로미터당 배출하는 이산화탄소의 양을 130그램으로 제한한 유럽 여러 국가들의 목표를 달성할 수 있을 것이다.

출처: http://ecolog.caradisiac.com

다.[218]

내연 기관을 사용하는 자동차의 시장 점유율을 조금씩 낮추기 위해 미래의 자동차들은 신뢰할 만하고 잘 정비된 사회 간접 시설(새로운 에너지 공급 기지 건설, 기술자와 정비사 사이의 긴밀한 연수 교육, 손쉬운 부품 교체 등)에 의존할 수밖에 없을 것이다.

그렇다면 이처럼 아주 복잡한 상황에서 가능한 미래의 자동차는 무

---

218 2007년 10월에 국제 에너지 기구는 다음과 같은 예상을 내놓았다. 타이어 기술, 실내 공기 조절기와 조명 장치 최적화에 적용될 수 있는 개선 방안 덕분에 2030년에는 자동차의 총수 대비 에너지 소비(따라서 온실 가스 배출)를 6~8퍼센트 정도 낮출 수 있을 것이다.

엇일까? 여러 형태가 있겠지만 우선 전기 자동차, 수소 자동차[219], 태양열 자동차를 떠올릴 수 있을 것이다.

순항 중인 하이브리드 자동차와 전기 자동차

5월 12일, 인도. 브라마난드 모한티는 퐁디셰리 주변 지역으로 안내하기 위해 우리를 소형 전기 자동차에 태웠다. 자동차에는 운전자 한 명과 승객 세 명이 타고 있어 약간 좁은 느낌이었다. 하지만 우리는 독일산 스마트 자동차보다 크지 않은 새로운 자동차를 시승한다는 생각에 만족스러워했다. 몇 주 뒤에 우리는 도쿄 가스 회사의 일본인 안내자와 함께 또 다른 무공해 자동차인 도요타의 수소 전기 하이브리드 사륜구동 자동차를 시승했다. 이 자동차는 소형이었지만 사륜구동이었고 안락함과 힘에 있어 인도에서 탔던 소형차와는 비교가 불가능했다.

그럼에도 불구하고 이런 종류의 자동차들은 공통점이 많다. 전기 자동차든 하이브리드 자동차든 오염 물질을 배출하지 않는다. 그리고 두 가지 자동차 모두 연료를 생산하는 공정에 따라 환경에 미치는 영향이 달라지게 된다. 전기와 수소는 가스나 석탄은 물론 재생 에너지로도 생산할 수 있기 때문이다. 하지만 비교는 이 정도에서 마치자. 수소 자동차에 대해서는 이번 장 뒷부분에 기술된 '집중 해부'에서 좀 더 상세한 정보를 얻을 수 있을 것이다. 그러니까 여기에서는 전기 자동차에 관해서만 얘기하기로 하자.

브라마난드는 소형 자동차를 애지중지했다. 이 차는 고속으로 달리지 못하고 겨우 시속 90킬로미터 정도의 속도를 냈다. 주행 거리도 70킬로미터에 불과해 멀리 갈 수 있는 것도 아니었다. 그렇지만 시내 주행에서

---

219 수소 자동차에 대해서는 이번 장의 '집중 해부_수소 자동차'를 참고.

전기 자동차는 새로운 발명품일까?

답은 "그렇지 않다."이다. 1880년에 이미 최초의 전기 자동차가 운행된 적이 있다. 프랑스 엔지니어인 샤를 쟝토, 카미유 포르, 귀스타브 트루베, 니콜라 라파르가 전기 자동차를 고안했던 것이다. 그보다 몇 년 후인 1899년에는 산화납 배터리를 장착한 '자메 콩탕트'라는 전기 자동차가 최초로 시속 100킬로미터를 주파했고 1911년에는 전기 택시들이 파리 시내를 달렸다. 그럼에도 불구하고 이 선구적인 기술은 폭발에 의한 엔진에 압도당했다. 특히 탄화수소를 이용하는 폭발에 의한 내연 기관 자동차는 주행 거리가 더 길다는 것이 주된 이유였다.

1980년대에 석유 가격이 급등하고 도심에서 오염이 증가하면서 전기 자동차가 다시 등장하기에 좋은 조건이 갖추어졌다. 1988년에 미국 캘리포니아의 클린 에어 액트 사(社)는 전기 자동차 연구에 착수했다. 유럽 경제 공동체도 전기 자동차 유럽 협회(AVERE)의 프로그램과 더불어 이 대열에 합류했다. 전기 자동차에 관심을 갖고 있던 유럽의 여러 도시는 프랑스의 주도로 '시텔렉(CITELEC)'이라는 라벨을 만들었고 자동차 회사들은 새로운 수요를 충족시키기 위해 전기를 공급받는 재래식 자동차를 내놓았다.

그럼에도 불구하고 전기 자동차는 대중의 인기를 끌기에는 주행 거리가 너무 짧고 전기 사용료가 너무 비쌌다. 오늘날 에너지, 환경 그리고 기후에 대한 관심이 높아지면서 전기 자동차가 새롭게 도약할 수 있는 발판이 마련되고 있다. 과연 전기 자동차는 미래의 자동차가 될 수 있을까?

이 차의 장점을 발견하는 것은 그다지 어렵지 않았다. 오염과 소음이 없었고 주차하기도 아주 편했다. 또한 클러치가 없었기 때문에 시동을 꺼뜨릴 염려도 없었다.

매일 저녁 자동차의 배터리를 충전하는 것이 습관화되면 더 이상 전기 자동차를 외면할 수 없다는 것이 브라마난드의 견해였다. 그는 웃으면서 덧붙였다. 에너지 문제에 지대한 관심을 갖고 있는 자신이 그 해결책을 보여 주지 못한다면 그런 일에 뛰어드는 사람은 거의 없을 것이라고 말이다.

실제로 완전히 전기로 움직이는 자동차가 갖는 한계를 모른 척하는 사람들은 거의 없다. 그렇다면 전기 자동차의 가장 불편한 점은 무엇일까? 주행 거리의 제약이다. 주행 거리가 100킬로미터도 되지 않는다는 것은 아주 큰 애로 사항이다. 완전 충전을 하는 데 몇 시간이나 걸리고 낮에 자동차를 충전해야 한다는 것, 따라서 낮에는 자동차를 사용하지 못한다는 것도 너무나 중대한 단점이다.

가정용 콘센트보다 용량이 높은 고용량 충전 콘센트 인프라를 개발하면 충전 시간을 거의 절반으로 줄일 수 있다. 그렇다고 해서 전기가 필요한 자동차의 운행 범위를 확대할 수는 없는 노릇이다. 100킬로미터 간격으로 충전소를 세운다는 것은 현실적으로 고려하기 어려운 일이다. 따라서 전기 동력만으로 굴러가는 자동차가 화석 연료 자동차를 완벽하게 대체하는 것은 아직까지는 요원한 일이라고 할 수 있다.

도심에서의 이동에 유리하고 상대적으로 짧은 거리(특히 집과 직장 사이)를 왕복하는 데 적합한 전기 자동차는 '가족용 자동차'를 대체하는 선택이라기보다는 '세컨드 카'로 인식되고 있는 실정이다. 주말에 교외로 나가기 위해 전기 자동차로 프랑스의 도로를 주행하는 것은 분명 여러 가지 문제의 소지가 있다고 하겠다.[220]

하지만 이런 문제점들이 사기업과 공공 기관, 지역 공동체들이 운행하는 대부분의 전기 자동차에 동일하게 적용되는 것은 아니다. 따라서 전기 자동차에 자연스럽게 관심을 표출하는 고객들이 이런 문제점들을 해소하는 길을 제시할 수도 있고 고용량 전기 충전 인프라의 개발과 관련된 고속 충전소 건설에 박차를 가할 수도 있을 것이다.[221]

---

220 필요하다면 좀 더 먼 거리를 달릴 때만 일반 자동차를 빌리는 것을 고려할 수도 있을 것이다.
221 전기 자동차는 고전적인 콘센트(16암페어)로 충전할 수도 있지만 고용량(보통 32암페어) 콘센트를 사용하면 충전 시간을 줄일 수 있다.

배터리 현황	세부 특성 및 적용 분야
산화납 배터리	1895년에 프랑스 물리학자 가스통 플랑테가 개발한 이 배터리는 최초로 상품화된 재충전이 가능한 배터리였다. 배터리의 무게가 문제되지 않았던 시기에는 적용 범위가 넓어 가장 수익성이 있는 배터리이기도 했다. 납은 오염 물질이기는 하지만 재충전하기가 쉬웠다(산화납 배터리의 약 90퍼센트는 재생이 가능하다).
니켈 카드뮴 배터리 (NiCD)	완숙기의 기술이지만 에너지 집약도가 낮다. 지속 기간이 길고 방전률이 높으며 품질과 가격 면에서 좋은 평가를 받고 있다. 독성이 있는 금속인 카드뮴을 포함하고 있기 때문에 환경 문제를 야기한다. 적용 분야: 라디오, 생체 의학 장비, 개인용 비디오 카메라 등과 같은 휴대용 장비들은 점점 더 대체 기술로 방향을 돌리고 있다.
니켈 수소 배터리 (NiMH)	니켈 카드뮴 배터리보다 에너지 응집성(약 40퍼센트 이상)이 낮지만 수명은 길지 못하다. 니켈 수소 배터리는 중금속을 포함하지 않아 니켈 카드뮴 배터리를 효과적으로 대체할 수 있다. 적용 분야: 휴대 전화 및 컴퓨터.
리튬 이온 배터리 (Li-ion)	전망이 밝은 기술로 휴대용 전자 제품 시장에서 약진하고 있다. 리튬 이온 배터리는 에너지 응집성(니켈 카드뮴 배터리보다 약 50퍼센트 이상 높다)과 무게가 일차적인 기준이 되는 부문에서 이용된다. 다른 배터리들보다 가격이 비싸고 누전될 경우 화재[222]가 일어나지 않도록 안전 시스템을 갖추어야 한다. 적용 분야: 소형 컴퓨터(노트북 컴퓨터), 휴대 전화.
리튬 폴리머 배터리 (Li-ion P)	새로운 세대의 배터리로서 폴리머의 취약성에도 불구하고 리튬 이온 배터리의 저렴한 버전 및 가변적인 형태를 갖춘 버전이 될 것이다.

출처: http://www.buchmann.ca

어쨌든 지금으로서는 전기 자동차가 시장에서 개인 소비자들의 관심을 끌려면 충전 기술의 개선을 기다리는 수밖에 없는 것으로 보인다.

전기 자동차는 고용량 저비용의 전기 저장 방식이 필요하다. 사실 현재 사용되고 있는 배터리의 가격은 그리 싼 편이 아니다. 전기 자동차

---

222 일본의 배터리 제조사들은 1991년 소비자가 발화 및 폭발로 얼굴에 심각한 화상을 입는 사고가 일어난 다음에야 휴대 전화의 리튬 이온 배터리를 리콜 조치했다.

를 소유한 행복한 사람들은 배터리 가격 책정에서 거의 배타적인 권한을 행사하고 있는 배터리 제조사와 임대 계약을 맺으라고 권유받는다. 2000~2008년 사이에 삭소(Saxo) 사의 니켈 카드뮴 배터리 임대 비용은 프랑스 대도시의 경우 매월 93유로에서 137유로로 약 46퍼센트가 올랐다. 이러한 가격 상승은 전기 자동차를 구입할 엄두도 내지 못하는 상황으로 이어지고 있다.

전기 자동차를 꺼리는 또 다른 요인은 최고 속도가 비교적 낮다는 점이다. 시속 90킬로미터 정도의 최고 속도는 환경 문제에 민감한 브라마난드와 같은 사람의 마음을 돌릴 수는 있겠지만 환경에 무관심한 자동차 애호가의 관심은 끌 수 없다. 도로를 주행하는 전기 자동차의 경쟁력이 떨어진다면 일반 소형 자동차들을 기약 없이 차고에 넣어 두게 하기가 쉽지 않을 것이다. 최고 시속이 210킬로미터이고 4초 만에 시속 100킬로미터까지 가속할 수 있는 전기 자동차가 251마력의 엔진과 주행 거리 300킬로미터, 그리고 포르쉐에 버금가는 차체를 가질 수 있을까? 이런 자동차는 꿈에서만이 아니라 현실에 이미 존재한다. 테슬라 모터스(Tesla Motors)가 2008년 말에 테슬라 로드스터를 출시한 것이다. 그것도 스포츠 애호가와 깐깐한 환경주의자를 모두 만족시켜야 하는 까다로운 시험에 성공한 다음에 말이다.

이 번개처럼 빠른 자동차를 테스트하기 위해 마르틴 에버하르트와 마

〈테슬라 로드스터〉

크 타프닝이 만든 캘리포니아의 벤처 기업은 대규모의 전문가 평가단을 구성했다. 설계는 실리콘 밸리에서 영감을 받았고 엔진은 타이완에서 들여왔고 조립은 영국에서 했다. 그들은 이 대담한 계획의 목적인 고성능 배터리 개발을 위해 리튬 이온 배터리로 검증되었던 기술을 채택했다. 이 혁신적인 기술의 핵심은 6,831개에 달하는 배터리 셀을 연결하고 이를 통제 및 안전과 관련된 중앙 시스템으로 관리하는 것이었다.

스포츠카는 엄청나게 비싸다. 테슬라 로드스터는 평균 9만8천 달러에 팔린다! 가격이 그 정도인데도 아주 잘 팔린다! 2008년에 생산된 600여 대의 테슬라 로드스터는 생산되기도 전에 이미 날개 돋친 듯 팔렸다. 테슬라 로드스터를 한 대 구입하고 싶다면 인내심을 가지고 1년을 기다리거나 직접 미국으로 날아가야 할 것이다. 테슬라 모터스의 팜플렛에 따르면 2개의 새로운 모델이 출시될 예정이다. 호화로운 5인승 자동차인 화이트 스타는 5만 달러에 판매될 것이고 그 다음 좀 더 작고 귀여운

Box 4

2009년의 도로를 달릴 블루카!

테슬라 모터스가 처음부터 럭셔리 자동차 시장을 겨냥했다면 볼로레(Bollore) 그룹은 가격이 2만 5,000 유로인 전기 자동차 개발에 주력했다. 그 정도 가격의 '블루카'는 테슬라 로드스터의 배터리 용량과 맞먹는 수준의 충전 용량을 갖지는 못할 것이다. 하지만 가속력에 있어서는 현존 모델들에 비하여 눈에 띌 정도로 개선됐다. 6.5초 만에 시속 60킬로미터에 도달하고 최고 속도는 시속 125킬로미터이며 40마력의 엔진으로 200~250킬로미터를 달리는 이 전기 자동차는 대도시 주변 지역 거주자들의 시선을 끄는 데 충분할 것이다!
이 정도의 성능에 도달하기 위해서 배트스캡(Batscap: 볼로레와 EDF 그룹의 자회사)은 새로운 배터리 기술을 개발했다. LMP(리튬 메탈 폴리머) 배터리는 납 배터리보다 다섯 배 가볍고 충전 시간은 리튬 이온 배터리보다 두 배 길다. 이런 기술적인 특성에 덧붙여 둥근 형태의 문을 갖춘 외관 또한 매우 현대적이다. 2009년 여름 후반 이후 이탈리아 피닌파리나(Pininfarina) 사(社)의 상표를 달고 상업화될 블루카는 대성공을 거둘 것으로 예상된다.

블루 스타가 시장에 나와 3만 달러에 판매될 것이다.

그렇다면 전기 자동차는 스포츠카 시장에 당당하게 입성할 수 있을까? 전기 자동차에 대한 평판을 바꾸고 높은 개발 비용을 충당할 수 있는 실용성으로 승부하여 굳게 닫힌 자동차 애호가들의 지갑을 여는 내기에서 승리할 수 있을까?

'전적으로 전기를 이용하는' 자동차들의 성능과 디자인이 더 나아질 때까지 하이브리드 자동차가 그 대안으로 제시되고 있다! 도요타의 하이브리드 자동차 프리우스의 성공이 그 시발점이 되었다. 오늘날 대규모의 자동차 회사들은 모두 열기관 엔진과 전기 엔진이 혼합된 모델을 제안하고 있다. 전기 엔진에 이용되는 배터리는 열기관 엔진이 작동하는 동안 재충전된다. 배터리는 시동을 걸 때와 시내 주행(가다 서기를 반복하는 주행) 모드에서 사용된다. 그 외의 주행 모드에서는 폭발에 의해 움직이는 열기관 엔진이 최고의 성능을 내게 된다. 이 정도면 좀 더 지속 가능한 개발을 위한 실용적인 첫걸음이 아닌가!

미래의 자동차와 도시 환경

미래의 자동차에 대해서 숙고한다는 것, 그것은 도시 및 전 국토에서 자동차 이용자들이 원하는 곳으로 이동하기 위해 실현되어야 하는 사회적 인프라에 대해 숙고하는 것이기도 하다.

5월 12일, 인도. 퐁디셰리에서 견학했던 여러 장소들 중에서도 퐁디셰리 시는 그 자체로 매우 인상적이었다. 이 도시는 대단히 창의적인 모습을 보여 주었기 때문이다. 퐁디셰리 시는 충전 시간 때문에 불편을 겪는 전기 자동차 운전자들을 위해 아주 간편한 방식을 제공하고 있었다. 사용한 배터리를 충전소에 놓아두고 충전된 배터리를 가져갈 수 있도록 하는 방식이 그것이었다. 거기에 드는 시간은 10분 정도에 불과하여 기름

Box 5

쇼핑 카트를 닮은 시티카!

MIT와 제너럴 모터스의 연구 그룹이 개발한 시티카는 벨리브(Velib: 무인 자전거 대여 서비스)에 엔진이 적용된 경쟁 모델로 제시되었다. 시스템은 단순하다. 사용자는 많은 장소에 있는 '대여 및 충전소'에서 자동차를 빌려 사용한 다음 다른 곳에 있는 '대여 및 충전소'에 주차시켜 놓기만 하면 된다.

자동차는 자전거보다 장소를 많이 차지한다. 따라서 자동차 교환이라는 아이디어는 자전거 교환보다는 실행하기가 훨씬 어렵다. 하지만 다음과 같은 아이디어를 내놓는 사람들을 믿는다면 그렇게 어려운 일도 아니다. 자동차의 크기를 줄이고 유모차처럼 접을 수도 있게 하며 특히 쇼핑 카트처럼 자동차들 사이에 쏙 끼워 넣을 수 있게 한다는 아이디어 말이다. 충전해야 하는 자동차를 맨 뒷줄에 주차한 다음 맨 앞줄의 충전된 자동차를 타고 가면 된다. 그러면 자연스러운 순환이 이루어질 것이다!

출처: http://cities.media.mit.edu/projects/citycar.html

을 가득 채우는 데 필요한 시간과 그다지 차이가 나지 않았다. 이렇게 해서 배터리 1개로 운행할 수 있는 거리의 제약이 사라졌고 전기 자동차를 온종일 사용할 수 있게 되었다!

이 발상 자체는 단순했지만 그 실행은 좀 더 복잡했다. 운전자들에게 필요한 배터리를 빌려 줄 수 있으려면 충전소에 모든 종류의 배터리를 구비해야 하기 때문이다. 또한 여러 개의 배터리를 구입하기 위해 막대한 초기 비용을 지출해야 한다. 그렇다면 어떻게 시작해야 할까? 도시 운송 연합과 합의하여 우선은 개별적인 배터리 대신 표준화된 배터리를 부착해야 한다.

퐁디셰리에는 산화납 배터리가 부착된 35대의 전기 릭샤[223]가 운행 중이다. 전기 충전소의 고객이 된 릭샤 운전사들은 그곳에서 전혀 새로울

---

223 승객 두 명을 태울 수 있는 작은 오토바이의 일종으로 바퀴가 3개이다. 아시아에서는 매우 널리 쓰이는 이국적 운송 수단이다.

것 없다는 듯이 여유 있게 주스 한 잔을 따라 마시곤 한다. 또 있다. 충전소 지붕에는 태양 전지판을 설치해서 거기에서 생산된 전기로 배터리를 충전한다. 따라서 이 에너지 연쇄는 완전히 무공해이다.

이 모든 발상은 아주 실용적이며 도시의 택시에도 완벽하게 적용 가능한 것으로 보인다. 단 거기에는 몇 가지 조건이 따른다. 배터리의 탈부착이 용이해야 하고 될 수 있으면 충전에 필요한 시간을 줄여야 한다. 다행히 첫 번째 조건은 이미 충족되었다. 퐁디셰리 시가 이스라엘과 같은 대규모 배터리 충전망 형성을 위해 시작한 '베터 플레이스 프로젝트 (Project Better Place)'를 통해 배터리 제조사(르노-닛산)와 전략적으로 제휴한 덕분이었다.

태양열 자동차는 언제 탈 수 있을까?

보다 미래 지향적인 자동차는 태양열 자동차다. 오로빌[224]의 경우를 다시 살펴보자.

5월 14일에 리시는 과학 연구소의 목공 작업 결과물 중 하나인 '메종'이라는 자동차를 소개해 주었다. 메종은 골프장에서 볼 수 있는 작은 자동차와 비슷하게 생겼고 지붕에는 태양 전지판이 설치되어 있었다. 이 목조 자동차는 전기-태양열 하이브리드 자동차의 초보적 단계의 모델이었다. 두 달 후에 우리는 일본에서 동일한 개념의 자동차를 보게 될 것이었다. 교세라가 고안한 그 시제품은 완벽한 디자인을 갖추었고 차체 내부에 설치된 태양 전지들이 전기 시스템에 전력을 공급했다.

전기 자동차가 태양 전지를 이용해 수 킬로미터를 달리면 안 될 이유가 어디 있겠는가? 이런 개념의 자동차가 바로 2008년에 모나코 출

---

224 태양열 발전에 관해서는 제13장 참고.

지구촌의 태양열 자동차 대회

아메리카 솔라 챌린지: 미국과 캐나다의 대학생 40여 팀이 참가하여 10여 일 동안 도로를 달리는 자동차 경주 대회이다. 2년마다 개최되며 여러 조건을 엄격하게 충족시키는 준비 기간이 요구된다.

월드 솔라 챌린지: 1987년 한스 토스트럽에 의해 호주에서 개최된 태양 전지 자동차 대회로 3년마다 개최된다. 호주 대륙을 종단하며 3,010km를 달리는 이 대회에서 유일한 의무 조항은 미리 정해진 일곱 군데의 통제소를 지나가야 한다는 점이다.

신 벤투리 씨가 상업적 승부를 걸고 제안하게 될 '아스트로랩(Astrolab)' 이다. 길고 납작한 특이한 외관을 지닌 아스트로랩은 3.6미터에 달하는 태양 전지판 덕분에 전적으로 배터리에 의존하는 자동차에 비해 하루 18킬로미터를 더 달릴 수 있다(주행 거리는 110킬로미터이고 최고 속도는 시속 120킬로미터이다). 가격이 9만 3,000유로인 이 모델은 여전히 비싼 편이지만 장래성은 충분하다!

반드시 배터리를 충전해야 하는 난점을 극복하고 전적으로 태양열로 움직이는 자동차는 언제 나올 수 있을까? 현재 운행 중인 자동차들의 무게와 태양 전지의 수익성을 고려할 때[225] 전적으로 태양열로 움직이는 자동차가 내일 당장 열기관 자동차를 대체할 것 같지는 않다. 하지만 그런 자동차가 나오리라는 믿음은 계속 가져야 한다. 전적으로 태양열로 움직이는 자동차가 이미 도로 위를 달리고 있으니 말이다. 태양열 자동차는 형태가 날렵하고 납작하며 무게는 약 100킬로그램으로 그 어떤 자동차보다도 가볍다. 기술적인 면에서도 2~3년 간격으로 비약적인 발전을 보이고 있다.

---

225 태양열의 미래에 관해서는 제14장 참고.

보다 친환경적인 운송 수단

미래의 자동차든 현재의 자동차든 본 장(章)에서 계속하여 반복되는 단어는 '자동차'이다. 하지만 개인용 자동차는 단지 장소 이동의 필요를 만족시키는 하나의 수단에 불과하다. 좀 더 환경을 존중하는 다른 운송 수단은 없을까? 가능한 경우에는 상당히 먼 거리를 이동하기 위해 자동차나 비행기 대신 기차를 탈 수도 있다. 빈번하게 이동해야 한다면 대중교통이나 공공 운송을 생각하게 된다. 필요하다면 때에 따라서는 자동차의 공유 역시 생각해 볼 수 있다.

논의를 좀 더 진행해 보자. 우리는 진정 그처럼 자주 이동해야만 하는 걸까? 어떤 활동을 하기 위해 반드시 이동할 필요가 있을까? 장을 보기 위해? 자동차를 타는 대신 가까운 곳에서 장을 보거나 온라인으로 주문을 할 수 있으며 택배 주문도 해결책이 될 수 있다. 특히 물건을 사기 위해 줄을 설 필요가 없어진다. 인터넷을 통한 가상 이동은 21세기의 기술 혁명 가운데 하나이다. 컴퓨터가 인간과 세상을 이어 주는 유일한 창문

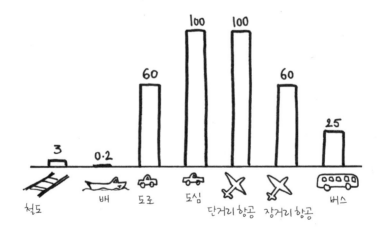

〈여러 가지 운송 수단의 1킬로미터당 탄소 배출량〉

은 아니다. 하지만 이따금 누군가와 약속을 하고 만나는 대신 전화나 화상으로 회의를 하면 시간을 절약할 수 있고 피로도 덜 수 있을 것이다. 결국 이 모든 것은 에너지 절약이 아닌가!

도시 내에서 자동차로 이동할 필요가 적어지도록 도시를 혁신할 수도 있을 것이다. 그런 도시의 모습은 어떤 것일까? 브라질의 브라질리아와 독일의 프라이부르크는 근본적으로 다른 두 가지 전망을 제시하고 있다. 브라질리아는 자동차의 도시이다. 거리는 넓고 걷기에 불편하며 도시 전체가 구역화(주거 구역, 행정 구역, 호텔 구역 등)되어 있어 엔진을 이용하는 이동 수단이 없으면 쉽게 돌아다닐 엄두가 나지 않는다. 한마디로 브라질리아는 자동차가 없으면 살기 힘든 도시이다.

이와는 반대로 프라이부르크의 중앙역은 도시 운송망을 관통하는 이상적인 관찰 지점을 제공한다. 장거리 노선 열차의 플랫폼을 굽어보는 곳에 위치한 가교와 역 주변 도로에서 5분만 가면 트램 승강장과 자전거 5,000대를 주차하거나 빌릴 수 있는 주차장이 나온다. 역 입구 쪽으로 내려가면 도시 투어 버스가 기다리고 있다. 정기권의 가격은 매우 합리적이고 버스와 트램의 왕래가 매우 빈번하며 운송망은 촘촘하게 짜여 있다. 자전거 도로와 자동차 진입 금지 도로는 소음을 최대한 줄이는 운송 방식(대중교통과 자전거)을 우선적으로 고려한 정책을 잘 보여 준다. 이런 운송 정책을 통해 프라이부르크 시는 대부분의 자동차를 차고에 세워 두도록 하는 데 성공을 거두었다.

프라이부르크가 채택한 방식에 고무된 우리는 상상의 나래를 펼쳐 새로운 일상생활을 위한 구역을 그려 보았다. 외곽에는 주거 지역이 있고 그 다른 한쪽에는 하루 일과가 끝나면 텅 비는 직업 활동의 중심지가 있는 것이다. 또한 도시의 풍요로움을 결정하는 요소들, 만남과 선의의 경쟁을 위한 장소들을 한데 모으고, 새로이 녹색 공간을 갖춘 구역에는 주거와 사무실과 상업 구역을 결합하는 상상을 하기도 했다.

파리의 라데팡스 개혁 프로젝트의 핵심을 차지하는 '투르 시냘(Tour Signal)'은 이런 야심을 잘 보여 준다. 진정한 혼합을 상징하는 프랑스 최초의 이 '투르 시냘'에는 2012년부터 주거, 호텔, 상가 및 문화 단체들이 입주하여 거주자들이 매일 이동할 필요를 획기적으로 줄이게 될 것이다. 이 정도면 도시의 혁신이 운송을 다시 정의하도록 만드는 상황이 아니겠는가?

집중 해부_ **수소 자동차**

―――――――― 세계 일주 프로젝트 No. 24 ――――――――

• 도쿄 가스와 도요타의 FCHV 실험(일본)

수소 자동차의 원리

미래 자동차의 연료로 수소를 이용한다.

이미 우주 로켓과 엔진의 추진력을 제공하고 있는 이중 수소(일반적으로 수소라고 부르는 H_2)는 잠재적인 친환경 에너지의 가능성으로 자동차 회사들에게 유혹의 눈짓을 보내고 있다. 이중 수소는 가스에 독성이 없고, 휘발성이 낮아 사고에 의한 폭발 위험이 적기 때문이다(게다가 발화의 폭이 4~75퍼센트로 매우 넓다는 장점이 있다). 또한 연소할 때나 연료 전지에 넣어 이용할 때 원칙적으로는 물만 배출한다.

수소는 탄화수소의 개질, 석탄의 가스화 및 열분해, 물의 전기 분해에 의해 생산된다. 첫 번째 방법인 탄화수소의 개질은 일반적으로 가장 많이 이용되는 방법이다. 이 방법은 두 번째 방법인 석탄의 가스화와 더불어 이산화탄소가 많이 배출된다는 부정적인 측면이 있지만 탄소의 포집 및 격리와 관련된 기술로 개선될 여지가 있다.[226] 세 번째 방법인 열분해는 전기와 마찬가지로 친환경적이다. 네 번째 방법인 종합적인 물의 전기 분해는 물을 열화학적으로 분해하는 것으로서 현재 활발한 연구의 대상이다. 고온과 촉매를 이용하는 이 방법은 4세대의 몇몇 원자로에서 생산되는 고온의 열을 이용할 수 있다.

수소는 두 가지 방식으로 자동차에 추진력을 제공하는 기계 에너지를 생산
할 수 있다.

• 수소 엔진 내부에서의 연소에 의한 방식: 대용량의 이중 수소가 필요하기
때문에 엔진 효율성의 개선이 미미하다. 우주 항공기의 추진에는 불리하지
않지만 개인용 자동차에 이용하는 데에는 제약이 있다. 하지만 BMW와 같은
몇몇 자동차 회사들이 채택한 방식이기도 하다.

• 연료 전지 내부에서의 산화 작용에 의한 방식[227]: 자동차 회사들(특히 도요
타)이 연료 전지와의 결합 형태로 연구해 개발이 가장 많이 진척되었다.

이해를 돕는 정보

기술에 대한 총체적 시각

현 단계에서 수소 자동차는 세 가지 장애물 때문에 자동차 시장 입성
에 방해를 받고 있다.

• 연료 전지와 관련된 기술이 아직 성숙되지 못했다.

• 확보된 수소의 저장과 관련된 어려움이 있다.

• 새로운 연료 배급망 창출에 비용이 들어간다.

수소의 저장

탄화수소의 개질과 관련된 문제점들을 피하고 싶다면 반드시 수소 저
장 장치를 확실하고 효과적으로 개선해야 한다. 수소는 가장 가벼운 원
소이기 때문에 질량이 똑같을 경우 다른 가스에 비해 부피가 훨씬 크다.
그런데 자동차 한 대가 저장할 수 있는 수소의 용량은 제한되어 있다. 따

---

226 탄소의 지리적인 격리에 관해서는 66쪽 '집중 해부_지질학적인 탄소 저장'을 참고할 것. 또
한 가스화는 바이오매스를 통해서도 이루어질 수 있으며(바이오매스에 대해서는 제9장을 참
고) 일단은 생산된 가스의 세척과 관련된 기술적인 효율성이 개선되어야 한다.
227 연료 전지에 대해서는 352쪽 '집중 해부_주택의 연료 전지 설치'를 참고.

저장 방식	이점 및 불편한 점
압축 수소	기술적으로 정점에 올라 있다. 천연가스에 이용되는 것과 동일한 기술을 사용하며 압력이 약 700바로 높은 편이다. 저장고의 단위 질량은 자동차 구조 100킬로그램당 수소 약 5~6킬로그램이다.
액체 수소	수소 5킬로그램이 70리터이다. 가스를 섭씨 영하 253도로 유지해야 하는 어려움이 있기 때문에 단열을 강화해야 하는 번거로움이 발생한다. 3퍼센트를 초과하지 않을 경우에는 불필요하지만 용인할 수 있는 증발이 일어난다. 수소의 액화에 필수적인 에너지는 가스 내부에 포함된 에너지의 약 40퍼센트이다. 액체 수소 자동 충전소는 복잡하고 비용이 많이 들기는 하지만 기술적으로 실현 가능하며 특히 우주 항공 분야에 적용하기에 적합하다.
마이크로 막대 내부에 저장	차가울 경우에는 수소가 새지 않고 뜨거울 경우에는 다공질이 되는 특정 유리관의 이중적인 성질에 기초한 방식이다. 역학적으로 저항성이 매우 좋으며 안정적이다(마이크로 막대가 파열되더라도 연쇄 반응이 일어나지 않는다). 질량 100kg, 부피 300리터 이하의 설비에 수소 5킬로그램을 저장할 수 있다. 하지만 소형 막대를 충전하는 데 필요한 에너지(1,000바의 수소 기체 속에서 섭씨 350℃까지 온도를 올려야 한다)가 가스 내부에 포함된 에너지의 30퍼센트이다.
수소 화합물 속으로 흡수	매우 전망이 밝다. 상당량의 수소(금속 원자 1개 당 가스 원자 약 1개)를 흡수한 다음 압력 저하 혹은 약간의 온도 상승을 통해 재구성하는 특정 고체의 속성에 기반하고 있다. 장점: 수소 방출 압력은 설비의 기능에 따라 측정될 수 있다. 하지만 무게 단위당 최대한의 수소를 흡수할 수 있는 합금은 가능한 한 높은 이완 온도를 필요로 한다는 문제점이 있다. 100킬로그램당 수소 7킬로그램을 흡수하는 마그네슘은 온도를 섭씨 500~600도까지 높여야 한다. 단점: 수소는 매우 순수한 상태를 유지해야 한다. 수소 화합물을 형성하는 금속들이 일산화탄소에 의해서 산화되기 때문이다. 화학적 수소 화합물(예를 들면 보로수소산 나트륨이 있다)들에 대한 연구가 필요하며 불안정함과 부식이라는 문제점들이 있다.
탄소 나노 튜브 속에 저장	탄소 나노 튜브는 흑연으로 만든 튜브(1990년대에 개발된 기술)를 구성하는 탄소 분자들의 고리를 말한다. 단층이나 복수층으로 조직될 수 있고 흡수 능력이 65퍼센트에 달한다. 하지만 현재는 실험실 테스트만 거친 단계이다.

출처: http://agora.qc.ca/encyclopedie/index.nsf/Impression/Hydrogene에서 재인용

라서 수소 자동차의 배기량에 합당한 주행 거리를 보장하려면 충분한 양의 수소를 저장하는 방법을 찾아야 할 것이다.

자동차의 주행 거리가 500킬로미터가 되려면 수소 5킬로그램이 필요하다. 오늘날에는 앞의 표와 같은 다양한 저장 방식이 고려되고 있다.

수소의 배급

대다수의 자동차 회사들 덕분에 지금은 주유소 배급망을 통해 수소 자동차에 직접 연료를 공급할 수 있다.

현재 수소 자동차들의 특성

도요타와 일본의 상황

- 일본 정부는 일본 자동차 연구소(Japan Automobile Research Institute, JARI)를 통해 효과적인 수소 자동차 관련 기술 연구를 진행하고 있다. 이와 관련된 여러 프로젝트 중 하나인 일본 수소 및 연료 전지 검증 프로젝트(Japan Hydrogen & Fuel Cell Demontration Project, JHFC)는 수소 자동차 시제품들을 테스트한다.

일본 정부는 2010년에 연료 전지를 갖춘 전기 자동차 5만 대가 자국의 국토를 누빌 것이고 2020년에는 그 수가 5백만 대에 달할 것으로 예상하고 있다.

- 도요타는 연료 전지 자동차 분야를 개척한 선구자이다. 도요타는 1996년에 최초의 실용적인 시제품을 구상했고, 그 수가 매우 제한되어 있기는 하지만 2002년부터는 연료 전지 자동차를 판매도 하고 있다. 아울러 2015년까지 상업화에 박차를 가할 예정이다(1백만 달러의 생산 비용을 1만 달러로 줄이는 것이 목표 가운데 하나이다). 또한 도요타는 자사 고유의 연료 전지를 생산하는 세계 유일의 제조사이기도 하다[다른 회사들은 밸러드(Ballard), UTC, 누베라(Nuvera)에서 연료 전지를 구입하고 있다].

- 도요타는 2007년 7월에 16대의 연료 전지 하이브리드자동차(Fuel

Celle Hybride Vehicule, FCHV)를 운행한 바 있다(11대는 일본에서 나머지 5대는 미국에서 운행했다).[228]

도요타의 FCHV에 대한 설명

- FCHV의 자동 추진 장치는 90킬로와트의 PEFC[229] 연료 전지 블럭 1개와 80킬로와트(107마력)의 전기 엔진 1개로 구성되어 있다.

- 연료 전지에서 발생하는 전력은 전기 엔진에 공급되어 니켈 수소 배터리를 충전한다. 이 배터리는 제동할 때의 에너지로 보충되며 필요할 때는 엔진에 에너지를 공급한다.

- 사륜구동 자동차는 무게가 거의 2톤에 달한다. 이런 자동차는 5인승이고 250킬로그램의 짐을 실을 수 있다.

현재 상황의 분석

가장 최근에 나온 수소 자동차 시제품들은 기술적인 성능(주행 거리, 속도)이 일반 자동차와 비슷하다. 하지만 연료 전지 자동차의 상업화는 아직도 갈 길이 멀다. 우선 지나치게 비싸다. 현재 100여 대에 달하는 연료 전지 자동차 시제품의 가격은 15만 유로에서 100만 유로에 달한다.

수소 엔진은 연료 전지보다 저렴하고 유연하다고 알려져 있지만 효율성이 연료 전지보다 낮다. 운송 부문에서 수소 엔진은 종종 연료 전지 세대 이전과의 가교 역할을 하는 기술로 소개되고 있다.

따라서 대부분의 자동차 회사는 연료 전지를 선택하고 있다. 가스 상태의 수소를 저장하는 것 또한 자동차 회사들이 선호하는 방식이다.

---

228 도요타의 가장 직접적인 경쟁사인 혼다는 현재 19대의 FCX를 보유하고 있다(6대는 일본에 있고 13대는 미국에 있다).
229 폴리머 전해질 연료 전지(Polymer Electrolyte Fuel Cell)의 약자.

연료 전지 시스템의 하이브리드화(배터리와의 연계, 그리고/또는 슈퍼 축전지와의 연계, 그리고/또는 제동할 때 발생하는 에너지의 회수 시스템과의 연계를 통해 이루어지는 하이브리드화)와 700바의 압력을 견디는 저장고를 이용한 수소 저장 능력의 증대는 연료 전지 자동차의 발전에 있어서 가장 최근에 이룩된 성과들이다.

이제 무엇을 할 것인가

"중요한 것은 눈에 보이지 않는다."
-앙투안 드 생텍쥐페리

400쪽이 넘는 분량의 에너지 세계 일주를 하면서 우리는 에너지와 관련된 여러 쟁점에 눈을 떴고 그 해답을 손에 넣었다고 생각하기도 했다. 우리는 세계 일주를 하는 내내 마주친 대담한 창의성, 영감을 불러일으키는 만남, 놀라운 경험을 선물한 발견을 통해 진보의 중심에 위치한 가장 중요한 존재가 누구인지 다시 한 번 깨달았다. 그것은 바로 인간이었다.

세계 일주에서 얻은 교훈

-인도에서 세네갈까지, 칠레에서 스페인까지 우리가 만난 사람들은 자신들의 활동이 환경과 기후에 중요한 영향을 미친다는 인식을 가지고 있었다.

-이런 인식이 진일보한 나라에서는 에너지 절약과 보호를 위해 활동

하는 사람들의 결속도가 아주 높았고 이런 인식이 막 태동한 나라에서는 모든 것이 예상 밖으로 신속하게 들이닥칠 수 있었다.

-한정된 자원과 세계화 때문에 우리 각자는 타인에게 책임을 진다. 그 타인은 시간과 공간 속에 존재하는 구체적인 타인이다.

-인류에게 가장 골고루 분배된 자원은 상상력, 분석력, 개척을 향한 열망과 같은 것들이다. 전 세계에 퍼져 있는 이 자원들은 결코 고갈되지 않으며 모든 상황에 적용될 수 있고 또한 모든 문제에 대처할 수 있다.

-우리가 얻은 가장 큰 수확 가운데 하나는 무언가를 원하는 것만으로도 충분히 그것을 가능하게 할 수 있다는 사실을 배운 것이었다.

원한다면 할 수 있다

무대 장식은 어둡고 무대에서의 공연은 더욱 처참하다. 다시 말해 지구 공동체의 비극이 시작된 것이다. 하지만 한 가지 사실을 잊지 않는다면 이 상황극은 행복한 결말을 맺을 수 있을 것이다. 이 비극을 쓰고 있는 사람은 바로 독자 여러분이라는 사실 말이다.

대본은 이 비극의 줄거리를 보여 준다. 이것은 보이지 않는 거인의 이야기, 고귀한 마음을 가진 이타적이고 신중한 거인의 이야기이다. 이 완벽한 천재의 직업은 무엇일까? 식물학자, 아니 아마도 정원사일 것이다. 자연을 섬기는 태도를 가진 자연 찬미론자일 수도 있다 어쨌든 겸손하기까지 한 이 거인이 결코 자신을 드러내지 않고 충실하게 봉사에 임한다는 사실만은 분명하다.

모두 4장으로 구성된 제1막은 꽃이 핀 정원에서 진행된다. 인류가 소풍을 나와 직접 창조한 위대한 문명을 느긋하게 감상하는 모습이 펼쳐진다. 불평의 여지가 없는 가운데 인류는 이 문명에 자양분과 보호 장치를 제공하고 쓰레기를 치우는 관대한 거인이 있다는 사실을 전혀 의식하지 못한다. 한마디로 인류의 문명은 진수성찬에 취해 있는 것이다. 인류에게 후회하는 모습이란 없다. 그들은 오로지 향유하고 욕심을 부리고 거저 주어진 것처럼 보이는 꽃과 열매를 닥치는 대로 목구멍으로 밀어 넣는다. 아래로는 배설하고 위로는 토하고, 문명 자체를 키운 요람을 더럽히고, 매일 조금씩 더 자극적으로 변해 간다. 그러면서도 온화하게 지켜보기만 하는 거인과 그의 정원에 대해 아무런 의문도 갖지 못한다.

제2막에서는 피곤에 지친 거인이 등장하여 자신의 잔디밭에 떡하니 자리 잡은 현재의 인간, 방탕에 젖은 그 신세대를 불안하게 지켜본다. 인간들은 이 식탁 저 식탁을 오가며 인사를 나누고, 서로 딸기를 차지하려고 떼밀고, 각자의 기름으로 더러워진 종이를 되도록 멀리 던지고 있다. 인간이라는 근시안적 집단은 그렇게 하면 더러운 종이와 냄새가 완전히 사라진다고 생각하는 것이다. 하지만 그 순간 거인은 절망에 빠진다. 합창단의 비극적인 노래가 울려 퍼진다. 하지만 누가 이 노래를 듣겠는가? 게다가 인파가 밀물처럼 끝없이 밀려든다. 수백만 명의 사람들이 울타리 너머로 퍼진 시끄러운 웃음소리에 이끌려 거인이 있는 정원의 문으로 밀려드는 것이다.

마지막 제3막이 오른다. 합창단장이 앞으로 나서서 노래한다. "오! 배부른 돼지들이여, 너희들의 기쁨은 영원한가? 예전에 그토록 부드러웠던 초목들은 이미 부드러움을 잃은 지 오래다. 이 정원이 베푸는 선물은 줄어들 것인가?" 합창단장 뒤로 천천히 거인이 모습을 드러낸다. 초대받은 사람들의 눈에 쪼글쪼글해진 거인이 들어온다.

사람들은 테이블 이곳저곳에서 초췌해진 거인에 대한 책임을 서로에게 전가하고 있다. 그 장면을 한번 상상해 보라. 심지어 사람들은 피곤해 보인다며 거인에게 비난의 화살을 돌리기까지 한다! 엄청난 소란 속에서 새로운 규칙들이 제정된다. 그 가운데 하나는 헤스페리데스의 정원(황금 사과나무가 자라는 그리스 신화 속의 정원―옮긴이)에 새롭게 들어오고자 하는 자들은 들어오기 전에 황금 사과와 향기로운 과일을 포기해야 한다는 것이다.

이 새로운 후보자들은 포만감으로 불룩한 배 너머로 그들이 결코 따른 적이 없는 새로운 체제가 시작되는 것을 본다. 목소리가 높아진다. 누구도 딸기를 덜 먹고 싶어 하지 않는다. 딸기 주변으로 점점 더 사람들이 몰려든다. 거인 정원사는 굵은 땀방울을 흘리면서 이제 더는 딸기가 없다는 절망적인 신호를 보낸다. 협상은 더디게 이루어진다. 뒤로 세 걸음 후퇴했다가 겨우 한 걸음 앞으로 나아갈 뿐이다.

하지만 이 비극에 등장하는 배우들은 그들 스스로 대사를 쓰는 작가들이기도 하다. 그 누구도 탈출구를 알지 못한다. 하지만 한 가지 사실만은 알고 있다. 이 소풍은 거인 정원사의 죽음으로 끝을 맺게 될 거라는 사실 말이다. 모든 이들이 조언을 갈구하면서 해결책을 기다린다. 독자인 당신은 어떻게 생각하는가? 이제 당신이 무대에 오를 차례가 되었다. 무대 위에서 몇 마디 영감 어린 후렴구라도 불러야 하지 않겠는가!

배우들의 책임감

우리는 필요에 부응하는 대답의 과정과 연이은 공개 발표를 따라서 에너지 세계 일주의 여정을 짰다. 이 여정을 통해 우리는 정말 중요한 것은 눈에 보이지 않는다는 사실을 알게 되었다. 에너지와 관련해서 보자면 중요한 것은 에너지와 관련된 소비의 강도가 아니라 서비스라고 할 수 있다. 이런 관점의 장점은 아주 단순하다. 이 관점은 에너지에 관련된 모든 차원과 모든 상황에서 유효하다.

따라서 이제는 '수단'이 아니라 '목적'에 대해서 생각해야 한다. 가정, 학교, 직장, 공장 등에서 개인에게 필요한 것은 무엇인지, 기업에게 필요한 것은 무엇이고 고객에게 필요한 것은 무엇인지 생각하자. 어떻게 하면 환경을 고려하면서도 모든 고객을 만족시킬 수 있을까? 생명의 순환, 재이용, 재활용의 용이성, 쓰레기 감축 등을 생각하자. 정보 공유, 보편적인 관심사, 개인적 이기주의의 종말 등에 대해서 생각하자. 한마디로 말해 책임감 고취에 대해 생각하자.

아이, 어른, 부모, 기업 간부, 주부처럼 소비하고 구매하고 이용하고 투표하는 모든 사람들, 따라서 사회의 비전을 선택하고 공공 정책의 방향을 제시하고 기업의 전략에 영향을 끼치는 모든 사람들의 책임감 고취 말이다.[230]

기업은 고용주와 직원 등의 책임감 고취를 통해 움직인다. 현실적으로 기업은 생산 과정을 재창조할 수 있고 전략을 통해 시장에 미치는 영향력을 조절할 수 있다. 야심 찬 연구 개발 정책을 수행할 수단도 있다. 기업은 미래의 거목이 될 만한 씨앗을 선별하여 전도유망한 개척자들이 시장에 입성하도록 용기를 주고 청정 기술의 기수가 되도록 할 의무가 있다. 그리하여 결국에는 미래의 기술 혁명을 예측할 수 있는 인재를 길러야 할 의무가 있다.

지역적으로는 선거로 뽑힌 사람들의 책임감 고취가 필요하다. 이들은

---

230 이 물건은 어디에서 온 것인가? 무엇으로 만들었는가? 누가 어떻게 만들었는가? 재활용은 가능한가? 나는 정말 이 물건이 필요한 것인가? 만일 내가 적도 너머로 휴가를 떠난다면 내 여행이 환경에 미치는 영향을 보상하기란 어려울 것인가?

좀 더 환경을 존중하는 일련의 정책과 계획의 실현을 통해 변화의 주도권을 가질 수 있다. 아울러 이들은 자치 단체의 예산에서 에너지 낭비를 방지할 수 있고 쓰레기 선별 수집을 정비할 수도 있으며 실용적인 공공 운송망을 만들 수도 있다. 시의원들은 이런 성공적인 경험을 바탕으로 전국적인 차원에서 주도권을 쥐고 이와 유사한 역동적인 정책(선별적인 개발, 혁신의 지원, 협력에의 참여 등)을 실천할 수도 있을 것이다.

이런 여러 쟁점들은 상당히 중요하다. 이제는 에너지 쟁점들이 확실해졌기 때문에 거의 모든 미디어와 *선거 유세가 이런 쟁점들을 다룬다. 다행스러운 일이기는 하다. 하지만 변화를 떠안겠다는 공동의 의지가 없다면 결코 충분하지 않을 것이다.

최악의 상황을 준비한다

에너지 절약에 구체적으로 참여해야 하는 이유는 무엇인가? 국지적인 오염, 지정학적 긴장, 기후 온난화 등에 엄청난 비용을 지불해야 한다는 사실이 겉으로는 보이지 않기 때문이다. 시장이 애써 외면하고 있는 이 감춰진 지불 비용은 어쩔 수 없이 대중이 떠안아야 한다.

그렇다면 안정적인 대체 에너지 확보를 위해 얼마나 많은 비용을 치러야 할까? 천연자원을 보존하기 위한 비용은 얼마나 될까? 계산하기 좋아하는 사람들은 현재 인류의 에너지 선호도를 계량화하고 미래 세대의 창의성이라는 자원을 평가할 것이다. 온실 효과가 급격하게 심해지면서 바다가 어떻게 변하는지도 전체적으로 파악해야 할 것이다. 인류의 공공 자산을 위태롭게 하는 행동과 관련된 비용을 객관적이고 보편적으로 책정할 때도 여러 가지 장애물이 존재한다.

에너지 보호와 절약, 대체 에너지 개발 등과 관련된 범위를 확정할 수는 없다. 하지만 우리 인류는 어떤 식으로든 거기에 들어가는 비용의 총액을 떠맡을 수밖에 없다. 좀 더 친환경적인 기술이 나타나기 쉬운 환경을 만드는 것, 현존하는 해결책에 대한 시장의 투자를 가속화하는 것, 개별적인 행동으로 파생되는 결과에 대한 평가를 받아들이는 것. 이 모든 행동은 단순히 도덕적인 염려라는 원칙에만 따르는 것이 아니다. 불확실성을 고려하여 그 기회비용을 인정하려는 합리적인 노력에 동참하는 것이기도 하다. 다시 말해 위험에 대비하여 보험에 드는 비용이나 마찬가지인 것이다.

환경, 에너지, 개발과 관련된 삼중의 위기 해결

기후와 관련된 쟁점들은 세계적 차원에 속하기 때문에 세계 도처에서 최소한의 보험 비용을 책정할 수 있다. 교토 의정서의 정신에 의해 지지되는 이 논리는 이 책에서 우리가 처음부터 제기한 문제에 해답의 실마리를 제공하는 논리이기도 하다. 그 문제란 자연의 혜택을 가장 적게 받은 나라들의 개발 욕구와 온실 효과를 야기하는 가스 방출량의 총체적 감축을 어떻게 조화시킬 수 있는가의 문제이다.

이 문제를 해결하려면 저개발 국가들이 손쉽게 기술을 이전받고 재정을 충당할 수 있게 하여 역사적으로 서구가 걸어온 에너지 낭비의 길을 따르지 않고서도 이 국가들의 생활 수준을 개선할 수 있어야 한다. 아울러 전환기에 있는 경제 분야(예를 들면 에너지 효율성)에서도 낭비를 줄여야 하며 선진국들을 합리적인 길로 인도해야 한다. 다시 말해 선진국들의 에너지 소비 방식을 혁신적으로 개선(에너지와 관련된 검소함)하여 구성원 전체의 삶의 질을 유지함과 동시에 높여야 할 것이다.

결국 에너지에 대한 통제 없이는 위에서 지적한 삼중의 위기에 대한 지속 가능한 해법을 찾을 수 없을 것이다. 물론 재생 에너지의 도움으로

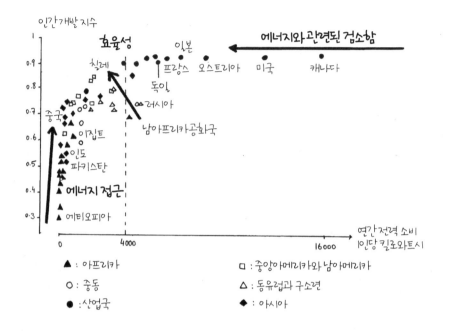

〈인간 개발 지수와 에너지 소비의 관계〉

인간개발지수

효율성   에너지와 관련된 검소함

일본

프랑스 오스트리아 미국   캐나다

칠레

독일

러시아

중국   남아프리카공화국

이집트

인도

파키스탄

에너지 접근

에티오피아

연간전력 소비
1인당 킬로와트시

0   4000   16000

▲ : 아프리카   □ : 중앙아메리카와 남아메리카

○ : 중동   △ : 동유럽과 구소련

● : 산업국   ◆ : 아시아

이런 접근법을 보완할 수 있다. 이 경우 재생 에너지에 대한 의존이 화석 에너지를 기반으로 하는 생산을 대체한다는 조건이 따른다. 이 조건이 전제되지 않는다면 공급은 수요를 따를 뿐이다. 또한 온실 가스의 방출은 계속 같은 수준을 유지하게 될 것이다. 그렇다면 결국 기후의 위협을 효율적으로 방지할 수 없게 될 것이다.[231]

---

231 대기 중의 온실 효과를 유발하는 가스 농도(지구가 욕조라고 가정하면 그 수면의 가스 농도는 385피피엠 즉, 탄소 8,000억 톤이다. 비교를 위해 제시하자면 산업 혁명 이전 단계에서는 280피피엠이었다)를 안정화하려면 방출 리듬(현재 공급량은 최대 7,000억 톤)이 온실 가스 갱도의 흡수량(방출량은 최대 3,000억 톤)과 같아야 할 것이다. 방출량이 감소하더라도 그것을 흡수할 수 있는 환경 시스템의 용량보다는 높은 수치를 유지하고 있기 때문에 기후 온난화는 확대될 수밖에 없을 것이다(수면이 상승하여 욕조가 넘칠 것이다).

보다 나은 미래를 위한 해결책

에너지 통제와 재생 가능한 대체 에너지 개발 노력은 수많은 프로젝트를 수행하면서도 별다른 소득을 얻지 못하고 있다. 실제로 수소의 생산, 도시의 혁신, 농촌의 풍력 발전기, 탄소 격리, 에스코의 출현, 지속 가능한 핵, 친환경적인 운송, 폐기물에 대한 재평가 등에서 만능 해결책은 존재하지 않는다. 하지만 미래의 에너지는 다양하다.[232] 게다가 미래의 에너지는 상황이 어떠한지에 따라 다양한 쓰임새를 가진 형태로 나타나기도 한다.

독자 여러분과 함께했던 에너지 세계 일주를 통해 우리는 이런 해결책의 몇 가지 훌륭한 예를 발견했다. "예측이란 특히 그것이 미래와 관련된 경우에는 아주 어려운 기술이다."라고 말한 닐스 보어(Niels Bohr: 노벨 물리학상을 받은 덴마크의 물리학자—옮긴이)가 맞다고 가정해 보자. 그럼에도 불구하고 다음과 같은 사실을 알기 위해 신이 될 필요는 없다. 사용 가능한(특히 재생 가능한) 자원을 수량적으로 계산하는 것, 에너지 성능을 표준화하려는 야심을 확대하는 것, 소비되는 생산품들이 환경에 미치는 영향을 고려하는 것, 에너지의 저장과 상호 연계 및 운송과 전달에 있어서의 도전에 성공하려고 노력하는 것, 이 모든 것은 결국 오염과 관계된 모든 요소의 대변화에 달려 있다는 사실 말이다.

또한 개인을 교육하고 길러내며 책임감을 부여하는 데 전념하는 것, 공적 장소에서 에너지와 관련된 논의를 진행하는 것, 이를 정책 정립을 위한 주제로 삼는 것, 이 모두는 에너지에 관계된 새로운 방향을 모색하는 데에 있어 기본적인 동시에 필수 불가결한 것이다.

---

232 예를 들면 프린스턴 대학의 로버트 소코로우와 스티븐 파칼라는 '안정화의 삼각형'이라는 게임에서 가스 배출을 상당히 줄일 수 있는 매우 장래성 있는 기술 15개를 소개했다.

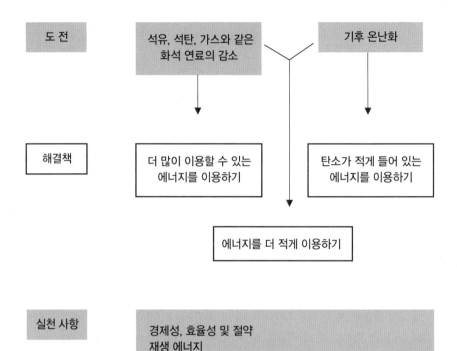

도 전	석유, 석탄, 가스와 같은 화석 연료의 감소	기후 온난화
해결책	더 많이 이용할 수 있는 에너지를 이용하기	탄소가 적게 들어 있는 에너지를 이용하기
	에너지를 더 적게 이용하기	
실천 사항	경제성, 효율성 및 절약 재생 에너지 핵에너지 탄소 격리	

"행동할 시간은 바로 지금이다(The time for action is now)."[233] 반기문 유엔 사무총장은 이런 표현으로 에너지 문제의 해결이 시간적으로 얼마나 긴박한지 환기시킨 바 있다. 이제 '우리'가 아니라면 그 무엇도 이루어질 수 없다는 사실을 알게 되었다. 그렇다면 시작해 볼까? "그래, 도전이다!"

---

233 2007년 6월 4일자 「인터내셔널 헤럴드 트리뷴」에 실린 반기문 유엔 사무총장의 기고문 '기후 변화에 의한 최초의 희생자가 여기에 있다'에서 인용한 문장이다.

옮긴이의 말

이 책은 블랑딘 앙투안과 엘로디 르노가 공동으로 집필한 『Le Tour du Monde des Energies』(2008)를 우리말로 옮긴 것이다. 원제를 직역한 제목 『에너지 세계 일주』에서 알 수 있는 것처럼 이 책은 각각 물리학과 경제학을 전공한 두 명의 젊은 여성 학자가 에너지를 주제로 세계를 일주하면서 쓴 일종의 에너지 백서라고 할 수 있다. 블랑딘과 엘로디는 석탄, 석유 등과 같은 고전적 에너지원은 물론이거니와 원자력, 핵융합, 조력, 풍력, 태양열, 지열, 바이오매스 등과 같은 새로운 에너지원의 탐사와 개발 현장을 찾아 세계 곳곳을 답사했다. 아이디어와 영감을 얻기 위해 세계 일주를 떠난 그들은 수많은 전문가들과의 대화를 통해 전 지구적 차원의 에너지 현황에 대해 우려와 희망의 소리가 교차하는 방대한 백서를 작성했다.

60억 명 이상이 살고 있는 지구는 오래전부터 자원 전쟁, 에너지 전쟁에 돌입했다고 한다. 게다가 이 전쟁은 점점 더 치열해지고 있다. 경제학자 맬서스의 말을 빌지 않더라도 인구가 증가할수록 지구 상에서 인류가 가용할 수 있는 에너지는 줄어든다는 사실이 지금처럼 분명한 진실로 드러나는 때는 없었을 것이다. 그뿐만이 아니다. 에너지를 지나치게 개발하고 낭비한 결과, 현재 지구는 환경 파괴와 그에 따르는 온실 효과, 이상 기후 등으로 인해 그 어느 때보다 심각한 상황에 처해 있다. 게다가 이 시점에서 에너지 위기를 정확하게 진단하고 그에 대한 대응책을 마련하지 못한다면 상황은 앞으로 더욱 악화될 가능성이 높다고 한다. 그러므로 지구에 살고 있는 모든 인류의 현재와 미래를 위해 고갈될 위험이 적고 환경 오염과 파괴의 정도가 낮은 에너지원을 반드시 찾아내야 한다는 사실은 의심의 여지가 없어 보인다. 거칠게 보자면 이상이 『에너지 세계 일주』를 쓴 두 사람의 주된 관심사라고 할 수 있다.

하지만 블랑댕과 엘로디는 『에너지 세계 일주』에서 단지 이런 장점을 가진 새로운 에너지원의 개발과 탐사 가능성을 추적하는 데에 그치지는 않는다. 그들은 기존 에너지의 효율적 사용과 그로 인한 에너지 절약에까지 관심을 가지고 있다. 이를 위해 그들이 강조하는 것은 일상생활에서 우리 모두의 작은 행동 하나하나가 갖는 중요성이다. 아무리 많은 양의 에너지를 개발하고 비축한다 할지라도 지구 상에 존재하는 60억 명 이상이 별다른 위기의식 없이 에너지를 마구 낭비한다면 그 결과가 어떠하리라는 것은 명약관화한 일이다.

정확히 이런 의미에서 블랑댕과 엘로디가 주축이 되어 활동하고 있는 '프로메테우스'와 같은 인터넷상의 조직, 그리고 특히 어린아이들을 대상으로 하는 에너지 교육 시스템의 개발과 구축 등의 활동이 갖는 중요성과 의미를 지적할 수 있을 것이다. 『에너지 세계 일주』의 국내 출간과 더불어 우리나라에서도 이와 같은 조직과 활동이 더욱 활성화되기를 기대해 본다.

『에너지 세계 일주』를 우리말로 옮기는 과정에서 여러 분의 도움이 있었다. 자연 과학 분야에 속한다고 할 수 있는 이 책을 우리말로 옮기는 작업은 인문학을 전공한 우리 두 사람의 역자에게는 결코 쉬운 작업이 아니었다. 사회 과학이나 자연 과학 계통의 책들이 그렇듯 『에너지 세계 일주』역시 본문에 사용된 원어가 그다지 어려운 것은 아니었다. 하지만 각 에너지 분야에서 사용되는 전문 용어, 특히 본문의 '박스'에서 볼 수 있는 새로운 에너지원의 개발과 관련된 첨단 지식과 용어들의 번역은 역자들과 같은 비전공자에게는 아주 힘든 작업의 연속이었다. 그런 만큼 이 책을 꼼꼼하게 읽어 주시고 감수를 해 주신 살림 출판사의 김원기 선생님께 감사의 뜻을 전한다. 김원기 선생님의 이런 노력이 한데 어우러지지 않았더라면 『에너지 세계 일주』는 빛을 볼 수 없었을 것이다. 하지만 이 책에서 발견되는 모든 오류는 전적으로 역자들의 책임이라는 점을 밝혀 둔다. 아울러 각 에너지 관련 분야의 전문 용어라든가 전문 지식에 대한 오류가 발견되는 경우 독자 여러분의 따뜻한 질정이 있기를 바란다.

끝으로 저자들의 표현처럼 에너지 세계 일주라는 '모험'에 뛰어들게 해 주신 살림 출판사 심만수 사장님과 무더운 여름 이 책의 편집을 위해 구슬땀을 흘리신 김현정 씨께 감사의 말씀을 전한다. 또한 이 책의 번역 과정에서 많은 도움을 주신 이기선 씨, 최진규 씨께도 이 자리를 빌어 고마움을 표한다. 그리고 항상 제기되는 번역상의 여러 문제들에 대해 대화 파트너가 되어 주고 도와주는 용석, 모세를 비롯한 '시지프'의 여러 회원들에게 고마운 마음을 전한다. 늘 힘이 되어 주는 사랑하는 익수와 윤지에게도 미안함과 고마움을 한꺼번에 전한다.

2011년 4월
시지프 연구실에서

더 많은 정보를 찾을 수 있는 인터넷 사이트

에너지와 기후에 관한 일반적인 정보

기후 변화에 따른 정부 간 전문가 그룹의 기후, 탄소 격리, 토양 이용 등에 대한 보고서.

www.ipcc.ch

국제 에너지 위원회(IEA), 에너지 자원 및 소비에 관한 세계 통계.

www.iea.org/Textbase/stats/

에너지 전망, 에너지와 원자재의 일반적인 방향(산업부).

www.industrie.gouv.fr/energie/

경제 분과로서 에너지의 역사와 분석

장 마리 슈발리에, 『에너지 대전쟁(Les grandes batailles de l'énergie: petit traité d'une économie violente)』, 갈리마르, 2004.
장 마르크 얀코비치의 인터넷 사이트. 에너지 및 환경 문제와 관련된 독립적이고 전문적인 컨설턴트. 초보자에게 유용하다.

www.manicore.com

지속 가능한 개발, 에너지 및 환경과 관련된 소규모 정보와 사이트

기업의 사회적 책임 및 사회적 책임이 가능한 투자를 연구하는 연구 센터가 개설한 '지속 가능한 개발의 전문가' 사이트. 케스 데 데포(Caisse des Dépôts) 산하 기관.

www.novethic.fr

환경 및 지속 가능한 개발에 관한 전문가 활동.

www.actu-environnement.com

진빙위 에니지 김시.

www.enerzine.com

참고 문헌

흥미롭게 읽었던 책들은 다음과 같다.
- 실뱅 다르닐·마티외 르 루, 『80명이 세계를 변화시키다(80 hommes pour changer le monde)』, JC 라테스, 2005.
이 책의 인터넷 사이트 www.80hommes.com
- 마리 엘렌·로랑 드 세리세, 『희망의 뱃사공들: 우리의 아이들에게 어떤 세계를? 우리의 세계에 어떤 미래를?(Passeurs d'espoirs: quel monde pour nos enfants, quel avenir pour le monde?)』, 프레스 드 라 르네상스, 2006.

제1장 석유와 가스는 한집 식구!
천연가스에 대한 인터넷 사이트, 프랑스 가스

http://jeunes.gazdefrance.com

전 세계에서 소각되는 가스의 양: 2007년 5월 3일, 가스 소각 감축을 위한 세계 협회(GGFR)의 요청에 의해 미국 해양 대기 관리처(NOAA) 연구원들이 수행한 연구.

제2장 석탄의 나라에서
MIT의 연구 보고, 「석탄의 미래(The future of Coal)」, 2007.

http://web.mit.edu/coal

중국의 탄광 사고 통계 자료는 2005년 2월 20일 라디오 프랑스 인터내셔널(RFI)의 인터넷 사이트에 발표되었던 기사에서 인용했다.

http://www.rfi.fr/actufr/articles/062/article_34189.asp

집중 해부_ 지질학적인 탄소 저장
베르트 메츠·오군라드 다비드슨·헬렌 드 코니크·마누엘라 루스·레오 메이어, 「이산화탄소의 포집 설비와 저장」, GIEC의 특별 보고서, 케임브리지 대학 출판부, 2005.

www.ipcc.ch

이산화탄소 포집 및 격리에 관한 지식을 공유하는 유럽 네트워크

www.co2net.com

청정 연료 기술 협동(Greenfuels technologies incorporation), 바이오디젤로 변환한 해초를 이용한 이산화탄소의 포집

www.greenfuelonline.com

제3장 핵폐기물을 어떻게 처리할 것인가?
방사능 보호 및 핵 안전 연구소(IRSN)와 핵 안전국(ASN): 핵과 방사능 보호에 대한 정보

http://net-science.irsn.org 그리고 www.asn.fr

방사능 폐기물에 관한 공개 토론 자료(국립 평가 위원회, 연구 기관, 환경 보호 협회 들이 작성).

www.debatpublic-dechets-radioactifs.org

국제 원자력 기구(IAEA), 폐기물의 안전, 안보, 관리에 관한 출판물들과 세계의 핵에너지 사용에 관한 자료들

http://www.iaea.org/Publications/Factsheets/index.html

OECD의 핵에너지(AEN) 위원회

www.nea.fr

제4장 핵융합의 신비를 벗기자
원자력 에너지 위원회(CEA)의 인터넷 사이트에서는 '핵에너지'와 '방위'에 대한 교육 항목을 참조할 수 있었다.

www.cea.fr/jeunes

캘리포니아 버클리 대학의 핵공학과

www.nuc.berkeley.edu

레이저 메가줄

www-lmj.cea.fr

로렌스 리버모어 국립 실험실의 NIF 실험

http://lasers.llnl.gov

산디아 국립 실험실의 제타 핀치 실험

http://zpinch.sandia.gov

집중 해부_ 우라늄인가? 토륨인가?
4세대 포럼

http://gen-4.org

제5장 거대한 수력 발전 시설, 이타이푸 댐
이타이푸 댐 공식 사이트(브라질, 스페인, 영국)

www.itaipu.gov.br

에코시스테마스 사이트(스페인)

www.ecosistemas.cl

제6장 약속의 대양
잡지 「과학과 미래」 728호(2007년 10월)에 '바다의 힘'에 대한 매우 상세한 기사가 실려 있다.

http://sciencesetavenirmensuel.nouvelobs.com

함메르페스트 스트룀

www.e-tidevannsenergi.com

집중 해부_ 풍력 에너지를 이용한 발전
풍력 산업에 관한 덴마크 협회의 사이트

www.windpower.org

2006~2016년 프랑스 전력 운송망(RTE)의 관리에 대한 예측 보고서

www.rte-france.com

제7장 온천의 나라에서 지열을 발견하다!
지열과 지열 에너지의 개발에 관해서는 프랑스 에너지·환경 관리 에이전시(ADEME)와 지질 및 광산 연구국(BRGM)의 사이트 참고

www.geothermie-perspectives.fr

규슈 전력

www1.kyuden.co.jp

제8장 지속적인 삼림 관리
「2007년 세계 산림의 상황」, 유엔이 식품 및 농업을 위해 실시한 연구(2007년 3월)

http://www.fao.org/docrep/009/a0773f/a0773f00.htm

세네갈 환경 조사 센터(천연자원에 대한 지속적인 관리)

www.cse.sn

제9장 버릴 것이 없다, 바이오매스 에너지
콘세르토 유럽 프로그램

http://concertoplu.eu

폴리시티 프로젝트

www.polycity.net

바이오매스 산업 유럽 협회(EUBIA)

www.eubia.org

데지 파워(Desi Power: 인도 농촌의 탈집중화된 전력과 가스 램프)

www.desipower.com

뭄바이 인도 공과 대학

www.iitb.ac.in

집중 해부_ 지구 온난화에 맞서는 나무 심기
「삼림 개발 프로젝트: 지속성, 탄소 배출권 기장과 수명」, AIE/OECD의 연구(2001년 10월)
「삼림 프로젝트: 교훈과 CDM 양태 예측」, 삼림 프로젝트와 이 프로젝트를 탄소 배출권 획득을 위한 MDP의 범주에서 이용하는 것에 대한 AIE/OECD의 연구(2003년 5월)

www.oecd.org

탄소 균형에 할애된 ADEME 사이트

www.compensationco2.fr

제10장 향기로운 바이오가스
전문가들을 위한 바이오가스에 대한 포털 사이트

www.lebiogaz.info

나스케오(Naskeo: 산업 유기 폐기물의 메탄화) 사업에 대한 사이트

www.naskeo.com

제11장 지구를 구하는 바이오, 청정, 나노 기술
스탠퍼드 대학의 '지구 기후와 에너지 프로젝트(태양열 바이오 수소와 바이오 전기 프로젝트)'

http://gcep.stanford.edu

아고라 에너지의 블로그

www.consciencenergetique.com

청정 기술 비즈니스 에인젤스(프랑스)

www.cleantechbusinessangels.com

제12장 새로운 사업의 가능성, 잠비아의 태양열 판매
코스모스 이그나이트 이노베이션

www.cosmosignite.com

사회적이고 지속 가능한 기업 파트너십 네트워크
아쇼카 재단

http://ashoka.org

스콜 재단

www.skollfoundation.org

오미디아르 네트워크

www.omidyar.net

사회적 기업 파트너십을 위한 슈워브 재단

www.schwabfound.org

에코잉 그린

www.echoinggreen.org

개발 도상국의 지속 가능한 기업들에 도움을 주기 위한 유엔 개발 계획(UNDP)의 '지속 가능
한 성장 비즈니스'

www.undp.org

제13장 일광욕

국립 태양 에너지 연구소(현황, 정보, 교육)

www.ines-solaire.com

오로빌

auroville.org

태양 열역학에 관한 브루노 리브와의 매우 훌륭한 사이트

http://sfp.in2p3.fr/Debat/debat_energie/websfp/rivoire.htm

솔렐

www.solel.com

2003년 로마 클럽이 출범시킨 재생 에너지 지중해 횡단 발의와 관계된 DESERTEC(강도 높은 태양열에 관한 출판물 다운로드 가능)

www.desertec.org

제14장 태양열 에너지는 너무 비싸다?

「미국의 광전지 연구와 산업」, 주미 프랑스 대사관의 보고서(2006년 6월)

www.bulletins-electroniques.com

태양열 모듈을 생산하고 서비스하는 테네솔

www.tenesol.com/fr

규소로 태양 전지를 제조하는 교세라

http://global.kyocera.com

태양 전지의 개선과 관련된 여정을 소개

http://domsweb.org/ecolo/solaire.php

태양열 집열판에 관한 유럽의 헤라클레스 프로젝트

http://ec.europa.eu/reserch/success/fr/ene/0342f.html

층이 얇은 태양 전지를 제조하는 나노 솔라

www.nanosolar.com

태양 에너지를 위한 프라운호퍼 연구소

www.ise.fraunhofer.de

제16장 최소 에너지로 최대 효과를

코산

www.cosan.com.br

시에라 네바다 맥주 양조장 사이트

www.sierranevada.com

제17장 다 같이 불을 끕시다!

가정에서의 전기 절약을 위한 ADEME의 안내서(개인용 자료)

www.ademe.fr/particuliers/fiches/equipements_electriques

홍콩의 에너지 효율성 대회

www.eeawards.emsd.gov.hk

제18장 생태적 주거

인도 생물 다양성 보존 회사(BCIL)

www.ecobcil.com

보봉 구역, 프라이부르크

www.vauban.de

마스다르, 미국

www.masdaruae.com

세계 환경을 위한 프랑스 재단

www.ffem.net

24개 국가에 500개의 도시를 대표하는 150개 이상의 지부를 두고 있는 '에너지 시티'는 지속 가능한 지역 에너지 정책을 위한 유럽 지역 기관 협회이다.

www.energie-cites.eu

'규제와 증명서'

2004년에 채택된 프랑스 기후 플랜의 범주 내에서 수행된 '건축물의 에너지에 대한 연구와 실험 프로그램(PREBAT)'은 무엇보다도 건축물과 관련된 규제와 증명서에 대한 국제적 비교를 제공하고 있다.

http://www.prebat.net/benchmark/benchmark.html

집중 해부_ 주택의 연료 전지 설치

「수소 및 연료 전지 분야에 대한 프랑스의 연구」, 2007년 5월의 에너지 연구에 대한 국가 전략의 발췌문

www.industrie.gouv.fr/energie/recherche/hydrogene.htm

연료 전지 기술이 제시하는 전망에 대한 2001년의 의회 보고서

http://www.assemblee-nationale.fr/11/rap-off/i3216.asp

제19장 바이오 연료 혁명

테크바이오 사의 사이트

www.tecbio.com.br

제20장 미래의 운송 수단

'자동차와 환경의 조화', 친환경 자동차 뉴스 그룹

www.moteurnature.com

수바(SuBat), 지속 가능한 배터리에 관한 유럽 연합 집행 위원회의 연구 프로젝트

www.battery-electric.com

태양열 자동차
호주를 종단하는 파나소닉 월드 솔라 챌린지

www.wsc.org.au

북아메리카 솔라 챌린지

www.americansolarchallenge.org

집중 해부_ 수소 자동차
연료 전지 개발을 위한 일본 프로그램

www.jhfc.jp

이제 무엇을 할 것인가?

'안정화 삼각형' 게임은 15개 기술의 도움을 받으면서(에너지 절약, 화석 에너지, 핵에너지, 재생 에너지 등을 포함한 4개의 범주로 나뉜다) 전 세계 탄소 방출을 연간 7,000억 톤으로 안정화 하는 것이다. 영어로 제공되는 다음의 인터넷 사이트에서 이용할 수 있다.

http://www.princeton.edu/~cmi/resources/stabwedge.htm

에너지 세계 일주

펴낸날	초판 1쇄 2011년 4월 12일
	초판 6쇄 2014년 10월 29일

지은이	블랑딘 앙투안·엘로디 르노
옮긴이	변광배·김사랑
펴낸이	심만수
펴낸곳	(주)살림출판사
출판등록	1989년 11월 1일 제9-210호

주소	경기도 파주시 광인사길 30
전화	031-955-1350 팩스 031-624-1356
홈페이지	http://www.sallimbooks.com
이메일	book@sallimbooks.com

ISBN   978-89-522-1500-0   03330